16	3	2	13
5	10	11	8
9	6	7	12
4	15	14	1

Cet ouvrage, publié dans le cadre du Programme d'Aide à la Publication 2012 Carlos Drummond de Andrade de l'Institut Français du Brésil, bénéficie du soutien du Ministère de l'Europe et des Affaires Étrangères.

Este livro, publicado no âmbito do Programa de Apoio à Publicação 2012 Carlos Drummond de Andrade do Instituto Francês do Brasil, contou com o apoio do Ministério francês da Europa e das Relações Exteriores.

INSTITUT FRANÇAIS
BRASIL

Liberté • Égalité • Fraternité
RÉPUBLIQUE FRANÇAISE

coleção TRANS

Gilles Deleuze

CINEMA 2 — A IMAGEM-TEMPO

Tradução
Eloisa Araújo Ribeiro

editora 34

EDITORA 34

Editora 34 Ltda.
Rua Hungria, 592 Jardim Europa CEP 01455-000
São Paulo - SP Brasil Tel/Fax (11) 3811-6777 www.editora34.com.br

Título original:
Cinéma 2 — L'Image-temps

Capa, projeto gráfico e editoração eletrônica:
Bracher & Malta Produção Gráfica

Revisão técnica da 1ª edição brasileira (1990):
Renato Janine Ribeiro, André Parente

Revisão desta edição:
Lívia Azevedo Lima
Milton Ohata
Beatriz de Freitas Moreira

1ª Edição - 2018 (1ª Reimpressão - 2022)

CIP - Brasil. Catalogação-na-Fonte
(Sindicato Nacional dos Editores de Livros, RJ, Brasil)

Deleuze, Gilles, 1925-1995
D390c Cinema 2 — A imagem-tempo /
Gilles Deleuze; tradução de Eloisa Araújo Ribeiro —
São Paulo: Editora 34, 2018 (1ª Edição).
424 p. (Coleção TRANS)

ISBN 978-85-7326-711-2

Tradução de: Cinéma 2 — L'Image-temps

1. Filosofia. 2. Cinema. I. Ribeiro, Eloisa Araújo.
II. Título. III. Série.

CDD - 190

CINEMA 2 —
A IMAGEM-TEMPO

NOTA DA TRADUTORA

A respeito de alguns termos específicos, adotou-se aqui o critério atualmente usado por Luiz B. L. Orlandi e o Grupo de Trabalho Deleuze (GT Deleuze — 12). Assim, a palavra francesa *relation* foi traduzida por "relação". No mesmo sentido, traduziu-se *corrélation* por "correlação", *rapport* por "conexão" e *connexion* por "concatenação". Traduziu-se também *renversement* por "subversão" e *renverser* por "subverter" seguindo o glossário da tradução de *Diferença e repetição* (Graal, 2006) feito por Roberto Machado e Luiz B. L. Orlandi.

A tradutora agradece aos amigos Roberto Machado e Marcio Goldman pela gentileza e carinho com que sempre responderam às minhas dúvidas e pelas valiosas sugestões.

As notas da tradutora estão assinaladas com (N. da T.), e a paginação da edição original francesa está indicada em itálico e entre colchetes ao longo da tradução.

Eloisa Araújo Ribeiro

CINEMA 2 —
A IMAGEM-TEMPO

Capítulo 1
PARA ALÉM DA IMAGEM-MOVIMENTO
[7]

1

Contra aqueles que definiam o neorrealismo italiano por seu conteúdo social, Bazin invocava a necessidade de critérios formais estéticos. Tratava-se, para ele, de uma nova forma de realidade, supostamente dispersiva, elíptica, errante ou oscilante, operando por blocos, com ligações deliberadamente fracas e acontecimentos flutuantes. O real já não era representado ou reproduzido, mas "visado". Em vez de representar um real já decifrado, o neorrealismo visava um real, sempre ambíguo, a ser decifrado; por isso o plano-sequência tendia a substituir a montagem das representações. O neorrealismo inventava, pois, um novo tipo de imagem, que Bazin propunha chamar de "imagem-fato".[1] Essa tese de Bazin era infinitamente mais rica do que a que ele contestava, mostrando que o neorrealismo não se limitava ao conteúdo de suas primeiras manifestações. Ambas as teses, porém, tinham em comum o fato de colocar o problema ao nível da realidade: o neorrealismo produzia um "a mais de realidade", formal ou material. Entretanto não temos certeza de que o problema possa ser colocado no nível do real, seja pela forma ou pelo conteúdo. Não seria

[1] André Bazin, *Qu'est-ce que le cinéma?*, Paris, Cerf, 1976, p. 282 (e o conjunto dos capítulos sobre o neorrealismo) [ed. bras.: *O que é o cinema?*, tradução de Eloisa Araújo Ribeiro, São Paulo, Cosac Naify, 2015]. É Amédée Ayfrem quem dá à tese de Bazin, ao retomá-la e desenvolvê-la, uma ênfase fenomenológica: "Du premier au second néo-réalisme", em *Le Néo-réalisme italien*, col. Études Cinématographiques, vol. 17, nº 32-35, Paris, Minard, 1964.

antes no nível do "mental", em termos de pensamento? Se o conjunto das imagens-movimento, percepções, ações e afecções sofria esse transtorno, não seria, antes, porque *[8]* irrompia um novo elemento, que impediria a percepção de se prolongar em ação, para assim relacioná-la com o pensamento, e que, aos poucos, subordinaria a imagem às exigências de novos signos, que a levariam para além do movimento?

Quando Zavattini define o neorrealismo como uma arte do encontro — encontros fragmentários, efêmeros, interrompidos, fracassados —, o que ele quer dizer? É o que acontece nos encontros de *Paisà* [1946], de Rossellini, ou de *Ladrões de bicicleta* [*Ladri di biciclette*, 1948], de De Sica. Em *Umberto D.* [1952], De Sica constrói a célebre sequência que Bazin dava como exemplo: a jovem empregada entrando na cozinha de manhã, fazendo uma série de gestos maquinais e cansados, limpando um pouco, expulsando as formigas com um jato d'água, pegando o moedor de café, fechando a porta com a ponta do pé esticado. E, quando seus olhos fitam sua barriga de grávida, é como se nascesse toda a miséria do mundo. Eis que, em uma situação comum ou cotidiana, no curso de uma série de gestos insignificantes, mas que por isso mesmo obedecem, ainda mais, a esquemas sensório-motores simples, o que subitamente surgiu foi uma *situação óptica pura*, para a qual a empregadinha não tem resposta ou reação. Os olhos, a barriga: é isso um encontro... Claro, os encontros podem tomar formas muito diferentes, chegar ao excepcional, mas mantêm a mesma fórmula. Considere-se a grande tetralogia de Rossellini: longe de marcar um abandono do neorrealismo, ela o leva, ao contrário, à perfeição. *Alemanha, ano zero* [*Germania, anno zero*, 1948] mostra uma criança que visita um país estrangeiro (por isso o filme foi criticado, por não ter mais o enraizamento social, que se dizia ser condição do neorrealismo) e morre devido ao que vê. *Stromboli* [*Stromboli, terra di Dio*, Roberto Rossellini, 1950] põe em cena uma estrangeira que da ilha vai ter uma revelação ainda mais profunda porque não dispõe de reação alguma para atenuar ou compensar a violência do que vê, a intensidade e a enormidade da pesca do atum ("foi horrível..."), a potência pânica da erupção ("estou acabada, tenho medo, que mistério, que beleza, meu

Deus..."). *Europa '51* [Roberto Rossellini, 1952] mostra uma burguesa que, a partir da morte de seu filho, atravessa espaços quaisquer e passa pela experiência dos grandes conjuntos residenciais, da favela e da fábrica ("pensei estar vendo condenados"). Seus olhos abandonam a função prática de uma dona de casa, que arruma as coisas e os seres, para passar por *[9]* todos os estados de uma visão interior, aflição, compaixão, amor, felicidade, aceitação, até no hospital psiquiátrico onde a prendem, ao termo de um novo processo de Joana d'Arc: ela vê, aprendeu a ver. *Viagem à Itália* [*Viaggio in Italia*, Roberto Rossellini, 1954] acompanha uma turista que fica profundamente abalada pelo simples desenrolar de imagens ou de clichês visuais, nos quais ela descobre algo insuportável, para além do limite do que pode pessoalmente suportar.[2] É um cinema de vidente, não mais de ação.

O que define o neorrealismo é essa ascensão de situações puramente ópticas (e sonoras, embora não houvesse som sincronizado no começo do neorrealismo), que se distinguem essencialmente das situações sensório-motoras da imagem-ação no antigo realismo. Talvez isso seja tão importante quanto a conquista de um espaço puramente óptico na pintura, ocorrida com o impressionismo. Objeta-se que o espectador sempre se defrontou com "descrições", com imagens ópticas e sonoras, e nada mais. Mas não é essa a questão. Pois os personagens reagiam às situações; até mesmo quando, em virtude dos acidentes da ação, atada e amordaçada, uma delas se via reduzida à impotência. O que o espectador percebia era, pois, uma imagem sensório-motora da qual participava mais ou menos, por identificação com as personagens. Hitchcock inaugurou a subversão deste ponto de vista, incluindo o espectador no filme. Mas só agora a identificação é subvertida efetivamente: a personagem tornou-se uma espécie de espectador. Por mais que se mexa, corra, agite, a situação em que está extravasa, de todos os lados, suas capacidades motoras, e lhe faz ver e ouvir

[2] Sobre estes filmes, cf. Jean-Claude Bonnet, "Rossellini ou le parti pris des choses", *Cinématographe*, nº 43, jan. 1979. Essa revista dedicou ao neorrealismo dois números especiais, 42 e 43, com o título, perfeitamente adequado, "Le Regard néo-réaliste" ["O olhar neorrealista"].

o que não é mais passível, em princípio, de uma resposta ou ação. Mais do que reagir, ele registra. Está entregue a uma visão, perseguido por ela ou perseguindo-a, mais do que engajado em uma ação. *Obsessão* [*Ossessione*, 1943], de Visconti, é visto, com razão, como precursor do neorrealismo; e a primeira coisa que toca o espectador é a heroína vestida de preto, possuída por uma sensualidade quase alucinatória. Ela está mais perto de uma *[10]* visionária, de uma sonâmbula, do que de uma sedutora ou apaixonada (tal como, mais tarde, a condessa de *Sedução da carne* [*Senso*, Luchino Visconti, 1954]).

Por isso as características que serviram para definir anteriormente a crise da imagem-ação: a forma da balada/perambulação,* a difusão dos clichês, os acontecimentos que mal dizem respeito àqueles a quem acontecem, em suma, o afrouxamento dos liames sensório-motores, todas essas características eram importantes, mas somente na qualidade de condições preliminares. Elas tornavam possível a nova imagem, mas ainda não a constituíam. O que a constitui é a situação puramente óptica e sonora, que substitui as situações sensório-motoras enfraquecidas. Já foi ressaltado o papel da criança no neorrealismo, especialmente em De Sica (e, mais tarde, na França, em Truffaut): é que, no mundo adulto, a criança é afetada por uma determinada impotência motora, mas esta aumenta sua aptidão para ver e para ouvir. Do mesmo modo, se a banalidade cotidiana tem tanta importância, é porque, submetida a esquemas sensório-motores automáticos e já construídos, ela é ainda mais capaz, à menor perturbação do equilíbrio entre a excitação e a resposta (como na cena da empregadinha de *Umberto D.*), de escapar subitamente às leis desse esquematismo e se revelar com uma nudez, crueza e brutalidade visuais e sonoras que a tornam insuportável, dando-lhe o aspecto de sonho ou de pesadelo. Há, portanto, da crise da imagem-ação à pura imagem óptico-sonora, uma passagem necessária. Ora é uma evolução que permite passar de um aspecto a outro: começamos por filmes de balada/perambulação com ligações sensório-motoras debilitadas, e

* No original *bal(l)ade*, jogo de palavras entre *ballade* (balada) e *balade* (perambulação). (N. da T.)

depois chegamos às situações puramente ópticas e sonoras. Ora os dois aspectos coexistem dentro de um mesmo filme, como dois níveis, o primeiro servindo apenas de linha melódica ao outro.

É nesse sentido que Visconti, Antonioni e Fellini pertencem plenamente ao neorrealismo, apesar de todas as diferenças entre eles. *Obsessão*, o precursor, não é somente uma das versões de um famoso romance policial americano, nem a transposição desse romance para a planície do Pó.[3] No filme de *[11]* Visconti, assistimos a uma mudança muito sutil: aos primórdios de uma mutação que afeta a noção geral de situação. No antigo realismo ou de acordo com a imagem-ação, os objetos e os meios já tinham uma realidade própria, mas se tratava de uma realidade funcional, estreitamente determinada pelas exigências da situação, ainda que estas fossem tão poéticas quanto dramáticas (por exemplo, o valor emocional dos objetos em Elia Kazan). A situação se prolongava, pois, diretamente em ação e paixão. Ao contrário, desde *Obsessão* já aparece o que nunca mais deixará de se desenvolver em Visconti: os objetos e os meios conquistam uma realidade material autônoma que os faz valerem por si mesmos. É preciso, portanto, que não somente o espectador, mas também os protagonistas, invistam os meios e os objetos pelo olhar, que vejam e ouçam as coisas e as pessoas, para que a ação ou a paixão nasçam, irrompendo em uma vida cotidiana preexistente. É o caso da chegada do herói de *Obsessão*, que toma uma espécie de posse visual do albergue, ou, em *Rocco e seus irmãos* [*Rocco i suoi fratelli*, Luchino Visconti, 1960],

[3] O romance de James M. Cain, *The Postman Always Rings Twice* [ed. bras.: *O destino bate à sua porta*, tradução de Celso Nogueira, São Paulo, Companhia das Letras, 1998], deu lugar a quatro obras cinematográficas: Pierre Chenal (*Le Dernier tournant*, 1939), Visconti (1942), Garnett (1946) e Rafelson (1981). A primeira aparenta-se com o realismo poético francês, e as duas últimas com o realismo americano da imagem-ação. Jacques Fieschi faz uma análise comparada muito interessante dos quatro filmes: *Cinématographe*, nº 70, set. 1981, pp. 8-9 (veja-se também seu artigo sobre *Obsessão*, nº 42). [Os títulos dos filmes em português são os seguintes: *Paixão violenta*, *Obsessão*, *O destino bate à sua porta* (para os dois últimos diretores). Há ainda uma quinta versão de 1998, do húngaro György Fehér, cujo título original é *Szenvedély*. (N. da T.)]

a chegada da família que, toda olhos e ouvidos, tenta assimilar a imensa estação e a cidade desconhecida: esse "inventário" do meio, dos objetos, móveis, utensílios etc. será uma constante na obra de Visconti. Tanto assim que a situação não se prolonga diretamente em ação: não é mais sensório-motora, como no realismo, mas, antes, óptica e sonora, investida pelos sentidos, antes de a ação se formar nela, utilizar e afrontar seus elementos. Tudo permanece real nesse neorrealismo (quer haja cenário ou exteriores), porém, entre a realidade do meio e a da ação, já não é um prolongamento motor que se estabelece, mas, antes, uma conexão onírica, por intermédio dos órgãos dos sentidos, libertos.[4] Dir-se-ia que a ação flutua na situação, mais do que a arremata ou condensa. É essa a fonte do estetismo *[12]* visionário de Visconti. *A terra treme* [*La Terra trema*, Luchino Visconti, 1948] confirma singularmente esses novos dados. Certo, a situação dos pescadores, a luta que travam, o nascimento de uma consciência de classe são expostos no primeiro episódio, o único que Visconti realizou. Mas aqui essa "consciência comunista" embrionária não depende tanto de uma luta com a natureza e entre os homens, como de uma grande visão do homem e da natureza, de sua unidade sensível e sensual, da qual os "ricos" são excluídos e que constitui a esperança da revolução, para além dos fracassos da ação flutuante: depende de um romantismo marxista.[5]

Em Antonioni, desde sua primeira grande obra, *Crimes d'alma* [*Cronaca di um amore*, 1950], a investigação policial, em vez de proceder por *flashback*, transforma as ações em descrições ópticas e sonoras, enquanto a própria narrativa se transforma em

[4] Esses temas são analisados em *Luchino Visconti: l'histoire et l'esthétique*, col. Études Cinématographiques, vol. 14, nº 26-27, Paris, Minard, 1963), especialmente os artigos de Bernard Dort e de René Duloquin (cf. Duloquin, a propósito de Rocco e seus irmãos, p. 86: "Da escada monumental de Milão ao terreno baldio, as personagens flutuam em um cenário cujos limites elas não atingem. As personagens são reais, o cenário também, mas não a correlação de ambos, que se aproxima da que existe em um sonho").

[5] Sobre esse "comunismo" em *A terra treme*, cf. Yves Guillaume, *Luchino Visconti*, Paris, Éditions Universitaires, 1966, pp. 17 ss.

ações desarticuladas no tempo (o episódio da empregada contando a história, enquanto refaz os gestos passados, ou ainda a famosa cena dos elevadores).[6] E a arte de Antonioni se desenvolverá sempre em duas direções: uma espantosa exploração dos tempos mortos da banalidade cotidiana; depois, a partir de *O eclipse* [*L'eclisse*, 1962], um tratamento das situações-limite que as impele até paisagens desumanizadas, espaços vazios, dos quais dir-se-ia que absorveram as personagens e as ações, para deles só conservar a descrição geofísica, o inventário abstrato. Quanto a Fellini, desde seus primeiros filmes, não é apenas o espetáculo que tende a extravasar sobre o real, é também o cotidiano que está sempre se organizando como espetáculo ambulante, e os encadeamentos sensório-motores dando lugar a uma sucessão de *variedades*, submetidas às suas próprias leis de passagem. Barthélemy Amengual estabelece uma fórmula que vale para a primeira metade dessa obra: "O real se faz espetáculo ou espetacular, e fascina de verdade. [...] O cotidiano é identificado ao espetacular. [...] Fellini alcança a confusão desejada do real e do espetáculo", negando a heterogeneidade dos dois mundos, suprimindo não somente a distância, mas a própria distinção do espectador e do espetáculo.[7] *[13]*

As situações ópticas e sonoras do neorrealismo se opõem às situações sensório-motoras fortes do realismo tradicional. A situação sensório-motora tem por espaço um meio bem qualificado, e supõe uma ação que a desvele, ou suscita uma reação que se adapte a ela ou a modifique. Mas uma situação puramente óptica ou sonora se estabelece no que chamávamos de "espaço qualquer", seja desconectado, seja esvaziado (encontraremos a passagem de um ao outro em *O eclipse*, onde os pedaços desconectados do espaço vivido pela heroína, Bolsa, África, aeroporto, reúnem-se, no final do filme, em um espaço vazio que se confunde com a super-

[6] Cf. o comentário de Noël Burch, *Praxis du cinéma*, Paris, Gallimard, 1969, pp. 112-8 [ed. bras.: *Práxis do cinema*, tradução de Marcelle Pithon e Regina Machado, São Paulo, Perspectiva, 1992].

[7] Barthélemy Amengual, "Du spectacle au spectaculaire", *Federico Fellini*, col. Études Cinématographiques, vol. 15, nº 28-29, Paris, Minard, 1963.

fície branca). No neorrealismo, as ligações sensório-motoras só valem pelas perturbações que as afetam, soltam, desequilibram ou distraem: crise da imagem-ação. Não sendo mais induzida por uma ação, nem se prolongando em ação, a situação óptica e sonora não é, portanto, um índice, nem um *synsigno*. Falaremos de uma nova raça de signos, os *opsignos* e os *sonsignos*. E não há dúvida de que esses novos signos remetem a imagens bem diversas. Ora é a banalidade cotidiana, ora são circunstâncias excepcionais ou limites. Mas, acima de tudo, ora são imagens subjetivas, lembranças de infância, sonhos ou fantasias auditivas e visuais, onde a personagem não age sem se ver agir, espectadora complacente do papel que ela própria desempenha, à maneira de Fellini, ora, como em Antonioni, são imagens objetivas à maneira de uma constatação, ainda que a mera constatação de um acidente, definida por um enquadramento geométrico que, entre seus elementos, pessoas e objetos, só deixa subsistir conexões de medida e de distância, transformando, desta vez, a ação em deslocamento de figuras no espaço (por exemplo, a busca da desaparecida em *A aventura* [*L'avventura*, 1960].[8] É nesse sentido que se pode opor o objetivismo crítico de Antonioni ao subjetivismo cúmplice de Fellini. Haveria, portanto, dois tipos de opsignos, as constatações e as "instatações", uns dando uma visão profunda à distância, tendendo para a abstração, os outros, uma visão próxima e plana, induzindo a uma participação. Esta oposição coincide, em certos aspectos, com a alternativa definida por Worringer: abstração ou *[14] Einfühlung*. As visões estéticas de Antonioni não podem ser separadas de uma crítica objetiva (estamos doentes de Eros, mas isto porque o próprio Eros está objetivamente doente: o que se tornou o amor, para que um homem e uma mulher acabem tão desmunidos, lamentáveis e enfermos, e ajam e reajam tão mal, tanto no começo quanto no fim, em uma sociedade corrompida?), já as visões de Fellini são inseparáveis de uma "empatia", de uma simpatia subjetiva (abraçar até mesmo a decadência que só permite amar em sonho ou em lembrança, simpatizar com esses amores, ser cúmpli-

[8] Pierre Leprohon insistiu nessa noção de constatação em Antonioni: *Michelangelo Antonioni*, Paris, Seghers, 1961.

ce da decadência, e até mesmo precipitá-la, a fim de salvar alguma coisa, talvez, o quanto for possível...).[9] Vemos, de ambos os lados, problemas mais elevados, mais importantes que os lugares-comuns sobre a solidão e a incomunicabilidade.

As distinções entre o banal e o extremo, por um lado, e entre o subjetivo e o objetivo, por outro, têm um valor, mas somente relativo. Valem para uma imagem ou para uma sequência, mas não para o conjunto. Valem ainda para a imagem-ação, que elas questionam, mas já não valem plenamente para a nova imagem que nasce. Indicam polos entre os quais há uma constante passagem. Com efeito, as situações mais banais ou cotidianas liberam "forças mortas" acumuladas, iguais à força viva de uma situação-limite (é o caso, em *Umberto D.*, de De Sica, da sequência do idoso que se examina e acha que está com febre). Melhor ainda, os tempos mortos de Antonioni não mostram somente as banalidades da vida cotidiana, eles colhem as consequências ou o efeito de um acontecimento relevante que é apenas *constatado* enquanto tal, mesmo sem ser explicado (a separação *[15]* de um casal, o repentino desaparecimento de uma mulher...). O método da constatação em Antonioni tem sempre a função de reunir os tempos mortos e os espaços vazios: tirar todas as consequências de uma experiência decisiva passada, uma vez que já aconteceu e que tudo foi dito. "Quando tudo foi dito, quando a cena capital parece terminada, há o que vem depois..."[10]

[9] Várias vezes Fellini proclamou essa simpatia pela decadência (por exemplo, "não é um processo aberto por um juiz, mas por um cúmplice", citado por Amengual, p. 9). Inversamente, Antonioni mantém, perante o mundo, os sentimentos e as personagens que nele aparecem, uma objetividade crítica, na qual se pode ver uma inspiração marxista: cf. a análise de Gérard Gozlan, *Positif*, nº 35, jul. 1960. Gozlan invoca o belo texto de Antonioni: como é possível que os homens se livrem facilmente de suas concepções científicas e técnicas quando estas se revelam insuficientes ou inadequadas, mas permaneçam ligados a crenças e sentimentos "morais" que só trazem infelicidade, até mesmo quando inventam um imoralismo ainda mais doentio? (O texto de Antonioni está reproduzido em Leprohon, pp. 104-6).

[10] Michelangelo Antonioni, *Cinéma*, nº 58, set. 1958. E a fórmula de

Quanto à distinção entre o subjetivo e o objetivo, ela também tende a perder importância, à medida que a situação óptica ou a descrição visual substituem a ação motora. Pois acabamos caindo em um princípio de indeterminabilidade, ou indiscernibilidade: não se sabe mais o que é imaginário ou real, físico ou mental na situação, não que sejam confundidos, mas porque não é preciso saber, e não há sequer lugar para a pergunta. É como se o real e o imaginário corressem um atrás do outro, se refletissem um no outro, em torno de um ponto de indiscernibilidade. Voltaremos a falar sobre este ponto; mas, por ora, quando Robbe-Grillet concebe sua grande teoria das descrições, ele começa definindo uma descrição "realista" tradicional: ela supõe a independência de seu objeto, e afirma, portanto, uma discernibilidade do real e do imaginário (podem ser confundidos, mas não deixam de ser distintos em direito). Bem diferente é a descrição neorrealista do *nouveau roman*: como ela *substitui* seu próprio objeto, por um lado ela apaga ou *destrói* sua realidade, que passa para o imaginário, mas, por outro, faz surgir toda a realidade dele que o imaginário ou o mental *criam* pela palavra e pela visão.[11] O imaginário e o real tornam-se indiscerníveis. Robbe-Grillet tomará cada vez mais consciência disso em sua reflexão sobre o *nouveau roman* e o cinema: as determinações mais objetivistas não os impedem de realizar uma "subjetividade total". É o que está em germe desde o início do neorrealismo italiano, e permite Labarthe dizer que *O ano passado em Marienbad* [*L'Année dernière à Marienbad*, Alain Resnais, 1961] *[16]* é o último dos grandes filmes neorrealistas.[12]

Já em Fellini, determinada imagem é evidentemente subjetiva, — mental, lembrança ou fantasia —, mas ela não se organiza co-

Leprohon, p. 76: "A narrativa só pode ser lida em filigrana, através das imagens que são consequências, e não mais atos".

[11] Alain Robbe-Grillet, *Pour un nouveau roman*, "Temps et description", Paris, Minuit, 1963, p. 127 [ed. port.: *Por um novo romance*, tradução de Cristóvão Santos, Lisboa, Publicações Europa-América, 1965]. Precisaremos recorrer com frequência à teoria da descrição exposta nesse texto de Robbe-Grillet.

[12] André Labarthe, *Cahiers du Cinéma*, nº 123, set. 1961.

mo espetáculo sem se tornar objetiva, sem entrar nos bastidores, na "realidade do espetáculo, daqueles que o fazem, vivem dele, se prendem a ele": o mundo mental de uma personagem povoa-se tão bem de outros personagens proliferantes, que se torna intermental, e chega, por aplainamento das perspectivas, "a uma visão neutra, impessoal [...], o mundo de todos nós" (daí a importância do telepata em *Oito e meio* [*Otto e mezzo*, Federico Fellini, 1963].[13] Inversamente, em Antonioni, dir-se-ia que as imagens mais objetivas não se compõem sem se tornar mentais, e passar para uma estranha subjetividade invisível. Não é apenas que o método da constatação deva se aplicar aos sentimentos tal como existem em uma sociedade, e tirar deles as consequências tal como se desenvolvem no interior das personagens: Eros doente é uma história dos sentimentos que vai do objetivo ao subjetivo, e passa para o interior de cada um. Nesse sentido, Antonioni está muito mais perto de Nietzsche que de Marx; ele é o único autor contemporâneo que retomou o projeto nietzschiano de uma verdadeira crítica da moral, e isso graças a um método "sintomatologista". Mas, ainda de outro ponto de vista, nota-se que as imagens objetivas de Antonioni, que seguem impessoalmente um devir, isto é, um desenvolvimento de consequências em uma narrativa, nem por isso deixam de sofrer rupturas rápidas, intercalações, "injeções infinitesimais de atemporalidade". É o caso, já em *Crimes d'alma*, da cena do elevador. Somos mais uma vez remetidos à primeira forma do espaço qualquer: espaço desconectado. A concatenação das partes do espaço não é dada, pois só pode fazer-se do ponto de vista subjetivo de uma personagem, no entanto ausente, ou até mesmo desaparecida, não somente no fora de campo, mas remetida ao vazio. Em *O grito* [*Il grido*, Michelangelo Antonioni, 1957], Irma não é apenas o pensamento subjetivo obsedante do herói que foge para esquecer, mas o olhar imaginário sob o qual essa fuga acontece e liga seus próprios segmentos: *[17]* olhar que volta a ser real no momento da morte. E, acima de tudo, em *A aventura*: a desaparecida faz pesar sobre o casal um olhar indeterminável que lhe inflige a perpétua sensação de estar sendo espiado, e explica a des-

[13] Barthélemy Amengual, p. 22.

coordenação de seus movimentos objetivos, quando o casal foge alegando ir procurá-la. Ainda em *Identificação de uma mulher* [*Identificazione di una donna*, Michelangelo Antonioni, 1982], toda a busca ou investigação se faz sob o suposto olhar da mulher que partiu, de quem não se saberá, nas esplêndidas imagens do final, se viu ou não o herói agachado no vão da escada. O olhar imaginário faz do real algo imaginário, ao mesmo tempo em que, por sua vez, se torna real e nos dá novamente a realidade. É como um circuito que troca, corrige, seleciona e volta a nos arremessar para dentro dele. Sem dúvida, a partir de *O eclipse*, o espaço qualquer atingira uma segunda forma, a de espaço vazio ou abandonado. É que, de consequência em consequência, as personagens esvaziaram-se objetivamente: sofrem menos da ausência de um outro do que da ausência de si mesmas (por exemplo, *O passageiro — Profissão: repórter* [*Professione Reporter*, Michelangelo Antonioni, 1975]). Por isso esse espaço remete ainda ao olhar perdido do ser ausente, ausente tanto para o mundo quanto para si mesmo, e, como diz Ollier em uma fórmula válida para toda a obra de Antonioni, substitui o drama tradicional por "uma espécie de *drama óptico* vivido pela personagem".[14]

Em suma, as situações ópticas e sonoras puras podem ter dois polos, objetivo e subjetivo, real e imaginário, físico e mental. Mas elas dão lugar a opsignos e sonsignos, que estão sempre fazendo com que os polos se comuniquem, e em um sentido ou em outro, asseguram as passagens e as conversões, tendendo para um ponto de indiscernibilidade (e não de confusão). Esse regime de troca en-

[14] Claude Ollier, *Souvenirs écran*, Paris, Cahiers du Cinéma/Gallimard, 1981, p. 86. É Ollier quem analisa as rupturas e injeções nas imagens de Antonioni, e o papel do olhar imaginário que liga as partes do espaço. Veja-se também a excelente análise de Marie-Claire Ropars-Wuilleumier: ela mostra como Antonioni não somente passa de um espaço desconectado a um espaço vazio, mas, ao mesmo tempo, de uma pessoa que sofre com a ausência de outra a uma pessoa que sofre de modo ainda mais radical com uma ausência de si mesma e do mundo ("L'Espace et le temps dans l'univers d'Antonioni", *Michelangelo Antonioni*, col. Études Cinématographiques, pp. 22, 27-8, reproduzido em *L'Écran de la mémoire*, Paris, Seuil, 1970).

tre o imaginário e o real aparece plenamente em *Noites brancas* [*Le notti bianche*, 1957], de Visconti.[15] *[18]*

A *nouvelle vague* francesa não pode ser definida se não se tenta ver como ela refaz por conta própria o caminho do neorrealismo italiano, ainda que também seguisse outras direções. Com efeito, uma primeira aproximação indica que a *nouvelle vague* retoma a via precedente: do afrouxamento dos liames sensório-motores (o passeio ou a errância, a balada, os acontecimentos não concernentes etc.) à ascensão das situações ópticas e sonoras. Ainda aí, um cinema de vidente substitui a ação. Se Tati pertence à *nouvelle vague*, é porque, após dois filmes-balada, liberta plenamente o que estes preparavam, um burlesco que se efetua mediante situações puramente ópticas e, sobretudo, sonoras. Godard começa com baladas extraordinárias, de *Acossado* [*À bout de souffle*, 1960] a *O demônio das onze horas* [*Pierrot le fou*, 1965], e tende a extrair delas todo um mundo de opsignos e de sonsignos que já constituem a nova imagem (em *O demônio das onze horas*, a passagem do afrouxamento sensório-motor, "não sei o que fazer", ao puro poema cantado e dançado, "A linha de suas ancas"). E essas imagens, emocionantes ou terríveis, ganham cada vez mais autonomia a partir de *Made in U.S.A.* [Jean-Luc Godard, 1966], que pode ser resumido assim: "uma testemunha fornecendo-nos sucessivas constatações sem conclusão nem laços lógicos [...], sem reações realmente efetivas".[16] Claude Ollier diz que, com *Made in U.S.A.*, o caráter violentamente alucinatório da obra de Godard afirma-se por si mesmo, em uma arte da descrição que sempre é retomada e substitui seu objeto.[17] Esse objetivismo descritivo é também crítico e até mesmo didático, inspirando uma série de filmes, de *Duas ou três coisas que sei dela* [*Deux ou trois choses que je sais d'elle*, 1967] a *Salve-se quem puder (a vida)* [*Sauve qui peut*

[15] Cf. a análise de Michel Estève, "Les Nuits blanches ou le jeu du réel et de l'irréel", *Luchino Visconti*, col. Études Cinématographiques.

[16] Georges Sadoul, *Chroniques du cinéma français*, vol. I, col. 10-18, Paris, Union Générale d'Éditions, 1979, p. 370.

[17] Claude Ollier, *Souvenirs écran*, pp. 23-4 (sobre o espaço em *Made in U.S.A.*).

(la vie), 1979], onde a reflexão não recai somente sobre o conteúdo da imagem, mas também sobre sua forma, seus meios e funções, suas falsificações e criatividades, sobre as conexões que nela têm o sonoro e o óptico. Godard tem pouca complacência ou simpatia pelas fantasias: em *Salve-se quem puder...* assistiremos à decomposição de uma fantasia sexual em seus elementos objetivos separados, visuais e depois sonoros. Mas esse objetivismo nunca perde sua força estética. Inicialmente a serviço de uma política da imagem, a força estética ressurge por si mesma em *Paixão* [*Passion*, 1982]: a *[19]* livre ascensão de imagens pictóricas e musicais como quadros vivos, enquanto do outro lado os encadeamentos sensório-motores começam a se inibir (a gagueira da operária e a tosse do patrão). *Paixão*, nesse sentido, leva à mais alta intensidade o que já se preparava em *O desprezo* [*Le Mépris*, Jean-Luc Godard, 1963], quando se assistia à falência sensório-motora do casal no drama tradicional, ao mesmo tempo que subiam ao céu a representação óptica do drama de Ulisses e o olhar dos deuses, tendo Fritz Lang por intercessor. Através de todos esses filmes, uma evolução criadora: a de um Godard visionário.

Em Rivette, *Um passeio por Paris* [*Le Pont du Nord*, 1981] tem sem dúvida a mesma perfeição de recapitulação provisória que *Paixão*, em Godard. É a balada de duas estranhas andarilhas, entre as quais uma grande visão dos leões de pedra de Paris vai distribuir situações ópticas e sonoras puras, em uma espécie de jogo do ganso maléfico,* em que reencenam o drama alucinatório de Dom Quixote. Mas, sobre a mesma base, Rivette e Godard parecem traçar os dois lados opostos. É que, em Rivette, a ruptura das situações sensório-motoras em prol das situações ópticas e sonoras está ligada a um subjetivismo cúmplice, a uma empatia, que, na maioria das vezes, procede por fantasias, lembranças ou pseudolembranças, e nisso encontra uma alegria e leveza inigualáveis. (*Céline e Julie vão de barco* [*Céline et Julie vont en bateau*, Jacques Rivette, 1974] é sem dúvida um dos maiores filmes cômicos fran-

* Jogo de dados, popular na França, em que as pedras avançam num tabuleiro que tem um ganso a cada nove casas. (N. da T.)

ceses, juntamente com a obra de Tati.) Enquanto Godard se inspirava na história em quadrinhos, no que esta tem de mais cruel e incisivo, Rivette mergulha seu tema constante de complô internacional em uma atmosfera de conto e brincadeira. Já em *Paris nos pertence* [*Paris nous appartient*, Jacques Rivette, 1961], o passeio culmina em uma fantasia crespuscular, na qual os lugares urbanos têm apenas a realidade e as concatenações que nosso sonho lhes confere. E *Céline e Julie vão de barco*, depois do passeio-perseguição da moça-dupla, nos faz assistir ao puro espetáculo de sua fantasia, menina com a vida ameaçada em um romance familiar. O próprio duplo, ou melhor, a dupla, assiste ao espetáculo, com a ajuda de balas mágicas; depois, graças à poção alquímica, ela se introduz no espetáculo que já não tem espectador, mas apenas bastidores, para terminar salvando a criança de seu destino selado, com uma barca que a leva para longe: não há conto de fadas mais alegre. *Duella* [*Duelle*, 1976] já não *[20]* precisa nos fazer entrar no espetáculo; as heroínas do espetáculo, a mulher solar e a mulher lunar, já entraram no real, e, sob o signo da pedra mágica, perseguem, apagam ou matam as personagens existentes que serviriam ainda de testemunha.

Poder-se-ia dizer de Rivette que ele é o mais francês dos autores da *nouvelle vague*. Aqui, porém, "francês" não tem nada a ver com o que se chamou de qualidade francesa. Tem, antes, o sentido da escola francesa anterior à guerra, quando ela descobre, no rastro do pintor Delaunay, que não há luta da luz e das trevas (expressionismo), mas uma alternância e duelo do sol e da lua, que são ambos luz, um constituindo um movimento circular e contínuo das cores complementares, o outro um movimento mais rápido e contrastado das cores dissonantes irisadas, os dois juntos compondo e projetando sobre a terra uma eterna miragem.[18] É o caso de

[18] Vimos anteriormente esse sentido da luz na escola francesa anterior à guerra, notadamente em Grémillon. Mas Rivette o leva a um estado superior, que se aproxima das concepções mais profundas de Delaunay: "Ao contrário dos cubistas, Delaunay não procura os segredos da renovação na apresentação dos objetos, ou, mais exatamente, da luz no nível dos objetos. Considera que a luz cria formas por si mesma, independentemente de seus refle-

Duella. De *Merry-go-round* [*Carrossel*, Jacques Rivette, 1983], onde a descrição feita de luz e de cores está sempre se corrigindo para suprimir seu objeto. É isso que Rivette leva ao ponto mais elevado em sua arte da luz. Todas as suas heroínas são Filhas do fogo, toda a sua obra está sob esse signo. Finalmente, se ele é o mais francês dos cineastas, é no sentido em que Gérard de Nerval podia ser chamado de poeta francês por excelência, e até mesmo de o "gentil Gérard", cantor da Île-de-France, tal como Rivette, cantor de Paris e de suas ruas rústicas. Quando Proust pergunta o que há sob todos aqueles nomes que se aplicavam a Nerval, ele próprio responde que é mesmo uma das maiores poesias que já houve no mundo, e a própria loucura ou miragem às quais *[21]* Nerval sucumbiu. Pois, se Nerval precisa ver, e passear no Valois, é porque ver e passear são para ele como a realidade que deve "verificar" sua visão alucinatória, a ponto de já não sabermos absolutamente o que é presente ou passado, mental ou físico. Ele precisa da Ilha de França como do real que sua palavra e sua visão criam, como do objetivo de sua pura subjetividade: uma "iluminação de sonho", uma "atmosfera azulada e purpúrea", solar e lunar.[19] O mesmo vale para Rivette e sua necessidade de Paris. De tal modo que, mais uma vez, devemos concluir que a diferença entre o objetivo e o subjetivo tem valor apenas provisório e relativo, do ponto de vista da imagem óptico-sonora. O mais subjetivo, o

xos na matéria. [...] Se a luz destrói as formas objetivas, em compensação, ela traz consigo a sua ordem e seu movimento. [...] É então que Delaunay descobre que os movimentos que animam a luz são diferentes conforme se trate do Sol ou da Lua. [...] Ele associa aos dois espetáculos fundamentais da luz em movimento a imagem do universo, na forma do globo terrestre apresentado como o lugar das miragens eternas" (Pierre Francastel, *Du cubisme à l'art abstrait: Robert Delaunay*, Paris, Bibliotèque de l'École Pratique des Hautes Études, 1957, pp. 19-29).

[19] Marcel Proust, *Contre Sainte-Beuve*, "Gérard de Nerval", Paris, Gallimard, 1954 [ed. bras.: *Contra Sainte-Beuve*, tradução de Haroldo Ramazini, São Paulo, Iluminuras, 1988]. Proust conclui sua análise observando que um sonhador medíocre não vai rever os lugares onde esteve em sonho, já que não passa de um sonho, enquanto o verdadeiro sonhador vai até lá justamente por ser um sonho.

subjetivismo cúmplice de Rivette, é perfeitamente objetivo, pois cria o real pela força da descrição visual. E, inversamente, o mais objetivo, o objetivismo crítico de Godard, já era completamente subjetivo, pois substituía pela descrição visual o objeto real, e fazia com que ela entrasse "no interior" da pessoa ou do objeto (*Duas ou três coisas que sei dela*).[20] Tanto de um lado quanto de outro, a descrição tende para um ponto de indiscernibilidade do real e do imaginário.

Uma última questão: por que o desmoronamento das situações sensório-motoras tradicionais, como existiam no antigo realismo ou na imagem-ação, deixa emergir apenas situações ópticas e sonoras puras, opsignos e sonsignos? Pense-se que Robbe-Grillet, ao menos no começo de sua reflexão, era ainda mais severo: repudiava não somente o tátil, mas até mesmo os sons e as cores como inaptos à constatação, ligados demais a emoções e reações, e só aceitava descrições visuais operando por linhas, superfícies e medidas.[21] O cinema foi uma das razões de sua evolução, pois lhe permitiu descobrir a potência descritiva das cores e dos sons, na medida em que substituem, suprimem e recriam o próprio objeto. E, mais ainda, é o tátil que pode constituir uma imagem sensorial pura, com a condição de que a mão renuncie a suas funções preensíveis e motoras, contentando-se com um puro tocar. Em Herzog, assistimos a um extraordinário esforço para apresentar à vista imagens propriamente táteis que caracterizem a situação dos seres "sem defesa", e se combinem com as grandes visões dos alucinados.[22] Mas é Bresson, de uma maneira totalmente diferente, quem

[20] Já a respeito de *Viver a vida* [*Vivre sa vie*, 1962], Godard dizia que "o lado exterior das coisas" deve permitir dar "o sentimento do lado de dentro": "como restituir o lado de dentro? Pois bem, ficando ajuizadamente do lado de fora", como o pintor. E Godard apresenta *Duas ou três coisas...* como um filme que acrescenta uma "descrição subjetiva" à "descrição objetiva", para dar uma "sensação de conjunto" (*Jean-Luc Godard par Jean-Luc Godard*, Paris, Belfond, 1968, pp. 309, 394-5).

[21] Alain Robbe-Grillet, *Pour un nouveau roman*, p. 66.

[22] Emmanuel Carrère mostrou bem esta "tentativa de aproximação das sensações táteis" (*Werner Herzog*, Paris, Edilig, 1982, p. 25): não apenas em

faz do tato um objeto da visão enquanto tal. Com efeito, o espaço visual de Bresson é um espaço fragmentado e desconectado, cujas partes têm, porém, uma junção manual feita aos poucos. Portanto, na imagem, a mão tem um papel que extravasa infinitamente as exigências sensório-motoras da ação, que substitui até mesmo o rosto, do ponto de vista das afecções, e que, do ponto de vista da percepção, torna-se o modo de construção de um espaço adequado às decisões do espírito. Assim, em *Pickpocket, o batedor de carteiras* [*Pickpocket*, Robert Bresson, 1959], são as mãos dos três cúmplices que conectam os pedaços de espaço da Gare de Lyon, não exatamente na medida em que pegam um objeto, mas na medida em que o roçam, detêm seu movimento, imprimem-lhe outra direção, o transmitem e fazem circular nesse espaço. A mão duplica sua função preensiva (de objeto) com uma função conectiva (de espaço); mas, assim, é o olho inteiro que soma, à sua função óptica, uma função propriamente "háptica", na fórmula que Riegl concebeu para designar um tocar característico do olhar. Em Bresson, os opsignos e os sonsignos são inseparáveis de verdadeiros *tatisignos*, que talvez sejam quem regula as conexões daqueles (seria esta a originalidade dos espaços quaisquer de Bresson).

2

Embora sofresse desde o início a influência de certos cineastas americanos, Ozu construiu, em um contexto japonês, *[23]* a primeira obra a desenvolver situações ópticas e sonoras puras (entretanto ele chega bem tarde ao cinema falado, em 1936). Os europeus não o imitaram, mas o alcançaram, por seus próprios caminhos. Ozu foi, de qualquer forma, o inventor dos opsignos e dos sonsignos. A obra adota uma forma balada/perambulação, viagem de trem, corrida de táxi, excursões em ônibus, voltas de bicicleta

Terra do silêncio e da escuridão [*Land des Schweigens und der Dunkelheit*, 1971], que mostra cegos-surdos, mas também em *Kaspar Hauser*, que faz coexistir as grandes visões oníricas e os pequenos gestos táteis (por exemplo, a pressão do polegar e dos dedos quando Kaspar se esforça para pensar).

ou a pé: a ida e volta de Tóquio dos avós da província, as últimas férias de uma filha com sua mãe, a fuga de um idoso... Mas o objeto é a banalidade cotidiana apreendida como vida de família na casa japonesa. Os movimentos de câmera vão se tornando cada vez mais raros: os *travellings* são "blocos de movimento" lentos e baixos, a câmera sempre baixa é, na maioria das vezes, fixa, frontal ou em um ângulo constante, as "fusões" são abandonadas em prol do mero *corte*. O que pode parecer uma volta ao "cinema primitivo" é também a elaboração de um estilo moderno incrivelmente sóbrio: o corte seco, predominante no cinema moderno, é uma passagem ou uma pontuação puramente óptica entre imagens, operando diretamente, sacrificando todos os efeitos sintéticos. O som é igualmente afetado, já que o corte seco pode culminar no procedimento "para cada plano, uma réplica", derivado do cinema americano. Mas neste caso, por exemplo em Lubitsch, tratava-se de uma imagem-ação funcionando como índice. Enquanto Ozu modifica o sentido do procedimento, que agora expressa a ausência de intriga: a imagem-ação desaparece em prol da imagem puramente visual do que é uma personagem, e da imagem sonora do que ela *diz*, uma natureza e uma conversa absolutamente banais constituindo o essencial do roteiro (por isso, só importam a escolha dos atores conforme sua aparência física e moral, e a determinação de um diálogo qualquer aparentemente sem assunto preciso).[23] *[24]*

[23] Donald Richie, *Ozu*, Genebra, Lettre du Blanc, 1980: "No momento de enfrentar a escrita do roteiro, confiante em seu repertório de temas, ele raramente se perguntava qual seria a história. Perguntava-se, antes, com que pessoas seu filme ia ser povoado [...] Um nome era atribuído a cada personagem, como também uma panóplia de características gerais apropriadas a sua situação familiar, pai, filha, tia, mas poucos traços discerníveis. Essa personagem crescia, ou melhor, o diálogo que lhe dava vida crescia [...] fora de qualquer referência à intriga ou à história. [...] Embora as cenas de abertura sejam sempre cenas muito dialogadas, o diálogo não gira aparentemente em torno de nenhum assunto preciso. [...] A personagem era assim construída, modelada, quase que exclusivamente através de suas conversas" (pp. 15-26). E, sobre o princípio "para cada plano, uma réplica", cf. pp. 143-5.

É evidente que esse método, desde o início, apresenta tempos mortos, e os faz proliferar no decorrer do filme. Certo, à medida que o filme avança, poder-se-ia acreditar que os tempos mortos não valem mais apenas por si mesmos, mas recolhem o efeito de algo importante: o plano ou a réplica seriam assim prolongados por um silêncio, um vazio bastante longos. No entanto, em Ozu não há, de modo algum, algo relevante *e* algo ordinário, situações-limite *e* situações banais, umas tendo efeito ou vindo insinuar-se nas outras. Não podemos seguir Paul Schrader quando ele opõe, como se fossem duas fases, "o cotidiano", por um lado, e "o momento decisivo", por outro, "a disparidade", que introduziria na banalidade cotidiana uma ruptura ou uma emoção inexplicáveis.[24] Essa distinção pareceria mais válida, a rigor, para o neorrealismo. Em Ozu, tudo é comum ou banal, até mesmo a morte e os mortos, que são objeto de um esquecimento natural. As famosas cenas de lágrimas repentinas (as do pai de *A rotina tem seu encanto* [*Sanma no Aji*, 1962], que começa a chorar silenciosamente depois do casamento da filha, e as da filha de *Pai e filha* [*Banshun*, 1949], que sorri de leve enquanto olha o pai adormecido, depois se vê prestes a chorar, a da filha de *Fim de verão* [*Kohayagawa-ke no aki*, 1961], que faz uma observação amarga sobre seu pai morto, depois abre o berreiro) não marcam um tempo forte se opondo aos tempos fracos da vida corrente, e não há razão alguma para invocar a emergência de uma emoção recalcada como "ação decisiva".

A filosofia de Leibniz (que não ignorava a existência dos filósofos chineses) mostrou que o mundo é feito de séries que se compõem e convergem de maneira muito regular, obedecendo a leis ordinárias. As séries e sequências, porém, só nos aparecem em pequenas partes, e em uma ordem remexida e misturada, de modo

[24] Paul Schrader, *Transcendental Style in Film: Ozu, Bresson, Dreyer* (trechos em *Cahiers du Cinéma*, nº 286, mar. 1978). Ao contrário de Kant, os americanos praticamente não distinguem o transcendental e o transcendente: daí a tese de Schrader que imputa a Ozu um gosto pelo "transcendente", que detecta também em Bresson e até em Dreyer. Schrader distingue três "fases do estilo transcendental" de Ozu: o cotidiano, o decisivo, e a "estase" como expressão do próprio transcendente.

que acreditamos em rupturas, disparidades e discordâncias como coisas extraordinárias. Maurice Leblanc escreveu uma bela *[25]* novela, que tem muito da sabedoria Zen: o herói Baltazar, "professor de filosofia cotidiana", ensina que nada há de relevante ou de singular na vida, que as mais estranhas aventuras se explicam facilmente, e tudo é feito de coisas ordinárias.[25] Simplesmente, seria preciso dizer que, em virtude dos encadeamentos naturalmente fracos dos termos da série, estas são constantemente remexidas e não aparecem na ordem. Um termo ordinário sai de sua sequência, surge no meio de outra sequência de coisas ordinárias relativamente às quais ele assume a aparência de um momento forte, de um ponto relevante ou complexo. São os homens que fazem a confusão na regularidade das séries, na continuidade corrente do universo. Há um tempo para a vida, um tempo para a morte, um tempo para a mãe, um tempo para a filha, mas os homens os misturam, fazem com que surjam em desordem, os erigem em conflitos. É o mesmo que pensa Ozu: a vida é simples, e o homem não para de complicá-la "agitando a água que dorme" (como os três compadres de *Dia de outono* [*Akibiyori*, 1960]. E se, depois da guerra, a obra de Ozu não começa em absoluto a declinar, como algumas vezes se anunciou, é porque o pós-guerra vem confirmar o que Ozu pensa, mas renovando-o, reforçando e extravasando o tema das gerações opostas: o ordinário americano vem repercutir o ordinário do Japão, choque de duas cotidianidades que se exprime até nas cores, quando o vermelho Coca-Cola ou o amarelo-plástico fazem brutal irrupção na série das tinturas pálidas, sem nitidez, da vida japonesa.[26] E, como diz uma personagem de *A rotina tem seu encanto*: se tivesse ocorrido o inverso, se o saquê, o *shamisen* e as perucas de gueixa tivessem de repente se introduzido na banalidade cotidiana dos americanos...? Parece-nos a esse respeito que a natureza não intervém, como acredita Paul Schrader, em um mo-

[25] Maurice Leblanc, *La Vie extravagante de Balthazar*, Paris, Le Livre de Poche, 1979.

[26] Sobre a cor em Ozu, cf. as observações de Renaud Bezombes, *Cinématographe*, nº 41, nov. 1978, p. 47, e nº 52, nov. 1979, p. 58.

mento decisivo ou em uma ruptura manifesta com o homem cotidiano. O esplendor da Natureza, de uma montanha coberta de neve, só nos diz uma coisa: Tudo é ordinário e regular. Tudo é cotidiano! Ela se contenta em reatar o que o homem rompeu, reergue o que o homem vê quebrado. E, quando uma personagem sai por um *[26]* instante de um conflito familiar ou de um velório para contemplar uma montanha coberta de neve, é como se ela procurasse refazer a ordem das séries perturbada em casa, mas restituída por uma natureza imutável e regular, tal como uma equação que nos mostra a razão das rupturas aparentes, "voltas e mais voltas, altos e baixos", segundo a fórmula de Leibniz.

A vida cotidiana não deixa subsistir senão ligações sensório-motoras fracas, e substitui a imagem-ação por imagens ópticas e sonoras puras, opsignos e sonsignos. Em Ozu não há linha de universo que ligue os momentos decisivos, os mortos aos vivos, como em Mizoguchi; também não há espaço-sopro ou englobante que contenha uma pergunta profunda, como há em Kurosawa. Os espaços de Ozu são elevados ao estado de espaços quaisquer, seja por desconcatenação ou por vacuidade (também disso, Ozu pode ser considerado como um dos primeiros inventores). Os falsos *raccords* de olhar, de direção e até mesmo de posição de objetos são constantes, sistemáticos. Um caso de movimento de câmera dá um bom exemplo de desconcatenação: em *Também fomos felizes* [*Bakushu*, 1951] a heroína avança na ponta dos pés para surpreender alguém em um restaurante, a câmera recuando para mantê-la no centro do quadro; depois a câmera avança em um corredor, mas este corredor não é mais o do restaurante, é o da casa da heroína, já de volta. Quanto aos espaços vazios, sem personagens e movimentos, são interiores sem seus ocupantes, exteriores desertos ou paisagens da Natureza. Eles adquirem em Ozu uma autonomia que não têm diretamente, nem mesmo no neorrealismo, que ainda lhes confere um valor aparente relativo (relativamente a uma narrativa) ou resultante (uma vez a ação terminada). Eles atingem o absoluto, como contemplações puras, e asseguram a imediata identidade do mental e do físico, do real e do imaginário, do sujeito e do objeto, do mundo e do eu. Correspondem em parte ao que Schrader chama de estase, Noël Burch, *pillow-shots*, Richie, naturezas-mortas. A questão é saber se não há, contudo, uma distinção a ser estabelecida no seio da própria categoria.[27] *[27]*

Entre um espaço ou paisagem vazios e uma natureza-morta propriamente falando, há, decerto, muitas semelhanças, funções comuns e passagens insensíveis. Mas não são a mesma coisa: uma natureza-morta não se confunde com uma paisagem. Um espaço vazio vale antes de mais nada pela ausência de conteúdo possível, enquanto a natureza-morta se define pela presença e composição de objetos que se envolvem em si mesmos ou se tornam seus próprios continentes: é o caso do longo plano do vaso, quase no final de *Pai e filha*. Tais objetos não se envolvem necessariamente no vazio, mas podem deixar que personagens vivam e falem com certa vagueza, como a natureza-morta com um vaso e frutas de *Mulher de Tóquio* [*Tokyo no onna*, 1933], ou a com frutas e campo de golfe de *O que foi que a senhora esqueceu?* [*Shukujo wa nani wo wasureta ka*, 1937]. E, como em Cézanne, as paisagens vazias ou abertas não têm o mesmo princípio de composição que as naturezas-mortas plenas. Acontece de se hesitar entre as duas, de tanto que as funções podem se superpor e as transições se tornarem sutis: por exemplo, em Ozu, a admirável composição com garrafa e farol, no início de *Ervas flutuantes* [*Ukigusa*, 1959]. A distinção continua a ser a do vazio e do pleno, que joga com todas as nuan-

[27] Recorremos à bela análise do *pillow-shot* e de suas funções por Noël Burch: suspensão da presença humana, passagem ao inanimado, mas também passagem inversa, pivô, emblema, contribuição à planeza da imagem, composição pictórica (*Pour un observateur lointain*, Paris, Cahiers du Cinéma/ Gallimard, 1982, pp. 175-86). Perguntamo-nos apenas se não caberia distinguir duas coisas diferentes nesses *pillow-shots*, e o mesmo quanto ao que Richie chama de naturezas-mortas, pp. 164-70.

[Em *To the Distant Observer* (Berkeley, University of California Press, 1979), no capítulo sobre Ozu, Noël Burch diz: "A particularidade desses planos é que suspendem o fluxo diegético, usando uma gama considerável de estratégias e produzindo uma variedade de relações complexas. Com alguma hesitação, chamarei essas imagens de *pillow-shots* (planos-travesseiro), tendo em mente uma vaga analogia com a *pillow-word* (palavra-travesseiro) da poesia japonesa clássica". Cf. "Ozu Yasujiro", tradução de Elisabeth Vieira, em Lúcia Nagib e André Parente (orgs.), *Ozu: o extraordinário cineasta do cotidiano*, São Paulo, Marco Zero, 1990, p. 35 (N. da T.)].

ces ou conexões no pensamento chinês e japonês, como dois aspectos da contemplação. Se os espaços vazios, interiores ou exteriores, constituem situações puramente ópticas (e sonoras), as naturezas-mortas são o inverso, o correlato delas.

O vaso de *Pai e filha* se intercala entre o leve sorriso da moça e as lágrimas que surgem. Há devir, mudança, passagem. Mas a forma do que muda não muda, não passa. É o tempo, o tempo em pessoa, "um pouco de tempo em estado puro": uma imagem-tempo direta, que dá ao que muda a forma imutável na qual se produz a mudança. A noite que vira dia, ou o inverso, remete a uma natureza-morta sobre a qual a luz cai enfraquecendo-se ou aumentando (*Esposa de uma noite* [*Sono yo no tsuma*, 1930], *Coração caprichoso* [*Dekigokoro*, 1933]). A natureza-morta é o tempo, pois tudo o que muda está no tempo, mas o próprio tempo *[28]* não muda, não poderia mudar senão em outro tempo, ao infinito. No momento em que a imagem cinematográfica confronta-se mais estreitamente com a fotografia, também se distingue dela mais radicalmente. As naturezas-mortas de Ozu duram, têm uma duração, os dez segundos do vaso: essa duração do vaso é precisamente a representação daquilo que permanece, através da sucessão dos estados mutantes. Também uma bicicleta pode durar, quer dizer, representar a forma imutável daquilo que se move, com a condição de permanecer, de ficar imóvel, apoiada ao muro (*Ervas flutuantes*). A bicicleta, o vaso, as naturezas-mortas são as imagens puras e diretas do tempo. Cada uma é o tempo, cada vez, sob determinadas condições do que muda no tempo. O tempo é o pleno, quer dizer, a forma inalterável preenchida pela mudança. O tempo é a "reserva visual dos acontecimentos em sua justeza".[28] Antonioni falava do "horizonte dos acontecimentos", mas observava que a palavra tem duplo sentido para os ocidentais, horizonte banal do homem, horizonte cosmológico inacessível e sempre em recuo. Daí a divisão do cinema ocidental em humanismo europeu e ficção científica americana.[29] Ele sugeria que não é assim para os japo-

[28] Dôgen, *Shôbôgenzo*, Paris, Éd. de la Différence, 1980.

[29] Cf. Michelangelo Antonioni, "L'Horizon des événements" (*Cahiers du Cinéma*, nº 290, jul. 1978, p. 11), que insiste no dualismo europeu. E, em

neses, que não se interessam pela ficção científica: é um mesmo horizonte que liga o cósmico e o cotidiano, o durável e o mutante, um único e mesmo tempo como forma imutável daquilo que muda. Segundo Schrader, a natureza ou a estase se definiam como a forma que liga o cotidiano em "algo unificado, permanente". Não há necessidade alguma de invocar uma transcendência. Na banalidade cotidiana, a imagem-ação e até mesmo a imagem-movimento tendem a desaparecer em prol de situações ópticas puras, mas estas descobrem ligações de um novo tipo, que não são mais sensório-motoras, e põem os sentidos liberados em conexão direta com o tempo, com o pensamento. É esse é o prolongamento muito especial do *[29]* opsigno: tornar sensíveis o tempo e o pensamento, torná-los visíveis e sonoros.

3

Uma situação puramente óptica e sonora não se prolonga em ação, tampouco é induzida por uma ação. Ela permite apreender, deve permitir apreender algo intolerável, insuportável. Não uma brutalidade como agressão nervosa, uma violência aumentada que sempre pode ser extraída das conexões sensório-motoras na imagem-ação. Tampouco se trata de cenas de terror, embora, às vezes, haja cadáveres e sangue. Trata-se de algo excessivamente poderoso, ou excessivamente injusto, mas às vezes também excessivamente belo, e que, portanto, vai além de nossas capacidades sensório-motoras. *Stromboli*: uma beleza excessiva para nós, como uma dor excessivamente forte. Pode ser uma situação-limite, a erupção de um vulcão, mas também o mais banal, uma mera fábrica, um terreno baldio. Em *Tempo de guerra* [*Les Carabiniers*, 1963], de Godard, a militante recita algumas fórmulas revolucionárias, clichês; mas ela é tão bonita, de uma beleza intolerável para seus carrascos, que eles precisam cobrir seu rosto com um lenço. E esse lenço, levantado pela respiração e pelo murmúrio ("irmãos, ir-

uma entrevista posterior, ele retoma de modo breve esse tema, indicando que os japoneses colocam o problema de outro modo (nº 342, dez. 1982).

mãos, irmãos...”), se torna intolerável para nós mesmos, para nós, espectadores. De qualquer modo algo se tornou forte demais na imagem. O romantismo já se propunha tal objetivo: apreender o intolerável ou o insuportável, o império da miséria, e com isso tornar-se visionário, fazer da visão pura um meio de conhecimento e de ação.[30]

Não há, no entanto, no que pretendemos ver, tanta fantasia e devaneio quanto apreensão objetiva? Mais que isso, não temos uma simpatia subjetiva pelo intolerável, uma empatia que penetra aquilo que vemos? Mas isso significa que o próprio intolerável não é separável de uma revelação ou de uma iluminação, que são como que um terceiro olho. Fellini só simpatiza tanto com a decadência se for possível prolongá-la, estender seu alcance *[30]* “até o insustentável”, e descobrir sob os movimentos, os rostos e os gestos um mundo subterrâneo ou extraterrestre, com “o *travelling* tornando-se meio de descolagem, prova da irrealidade do movimento”, e com o cinema se tornando não mais empresa de reconhecimento, mas de conhecimento, “ciência das impressões visuais, obrigando-nos a esquecer nossa lógica própria e nossos hábitos retinianos”.[31] O próprio Ozu não é guardião dos valores tradicionais ou reacionários, é o maior crítico da vida cotidiana. Do próprio insignificante ele extrai o intolerável, com a condição de estender sobre a vida cotidiana a força de uma contemplação rica de simpatia ou piedade. O importante é sempre que a personagem ou o espectador, e os dois juntos, tornem-se visionários. A situação puramente óptica e sonora desperta uma função de vidência, a um só tempo fantasia e constatação, crítica e compaixão, enquanto as situações sensório-motoras, por violentas que sejam, remetem a uma função visual pragmática que “tolera” ou “suporta” praticamente qualquer coisa, a partir do momento em que é tomada em um sistema de ações e reações.

No Japão como na Europa, a crítica marxista denunciou esses filmes e suas personagens, passivas e negativas demais, ora bur-

[30] Paul Rozenberg vê nisso o essencial do romantismo inglês: *Le Romantisme anglais*, Paris, Larousse, 1973.

[31] J. M. G. Le Clézio, “L’Extra-terrestre”, *Fellini*, *L’Arc*, nº 45, p. 28.

guesas, ora neuróticas ou marginais, que substituem a ação modificadora por uma visão "confusa".[32] E é verdade que, no cinema, as personagens de balada são pouco afetadas, até mesmo pelo que lhes acontece: seja à maneira de Rossellini, a estrangeira que descobre a ilha, a burguesa que descobre a fábrica; seja à maneira de Godard, a geração dos *Pierrot-le-fou*. Mas a fraqueza dos encadeamentos motores, as ligações fracas têm a capacidade de liberar grandes forças de desintegração. São personagens estranhamente vibrantes em Rossellini, estranhamente informados em Godard e em Rivette. Tanto no Ocidente quanto no Japão, elas são apreendidas em uma mutação, são elas próprias mutantes. A propósito de *Duas ou três coisas...*, Godard diz *[31]* que *descrever* é observar mutações.[33] Mutação da Europa depois da guerra, mutação do Japão americanizado, mutação da França em 1968: não é o cinema que dá as costas à política, ele se torna inteiramente político, mas de outra maneira. Uma das duas mulheres que passeiam, em *Um passeio por Paris*, de Rivette, tem todos os aspectos de uma mutante imprevisível: em primeiro lugar, ela tem a capacidade de detectar os Max, membros da empresa de dominação universal, antes de passar por uma metamorfose no seio de um casulo, e de ser integrada nas fileiras dos Max. O mesmo vale para a ambiguidade de *O pequeno soldado* [*Le Petit soldat*, 1963]. Um novo tipo de personagem, para um novo cinema. É porque o que lhes acontece não lhes pertence, só lhes diz respeito pela metade, que eles sabem identificar no acontecimento a parte irredutível do que acontece: essa parte de inesgotável possibilidade que constitui o insuportável, o intolerável — a parte do visionário. Para tanto, era preciso um novo tipo de atores: não apenas os atores não profissionais que, no início, o neorrealismo revalorizara, mas o que se poderia chamar de não atores profissionais, ou melhor, "atores-médiuns",

[32] Sobre a crítica marxista da evolução do neorrealismo e de suas personagens, cf. *Le Néo-réalisme italien*, col. Études Cinématographiques, p. 102. E, sobre a crítica marxista no Japão, principalmente contra Ozu, cf. Noël Burch, p. 283. É preciso assinalar que na França a *nouvelle vague*, em seu aspecto visionário, encontrou uma grande compreensão em Sadoul.

[33] Cf. *Jean-Luc Godard par Jean-Luc Godard*, p. 392.

capazes de ver e de fazer ver mais que de agir, e ora ficar mudos, ora manter uma conversa qualquer infinita, mais do que responder ou seguir um diálogo (como, na França, Bulle Ogier ou Jean-Pierre Léaud).[34]

As situações cotidianas e até mesmo as situações-limite não se assinalam por algo raro ou extraordinário. É apenas uma ilha vulcânica de pescadores pobres. Apenas uma fábrica, uma escola... Nós passamos bem perto de tudo isso, até mesmo da morte, dos acidentes, em nossa vida corrente ou durante as férias. Vemos, sofremos mais ou menos uma poderosa organização da miséria e da opressão. E não nos faltam esquemas sensório-motores para reconhecer tais coisas, suportá-las ou aprová-las, comportamo-nos como se deve, levando em conta nossa situação, nossas capacidades, nossos gostos. Temos esquemas para nos esquivar quando é desagradável demais, para nos inspirar resignação quando é horrível, para *[32]* assimilar quando é belo demais. Notemos a esse respeito que até mesmo as metáforas são esquivas sensório-motoras, e nos inspiram algo a dizer quando já não sabemos o que fazer: são esquemas particulares, de natureza afetiva. Ora, é isso um clichê. Um clichê é uma imagem sensório-motora da coisa. Como diz Bergson, não percebemos a coisa ou a imagem inteira, percebemos sempre menos, só percebemos o que estamos interessados em perceber, ou melhor, o que temos interesse em perceber, devido a nossos interesses econômicos, nossas crenças ideológicas, nossas exigências psicológicas. Portanto, geralmente percebemos apenas clichês. Mas, se nossos esquemas sensório-motores se bloqueiam ou se interrompem, então pode aparecer outro tipo de imagem: uma imagem óptico-sonora pura, a imagem inteira e sem metáfora, que faz surgir a coisa em si mesma, literalmente, em seu excesso de horror ou de beleza, em seu caráter radical ou injustificável, pois ela não tem mais de ser "justificada", como bem ou como mal... O ser da fábrica vem à tona, e já não se pode dizer "afinal, as pessoas precisam trabalhar...". *Pensei estar vendo condenados*: a fá-

[34] Marc Chevrie analisa o jogo de ator de Jean-Pierre Léaud como "médium", em termos próximos de Maurice Blanchot (*Cahiers du Cinéma*, nº 351, set. 1983, pp. 31-3).

brica é uma prisão, a escola é uma prisão, literal e não metaforicamente. Não se faz suceder a imagem de uma prisão à de uma escola: seria indicar apenas uma semelhança, uma conexão confusa entre duas imagens claras. É preciso, ao contrário, descobrir os elementos e conexões distintas que nos escapam no fundo de uma imagem obscura: mostrar *em que* e *como* a escola é uma prisão, os conjuntos residenciais são bordéis, os banqueiros, assassinos, os fotógrafos, pilantras, literalmente, sem metáfora.[35] E o método do *Como vai você?* [*Comment ça va?*, 1978] de Godard: não se contentar em procurar se algo "está funcionando"* ou se "não está funcionando" entre duas fotos, mas "como funciona" para cada uma e para ambas. Nosso estudo precedente se encerrou sobre este problema: extrair dos clichês uma verdadeira imagem.

Por um lado, a imagem está sempre caindo na condição de clichê: *[33]* porque se insere em encadeamentos sensório-motores, porque ela própria organiza ou induz seus encadeamentos, porque nunca percebemos tudo o que há na imagem, porque ela é feita para isso (para que não percebamos tudo, para que o clichê nos encubra a imagem...). Civilização da imagem? Na verdade, uma civilização do clichê, na qual todos os poderes têm interesse em nos ocultar as imagens, não forçosamente em nos ocultar a mesma coisa, mas em nos ocultar algo na imagem. Por outro lado, ao mesmo tempo, a imagem está sempre tentando atravessar o clichê, sair do clichê. Não se sabe até onde uma verdadeira imagem pode levar: a importância de se tornar visionário ou vidente. Não basta uma tomada de consciência ou uma mudança nos corações (em-

[35] A crítica da metáfora tanto está presente na *nouvelle vague*, em Godard, quanto no *nouveau roman*, em Robbe-Grillet (*Pour un nouveau roman*). A verdade é que, recentemente, Godard reivindica uma forma metafórica, por exemplo, a propósito de *Paixão*: "os cavaleiros são metáforas dos patrões..." (*Le Monde*, 27/5/1952), Mas, como veremos, essa forma remete a uma análise genética e cronológica da imagem, muito mais que a uma síntese ou comparação de imagens.

* No original, "ça va", que é usado em francês como o cumprimento "como vai?" (como no título do filme de Godard *Comment ça va?*), mas pode também ser usado no sentido de funcionar (ter bom resultado): "está funcionando", "está bom". (N. da T.)

bora isso exista, como no coração da heroína de *Europa '51*, mas se não houvesse mais nada, tudo cairia rapidamente na condição de clichê, ter-se-ia simplesmente acrescido outros clichês). Às vezes é preciso restaurar as partes perdidas, encontrar tudo o que não se vê na imagem, tudo o que foi subtraído dela para torná-la "interessante". Mas às vezes, ao contrário, é preciso fazer buracos, introduzir vazios e espaços em branco, rarefazer a imagem, suprimir dela muitas coisas que foram acrescentadas para nos fazer crer que víamos tudo. É preciso dividir ou esvaziar para encontrar o inteiro.

O difícil é saber em que uma imagem óptica e sonora não é ela própria um clichê, no melhor dos casos, uma foto. Não pensamos apenas na maneira pela qual essas imagens tornam a produzir um clichê, a partir do momento em que são retomadas por autores que delas se servem como fórmulas. Mas, às vezes, não pensam os próprios criadores que a nova imagem deve rivalizar com o clichê em seu próprio terreno, somar algo ao cartão-postal, juntar-lhe alguma coisa, parodiá-lo, para melhor se livrar dele (Robbe-Grillet, Daniel Schmid)? Os criadores inventam enquadramentos obsedantes, espaços vazios ou desconectados, até mesmo naturezas-mortas: de certo modo, eles param o movimento, redescobrem a potência do plano fixo, mas será que com isso eles não ressuscitam o clichê que queriam combater? Não basta, decerto, para vencer, parodiar o clichê, tampouco fazer buracos nele ou esvaziá-lo. Não basta perturbar as ligações sensório-motoras. É preciso *juntar* à imagem óptico-sonora, forças imensas que *[34]* não são as de uma consciência simplesmente intelectual, nem sequer social, mas de uma profunda intuição vital.[36]

As imagens ópticas e sonoras puras, o plano fixo e o corte seco definem e implicam um para além do movimento. Mas não exa-

[36] A propósito de Cézanne, D. H. Lawrence escreve um grande texto a favor da imagem e contra os clichês. Ele mostra como a paródia não é uma solução; nem mesmo a imagem óptica pura, com seus vazios e suas desconcatenações. Segundo ele, é nas naturezas-mortas que Cézanne ganha a batalha contra os clichês, mais que nos retratos e paisagens ("Introduction à ces peintures", em *Eros et les chiens*, Paris, Bourgois, 1969, pp. 253-64). Vimos como as mesmas observações se aplicavam a Ozu.

tamente o interrompem, nem nas personagens, nem mesmo na câmera. Fazem com que o movimento não deva ser percebido em uma imagem sensório-motora, mas apreendido e pensado em outro tipo de imagem. A imagem-movimento não desapareceu, mas só existe como a primeira dimensão de uma imagem que não para de crescer em dimensões. Não nos referimos a dimensões do espaço, já que a imagem pode ser plana, sem profundidade, e com isso conquistar ainda mais dimensões ou potências que excedem o espaço. Pode-se indicar sumariamente três dessas potências crescentes. Primeiramente, enquanto a imagem-movimento e seus signos sensório-motores estavam em conexão apenas com uma imagem indireta *do* tempo (dependendo da montagem), a imagem óptica e sonora pura, seus opsignos e sonsignos, ligam-se diretamente a uma imagem-tempo que subordinou o movimento. É essa subversão que faz, não mais do tempo a medida do movimento, mas do movimento a perspectiva do tempo: ela constitui todo um cinema do tempo, com uma nova concepção e novas formas de montagem (Welles, Resnais). Em segundo lugar, ao mesmo tempo que o olho acede a uma função de vidência, os elementos da imagem, não são só visuais, mas sonoros, entram em conexões internas que fazem com que a imagem inteira deva ser "lida" não menos que vista, legível tanto quanto visível. Para o olho do vidente, como do adivinho, é a "literalidade" do mundo sensível que o constitui como livro. Também aqui não desaparece toda referência da imagem ou da descrição a um objeto supostamente independente, mas agora se subordina aos elementos e conexões internas que tendem a substituir o objeto, a suprimi-lo à medida que aparece, deslocando-o sempre. A fórmula de Godard "não é sangue, é vermelho" *[35]* deixa de ser unicamente pictórica, e adquire sentido próprio no cinema. O cinema vai constituir uma analítica da imagem, implicando uma nova concepção da decupagem, toda uma "pedagogia" que se exercerá de diferentes maneiras, por exemplo, na obra de Ozu, na última fase de Rossellini, na fase média de Godard, nos Straub. Enfim, a fixidez da câmera não representa a única alternativa ao movimento. Mesmo móvel, a câmera já não se contenta ora em seguir o movimento das personagens, ora em fazer movimentos dos quais elas são apenas o objeto, mas, em todos os casos, subordina a descrição de um espaço a funções do pensamento. Não é a simples distinção do subjetivo e do objetivo, do real e do imaginário, é, ao contrário, a indiscernibilidade deles que vai dotar a câmera de um rico conjunto de funções, acarretando uma nova concepção do quadro e dos reenquadramentos. Cumpre-se o pressentimento de Hitchcock: uma consciência-câmera que já não se definiria pelos movimentos que é capaz de seguir ou realizar, mas pelas correlações mentais nas quais é capaz de entrar. E ela se torna questionante, respondente, objetante, provocante, teorematizante, hipotetizante, expirementante, conforme a lista aberta das conjugações lógicas ("ou", "portanto", "se", "pois", "com efeito", "embora"...), ou conforme as funções de pensamento de um cinema-verdade que, como diz Rouch, significa, antes, verdade do cinema.

É essa a tripla subversão que define um para além do movimento. Era preciso que a imagem se liberasse dos liames sensório-motores, que deixasse de ser imagem-ação para se tornar imagem óptica, sonora (e tátil) pura. Mas essa não bastava: era preciso que entrasse em conexão ainda com outras forças, para escapar ao mundo dos clichês. Era preciso que se abrisse em revelações poderosas e diretas, as da imagem-tempo, da imagem-legível e da imagem pensante. Desse modo, os opsignos e sonsignos remetem a "cronosignos", "lektosignos" e "noosignos".[37] *[36]*

Interrogando-se sobre a evolução do neorrealismo, a propósito de *O grito*, Antonioni dizia que ele tendia a dispensar a bicicleta — a bicicleta de De Sica, é claro. Esse neorrealismo sem bicicleta substitui a última busca de movimento (a balada) por um peso específico do tempo se exercendo no interior das personagens e minando-as de dentro (a crônica).[38] A arte de Antonioni é como

[37] "Lektosigno" remete ao *lekton* grego ou ao *dictum* latino, que designa o expresso de uma proposição, independentemente da relação desta com seu objeto. O mesmo vale para a imagem quando é apreendida intrinsecamente, independentemente de sua relação com um objeto supostamente exterior.

[38] Texto de Michelangelo Antonioni, citado por Leprohon, p. 103: "Hoje, que nós eliminamos o problema da bicicleta (falo por metáfora, ten-

o entrelaçamento de consequências, continuações e efeitos temporais que resultam de acontecimentos no fora de campo. Já em *Crimes d'alma*, a busca tem por consequência provocar a continuação de um primeiro amor, e por efeito fazer ressoar dois desejos de assassinato, no futuro e no passado. É todo um mundo de cronosignos, que bastaria para pormos em dúvida a falsa evidência segundo a qual a imagem cinematográfica acha-se necessariamente no presente. Se estamos doentes de Eros, dizia Antonioni, é porque o próprio Eros está doente; e está doente não simplesmente porque está velho ou caduco em seu conteúdo, mas porque é tomado na forma pura de um tempo que se parte entre um passado já terminado e um futuro sem saída. Para Antonioni, só há doença crônica. Cronos é a própria doença. Por isso os cronosignos não são separáveis dos lektosignos, que nos forçam a ler na imagem outros tantos sintomas, ou seja, a tratar a imagem óptica e sonora como algo também legível. Não somente o óptico e o sonoro, mas o presente e o passado, o aqui e o noutro lugar, constituem elementos e conexões interiores que devem ser decifrados, e não podem ser compreendidos senão em uma progressão análoga à da leitura: desde *Crimes d'alma*, espaços indeterminados só recebem sua escala mais tarde, naquilo que Burch chama de "ligação (*raccord*) com apreensão defasada", mais perto de uma leitura do que de uma percepção.[39] E, mais tarde, Antonioni colorista saberá tratar as *[37]* variações de cores como sintomas, e a monocromia, como o signo crônico que ganha um mundo, graças a todo um jogo de modificações deliberadas. Mas já *Crimes d'alma* manifesta uma

te me compreender para além de minhas palavras), é importante ver o que há no espírito e coração desse homem cuja bicicleta foi roubada, como se adaptou, o que restou nele de todas as suas experiências passadas, da guerra, do pós-guerra, de tudo o que aconteceu em nosso país". (E o texto sobre Eros doente, pp. 104-6.)

[39] Noël Burch foi um dos primeiros a mostrar que a imagem cinematográfica devia ser lida, não menos que vista e ouvida; e isso a propósito de Ozu (*Pour un observateur lointain*, p. 175). Mas já em *Práxis do cinema*, Burch mostrava como *Crimes d'alma* instaurava uma nova relação entre a narrativa e a ação, e dava à câmera uma "autonomia" bastante próxima da leitura (pp. 112-8; e sobre o "*raccord* com apreensão defasada", p. 47).

"autonomia da câmera", quando ela desiste de seguir o movimento das personagens ou de fazer incidir nelas seu próprio movimento, para fazer constantes reenquadramentos como funções de pensamento, noosignos que exprimem as conjunções lógicas de continuação, consequência ou até mesmo de intenção.

Capítulo 2
RECAPITULAÇÃO DAS IMAGENS E DOS SIGNOS
[38]

1

É necessário fazer aqui uma recapitulação das imagens e dos signos no cinema. Não é somente uma pausa entre a imagem-movimento e outro gênero de imagem, mas a ocasião de considerar o problema mais grave, o das conexões cinema-linguagem. Essas conexões parecem, com efeito, condicionar a possibilidade de uma semiologia do cinema. A esse respeito, Christian Metz redobrou as precauções. Em vez de perguntar: de que modo o cinema é uma língua (a famosa língua universal da humanidade?), ele coloca a questão "em que condições o cinema deve ser considerado uma linguagem?". E sua resposta é dupla, pois invoca primeiramente um fato, depois uma aproximação. O fato histórico é que o cinema se constituiu como tal tornando-se narrativo, apresentando uma história, e rechaçando as outras direções possíveis. A aproximação que se segue é que, a partir de então, as sucessões de imagens e até mesmo cada imagem, um único plano, são assimiladas a proposições, ou melhor, a enunciados orais: o plano considerado como o menor enunciado narrativo. Metz insiste no caráter hipotético dessa assimilação. Mas parece que ele só redobra as precauções para se permitir uma imprudência decisiva. Colocou uma questão muito rigorosa de direito (*quid juris?*), e responde com um fato e com uma aproximação. Substituindo a imagem por um enunciado, ele pode e deve aplicar-lhe certas determinações que não pertencem exclusivamente à língua, mas condicionam os enunciados de uma linguagem, ainda que essa linguagem não seja verbal e opere independentemente de uma língua. O princípio segundo o qual a linguística é apenas *[39]* uma parte da semiologia realiza-se, pois, na definição de linguagens sem língua (semias), que compreende tanto o cinema quanto a linguagem gestual, a do vestuário ou até mesmo a musical... Por isso mesmo não há razão alguma de procurar no cinema traços que só pertençam à língua, como a dupla articulação. Em compensação, encontraremos no cinema traços de linguagem, que se aplicam necessariamente aos enunciados, como regras de uso, na língua e fora dela: o sintagma (conjunção de unidades relativas presentes) e o paradigma (disjunção de unidades presentes com unidades comparáveis ausentes). A semiologia de cinema será a disciplina que aplica às imagens modelos da linguagem, sobretudo sintagmáticos, como constituindo um de seus principais "códigos". Percorre-se assim um estranho círculo, já que a sintagmática supõe que a imagem seja de fato assimilada a um enunciado, mas já que é também ela quem a torna em direito assimilável ao enunciado. É um círculo vicioso tipicamente kantiano: a sintagmática se aplica porque a imagem é um enunciado, mas esta é um enunciado porque se submete à sintagmática. As imagens e os signos foram substituídos pelo par dos enunciados e da "grande sintagmática", a tal ponto que a própria noção de signo tende a desaparecer dessa semiologia. Ela desaparece, evidentemente, em prol do significante. O filme se apresenta como um texto, com uma distinção comparável à que Julia Kristeva estabelece entre um "fenotexto" dos enunciados aparentes e um "genotexto" dos sintagmas e paradigmas, estruturantes, constitutivos ou produtivos.[1]

A primeira dificuldade refere-se à narração: esta não é um dado aparente das imagens cinematográficas em geral, mesmo tendo

[1] Sobre todos esses pontos veja-se Christian Metz, *Essais sur la signification au cinéma*, Paris, Klincksieck, 1968 [ed. bras.: *A significação no cinema*, tradução de Jean-Claude Bernardet, São Paulo, Perspectiva, 2014] (notadamente o tomo I, "Langue ou langage?", e "Problèmes de dénotation", que analisa os oito tipos sintagmáticos). O livro de Raymond Bellour, *L'Analyse du film* (Paris, Albatros, 1979) também é essencial. Em um trabalho inédito, André Parente faz um estudo crítico dessa semiologia, insistindo no postulado de narratividade: *Narrativité et non-narrativité filmiques* [ed. bras.: *Narrativa e modernidade: os cinemas não narrativos do pós-guerra*, tradução de Eloisa Araújo Ribeiro, Campinas, Papirus, 2000].

sido historicamente adquirido. Certamente, não cabe discutir as páginas em que Metz analisa o fato histórico do modelo americano, que se constituiu como cinema de narração.[2] *[40]* E ele reconhece que essa própria narração supõe, indiretamente, a montagem: é que há muitos códigos da linguagem que interferem no código narrativo ou na sintagmática (não apenas as montagens, mas as pontuações, as conexões audiovisuais, os movimentos de câmera...). Do mesmo modo, Christian Metz não sente dificuldades insuperáveis para dar conta das perturbações deliberadas da narração no cinema moderno: basta invocar mudanças de estrutura na sintagmática.[3] A dificuldade está, portanto, noutra parte: é que, para Metz, a narração remete a um ou a vários códigos, como a determinações de linguagem subjacentes de onde ela deriva, na imagem, a título de dado aparente. Parece-nos, ao contrário, que a narração é apenas uma consequência das próprias imagens aparentes e de suas combinações diretas, jamais um dado. A narração dita clássica resulta diretamente da composição orgânica das imagens-movimento (montagem), ou da especificação delas em imagens-percepção, imagens-afecção, imagens-ação, conforme as leis de um esquema sensório-motor. Veremos que as formas modernas de narração resultam das composições e dos tipos da imagem-tempo: até mesmo a "legibilidade". A narração nunca é um dado aparente das imagens, ou o efeito de uma estrutura que as sustenta; é

[2] Metz, *Essais*, I, pp. 96-7 e 51: Metz retorna o tema de Edgar Morin, segundo o qual o "cinematógrafo" tornou-se "cinema" ao adotar a via narrativa. Cf. Morin, *Le Cinéma ou l'homme imaginaire*, Paris, Minuit, 1956, cap. 3 [ed. bras.: *O cinema ou o homem imaginário*, tradução de Luciano Loprete, São Paulo, É Realizações, 2017].

[3] Metz começou enfatizando a fraqueza da paradigmática, e a predominância da sintagmática no código narrativo do cinema (*Essais*, I, pp. 73 e 102). Mas seus discípulos se propõem a mostrar que, se o paradigma adquire importância propriamente cinematográfica (e também outros fatores estruturais), disso resultam novos modos de narração, "dysnarrativos". Metz retoma a questão em *Le Signifiant imaginaire*, col. 10-18, Paris, Union Générale d'Éditions, 1977 [ed. port.: *O significante imaginário*, Lisboa, Livros Horizonte, 1980]. No entanto, como veremos, com isso nada muda nos postulados da semiologia.

consequência das próprias imagens aparentes, das imagens sensíveis em si mesmas, tais como se definem primeiro por si mesmas.

A origem da dificuldade está na assimilação da imagem cinematográfica a um enunciado. Esse enunciado narrativo, portanto, opera necessariamente por semelhança ou analogia, e, na medida em que procede com signos, estes são "signos analógicos". A semiologia precisa, pois, de uma dupla transformação: por um lado, a redução da imagem a um signo analógico que pertença a um enunciado; por outro, a codificação desses signos para descobrir a estrutura de linguagem *[41]* (não analógica) subjacente aos enunciados. Tudo se passará entre o enunciado por analogia e a estrutura "digital" ou digitalizada do enunciado.[4]

Mas, precisamente, desde que a imagem foi substituída por um enunciado, deu-se à imagem uma falsa aparência, ela foi privada de seu caráter aparente mais autêntico, o movimento.[5] Pois a imagem-movimento não é analógica no sentido da semelhança: não se assemelha a um objeto que ela representaria. É o que Bergson mostrou desde o primeiro capítulo de *Matéria e memória*: se se extrai o movimento do móvel, não há mais nenhuma distinção entre a imagem e o objeto, pois a distinção só vale devido à imobilização do objeto. A imagem-movimento é o objeto, é a própria

[4] Desse ponto de vista, é preciso começar mostrando que o juízo de semelhança ou de analogia já está submetido a códigos. Esses códigos, entretanto, não são propriamente cinematográficos, mas socioculturais em geral. É preciso, pois, subsequentemente, mostrar que os próprios enunciados analógicos, em cada campo, remetem a códigos específicos que não determinam mais a semelhança, e sim a estrutura interna: "Não é somente do exterior que a mensagem visual é parcialmente investida pela língua [...], mas também do interior e em sua própria visualidade, que só é inteligível porque as estruturas são parcialmente não visuais. [...] Nem tudo é icônico no ícone". Uma vez dada a analogia por semelhança, passamos necessariamente a um "para além da analogia": cf. Christian Metz, *Essais*, II, pp. 157-9; e Umberto Eco, "Sémiologie des messages visueles", *Communications*, nº 15, 1970.

[5] É curioso que, para distinguir a imagem cinematográfica e a foto, Metz não invoque o movimento, mas a narratividade (*Essais*, I, p. 53: "passar de uma imagem a duas imagens é passar da imagem à linguagem"). Os semiólogos se valem, aliás, explicitamente, de uma suspensão do movimento, em oposição, dizem, ao "olhar cinéfilo".

coisa apreendida no movimento como função contínua. A imagem--movimento é a modulação do próprio objeto. "Analógico" reaparece aqui, mas em um sentido que não tem mais nada a ver com a semelhança, e designa a modulação, como nas máquinas ditas analógicas. Objeta-se que a modulação, por sua vez, remete por um lado à semelhança, ainda que seja apenas para avaliar os graus segundo um *continuum*, e por outro lado a um código capaz de "digitalizar" a analogia. Mas, também aqui, isso só é verdade se o movimento for imobilizado. O semelhante e o digital, a semelhança e o código, têm ao menos em comum o fato de serem *moldes*, um por forma sensível, o outro por estrutura inteligível: por isso podem se comunicar tão bem entre si.[6] Mas *[42]* a *modulação* é bem diferente: é um fazer variar o molde, uma transformação do molde a cada instante da operação. Se ela remete a um ou a vários códigos, é por enxertos, enxertos de código que multiplicam sua potência (como na imagem eletrônica). Por si mesmas, as semelhanças e as codificações são meios pobres; não se pode fazer grande coisa com códigos, mesmo multiplicando-os, como o faz com empenho a semiologia. É a modulação que nutre os dois moldes, que faz deles meios subordinados, com a possibilidade de tirar deles uma nova potência. Pois a modulação é a operação do Real, enquanto constitui e não para de reconstituir a identidade da imagem e do objeto.[7]

A tese bastante complexa de Pasolini corre o risco de ser mal compreendida a esse respeito. Umberto Eco lhe censurava sua "ingenuidade semiológica". O que deixava Pasolini furioso. É o destino da astúcia parecer ingênua demais a ingênuos sábios demais.

[6] Sobre esta circularidade "analógico-digital", cf. Roland Barthes, *Éléments de sémiologie*, Paris, Gonthier/Médiations, 1968, pp. 124-6 (II.4.3). [ed. bras.: *Elementos de semiologia*, tradução de Izidoro Blikstein, São Paulo, Cultrix, 1971].

[7] Veremos que a concepção de "modelo" (modelagem) em Bresson, elaborada por ele a partir do problema do ator, mas que vai muito além desse problema, está perto da modulação. Igualmente, o "tipo" ou "tipagem", de Eisenstein. Essas noções não podem ser compreendidas se não as opusermos à operação do molde.

Pasolini parece querer ir mais longe que os semiólogos: quer que o cinema seja uma língua, que seja dotado de uma dupla articulação (o plano, equivalendo ao monema, mas também os objetos que aparecem no quadro, "cinemas", equivalendo aos fonemas). Parece querer retornar ao velho tema de uma língua universal. Só que acrescenta: é a língua [...] da realidade. "Ciência descritiva da realidade", é essa a natureza desconhecida da semiologia, para além das "línguas existentes", verbais ou não. Será que não quer dizer que a imagem-movimento (o plano) comporta uma primeira articulação relativamente a uma mudança ou a um devir que o movimento exprime, mas também uma segunda articulação relativamente aos objetos entre os quais ele se estabelece, que se tornam ao mesmo tempo partes integrantes da imagem (cinemas)? Seria inútil, então, opor a Pasolini que o objeto é apenas um referente, e a imagem, uma porção de significado: os objetos da realidade tornaram-se unidades de imagem, ao mesmo tempo que a imagem-movimento, uma realidade que "fala" através de seus objetos.[8] O cinema, nesse sentido, sempre *[43]* alcançou uma lingua-

[8] É a segunda parte do livro de Pasolini, *L'Expérience hérétique* (Paris, Payot, 1976). Pasolini mostra *em que condições* os objetos reais devem ser considerados como constitutivos da imagem, e esta como constitutiva da realidade. Ele se recusa a falar de uma "impressão de realidade", que seria dada pelo cinema: é simplesmente a própria realidade (p. 170): "o cinema representa a realidade através da realidade", "permaneço sempre nos quadros da realidade", sem interrompê-la em função de um sistema simbólico ou linguístico (p. 199). Foi o estudo das condições prévias que os críticos de Pasolini não compreenderam: são condições de direito, que constituem "o cinema", embora o cinema não exista de fato fora deste ou daquele filme. De fato, pois, o objeto pode ser apenas um referente na imagem, e a imagem, uma imagem analógica que por sua vez remete a códigos. Mas nada impedirá que o filme de fato se ultrapasse rumo ao direito, ao cinema como "Ur-código" que, independentemente de qualquer sistema de linguagem, faz dos objetos reais os fonemas da imagem, e da imagem, o monema da realidade. O conjunto da tese de Pasolini perde todo o sentido se negligenciarmos esse estudo das condições de direito. Se uma comparação filosófica pudesse valer, diríamos que Pasolini é pós-kantiano (as condições de direito são as condições da própria realidade), enquanto Metz e seus discípulos permanecem kantianos (projeção do direito sobre o fato).

gem de objetos, de maneira bem diversa, em Kazan onde o objeto é função comportamental, em Resnais onde é função mental, em Ozu, função formal, ou natureza-morta, já em Dovjenko, depois em Paradjanov, função material, matéria pesada erguida pelo espírito (*A cor da romã* [*Sayat nova*, Serguei Paradjanov, 1968] é sem dúvida a obra-prima de uma linguagem material de objeto).

Na verdade, essa língua da realidade não é de modo algum uma linguagem. É o sistema da imagem-movimento, do qual vimos, na primeira parte deste estudo, que se definia sobre um eixo vertical e um eixo horizontal, que não têm nada a ver com o paradigma e o sintagma, e constituem dois "processos". Por um lado, a imagem-movimento exprime um todo que muda, e se estabelece entre objetos: é um processo de *diferenciação*. A imagem-movimento (o plano) tem, pois, duas faces, segundo o todo que ela exprime, segundo os objetos entre os quais ela passa. O todo está sempre se dividindo em função dos objetos, e reunindo os objetos em um todo: "tudo" muda de um para o outro. Por outro lado, a imagem-movimento comporta intervalos: se a relacionamos com um intervalo, aparecem espécies distintas de imagens, com signos pelos quais elas se compõem, cada uma em si mesma e umas com as outras (como a imagem-percepção em uma extremidade do intervalo, a imagem-ação na outra extremidade, a imagem-afecção no próprio intervalo). É um processo de *especificação*. Esses compostos da imagem-movimento, do duplo ponto de vista da especificação e da diferenciação, constituem uma *matéria sinalética* que comporta traços de modulação de todo tipo, sensoriais (visuais e sonoros), cinésicos, *[44]* intensivos, afetivos, rítmicos, tonais, e até mesmo verbais (orais e escritos). Eisenstein comparava-os, antes de mais nada, a ideogramas, depois, mais profundamente, ao monólogo interior como protolinguagem ou língua primitiva. Mas, mesmo com seus elementos verbais, esta não é uma língua nem uma linguagem. É uma massa plástica, uma matéria a-significante, e a-sintáxica, matéria não linguisticamente formada, embora não seja amorfa e seja formada semiótica, estética e pragmaticamente.[9] É uma condição, anterior em direito, ao que

[9] Eisenstein logo abandona sua teoria do ideograma em prol de uma

condiciona. Não é uma enunciação, não são enunciados. É um *enunciável*. Queremos dizer que, quando a linguagem se apodera dessa matéria (e ela o faz, necessariamente), dá então lugar a enunciados que vêm dominar ou mesmo substituir as imagens e os signos, e remetem por sua conta a traços pertinentes da língua, sintagmas e paradigmas, bem diferentes daqueles de que havíamos partido. Por isso devemos definir, não a semiologia, mas a "semiótica", como o sistema das imagens e dos signos independentemente da linguagem em geral. Quando lembramos que a linguística é apenas uma parte da semiótica, já não queremos dizer, como para a semiologia, que há linguagens sem língua, *[45]* mas que a língua só existe em reação a uma *matéria não linguística* que ela

concepção do monólogo interior, ao qual, pensa ele, o cinema dá uma extensão muito maior do que a própria literatura: "La forme du film, nouveaux problèmes", em *Le Film: sa forme, son sens*, Paris, Bourgois, 1976, pp. 148-59 [ed. bras.: *A forma do filme*, tradução de Teresa Ottoni, Rio de Janeiro, Zahar, 2002]. Ele começa aproximando o monólogo interior de uma língua primitiva ou de uma protolinguagem, como fizeram certos linguistas da escola de Marr (cf. o texto de Eikhenbaum sobre o cinema, de 1927, *Cahiers du Cinéma*, nº 220-1, jun. 1970). Mas o monólogo interior está mais próximo de uma maneira visual e sonora, carregada de traços de expressão diversas: a grande sequência de *O velho e o novo* (*Staróie i novoie*), depois do sucesso da desnatadeira, seria um caso exemplar disso. Pasolini também passa da ideia de língua primitiva à de uma matéria que constitui o monólogo interior: não é arbitrário "dizer que o cinema se fundamenta em um sistema de signos diferente do sistema das línguas escritas e faladas, isto é, que o cinema é outra língua. Mas não outra língua no sentido em que o banto é diferente do italiano..." (pp. 161-2). O linguista Hjelmslev chama precisamente de "matéria" esse elemento não linguisticamente formado, embora perfeitamente formado de outros pontos de vista. Ele diz "não semioticamente formado", porque identifica a função semiótica com a função linguística. Por isso Metz tende a excluir essa matéria na interpretação que faz de Hjelmslev (cf. *Langage et cinema*, Paris, Albatros, 1977, cap. X [ed. bras.: *Linguagem e cinema*, tradução de Marilda Pereira, São Paulo, Perspectiva, 1980]), mas sua especificidade como matéria sinalética está, ainda assim, pressuposta pela linguagem; ao contrário da matéria dos linguistas e dos críticos de cinema que se inspiram na linguística, Jakobson dá muita importância à concepção do monólogo interior em Eisenstein ("Entretiens sur le cinéma", em *Cinéma: théorie, lectures*, Paris, Klincksieck, 1973).

transforma. É por isso que os enunciados e narrações não são um dado das imagens aparentes, mas uma consequência que resulta dessa reação. A narração está fundada na própria imagem, mas não é dada. Quanto a saber se há enunciados propriamente cinematográficos, intrinsecamente cinematográficos, escritos, no cinema mudo, orais, no cinema falado, é uma questão bem diferente, que diz respeito à especificidade desses enunciados, às condições do pertencimento deles ao sistema das imagens e dos signos, em suma, à reação inversa.

2

A força de Peirce, quando inventou a semiótica, esteve em conceber os signos a partir das imagens e de suas combinações, e não em função de determinações que já seriam de linguagem. O que o levou à mais extraordinária classificação das imagens e dos signos, da qual fazemos apenas um breve resumo. Peirce parte da imagem, do fenômeno ou daquilo que aparece. A imagem lhe parece ser de três tipos, não mais: a primeiridade (algo que só remete a si mesmo, qualidade ou potência, pura possibilidade; por exemplo, o vermelho que encontramos idêntico a si mesmo na proposição "você não vestiu seu vestido vermelho" ou "você está de vermelho"); a secundidade (algo que remete a si apenas através de outra coisa, a existência, a ação-reação, o esforço-resistência); a terceiridade (algo que só remete a si relacionando uma coisa a outra coisa, a correlação, a lei, o necessário). Notaremos que os três tipos de imagem não são apenas ordinais, primeiro, segundo, terceiro, mas cardinais: há dois no segundo, de modo que há uma primeiridade na segundidade, e há três no terceiro. Se o terceiro marca a finalização, é porque não se pode compô-lo com as díades, mas que combinações de tríades em si mesmas ou com os outros modos podem dar qualquer multiplicidade. Dito isto, o signo aparece em Peirce como combinando os três tipos de imagens, mas não de qualquer maneira: *[46]* o signo é uma imagem que vale por outra imagem (seu objeto), tomando como referência uma terceira imagem que constitui "o interpretante" dele, sendo este, por sua vez, um signo, ao infinito. Daí Peirce, combinando os três modos de imagem e os três aspectos do signo, tira nove elementos de signos, e dez signos correspondentes (porque nem todas as combinações de elementos são logicamente possíveis).[10] Se perguntarmos qual é a função do signo relativamente à imagem, parece ser uma função cognitiva: não que o signo faça conhecer seu objeto; ele pressupõe, ao contrário, o conhecimento do objeto em outro signo, mas lhe acrescenta novos conhecimentos em função do interpretante. São como dois processos ao infinito. Ou, o que dá no mesmo, dir-se-á que o signo tem por função "tornar eficientes as correlações": não que as correlações e as leis não tenham atualidade enquanto imagens, mas não têm ainda a eficiência que as faz agir "quando é preciso", e que só o conhecimento lhes dá.[11] Mas, por isso, é possível que Peirce se revele tão linguista quanto os semiólogos. Pois, se os elementos do signo ainda não implicam privilégio algum da linguagem, isso já não acontece com o signo, e os signos linguísticos talvez sejam os únicos a constituir um conhecimento puro, quer dizer, a absorver e reabsorver todo o conteúdo da imagem enquanto consciência ou aparição. Eles não deixam subsistir matéria irredutível ao enunciado, e reintroduzem assim uma subordinação da semiótica à língua. Peirce não teria, pois, mantido por muito tempo sua posição inicial, teria desistido de constituir a semiótica como "ciência descritiva da realidade" (Lógica). *[47]*

Isso porque, em sua fenomenologia, ele apresenta os três tipos de imagens como fato, em vez de deduzi-los. Vimos no estudo precedente que a primeiridade, a secundidade e a terceiridade

[10] Charles S. Peirce, *Écrits sur le signe*, comentário de Gérard Deledalle (Paris, Seuil, 1978). Reproduzimos o quadro segundo Deledalle, p. 240:

	PRIMEIRO	SEGUNDO	TERCEIRO
Representamen	Qualissigno (1.1)	Sinsigno (1.2)	Legissigno (1.3)
Objeto	Ícone (2.1)	Índice (2.2)	Símbolo (2.3)
Interpretante	Rema (3.1)	Dicissigno (3.2)	Argumento (3.3)

[11] Pierce, p. 30.

correspondiam à imagem-afecção, à imagem-ação e à imagem-relação. Mas as três se deduzem da imagem-movimento como matéria, a partir do momento em que as referimos ao intervalo de movimento. Ora, essa dedução só é possível se começarmos afirmando uma imagem-percepção. Claro, a percepção é estritamente idêntica a qualquer imagem, na medida em que todas as imagens agem e reagem umas sobre as outras, sobre todas as suas faces e em todas as suas partes. Mas, quando as referimos ao intervalo de movimento que separa em *uma* imagem um movimento recebido e um movimento executado, elas só variam relativamente a esta, que será dita "perceber" o movimento recebido, em uma de suas faces, e "fazer" o movimento executado, em outra face ou em outras partes. Forma-se então uma imagem-percepção especial que não exprime mais simplesmente o movimento, mas a conexão do movimento com o intervalo de movimento. Se a imagem-movimento já é percepção, a imagem-percepção será percepção de percepção, e a percepção terá dois polos, conforme se identifique com o movimento ou com seu intervalo (variação de todas as imagens umas relativamente às outras, *ou* variação de todas as imagens relativamente a uma delas). E a percepção não constituirá na imagem-movimento um primeiro tipo de imagem sem se prolongar nos outros tipos, se houver: percepção de ação, de afecção, de relação etc. A imagem-percepção será, portanto, como um grau zero na dedução que se opera em função da imagem-movimento: haverá uma "zeroidade" antes da primeiridade de Peirce. Quanto à questão: ainda há na imagem-movimento outros tipos de imagens além da imagem-percepção?, ela é resolvida pelos diversos aspectos do intervalo: a imagem-percepção recebia o movimento em uma face, mas a imagem-afecção é o que ocupa o intervalo (primeiridade), a imagem-ação, o que executa o movimento na outra face (secundidade), e a imagem-relação, o que reconstitui o conjunto do movimento com todos os aspectos do intervalo (terceiridade funcionando como fechamento da dedução). Assim, a imagem-movimento dá lugar a um conjunto sensório-motor, que funda a narração na imagem. *[48]*

Entre a imagem-percepção e as outras, não há intermediário, pois a percepção se prolonga por si mesma nas outras imagens.

Mas, nos outros casos, há necessariamente um intermediário que indica o prolongamento como passagem.[12] Por isso, finalmente, nos encontrávamos diante de seis tipos de imagens sensíveis aparentes, e não de três: a *imagem-percepção*, a *imagem-afecção*, a *imagem-pulsão* (intermediária entre a afecção e a ação), a *imagem-ação*, a *imagem-reflexão* (intermediária entre a ação e a correlação), a *imagem-correlação*. E como, por um lado, a dedução constitui uma gênese dos tipos, e, por outro, seu grau zero, a imagem-percepção, comunica às outras uma composição bipolar adaptada a cada caso, encontramo-nos, para cada tipo de imagem, diante de signos de composição, dois ao menos, e ao menos um signo de gênese. Entendemos, pois, o termo "signo" em um sentido bem diferente de Peirce: é uma imagem particular que remete a um tipo de imagem, seja do ponto de vista de sua composição bipolar, seja do ponto de vista de sua gênese. É evidente que tudo isso implica a primeira parte deste estudo; o leitor pode, pois, saltar esta passagem, desde que recorde, apenas, a recapitulação dos signos que antes determinamos, tomando emprestado de Peirce um determinado número de termos cujo sentido alteramos. Assim, a imagem-percepção tem por signos de composição o *dicissigno* e o *reuma*. O dicissigno remete a uma percepção de percepção, e se apresenta comumente no cinema quando a câmera "vê" uma personagem que vê; ele implica um enquadramento fechado, e constitui assim uma espécie de estado sólido da percepção. O reuma, porém, remete a uma percepção fluida ou líquida, que está sempre passando através do quadro. O *Engrama*, enfim, é o signo genético ou o estado gasoso da percepção, a percepção molecular, que as duas outras supõem. A imagem-afecção tem por signo de composição o ícone, que pode ser de qualidade ou de potência; é uma qualidade ou uma potência apenas expressas (por um rosto, portanto), sem serem atualizadas. Mas é o *qualissigno*, ou o *potissigno*, que constitui o elemento genético, porque constroem a qualidade ou a potência em um espaço qualquer, ou seja, em um espaço que *[49]*

[12] Em Peirce não há intermediários, somente tipos "degenerados" ou tipos "acretivos": cf. Gérard Deledalle, *Théorie et pratique du signe*, Paris Payot, 1979, pp. 55-64.

ainda não aparece como meio real. A imagem-pulsão, intermediária entre a afecção e a ação, compõe-se de *fetiches*, fetiches do Bem ou do Mal: são fragmentos arrancados a um meio derivado, mas que remetem geneticamente aos *sintomas* de um mundo originário operando sob o meio. A imagem-ação implica um meio real atualizado, que se tornou suficiente, de tal modo que uma situação global vai suscitar uma ação, ou, ao contrário, uma ação vai revelar uma parte de situação: por isso os dois signos de composição são o *synsigno* e o *índice*. O liame interior da situação e da ação, de todo modo, constitui o elemento genético ou o *vestígio*. A imagem-reflexão, que vai da ação à relação, se compõe quando a ação e a situação entram em conexões indiretas: os signos são então *figuras*, de atração ou de inversão. E o signo genético é *discursivo*, ou seja, uma situação ou uma ação de discurso, independentemente da questão: seria o próprio discurso efetuado em uma linguagem? Finalmente, a imagem-correlação relaciona o movimento com o todo que ele exprime, e faz variar o todo segundo a repartição do movimento: os dois signos de composição serão a *marca*, ou a circunstância, pela qual duas imagens são unidas segundo um hábito (correlação "natural"), e a *des-marca*, circunstância pela qual uma imagem é arrancada de sua correlação ou série naturais; o signo de gênese será o *símbolo*, a circunstância pela qual somos determinados a comparar duas imagens, mesmo que arbitrariamente unidas (correlação "abstrata").

A imagem-movimento é a própria matéria, como mostrou Bergson. E uma matéria não linguisticamente formada, embora o seja semioticamente e constitua a primeira dimensão da semiótica. Com efeito, as diferentes espécies de imagens que necessariamente se deduzem da imagem-movimento, as seis espécies, são os elementos que fazem dessa matéria uma matéria sinalética. E os próprios signos são os traços de expressão que compõem essas imagens, as combinam e não param de recriá-las, levadas ou carregadas pela matéria em movimento.

Então, um último problema se coloca: por que pensa Peirce que tudo acaba com a terceiridade, com a imagem-relação, e que não há nada além disso? Sem dúvida, isso é certo do ponto de vista da imagem-movimento: esta se vê *[50]* enquadrada pelas correlações que a conectam ao todo que ela exprime, de modo que uma lógica das correlações parece encerrar as transformações da imagem-movimento determinando as mudanças correspondentes do todo. Vimos, nesse sentido, que um cinema como o de Hitchcock, tomando explicitamente por objeto a correlação, concluía o circuito da imagem-movimento e levava à perfeição lógica o cinema que podíamos chamar de clássico. Mas vimos signos que, corroendo a imagem-ação, exerciam também seu efeito retroativa e prospectivamente, sobre a percepção, sobre a correlação, e tornavam a pôr em questão o conjunto da imagem-movimento: são eles os opsignos e os sonsignos. O intervalo do movimento não era mais aquilo relativamente ao qual a imagem-movimento se especificava em imagem-percepção, em uma extremidade do intervalo, em imagem-ação na outra extremidade, e em imagem-afecção entre as duas, de modo a constituir um conjunto sensório-motor. Ao contrário, o liame sensório-motor fora rompido, e o intervalo de movimento fazia aparecer como tal *uma imagem diferente da imagem-movimento*. O signo e a imagem invertiam, portanto, sua conexão, pois o signo já não supunha a imagem-movimento como matéria que ele representava sob suas formas especificadas, mas começava a apresentar outra imagem da qual ele próprio ia especificar a matéria e constituir as formas, de signo em signo. Era a segunda dimensão da semiótica pura, não linguística. Ia surgir toda uma série de novos signos, constitutivos de uma matéria transparente, ou de uma imagem-tempo irredutível à imagem-movimento, mas não sem conexão determinável com ela. Não podíamos mais considerar a terceiridade de Peirce como o limite do sistema das imagens e dos signos, pois o opsigno (ou sonsigno) relançava tudo, do interior.

3

A imagem-movimento tem duas faces, uma relativamente a objetos cuja posição relativa ela faz variar, outra relativamente a um todo cuja mudança absoluta ela exprime. As posições estão no espaço, mas o todo que muda está no tempo. Se assimilarmos a imagem-movimento ao plano, *[51]* chamaremos de enquadramento a primeira face do plano, voltada para os objetos, e de montagem a outra face, voltada para o todo. Daí uma primeira tese: é a própria montagem que constitui o todo, e nos dá assim a imagem *do* tempo. Ela é, portanto, o ato principal do cinema. O tempo é necessariamente uma representação indireta, porque resulta da montagem que liga uma imagem-movimento à outra. Por isso a ligação não pode ser mera justaposição: o todo não é uma adição, tampouco o tempo uma sucessão de presentes. Como Eisenstein costumava repetir, é preciso que a montagem proceda por alternância, conflitos, resoluções, ressonâncias, em suma, por toda uma atividade de seleção e de coordenação, para dar tanto ao tempo sua verdadeira dimensão, quanto ao todo sua consistência. Essa posição de princípio implica que a própria imagem-movimento esteja no presente, e nada mais. Que o presente seja o único tempo direto da imagem cinematográfica parece ser uma evidência. Pasolini se apoiará nela para defender uma concepção bastante clássica da montagem: precisamente porque seleciona e coordena os "momentos significativos", a montagem tem a propriedade de "tornar o presente passado", de transformar nosso presente instável e incerto em "um passado claro, estável e descritível", em suma, de realizar o tempo. Pouco importa que ele acrescente que é a operação da morte, não uma morte pronta, mas uma morte na vida ou um ser para a morte ("a morte realiza uma montagem fulgurante de nossa vida").[13] Essa nota lúgubre reforça a concepção clássica e grandiosa da montagem-rainha: o tempo como representação indireta que decorre da síntese de imagens.

Mas essa tese tem outro aspecto, que parece contradizer o primeiro: é preciso que a síntese de imagens-movimento se apoie em caracteres intrínsecos a cada uma. Cada imagem-movimento exprime o todo que muda, em função dos objetos entre os quais o movimento se estabelece. É, portanto, o plano que já deve ser uma

[13] Pier Paolo Pasolini, *L'Expérience hérétique*, pp. 211-2. Encontramos já em Jean Epstein, do mesmo ponto de vista, uma bela página sobre o cinema e a morte: "A morte nos faz promessas, através do cinematógrafo..." (*Écrits sur le cinéma*, vol. 1, Paris, Seghers, 1974, p. 199).

montagem em potencial, e a imagem-movimento, uma matriz ou célula de tempo. Desse ponto de vista, o tempo depende do próprio movimento e lhe pertence: pode ser definido, à maneira dos *[52]* filósofos antigos, como o número do movimento. A montagem será, pois, uma conexão de número, variável segundo a natureza intrínseca dos movimentos considerados em cada imagem, em cada plano. Um movimento uniforme no plano recorre a uma simples medida, mas movimentos variados e diferenciais recorrem a um ritmo, os movimentos propriamente intensivos (como a luz e o calor), a uma tonalidade, e o conjunto de todas as potencialidades de um plano, a uma harmonia. Daí as distinções de Eisenstein entre montagem métrica, rítmica, tonal e harmônica. O próprio Eisenstein via certa oposição entre o ponto de vista sintético, segundo o qual o tempo resultava da montagem, e o ponto de vista analítico, segundo o qual o tempo montado dependia da imagem-movimento.[14] De acordo com Pasolini, "o presente se transforma em passado" em virtude da montagem, mas esse passado "aparece sempre como um presente" em virtude da natureza da imagem. A filosofia já havia encontrado semelhante oposição na noção de "número do movimento", já que ora o número aparecia como uma instância independente, ora como uma simples dependência daquilo que ele media. Não seria preciso, entretanto, manter os dois pontos de vista, como dois polos de uma representação indireta do tempo: o tempo depende do movimento, mas por intermédio

[14] Acontece de Eisenstein se criticar por ter privilegiado demais a montagem ou a coordenação em relação às partes coordenadas e ao "aprofundamento analítico delas": por exemplo, no texto "Montagem 1938", em *Le Film: sa forme, son sens*. Mas veremos o quanto é difícil, nos textos de Eisenstein, distinguir o que é sincero, e o que é uma maneira de esquivar às críticas stalinistas. De fato, Eisenstein sempre insistiu na necessidade de considerar a imagem ou o plano como uma "célula" orgânica, e não como um elemento indiferente: já em um texto de 1929, "Métodos de montagem", os métodos rítmico, tonal e harmônico consideram o conteúdo intrínseco de cada plano, segundo um aprofundamento que cada vez mais leva em conta todas as "potencialidades" da imagem. O que não impede que os dois pontos de vista, o da montagem e o da imagem ou do plano, entrem em relação de oposição, ainda que essa oposição deva se resolver "dialeticamente".

da montagem; resulta da montagem, mas como subordinado ao movimento? A reflexão clássica gira em torno dessa espécie de alternativa, montagem *ou* plano.

Mas também é preciso que o movimento seja normal: o movimento só pode subordinar o tempo e fazer dele um número que *[53]* indiretamente o meça, se preencher condições de normalidade. O que chamamos de normalidade é a existência de centros: centros de revolução do próprio movimento, de equilíbrio das forças, de gravidade dos móveis, e de observação para um espectador capaz de conhecer ou perceber o móvel, e de determinar o movimento. Um movimento que se furta à centragem, de uma maneira ou de outra, é como tal anormal, aberrante. A Antiguidade se defrontava com essas aberrações de movimento, que afetavam até mesmo a astronomia, e tornavam-se ainda mais consideráveis quando se tratava do mundo sublunar dos homens (Aristóteles). Ora, o movimento aberrante põe em questão o status do tempo como representação indireta ou número do movimento, pois escapa às conexões de número. Mas, longe de o próprio tempo ficar abalado, ele encontra nisso a ocasião de surgir diretamente, e de livrar-se da subordinação ao movimento, de subverter essa subordinação. Inversamente, portanto, uma apresentação direta do tempo não implica a parada do movimento, mas, antes, a promoção do movimento aberrante. O que faz desse problema um problema tão cinematográfico quanto filosófico é o fato de a imagem-movimento parecer ser, em si mesma, um movimento fundamentalmente aberrante, anormal. Talvez Epstein tenha sido o primeiro a ressaltar teoricamente esse ponto, cuja experiência prática os espectadores faziam no cinema: não somente as acelerações, as desacelerações e inversões, mas o não distanciamento do móvel ("um fugitivo corria e, no entanto, continuava diante de nós"), as constantes mudanças de escala e proporção ("sem denominador comum possível"), os falsos *raccords* de movimento (o que Eisenstein, por sua vez, chamava de *raccords* impossíveis).[15]

[15] Jean Epstein, *Écrits*, pp. 184, 199 (e sobre os "espaços móveis", os "tempos flutuantes" e as "causas oscilantes", pp. 364-79). Sobre "os *raccords*

Mais recentemente, Jean-Louis Schefer, em um livro em que a teoria forma uma espécie de grande poema, mostrou que o espectador comum do cinema, o homem sem qualidades, encontrava seu correlato na imagem-movimento como movimento extraordinário. É que a imagem-movimento não reproduz *[54]* um mundo, mas constitui um mundo autônomo, feito de rupturas e desproporções, privado de todos os seus centros, dirigindo-se como tal a um espectador que já não é centro de sua própria percepção. O *percipiens* e o *percipi* perderam seus pontos de gravidade. Schefer tira disso a consequência mais rigorosa: a aberração de movimento que caracteriza a imagem cinematográfica liberta o tempo de qualquer encadeamento, opera uma apresentação direta do tempo, subvertendo a conexão de subordinação que ele mantém com o movimento normal; "o cinema é a única experiência em que o tempo me é dado como uma percepção". Sem dúvida Schefer invoca um crime primordial, essencialmente ligado a essa situação do cinema, exatamente como Pasolini invocava uma morte primordial, para a outra situação. É uma homenagem à psicanálise, que nunca deu ao cinema mais que um único objeto, uma única ladainha: a cena dita primitiva. Mas só há um crime: o próprio tempo. O que o movimento aberrante revela é o tempo como todo, como "abertura infinita", anterioridade a qualquer movimento normal definido pela motricidade: é preciso que o tempo seja anterior ao desenrolar regrado de qualquer ação, que haja "um nascimento do mundo que não esteja ligado perfeitamente à experiência de nossa motricidade", e que "a mais remota lembrança de imagem esteja separada de qualquer movimento dos corpos".[16] Se o movimento normal subordina o tempo, do qual ele nos dá uma representação indireta, o movimento aberrante testemunha uma anterioridade do tempo, que ele nos apresenta diretamente, do

impossíveis", cf. Serguei Eisenstein, p. 59. Noël Burch faz uma análise dos falsos-*raccords* na cena dos padres de *Ivan, o terrível* [*Ivan Grozni*, 1944], em *Praxis du cinéma*, pp. 61-3.

[16] Jean-Louis Schefer, *L'Homme ordinaire du cinéma*, Paris, Cahiers du Cinéma/Gallimard, 1980.

fundo da desproporção das escalas, da dissipação dos centros, dos falsos-*raccords* das próprias imagens.

O que está em questão é a evidência segundo a qual a imagem cinematográfica está no presente, necessariamente no presente. Se assim fosse, o tempo só poderia ser representado indiretamente, a partir da imagem-movimento presente e por intermédio da montagem. Mas não será essa a evidência mais falsa, pelo menos em dois aspectos? Por um lado, não há presente que não esteja habitado por um passado e por um futuro, por um passado que não se reduz a um antigo presente, por um futuro *[55]* que não consiste em um presente por vir. A simples sucessão afeta os presentes que passam, mas cada presente coexiste com um passado e um futuro sem os quais ele próprio não passaria. Compete ao cinema apreender o passado e o futuro que coexistem com a imagem presente. Filmar o que está *antes* e o que está *depois*... Talvez seja preciso fazer passar para o interior do filme o que está antes do filme, e depois do filme, para sair da cadeia dos presentes. Por exemplo, as personagens: Godard diz que é preciso saber o que elas eram antes de serem postas no quadro, e depois. "O cinema é isso, não há presente, a não ser nos filmes ruins."[17] É muito difícil, porque não basta eliminar a ficção, em prol de uma realidade bruta que então nos remeteria, ainda mais, aos presentes que passam. É preciso, ao contrário, tender a um limite, fazer com que entre no filme o limite de antes e de depois do filme, apreender na personagem o limite que ela própria transpõe para entrar e sair do filme, para entrar na ficção como em um presente que não se separa de seu antes e de seu depois (Rouch, Perrault). Veremos que é precisamente esse o objetivo do cinema-verdade ou do cinema direto: não alcançar um real que existisse independentemente da imagem, mas um antes e um depois assim como coexistem com a imagem, são inseparáveis da imagem. Seria esse o sentido do cinema direto, na medida em que é um componente de todo cinema: alcançar a apresentação direta do tempo.

Não somente a imagem é inseparável de um antes e de um depois que lhe são próprios, que não se confundem com as ima-

[17] Godard, a propósito de *Paixão*, em *Le Monde*, 27/5/1982.

gens precedentes e subsequentes, mas, por outro lado, ela própria cai em um passado e em um futuro, dos quais o presente não é mais que um limite extremo, nunca dado. Veja-se a profundidade de campo em Welles: quando Kane vai encontrar seu amigo jornalista, para romperem a amizade, é no tempo que ele se move, ele ocupa um lugar no tempo mais do que muda de lugar no espaço. E quando o investigador, no início de *Grilhões do passado* [*Mr. Arkadin*, Orson Welles, 1955], surge no grande pátio, ele surge literalmente do tempo, mais do que chega de outro lugar. Ou vejamos os *travellings* de Visconti: no início de *Vagas estrelas da Ursa Maior* [*Vaghe stelle dell'Orsa*, 1965], quando a heroína volta à casa natal, e para a fim de comprar *[56]* o xale preto, com o qual cobrirá a cabeça, e a bolacha que comerá como um alimento mágico, ela não percorre espaço, mergulha no tempo. E em um filme de alguns minutos, *Notas sobre uma crônica policial* [*Appunti su un fatto di cronaca*, Luchino Visconti, 1951], um lento *travelling* segue o caminho deserto da estudante violada e assassinada, retirando da imagem todo presente para investi-la de um pretérito perfeito petrificado e de um futuro anterior inelutável.[18] Também em Resnais é no tempo que mergulhamos, não à mercê de uma memória psicológica que nos daria apenas uma representação indireta, não à mercê de uma imagem-lembrança que nos remeteria novamente a um antigo presente, mas segundo uma memória mais profunda, memória do mundo que explora diretamente o tempo, alcança no passado o que se furta à lembrança. Como o *flashback* parece derrisório diante de explorações do tempo tão fortes, tal como o silencioso caminhar sobre o tapete espesso, que cada vez que ocorre situa a imagem no passado, em *O ano passado em Marienbad* [*L'Année dernière à Marienbad*, 1961]. Os *travellings* de Resnais e de Visconti, a profundidade de campo de Welles, operam uma temporalização da imagem ou formam uma imagem-tempo direta, que realiza o princípio: só nos filmes ruins a imagem cinematográfica está no presente. "Mais do que um movimento físico,

[18] Cf. a análise de Claude Beylie, em *Luchino Visconti: l'histoire et l'esthétique*, col. Études Cinématographiques, vol. 14, nº 26-27, Paris, Minard, 1963.

trata-se sobretudo de um deslocamento no tempo."[19] E não há dúvida de que os procedimentos são múltiplos: o achatamento da profundidade e a planeza da imagem que, em Dreyer e em outros autores, abrirão diretamente a imagem para o tempo como quarta dimensão. Isso porque existem, como veremos, variedades da imagem-tempo, assim como havia tipos da imagem-movimento. A imagem-tempo direta, porém, sempre nos faz aceder a essa dimensão proustiana, segundo a qual as pessoas e coisas ocupam no tempo um lugar incomensurável ao que têm no espaço. Proust fala então em termos de cinema, o Tempo montando sobre o corpo sua lanterna mágica e fazendo coexistir os planos em profundidade.[20] É essa ascensão, essa emancipação do tempo que assegura o reino do *raccord* impossível e do movimento aberrante. O postulado da *[57]* "imagem no presente" é um dos mais nocivos para qualquer compreensão do cinema.

Mas essas características não marcaram desde cedo o cinema (Eisenstein, Epstein)? O tema de Schefer não vale para o conjunto do cinema? Como fazer dele um traço de um cinema moderno, que se distinguiria do cinema "clássico" ou da representação indireta do tempo? Poderíamos, uma vez mais, invocar uma analogia do pensamento: se é verdade que as aberrações do movimento foram observadas bem cedo, elas foram, de certo modo, compensadas, normalizadas, "montadas", submetidas a leis que salvavam o movimento, movimento extensivo do mundo ou movimento intensivo da alma, e que mantinham a subordinação do tempo. Com efeito, será preciso esperar Kant para operar a grande subversão: o movimento aberrante tornou-se o mais cotidiano, a cotidianidade mesma, e já não é o tempo que depende do movimento, mas o inverso... Uma história parecida surge no cinema. Por muito tempo, as aberrações de movimento foram reconhecidas, mas conjuradas.

[19] René Prédal, *Alain Resnais*, col. Études Cinématographiques, vol. 29, nº 64-68, Paris, Minard, 1968, p. 120.

[20] Marcel Proust, *A la recherche du temps perdu*, col. La Pléiade, vol. III, Paris, Gallimard, 1954, pp. 924 [ed. bras.: *O caminho de Guermantes — Em busca do tempo perdido*, vol. III, tradução de Mário Quintana, São Paulo, Globo, 2007].

São os intervalos de movimento que põem em questão, primeiramente, sua comunicação, e introduzem uma separação ou uma desproporção entre o movimento recebido e o movimento executado. Todavia, referida a esse intervalo, a imagem-movimento nele encontra o princípio de sua diferenciação em imagem-percepção (movimento recebido) e imagem-ação (movimento executado). O que era aberrante relativamente à imagem-movimento deixa de sê-lo no que diz respeito a essas duas imagens: é o próprio intervalo que agora desempenha o papel de centro, e o esquema sensório-motor restaura a proporção perdida entre a percepção e a ação, a restabelece de um novo modo. O esquema sensório-motor procede por seleção e coordenação. A percepção se organiza em obstáculos e distâncias a serem transpostas, enquanto a ação inventa o meio de transpô-los, superá-los, em um espaço que constitui ora um "englobante", ora uma "linha de universo": o movimento salva-se tornando-se relativo. E sem dúvida esse status não esgota a imagem-movimento. A partir do momento em que esta deixa de ser referida a um intervalo como centro sensório-motor, o movimento recobra sua absolutidade e todas as imagens reagem umas sobre as outras, sobre todas as suas faces e em todas as suas partes. É o regime da variação universal, que ultrapassa os limites *[58]* humanos do esquema sensório-motor, rumo a um mundo não humano, onde movimento iguala matéria, ou então rumo a um mundo sobre-humano, que atesta um espírito novo. É aí que a imagem-movimento atinge o sublime, o absoluto do movimento, seja no sublime material de Viértov, no sublime matemático de Gance, ou no sublime dinâmico de Murnau ou Lang. Mas, de todo modo, a imagem-movimento permanece primeira, e apenas indiretamente dá lugar a uma representação do tempo, por intermédio da montagem como composição orgânica do movimento relativo, ou recomposição supraorgânica do movimento absoluto. Até mesmo Viértov, quando transporta a percepção para a matéria, e a ação para a interação universal, povoando o universo de microintervalos, invoca um "negativo do tempo" como produto último da imagem-movimento pela montagem.[21]

[21] Dziga Viértov, *Articles, journaux, projets*, col. 10-18, Paris, Union

Ora, desde as primeiras aparências, outra coisa acontece no cinema dito moderno: não algo mais bonito, mais profundo, nem mais verdadeiro, mas outra coisa. É que o esquema sensório-motor já não se exerce, mas também não é ultrapassado, superado. Ele se quebra por dentro. Ou seja, as percepções e as ações não se encadeiam mais, e os espaços já não se coordenam nem se preenchem. Personagens, envolvidas em situações ópticas e sonoras puras, encontram-se condenadas à errância ou à perambulação. São puros videntes, que só existem no intervalo de movimento, e não têm sequer o consolo do sublime, que os faria encontrar a matéria ou conquistar o espírito. Estão, antes, entregues a algo intolerável: a sua própria cotidianidade. É aí que se dá a subversão: o movimento já não é somente aberrante, mas a aberração vale agora por si mesma e designa o tempo como sua causa direta. "O tempo sai dos eixos": ele sai dos eixos que lhe fixavam as condutas no mundo, mas também os movimentos de mundo. Não é mais o tempo que depende do movimento, *[59]* é o movimento aberrante que depende do tempo. A conexão *situação sensório-motora → imagem indireta do tempo* é substituída por uma correlação não localizável *situação óptica e sonora pura → imagem-tempo direta*. Os opsignos e sonsignos são apresentações diretas do tempo. Os falsos-*raccords* são a própria correlação não localizável: as personagens já não os saltam, mas mergulham neles. Para onde foi Gertrud? Para os falsos-*raccords*...[22] Certamente eles sempre estiveram presentes, no cinema, como os movimentos aberrantes. Mas o que faz com que ganhem um valor singularmente novo, a ponto de Gertrud, na época, não ser compreendido, e chocar a própria percepção? Tanto poderemos insistir na continuidade do cinema como um todo, ou na diferença entre o clássico e o moderno. Era preciso o moderno, para reler todo o cinema como já feito de mo-

Générale d'Éditions, 1972 pp. 129-32. "Negativo" não deve ser entendido no sentido da negação, mas de indireto ou de derivado: é a derivada da "equação visual" do movimento, que também permite resolver essa equação primitiva. A solução será "o deciframento comunista da realidade".

[22] Cf. Jean Narboni, Sylvie Pierre e Jacques Rivette, "Montage", *Cahiers du Cinéma*, nº 210, mar. 1969.

vimentos aberrantes e de falsos-*raccords*. A imagem-tempo direta é o fantasma que sempre assombrou o cinema, mas precisava-se do cinema moderno para dar corpo a esse fantasma. Essa imagem é virtual, em contraposição à atualidade da imagem-movimento. Mas, se virtual se opõe a atual, não se opõe a real, muito pelo contrário. Dirão ainda que essa imagem-tempo pressupõe a montagem, tal como a representação indireta a pressupunha. Mas a montagem mudou de sentido, ganhou nova função: em vez de ter por objeto as imagens-movimento, das quais ela retira uma imagem indireta do tempo, tem por objeto a imagem-tempo, extrai desta as conexões de tempo, das quais o movimento aberrante agora apenas depende. Conforme uma expressão de Lapoujade, a montagem tornou-se "mostragem".[23]

O círculo a que éramos remetidos do plano à montagem, e da montagem ao plano, um constituindo a imagem-movimento, o outro a imagem indireta do tempo, parece ter sido rompido. Apesar de todos os esforços (e sobretudo os de Eisenstein), a concepção clássica tinha dificuldades para se livrar da ideia de construção vertical percorrida nos dois sentidos, em que a montagem agia sobre imagens-movimento. Muitas vezes foi observado, no cinema moderno, que a montagem já estava na imagem, ou que os componentes de uma imagem já implicavam a montagem. Não há mais alternativa entre a *[60]* montagem e o plano (em Welles, Resnais ou Godard). Ora a montagem entra na profundidade da imagem, ora se achata: ela não se pergunta mais como as imagens se encadeiam, mas "o que a imagem *mostra*?".[24] Essa identidade da montagem com a própria imagem só pode aparecer sob as condições da imagem-tempo direta. Em um texto de grande importância, Tarkóvski diz que o essencial é a maneira como o tempo flui no plano, sua tensão ou sua rarefação, "a pressão do tempo no plano". Parece inscrever-se, desse modo, na alternativa clássica, plano

[23] Robert Lapoujade, "Du Montage au montrage", *Fellini*, *L'Arc*, nº 45, pp. 57-60.

[24] Pascal Bonitzer, *Le Champ aveugle*, Paris, Cahiers du Cinéma/Gallimard, 1982, p. 130: "A montagem volta à ordem do dia, mas em uma forma interrogativa que Eisenstein nunca lhe deu".

ou montagem, e optar vigorosamente pelo plano ("a figura cinematográfica só existe no interior do plano"). Mas isso é apenas uma aparência, já que a força ou pressão do tempo sai dos limites do plano, e a própria montagem opera e vive no tempo. Tarkóvski nega que o cinema seja como uma linguagem operando com unidades, mesmo relativas, de diferentes tipos: a montagem não é uma unidade de ordem superior exercendo-se sobre as unidades-plano, e conferindo assim às imagens-movimento o tempo como uma nova qualidade.[25] A imagem-movimento pode ser perfeita, ela permanece amorfa, indiferente e estática se não for penetrada pelas injeções de tempo que introduzem a montagem nela, e alteram o movimento. "O tempo em um plano deve fluir independentemente e, se se pode dizer, por conta própria": é somente com essa condição que o plano extravasa a imagem-movimento, e a montagem, a representação indireta do tempo, associando os dois em uma imagem-tempo direta, um determinando a forma, ou melhor, a força do tempo na imagem, a outra as conexões de tempo ou de forças na sucessão das imagens (conexões que, precisamente, não se reduzem à sucessão, como tampouco a imagem se reduz ao movimento). Tarkóvski intitula seu *[61]* texto "Da figura cinematográfica", porque chama de figura o que exprime o "típico", mas o exprime em uma pura singularidade, em algo único. É o signo, é a própria função do signo. Porém, enquanto os signos encontram sua matéria na imagem-movimento, enquanto formam os traços de expressão singulares de uma matéria em movimento, eles correm o risco de evocar mais uma vez uma generalidade que faria com que fossem confundidos com uma linguagem. A representação do tempo só é extraída deles por associação e generalização, ou como conceito (daí as aproximações, feitas por Eisenstein, en-

[25] Andrei Tarkóvski, "De la Figure cinématographique", *Positif*, nº 249, dez. 1981: "O tempo no cinema se torna a base das bases, tal como o som na música, a cor na pintura. [...] A montagem está longe de oferecer uma nova qualidade". Cf. os comentários de Michel Chion sobre esse texto de Tarkóvski, *Cahiers du Cinéma*, nº 358, abr. 1984, p. 41: "Sua profunda intuição da essência do cinema, quando ele recusa assimilá-la a uma linguagem combinando unidades tais como o plano, imagens, sons etc.".

tre a montagem e o conceito). É essa a ambiguidade do esquema sensório-motor, agente de abstração. Apenas quando o signo se abre diretamente sobre o tempo, quando o tempo fornece a própria matéria sinalética, é que o tipo, que se tornou temporal, se confunde com o traço de singularidade separado de suas associações motoras. Então se realiza o anseio de Tarkóvski: que "o cinematógrafo consiga fixar o tempo em seus índices [seus signos] perceptíveis pelos sentidos". De certo modo, o cinema nunca deixou de fazê-lo; mas, de outro, ele só podia tomar consciência disso ao longo de sua evolução, graças a uma crise da imagem-movimento. Para citarmos uma fórmula de Nietzsche, nunca é no início que alguma coisa nova, uma arte nova, pode revelar sua essência, mas, o que era desde o início, ela só pode revelá-lo em um desvio de sua evolução.

Capítulo 3
DA LEMBRANÇA AOS SONHOS (TERCEIRO COMENTÁRIO A BERGSON)
[62]

1

Bergson distingue dois tipos de "reconhecimento". *O reconhecimento automático ou habitual* (a vaca reconhece o capim, eu reconheço meu amigo Pedro...) opera por prolongamento: a percepção se prolonga em movimentos de costume, os movimentos prolongam a percepção para tirar, dela, efeitos úteis. É um reconhecimento sensório-motor que se faz, sobretudo, através de movimentos: basta ver o objeto para que mecanismos motores que se constituíram e acumularam sejam desencadeados. De certo modo, estamos sempre nos afastando do primeiro objeto: passamos de um objeto a *outro*, conforme um movimento horizontal ou associações de imagens, permanecendo, porém, *em um único e mesmo plano* (a vaca passa de um tufo de capim a outro, e, conversando com meu amigo Pedro, passo de um assunto a outro). Bem diferente é o segundo modo de reconhecimento, o *reconhecimento atento*. Aí, desisto de prolongar minha percepção, não posso prolongá-la. Meus movimentos, mais sutis e de outra natureza, retornam ao objeto, voltam ao objeto, para enfatizar certos contornos e extrair "alguns traços característicos" deles. E recomeçamos, a fim de destacar outros traços e contornos, porém, a cada vez devemos começar do zero. Em vez de uma soma de objetos distintos em um mesmo plano, agora o objeto permanece *o mesmo*, mas passa por *diferentes planos*.[1] No primeiro caso, *[63]* tínhamos,

[1] Henri Bergson, *Matière et mémoire* [MM], pp. 249-51 (114-6) [ed. bras.: *Matéria e memória: ensaio sobre a relação do corpo com o espírito*, tradução de Paulo Neves, São Paulo, Martins Fontes, 2011]. E *L'Énergie spi-*

percebíamos da coisa uma imagem sensório-motora. No outro, constituímos da coisa uma imagem óptica (e sonora) pura, fazemos uma descrição.

Como se distinguem os dois tipos de imagens? Inicialmente poderia parecer que a imagem sensório-motora é mais rica, pois é a própria coisa, ao menos a coisa na medida em que se prolonga nos movimentos pelos quais dela nos servimos. Ao passo que a imagem óptica pura parece, necessariamente, mais pobre e rarefeita: como diz Robbe-Grillet, ela não é a coisa, mas uma "descrição" que tende a substituir a coisa, que "apaga" o objeto concreto, escolhe apenas certos traços deste, ainda que dê lugar a outras descrições, que ressaltarão outras linhas ou traços, sempre provisórios, sempre questionados, deslocados ou substituídos. A essa tese se objeta que a imagem cinematográfica, mesmo sensório-motora, é, necessariamente, uma descrição. Mas então é preciso opor dois tipos de descrição: uma, orgânica (como quando se diz que uma cadeira é feita para se sentar, ou o capim para ser comido); outra, físico-geométrica, inorgânica. Já em Rossellini pôde-se observar a que ponto a fábrica vista pela burguesa, em *Europa '51*, era um "abstrato" visual e sonoro, bem pouco "denotado concretamente", reduzido a alguns traços. E em *Tempo de guerra*, Godard faz de cada plano uma descrição que substitui o objeto, e dará lugar a outra descrição, a tal ponto que, em vez de descrever organicamente um objeto, ele nos mostra puras descrições, que se desfazem assim que se delineiam.[2] Se o novo cinema, como o *nou-*

rituelle [*ES*], "L'Effort intellectuel", pp. 940-1 (166-7) [ed. bras.: *A energia espiritual*, tradução de Rosemary Costhek Abílio, São Paulo, Martins Fontes, 2017; "O esforço intelectual", tradução de Jonas Gonçalves Coelho, *Trans/Form/Ação*, vol. 29, nº 1, 2006]. Citamos as obras de Bergson segundo a edição do Centenário (Paris, Presses Universitaires de France, 1959); entre parênteses indicamos a paginação das edições correntes (igualmente da PUF). Já analisamos o primeiro capítulo de *MM* no tomo anterior. Aqui discutiremos o segundo, que introduz um ponto de vista bem diferente. O terceiro, que se refere essencialmente ao tempo, será comentado mais adiante.

[2] Claude Ollier, ele próprio escritor do *nouveau roman*, diz a propósito de *Tempo de guerra*: Godard "efetua, para cada plano, um rápido recenseamento de suas virtualidades descritivas e sugestivas, antes de se prender a

veau roman, tem grande importância filosófica e lógica, é antes de mais nada graças à teoria das descrições que ambos implicam, e da qual Robbe-Grillet foi o iniciador.[3] *[64]*

Nesse ponto, tudo se subverte. A imagem sensório-motora só retém de fato da coisa aquilo que nos interessa, ou aquilo que se prolonga na reação de uma personagem. Sua riqueza é, pois, aparente, e vem do fato de ela associar à coisa muitas outras coisas que se parecem com ela no mesmo plano, na medida em que todas suscitam movimentos semelhantes: é o capim em geral que interessa ao herbívoro. É nesse sentido que o esquema sensório-motor é agente de abstração. Inversamente, por mais que a imagem óptica pura não passe de uma descrição, e se refira a uma personagem que não sabe mais ou não pode mais reagir à situação, a sobriedade dessa imagem, a raridade do que retém, linha ou mero ponto, "fragmento mínimo sem importância", sempre elevam a coisa a uma singularidade essencial, e descrevem o inesgotável, remetendo sem fim a outras descrições. Portanto, é a imagem óptica a verdadeiramente rica, ou "típica".

Ao menos ela o seria, se soubéssemos para que serve. Da imagem sensório-motora se podia facilmente dizer que servia, já que encadeava uma imagem-percepção a uma imagem-ação, regulava a primeira com base na segunda e prolongava uma na outra. Mas bem diferente é o caso da imagem óptica pura, não somente por-

uma delas, para depois, tão logo indicada, abandoná-la, exatamente como constitui a obra inteira por sucessivas aproximações renovadas e, no momento exato em que encontra, ele a desfaz, parece até mesmo perder o interesse nela, ou até voluntariamente destruí-la" (*Souvenirs écran*, Paris, Cahiers du Cinéma/Gallimard, 1981, p. 129).

[3] É com Russell que a teoria das descrições se torna uma das bases da lógica moderna. Bergson, porém, em *Matière et mémoire*, não faz apenas uma psicologia do reconhecimento, também propõe uma lógica da descrição completamente diferente de Russel. A concepção de Robbe-Grillet, logicamente muito forte, dá continuidade e se assemelha muitas vezes à de Bergson. Cf. *Pour un nouveau roman* (Paris, Minuit, 1963), "Temps et description" (um duplo movimento de criação e de apagamento...) [ed. port.: *Por um novo romance*, tradução de Cristóvão Santos, Lisboa, Publicações Europa-América, 1965].

que é outro tipo de imagem, outro tipo de percepção, mas também porque seu modo de encadeamento não é o mesmo. Haveria uma resposta simples, provisória; é a que Bergson dá em primeiro lugar: a imagem óptica (e sonora) no reconhecimento atento não se prolonga em movimento, mas entra em conexão com uma "imagem-lembrança", que ela suscita. Talvez seja preciso conceber também outras respostas possíveis, mais ou menos vizinhas, mais ou menos distintas: o que entraria em conexão seria algo real e imaginário, físico e mental, objetivo e subjetivo, descrição e narração, *atual* e *virtual*... O essencial, de todo modo, é que os dois termos em conexão diferem em natureza, mas, no entanto, "correm um atrás do outro", remetem um ao outro, refletem-se sem que se possa dizer *[65]* qual é o primeiro, e tendem, *em última análise*, a se confundir caindo em um mesmo ponto de indiscernibilidade. A determinado aspecto da coisa corresponde uma zona de lembranças, de sonhos ou de pensamentos: a cada vez é um plano ou um circuito, de modo que a coisa passa por uma infinidade de planos e circuitos que correspondem a suas próprias "camadas" ou aspectos. A outra descrição corresponderia outra imagem mental virtual, e inversamente: outro circuito. A heroína de *Europa '51* vê certos traços da fábrica, e acredita ver condenados: "Pensei estar vendo condenados...". (Notaremos que ela não evoca uma mera lembrança, a fábrica não lhe recorda uma prisão, a heroína invoca uma visão mental, quase uma alucinação.) Ela poderia ter apreendido outros traços, e ter outra visão: a entrada dos operários, o toque da sirene, pensei estar vendo sobreviventes em *sursis* correrem para abrigos sombrios...

Como dizer que é o mesmo objeto (a fábrica) que passa por diferentes circuitos, já que a cada vez a descrição apagou o objeto, ao mesmo tempo que a imagem mental criava outro? Cada circuito apaga e cria um objeto. Mas é justamente nesse "duplo movimento de criação e apagamento" que os planos sucessivos, os circuitos independentes, se anulando, se contradizendo, se retomando, bifurcando, vão constituir a um só tempo as camadas de uma única e mesma realidade física, e os níveis de uma única e mesma realidade mental, memória ou espírito. Como diz Bergson, "bem se vê que o progresso da atenção tem por efeito criar de novo, não somente o objeto apercebido, mas os sistemas cada vez mais vastos aos quais ele pode se ligar; de modo que, à medida que os círculos B, C, D representam uma expansão maior da memória, a reflexão deles atinge em B', C', D' camadas mais profundas da realidade".[4] Assim, em Rossellini, a ilha de *[66] Stromboli* passa por descrições cada vez mais profundas, o porto, a pesca, a tempestade, a erupção, ao mesmo tempo que a estrangeira sobe cada vez mais alto na ilha, até que a descrição se abisma em profundidade, e o espírito se quebra, sob uma tensão forte demais. Das encostas do vulcão enfurecido, a aldeia é vista bem embaixo, brilhando sobre o mar negro, enquanto o espírito murmura: "Estou acabada, tenho medo, que mistério, que beleza, meu Deus...". Não há mais imagens sensório-motoras com seus prolongamentos, mas liames circulares muito mais complexos entre imagens ópticas e sonoras puras por um lado, e, por outro, imagens vindas do tempo ou do pensamento, sobre planos coexistentes em direito, que constituem a alma e o corpo da ilha.

2

A situação puramente óptica e sonora (descrição) é uma imagem atual, mas que, em vez de se prolongar em movimento, enca-

[4] Este é o primeiro grande esquema de Bergson, *MM*, p. 250 (115):

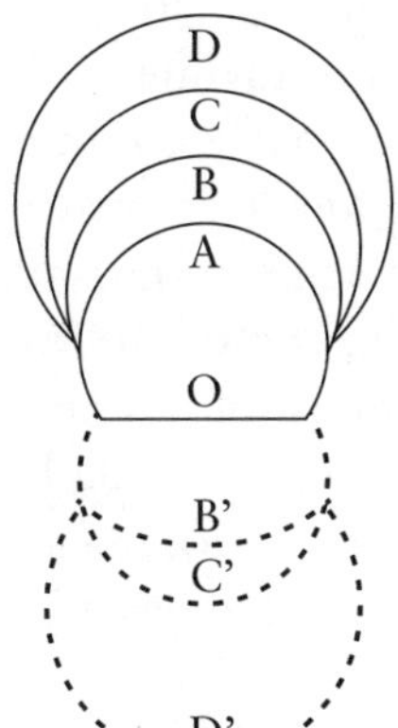

> A dificuldade aparente desse esquema reside no circuito "mais estreito", que não é apresentado na forma AA', mas AO, pois "contém apenas o próprio objeto O com a imagem consecutiva que volta para cobri-lo" (lembrança imediatamente consecutiva à percepção). Veremos mais adiante por que razão há tal circuito mínimo, que, necessariamente, desempenha o papel de limite interior.

deia-se com uma imagem virtual e forma com ela um circuito. A questão é saber mais exatamente o que tem condição de desempenhar o papel de imagem virtual. O que Bergson chama de "imagem-lembrança" parece, à primeira vista, preencher as qualidades exigidas. Claro, as imagens-lembrança já intervêm no reconhecimento automático: inserem-se entre a excitação e a resposta, e contribuem para ajustar melhor o mecanismo motor, reforçando-o com uma causalidade psicológica. Mas, nesse sentido, elas intervêm apenas acidental e secundariamente no reconhecimento automático, em compensação são essenciais ao reconhecimento atento: este se faz *por meio* delas. Quer dizer que, com as imagens-lembrança, aparece um sentido completamente novo da subjetividade. Vimos que a subjetividade já se manifestava na imagem-movimento: ela surge quando há uma distância entre movimento recebido e movimento executado, entre ação e reação, excitação e resposta, imagem-percepção e imagem-ação. E, se a afecção também é uma dimensão dessa primeira subjetividade, é porque ela pertence à distância, constitui o "dentro" desta, de certo modo a ocupa, mas sem preenchê-la ou supri-la. Agora, ao contrário, *[67]* a imagem-lembrança vem preencher a distância, supri-la efetivamente, de tal modo que nos leva individualmente à percepção, em vez de prolongá-la como movimento genérico. Tira proveito da distância, a supõe, já que se insere nela, mas é de outra natureza. A subjetividade ganha então um novo sentido, que já não é motor ou material, mas temporal e espiritual: o que "se acrescenta" à matéria, e não mais o que a distende; a imagem-lembrança, e não mais a imagem-movimento.[5]

A conexão da imagem atual com imagens-lembrança aparece no *flashback*. Este é, precisamente, um circuito fechado que vai do presente ao passado, depois nos traz de volta ao presente. Ou melhor, como em *Trágico amanhecer* [*Le Jour se leve*, 1939], de Marcel Carné, é uma multiplicidade de circuitos, cada um percorrendo uma zona de lembranças e voltando a um estado cada vez mais profundo, mais inexorável, da situação presente. O herói de Carné, no fim de cada circuito, encontra-se em seu quarto de hotel

[5] *MM*, pp. 213-20 (68-77).

cercado pela polícia, cada vez mais perto do término fatal (as vidraças quebradas, os furos de balas na parede, a sucessão de cigarros...). É sabido, no entanto, que o *flashback* é um procedimento convencional, extrínseco: ele se insinua, em geral, por uma "fusão", e as imagens que ele introduz são, frequentemente, superexpostas ou tramadas. Como se houvesse um letreiro: "Atenção! Lembrança". Ele pode indicar, portanto, por convenção, uma causalidade psicológica, mas ainda análoga a um determinismo sensório-motor, e, apesar de seus circuitos, só assegura a progressão de uma narração linear. A questão do *flashback* é a seguinte: ele deve receber sua própria necessidade de outra parte, exatamente como as imagens-lembrança devem receber de outra parte a marca interna do passado. É preciso que não seja possível contar a história no presente. É preciso, portanto, que alguma outra coisa justifique ou imponha o *flashback*, e marque ou autentique a imagem-lembrança. A resposta de Carné é bem clara a esse respeito: é o destino que excede o determinismo e a causalidade, é ele que traça uma sobrelinearidade, a um só tempo confere necessidade ao *flashback* e uma marca do passado às imagens-lembrança. Assim, em *Trágico amanhecer*, o som da cantilena obsessiva vem do fundo do tempo para justificar o *flashback*, e a "raiva" leva *[68]* o herói trágico até o fundo do tempo para entregá-lo ao passado.[6] Mas, se o *flashback* e a imagem-lembrança assim encontram no destino a sua fundação, é somente de maneira relativa ou condicional. Pois o destino pode manifestar-se diretamente por outras vias, e afirmar uma pura força do tempo que extravasa de qualquer memória, um já-passado que excede qualquer lembrança: não pensamos somente nas figuras expressionistas de cegos ou de mendigos, de que Carné salpicou sua obra, mas nas imobilizações e petrificações de *Os visitantes da noite* [*Les Visiteurs du soir*, Marcel Carné, 1939], no uso do mímico em *O boulevard do crime* [*Les Enfants du paradis*, Marcel Carné, 1945], e, de modo mais geral, na luz, que Carné utiliza conforme o estilo francês, cinza lumino-

[6] Cf. a análise de *Trágico amanhecer* por André Bazin, *Le Cinéma français de la libération à la nouvelle vague*, Paris, Cahiers du Cinéma/Édition de l'Étoile, 1983, pp. 53-75.

so que passa por todas as nuances atmosféricas e constitui o grande circuito do sol e da lua.

Mankiewicz é sem dúvida o maior autor do *flashback*. Mas a utilização que faz dele é tão especial que seria possível opô-la à de Carné, como os dois polos extremos da imagem-lembrança. Não se trata mais de uma explicação, causalidade ou linearidade que deveriam ultrapassar-se enquanto destino. Trata-se, ao contrário, de um inexplicável segredo, de uma fragmentação de qualquer linearidade, de constantes bifurcações que são outras tantas rupturas de causalidade. O tempo em Mankiewicz é exatamente o que Borges descreve em "O jardim de veredas que se bifurcam": não é o espaço, é o tempo que se bifurca, "trama de tempos que se aproximam, bifurcam, se cortam ou que secularmente se ignoram, abrange todas as possibilidades". É aí que o *flashback* encontra sua razão: em cada ponto de bifurcação do tempo. A multiplicidade dos circuitos ganha, portanto, um novo sentido. Não são apenas várias pessoas que têm, cada uma, um *flashback*, é o *flashback* que é de várias pessoas (três em *A condessa descalça* [*The Barefoot Contessa*, Joseph L. Mankiewicz, 1954], três em *Quem é o infiel?* [*A Letter to Three Wives*, Joseph L. Mankiewicz, 1949], dois em *A malvada* [*All about Eve*, Joseph L. Mankiewicz, 1950]. E não são apenas os circuitos que se bifurcam entre si; cada circuito se bifurca consigo mesmo, como a ponta dupla de um fio de cabelo. Nos três circuitos de *Quem é o infiel?*, cada uma das mulheres se pergunta, a seu modo, quando e como seu casamento começou a derrapar, a pegar uma via bifurcante. *[69]* E mesmo quando há uma única bifurcação, como o gosto pela lama em uma criatura orgulhosa e esplêndida (*A condessa descalça*), suas repetições não são acumulações, suas manifestações não se deixam alinhar, nem reconstituir um destino, mas não param de retalhar qualquer estado de equilíbrio, impondo a cada vez um novo "cruzamento", uma nova ruptura de causalidade, que por sua vez se bifurca com a precedente, em um conjunto de correlações não lineares.[7] Uma das mais belas forquilhas de Mankiewicz se encontra em *Dizem*

[7] Sobre a noção de bifurcação, cf. Ilya Prigogine e Isabelle Stengers, *La Nouvelle alliance*, Paris, Gallimard, 1981, p. 190 [ed. bras.: *A nova aliança*,

que é pecado [*People Will Talk*, Joseph L. Mankiewicz, 1951], quando o médico, que veio anunciar ao pai que sua filha está grávida, se vê falando de amor à moça, e, em uma paisagem onírica, a pede em casamento. Duas personagens são eternas inimigas, em um universo de autômatos; mas há um mundo onde uma maltrata a outra e lhe impõe uma roupa de palhaço, e um mundo onde a outra veste uma roupa de inspetor, domina por sua vez, até que os autômatos já sem freios mesclam todas as possibilidades, todos os mundos e os tempos *Trama diabólica* [*Sleuth*, Joseph L. Mankiewicz, 1972]. As personagens de Mankiewicz nunca se desenvolvem em uma evolução linear: os estágios que Eve Harrington percorre — tomar o lugar da atriz, roubar-lhe o namorado, seduzir o marido da amiga, chantagear a amiga — não fazem parte de uma progressão, mas cada um deles constitui um desvio que forma um circuito, deixando subsistir acerca do conjunto um segredo que a nova Eve herdará no final do filme, ponto de partida para outras bifurcações.

Não há, de fato, nem linha reta, nem círculo que se fecha. *All about Eve* não significa exatamente "Tudo sobre Eve", é, na verdade, "um pouquinho", como diz uma personagem do filme: "Ela poderá dizer-lhes um pouquinho sobre esse assunto...". E, se há apenas um *flashback* em *De repente, no último verão* [*Suddenly, Last Summer*, Joseph L. Mankiewicz, 1959], quando a menina encontra, no final, a abominável lembrança que a corrói, é porque os outros *flashbacks* foram inibidos, substituídos por relatos e hipóteses, sem anular, no entanto, as bifurcações correspondentes que deixam subsistir para sempre um segredo inexplicável. Com efeito, a pederastia do filho nada explica. A inveja da mãe é a primeira bifurcação, a partir do momento em que é suplantada pela filha; *[70]* a pederastia é a segunda, quando o filho se serve da menina, como se servia da mãe, como iscas para os garotos; mas há ainda outra, mais um circuito, que retoma a descrição das flores carnívoras e a narrativa do terrível destino das tartaruguinhas devoradas, quando o *flashback* descobre, sob a pederastia do filho,

tradução de Miguel Faria e Maria Joaquina M. Trincheira, Brasília, Editora da UnB, 1984].

um mistério orgíaco, gostos canibalescos, dos quais ele acaba sendo vítima, lacerado, desmembrado por seus jovens amantes miseráveis, ao som de uma música bárbara de favela. E ainda aí, no final, parece que tudo recomeça, e que a mãe "devorará" o jovem médico que tomou por seu filho. Ainda em Mankiewicz, o *flashback* descobre sua razão de ser nessas narrativas em forquilha que rompem a causalidade e, ao invés de dissipar o enigma, o remetem a outros enigmas ainda mais profundos. Chabrol reencontrará essa força e uso do *flashback* em *Violette* [*Violette Nozière*, 1978], quando pretenderá marcar as constantes bifurcações da heroína, a variedade de seus rostos, a irredutível diversidade das hipóteses (ela queria, ou não, poupar sua mãe etc.?).[8]

Portanto, são as bifurcações do tempo que dão ao *flashback* necessidade, e às imagens-lembrança autenticidade, um peso de passado sem o qual elas continuariam a ser convencionais. Mas por quê, como? A resposta é simples: os pontos de bifurcação são, no mais das vezes, tão imperceptíveis que só podem revelar-se posteriormente, a uma memória atenta. É uma história que só pode ser contada no passado. Já era essa a questão permanente de Fitzgerald, de quem Mankiewicz está bem perto: O que se passou? Como chegamos a isso?[9] É isso que governa os três *flashbacks* de mulheres em *Quem é o infiel?*, bem como as lembranças de Harry em *A condessa descalça*. Talvez seja essa a questão de todas as questões. *[71]*

[8] Philippe Carcassonne fez uma excelente análise do *flashback* em Mankiewicz, mostrando como rompe a linearidade e nega a causalidade: "o *flashback* poderia sugerir uma complementaridade dos tempos, que ultrapassaria a dimensão temporal; o passado não é apenas o antes do presente, é também a peça que está lhe faltando, o inconsciente, e muitas vezes a elipse". Carcassonne faz a aproximação com Chabrol: "Longe de dissipar o enigma, o voltar atrás serve muitas vezes para acentuá-lo, e até mesmo para torná-lo mais opaco, indicando a cadeia lacunar dos enigmas que o precederam" ("Coupez!", *Cinématographe*, nº 51, out. 1979).

[9] Jean Narboni assinalou outros pontos de comparação entre os dois autores: "Mankiewicz à la troisième personne", *Cahiers du Cinéma*, nº 153, mar. 1964.

Já se falou muito do caráter teatral da obra de Mankiewicz, mas nela também há um elemento romanesco (ou mais exatamente "novelístico", pois é a novela que pergunta: o que se passou?). Mas o que ainda não foi analisado o bastante é a conexão entre os dois, sua fusão original, pela qual Mankiewicz recria uma especificidade cinematográfica plena. Por um lado, o elemento romanesco, a narrativa aparece na memória. Pois a memória, para usarmos uma frase de Janet, é conduta de narrativa. Em sua própria essência ela é voz, que fala, se fala ou murmura, e relata o que se passou. Daí a voz *off* que acompanha o *flashback*. Muitas vezes em Mankiewicz esse papel espiritual da memória dá lugar a uma criatura mais ou menos ligada ao além: o fantasma de *O fantasma apaixonado* [*The Ghost and Mrs. Muir*, 1947], o espírito de *Dizem que é pecado*, os autômatos de *Trama diabólica*. Em *Quem é o infiel?* há uma quarta amiga, a que nunca veremos, que mal avistamos, e que informou às três outras que estava partindo com um dos maridos (mas qual deles?): é a voz *off* que domina os três *flashbacks*. De todo modo, a voz como memória enquadra o *flashback*. Mas, por outro lado, o que este "mostra", o que aquela relata, ainda são vozes: claro, personagens e cenários que se oferecem à vista, mas essencialmente falantes e sonoros. É o elemento teatral: o diálogo entre as personagens narradas, e até mesmo, às vezes, a personagem narrada, ela própria também narra (*A malvada*). Em um dos *flashbacks* de *Quem é o infiel?* aparece a cena do jantar que o marido professor e a mulher publicitária oferecem à chefe desta: todos os movimentos das personagens e da câmera são determinados pela violência crescente do diálogo, e pela repartição de duas fontes sonoras contrárias, a da emissão de rádio e a da música clássica que o professor lhe contrapõe. O essencial diz respeito, pois, à intimidade da conexão entre o elemento romanesco da memória como conduta de narrativa e o elemento teatral dos diálogos, palavras e sons como condutas das personagens.

Ora, essa conexão interna recebe em Mankiewicz uma determinação muito original. O que é relatado é sempre uma derrapagem, um desvio, uma bifurcação. Mas, embora a bifurcação só possa, em princípio, ser descoberta *[72]* posteriormente, através do *flashback*, há uma personagem que a pode pressentir, ou apreender na hora, podendo também depois se servir dela, para o bem ou para o mal. Mankiewicz é exímio nessas cenas. Não é somente o papel de Harry em *A condessa descalça*; também são duas grandes cenas de *A malvada*. Em primeiro lugar, a camareira-secretária da atriz compreende imediatamente a trapaça de Eve, seu caráter dúbio: no mesmo momento em que Eve faz seu relato mentiroso, ela ouve tudo do quarto ao lado, no fora de campo, e entra no campo para olhar Eve intensamente e manifestar de modo sucinto a sua dúvida. Mais tarde, o diabólico crítico de teatro surpreenderá outra bifurcação de Eve, quando ela se esforça para seduzir o amante da atriz. Ele ouve, e talvez perceba, como entre dois campos, pela porta entreaberta. Saberá se servir disso mais tarde, mas compreendeu na hora (e é em dois momentos diferentes que cada uma das personagens compreende, graças a uma nova bifurcação). Ora, em todos esses casos, não saímos da memória. Só que, em vez de uma memória constituída, como função do passado que relata uma narrativa, assistimos ao nascimento da memória, como função do futuro que retém o que se passa para dele fazer o objeto por vir da outra memória. É o que Mankiewicz compreendeu, a fundo: a memória nunca poderia evocar e contar o passado, se não se tivesse constituído no momento em que o passado ainda era presente, portanto, com um objetivo por vir. É por isso mesmo que ela é conduta: é no presente que se faz uma memória, para ela servir no futuro, quando o presente for passado.[10] É essa memória do presente que faz comunicar de dentro os dois elementos, a memória romanesca tal como aparece na narrativa relatadora, o presente teatral tal como aparece nos diálogos relatados. É esse terceiro circulante que confere, ao conjunto, valor plenamente cinematográfico. É o papel de espião, ou de testemunha involuntária, que dá, ao cinema de Mankiewicz, toda a sua força: nascimento visual e auditivo da memória. *[73]* Daí a maneira pela qual encontramos nele os dois aspectos distintivos do fora de campo: um ao

[10] É nesse sentido que Janet o entendeu, definindo a memória como conduta de narrativa: eu me lembro, constituo uma memória para contar. Mas Nietzsche já definia a memória como conduta de promessa: constituo uma memória para ser capaz de prometer, de manter uma promessa.

lado remetendo à personagem que surpreende a bifurcação, um além remetendo à personagem que a relaciona com o passado (às vezes a mesma personagem, às vezes outra).

Mas, se é verdade que o *flashback* e a imagem-lembrança assim encontram sua razão nessas bifurcações do tempo, essa razão, exatamente como vimos no caso bem diferente de Carné, pode agir diretamente, sem passar pelo *flashback*, fora de qualquer memória. É o que acontece notadamente nos dois grandes filmes teatrais, shakespearianos, *Júlio César* [*Julius Caesar*, Joseph L. Mankiewicz, 1953] e *Cleópatra* [*Cleopatra*, Joseph L. Mankiewicz, 1963]. É verdade que o caráter histórico desses filmes já faz às vezes de memória (e, em *Cleópatra*, a técnica de afrescos que se animam). Resta que as bifurcações do tempo adquirem aqui um sentido direto, que invalida o *flashback*. A interpretação do Júlio César de Shakespeare por Mankiewicz insiste na oposição psicológica entre Brutus e Marco Antônio. É que Brutus aparece como uma personagem absolutamente linear: certamente está dilacerado por sua afeição por César, certamente é hábil orador e político, mas seu amor pela República traça-lhe uma via completamente reta. Dizíamos que não havia em Mankiewicz personagem com desenvolvimento linear. Entretanto há Brutus. Mas depois de falar ao povo, ele permite que Marco Antônio também fale, sem a sua presença ou a de um *observador*; resultado: acaba proscrito, fadado à derrota, sozinho e forçado ao suicídio, imobilizado em sua retidão, antes de conseguir compreender o que quer que seja do que aconteceu. Marco Antônio, ao contrário, é o ser dúbio por excelência: apresentando-se como soldado, servindo-se de seu falar impróprio, com voz rouca, articulações incertas, pronúncia de plebeu, faz um discurso extraordinário, todo baseado em bifurcações, que comoverá o povo romano (a arte de Mankiewicz e a voz de Brando unem-se aqui em uma das mais belas cenas de cinema-teatro). Em *Cleópatra*, enfim, é Cleópatra que se tornou a eterna bifurcante, a dúbia, a inconstante, enquanto Marco Antônio (desta vez interpretado por Burton) está apenas entregue a seu amor louco, preso entre a lembrança de César e a proximidade de Otávio. Escondido atrás de uma pilastra, ele assistirá a uma das bifurcações de Cleópatra diante de Otávio, e fugirá para o fundo, mas sempre voltará para ela. *[74]* Ele também morrerá sem compreender o que aconteceu, embora reencontre o amor de Cleópatra, em uma última bifurcação desta. Todas as cores rosa, ascendendo até o ouro, atestam a universal inconstância de Cleópatra. Mankiewicz repudiou esse filme, que nem por isso deixa de ser esplêndido; talvez uma de suas principais razões tenha sido o fato de lhe imporem justificações demais, racionais e pesadas, para as bifurcações da rainha.

Chegamos mais uma vez à mesma conclusão: ou o *flashback* é um mero letreiro convencional, ou recebe sua justificação de outra parte, do destino de Carné, do tempo que se bifurca em Mankiewicz. Mas, nestes últimos casos, o que dá ao *flashback* uma necessidade só o faz relativa e condicionalmente, e pode exprimir-se de outro modo. É que não há apenas uma insuficiência do *flashback* relativamente à imagem-lembrança; *há, mais profundamente, uma insuficiência da imagem-lembrança relativamente ao passado*. Bergson sempre lembrava que a imagem-lembrança não devia a si mesma sua marca de passado, ou seja, a marca de "virtualidade" que ela representa ou encarna, e que a distingue dos outros tipos de imagem. Se a imagem se faz "imagem-lembrança", é somente na medida em que foi procurar uma "lembrança pura" lá onde esta se encontrava, pura virtualidade contida nas zonas escondidas do passado tal como em si mesma... "As puras lembranças, chamadas do fundo da memória, desenvolvem-se como lembranças-imagens"; "Imaginar não é se lembrar. Sem dúvida uma lembrança, à medida que se atualiza, tende a viver em uma imagem, mas a recíproca não é verdadeira, e a imagem pura e simples só me levará ao passado se foi mesmo no passado que fui procurá-la, seguindo assim o progresso contínuo que a trouxe da obscuridade à luz".[11] Contrariamente à nossa primeira hipótese, não basta, portanto, a imagem-lembrança para definir a nova dimensão da subjetividade. Perguntávamos: quando uma imagem presente e atual perdeu seu prolongamento motor, com que imagem virtual entra ela em conexão, formando as duas imagens um circuito no

[11] *MM*, p. 270 (140) e p. 278 (150).

qual correm uma atrás da outra e refletem-se uma na outra? Ora, a imagem-lembrança não é virtual, ela atualiza por sua conta uma virtualidade *[75]* (que Bergson chama de "lembrança pura"). Por isso a imagem-lembrança não nos restitui o passado, mas somente representa o antigo presente que o passado "foi". A imagem-lembrança é uma imagem atualizada ou em via de atualização, que não forma com a imagem atual e presente um circuito de indiscernibilidade. Será porque o circuito é longo demais ou, ao contrário, não o bastante? Em todo caso, mais uma vez, a heroína de *Europa '51* não evoca uma imagem-lembrança. E até mesmo quando um autor procede por *flashback*, ele subordina o *flashback* a outros processos que o fundam, e a imagem-lembrança, a imagens-tempo mais profundas (não somente Mankiewicz, mas Welles, Resnais etc.).

É certo que o reconhecimento atento, quando tem êxito, se faz *por meio* de imagens-lembrança: é o homem que encontrei na semana passada em tal lugar... Mas é justamente esse êxito que permite ao fluxo sensório-motor retomar seu curso temporariamente interrompido. De modo que Bergson não se cansa de girar em torno da seguinte conclusão, que também estará sempre presente no cinema: o reconhecimento atento nos informa muito mais quando fracassa do que quando tem êxito. Quando não conseguimos nos lembrar, o prolongamento sensório-motor fica suspenso, e a imagem atual, a percepção óptica presente, não se encadeia nem com uma imagem motora, nem mesmo com uma imagem-lembrança que pudesse restabelecer o contato. Entra antes em conexão com elementos autenticamente virtuais, sentimentos de *déjà-vu* ou de passado "em geral" (já devo ter visto esse homem em algum lugar...), imagens de sonho (tenho a impressão de tê-lo visto em sonho...), fantasias ou cenas de teatro (ele parece interpretar um papel que me é familiar...). Em suma, não é a imagem-lembrança ou o reconhecimento atento que nos dá o justo correlato da imagem óptico-sonora, são antes as confusões da memória e os fracassos do reconhecimento.

3

Por isso o cinema europeu defrontou-se muito cedo com um conjunto de fenômenos: amnésia, hipnose, alucinação, delírio, visões de moribundos e, sobretudo, pesadelo e sonho. Esse foi um aspecto importante do cinema soviético e de *[76]* suas alianças variáveis com o futurismo, o construtivismo, o formalismo; do expressionismo alemão e de suas alianças variáveis com a psiquiatria, e a psicanálise; ou da escola francesa e de suas alianças variáveis com o surrealismo. O cinema europeu via nisso um meio de romper com os limites "americanos" da imagem-ação, e também de atingir um mistério do tempo, de unir a imagem, o pensamento e a câmera no interior de uma mesma "subjetividade automática", em oposição à concepção demasiado objetiva dos americanos.[12] Com efeito, a primeira coisa que todos esses estados têm em comum é que neles uma personagem se vê exposta a sensações visuais e sonoras (ou até mesmo táteis, cutâneas, cenestésicas) que perderam seu prolongamento motor. Pode ser uma situação-limite, a iminência ou consequência de um acidente, a proximidade da morte, mas também estados mais banais do sono, do sonho ou de uma perturbação da atenção. E, em segundo lugar, essas sensações e percepções atuais estão tão separadas de um reconhecimento mnêmonico quanto de um reconhecimento motor: nenhum grupo determinado de lembranças vem lhes corresponder, e ajustar-se à situação óptica e sonora. Mas, o que é bem diferente, é todo um

[12] Jean Epstein, em toda a sua obra escrita, insistiu nos estados subjetivos e oníricos que, segundo ele, caracterizavam o cinema europeu, notadamente o francês: *Écrits*, II, Paris, Seghers, 1974, pp. 64 ss. O cinema soviético enfrentou estados de sonho (Eisenstein, Dovjenko...), mas também estados patológicos do tipo amnésia, com reconstituição de restos de lembrança: Ermler, *As ruínas do império* [*Oblomok imperii*, 1929]. O encontro do expressionismo com a psicanálise se deu diretamente por volta de 1927, no filme de Pabst, que teve a colaboração de Abraham e Sachs, a despeito das reticências de Freud: *Segredos de uma alma* [*Geheimnisse einer Seele*, 1926], que tratava dos estados obsessivos de um homem que sonha matar sua mulher com uma faca.

"panorama" temporal, um conjunto instável de lembranças flutuantes, imagens de um passado *em geral* que desfilam com rapidez vertiginosa, como se o tempo conquistasse uma liberdade profunda. Parece que à impotência motora da personagem responde agora uma mobilização total e anárquica do passado. As fusões e as superimpressões perdem os freios. Foi assim que o expressionismo tentou restituir a "visão panorâmica" daqueles que se sentem vitalmente ameaçados ou perdidos: imagens surgidas do inconsciente de uma operada, *Anestesia* [*Narkose*, 1929], de Alfred Abel, de um agredido, *Assalto* [*Polizeibericht Überfall*, 1928], de Metzner, de um homem que se afoga, *O último momento* [*The Last Moment*, 1928], de Fejos. (*Trágico amanhecer* tende para esse *[77]* limite, com o herói se aproximando de uma morte inevitável.) O mesmo acontece com os estados de sonho ou de extremo relaxamento sensório-motor: as perspectivas puramente ópticas ou sonoras de um presente destituído só têm um liame, agora, com um passado desconectado, com lembranças de infância flutuantes, fantasias, impressões de *déjà-vu*. É ainda este o conteúdo mais imediato, ou mais aparente de *Oito e meio*, de Fellini: desde a estafa e a queda de pressão do herói, até a visão panorâmica final, passando pelo pesadelo do subterrâneo e do homem-pipa que serve de abertura ao filme.

A teoria bergsoniana do sonho mostra que a pessoa que dorme não está fechada às sensações do mundo exterior e interior. Entretanto, ele as põe em conexão, não mais com imagens-lembrança particulares, mas com lençóis de passado fluidos e maleáveis que se contentam com um ajuste bem frouxo ou flutuante. Se nos reportamos ao esquema precedente de Bergson, *o sonho representa o mais vasto circuito aparente ou "o invólucro extremo" de todos os circuitos.*[13] Já não é o liame sensório-motor da ima-

[13] *MM*, p. 251 (116). Nos capítulos II e III de *Matière et mémoire*, e III, IV e V de *L'Énergie spirituelle*, Bergson dá mostras de seu constante interesse pelos fenômenos de memória, de sonho e de amnésia, mas também de "déjà-vu", de "visão panorâmica" (visão dos moribundos, "afogados e enforcados"). Ele invoca algo análogo à aceleração cinematográfica: *ES*, p. 895 (106).

gem-ação no reconhecimento habitual, mas também não são os variáveis circuitos percepção-lembrança que vêm suprir isso no reconhecimento atento; seria, antes, a ligação fraca e desagregadora entre uma sensação óptica (ou sonora) e uma visão panorâmica, entre uma imagem sensorial qualquer e uma imagem-sonho total.

Qual é, mais precisamente, a diferença entre uma imagem-lembrança e uma imagem-sonho? Partimos de uma imagem-percepção, cuja natureza consiste em ser atual. A lembrança, ao contrário, o que Bergson chama de "lembrança pura", é, necessariamente, uma imagem virtual. Mas, no primeiro caso, ela própria se torna atual na medida em que é chamada pela imagem-percepção. Ela se atualiza em uma imagem-lembrança que corresponde à imagem-percepção. O caso do sonho faz com que apareçam duas importantes diferenças. Por outro lado, as percepções da pessoa que dorme subsistem, porém no estado difuso de uma nuvem de sensações atuais, exteriores e interiores, que não são *[78]* apreendidas por si mesmas, escapando à consciência. Por outro lado, a imagem virtual que se atualiza não se atualiza diretamente, mas em outra imagem, que desempenha o papel de imagem virtual atualizando-se em uma terceira, ao infinito: o sonho não é uma metáfora, mas uma série de anamorfoses que traçam um circuito muito grande. Essas duas características estão ligadas. Quando a pessoa que dorme está entregue à sensação luminosa atual de uma superfície verde com manchas brancas, a pessoa que sonha, que habita a que dorme, pode evocar a imagem de um prado salpicado de flores, mas esta só se atualiza tornando-se uma mesa de sinuca cheia de bolas, que, por sua vez, não se atualiza sem se tornar ainda outra coisa. Não são metáforas, mas um devir que pode, em direito, prosseguir ao infinito. Em *Entreato* [*Entr'acte*, 1924], de René Clair, o tutu da bailarina visto de baixo "se abre como uma flor" e a flor "abre e fecha sua corola, estende suas pétalas, estica seus estames", tornando-se novamente pernas de bailarina que se abrem; as luzes da cidade tornam-se um "monte de cigarros em brasas" nos cabelos de um homem que joga xadrez, cigarros que, por sua vez, se tornam "as pilastras de um templo grego, e depois de um silo, enquanto o tabuleiro de xadrez deixa transparecer a

Place de la Concorde".[14] Em *Um cão andaluz* [*Un chien andalou*, 1929], de Buñuel, a imagem da nuvem alongada que corta a lua se atualiza, mas tornando-se a de um barbeador que corta o olho, conservando assim o papel de imagem virtual relativamente à seguinte. Um tufo de pelos se torna um ouriço, que se transforma em cabeleira circular, para dar lugar a um círculo de curiosos. Se o cinema americano apreendeu ao menos uma vez esse status da imagem-sonho, foi dentro das condições do burlesco de Buster Keaton, em virtude de sua afinidade natural com o surrealismo, ou, antes, com o dadaísmo. No sonho de *Sherlock Jr.* [Buster Keaton, 1929], a imagem da cadeira desequilibrada no jardim dá lugar à cambalhota na rua, e depois ao precipício à beira do qual o herói se debruça, mas dentro da goela de um leão, e depois ao deserto e ao cactos sobre o qual ele se senta, depois ao monte que faz surgir uma ilha, na qual ondas se arrebentam, e onde ele mergulha em uma extensão agora coberta de neve, de onde sai para se ver, de novo, no jardim. *[79]* Acontece de as imagens-sonho serem disseminadas ao longo do filme, de modo a poderem ser reconstituídas em seu conjunto. Assim, em *Quando fala o coração* [*Spellbound*, 1945], de Hitchcock, o verdadeiro sonho não aparece na sequência fictícia de Dalí, mas está distribuído por elementos distantes: são os riscos de um garfo sobre uma toalha, que se tornarão listras de um pijama, saltarão para as estrias de uma coberta branca, formarão o espaço dilatado de uma pia, passando para um copo de leite ampliado, que, por sua vez, revela uma pista de neve marcada por traços paralelos de esqui. Série de imagens disseminadas que formam um grande circuito, do qual cada uma parece ser a virtualidade da outra que a atualiza, até que todas juntas encontrem a sensação oculta, que nunca deixou de ser atual no inconsciente do herói: o escorregador assassino.

As imagens-sonho, por sua vez, parecem ter dois polos, que podem ser distinguidos segundo sua produção técnica. Um procede por meios ricos e sobrecarregados, fusões, superimpressões, desenquadramentos, movimentos complexos de câmera, efeitos especiais, manipulações de laboratório, chegando ao abstrato, ten-

[14] Jean Mitry, *Le Cinéma expérimental*, Paris, Seghers, 1974, p. 96.

dendo à abstração. O outro, ao contrário, é bem sóbrio, operando por cortes bruscos ou secos, procedendo apenas a um perpétuo desprendimento que dá a impressão de sonho, mas entre objetos que continuam a ser concretos. A técnica da imagem remete sempre a uma metafísica da imaginação: são como duas maneiras de conceber a passagem de uma imagem à outra. Nesse sentido, os estados oníricos são, relativamente ao real, um pouco como os estados "anômalos" de uma língua relativamente à língua corrente: ora sobrecarga, complexificação, sobressaturação, ora, ao contrário, eliminação, elipse, ruptura, corte, desprendimento. Se o segundo polo aparece claramente em *Sherlock Jr.*, de Keaton, o primeiro anima o grande sonho de *A última gargalhada* [*Der letzte Mann*, 1924], de Murnau, em que os batentes da porta desmesurada se fundem, se superpõem e tendem para ângulos abstratos infinitamente agitados. A oposição é particularmente manifesta entre *Entreato* e *Um cão andaluz*: o filme de René Clair multiplica todos os procedimentos, e os faz tender à abstração cinética da louca corrida final, enquanto o de Buñuel opera com os meios mais sóbrios, e mantém a forma circular dominante em objetos sempre concretos que ele *[80]* faz suceder por cortes bruscos.[15] Mas, seja qual for o polo escolhido, a imagem-sonho obedece à mesma lei: um grande circuito no qual cada imagem atualiza a precedente e se atualiza na seguinte, a fim de eventualmente retornar à situação que lhe deu início. Da mesma forma que a imagem-lembrança ela

[15] Maurice Drouzy (*Luis Buñuel, architecte du rêve*, Paris, Lherminier, 1978, pp. 40-3), analisando a oposição dos dois filmes, observa que *Um cão andaluz* procede sobretudo por planos fixos, e só contém alguns *plongées*, fusões e *travellings* para a frente e para trás, um único contra-*plongée*, uma única panorâmica, uma única câmera lenta; por isso o próprio Buñuel viu nele uma reação contra os filmes de vanguarda da época (não apenas *Entreato*, mas *A concha e o clérigo* [*La Coquille et le clergyman*, 1928], de Germaine Dulac, cuja riqueza de meios foi uma das razões pelas quais Artaud, inventor da ideia e roteirista, se voltou contra o filme). Entretanto, a própria concepção sóbria implica proezas técnicas de outro gênero: sobre os problemas que se apresentaram a Buster Keaton no sonho de *Sherlock Jr.* (já que o procedimento das transparências não existia), cf. David Robinson, *Buster Keaton*, Londres, Martin Secker & Warburg, 1969, pp. 53-4.

também não assegura, portanto, a indiscernibilidade do real e do imaginário. A imagem-sonho está submetida à condição de atribuir o sonho a um sonhador, e a consciência do sonho (o real) ao espectador. Buster Keaton acentua voluntariamente a cisão fazendo um quadro parecido com a tela, de tal modo que o herói passa da penumbra da sala ao mundo da tela toda iluminada...

Talvez haja um meio de ultrapassar essa cisão no grande circuito, através de estados de devaneio, de sonho acordado, de estranheza ou de magia. Para o conjunto desses estados, diferentes do sonho explícito, Michel Devillers propôs uma noção muito interessante, a de "sonho implicado".[16] A imagem óptica e sonora está separada de seu prolongamento motor, mas já não compensa essa perda entrando em conexão com imagens-lembrança ou imagens-sonho explícitas. Se tentarmos, por nossa conta, definir esse estado de sonho implicado, diremos que a imagem óptica e sonora se prolonga então em *movimento de mundo*. Há, decerto, retorno ao movimento (daí que continue sendo insuficiente). Porém, não é mais a personagem que reage à situação óptica e sonora, é um movimento de mundo que supre o movimento falho da personagem. Produz-se um tipo de mundialização ou de "mundanização", despersonalização, pronominalização *[81]* do movimento perdido ou impedido.[17] A estrada não é deslizante sem deslizar sobre ela mesma. A criança aterrorizada não pode fugir ante o perigo, mas o mundo se põe a fugir por ela e a leva consigo, como sobre uma esteira móvel. As personagens não se mexem, mas, como em um filme de animação, a câmera faz mexer o caminho sobre o qual elas se deslocam "imóveis com grandes passadas". O mundo toma para si o movimento que o sujeito não pode mais ou não pode fazer. É o movimento virtual, mas que se atualiza mediante uma expansão de todo o espaço e de um estiramento do tempo. É o limite, portanto, do maior circuito. Certamente esses

[16] Devillers, "Rêves informulés", *Cinématographe*, nº 35, fev. 1978. O autor cita em especial Louis Malle: "a grande noite de *Os amantes* assenta em um devaneio, em que a implicação depende de uma despersonalização".

[17] Essa noção ("o fato de ser aspirado pelo mundo") tem origem nos trabalhos psiquiátricos de Binswanger.

fenômenos já aparecem no sonho: no sonho de *Os esquecidos* [*Los olvidados*, 1950], de Buñuel, com a Virgem com o pedaço de carne e a criança que, mais do que se lançar ela mesma para a carne, é lentamente aspirada por ela: no pesadelo de *Fantasma* [*Phantom*, 1922], de Murnau, o sonhador persegue a carroça, mas ele mesmo é empurrado pela sombra das casas que o perseguem. Entretanto, parece-nos que o sonho explícito contém ou retém esses movimentos de mundo, que se libertam, ao contrário, no sonho implicado.

Uma das primeiras grandes obras nesse sentido foi *A queda da casa Usher* [*La Chute de la maison Usher*, 1928], de Epstein: as percepções ópticas de coisas, paisagens ou móveis, prolongam-se em gestos infinitamente estirados que despersonalizam o movimento. A câmara lenta libera o movimento de seu móvel para fazer dele um deslizamento de mundo, um deslizamento de terreno, até a queda final da casa. *Amor sem fim* [*Peter Ibbetson*, 1935], de Hathaway, é menos um filme americano de sonho do que um sonho implicado, culminando na avalanche de pedras e no desmoronamento do castelo feito de nuvens. O único filme de Laughton, *Mensageiro do diabo* [*The Night of the Hunter*, 1955], nos faz assistir à grande perseguição das crianças pelo predicante; mas este é privado de seu próprio movimento de perseguição em prol de sua silhueta como sombra chinesa, enquanto a Natureza inteira pega para si o movimento de fuga das crianças, e a barca na qual elas se refugiam parece um abrigo imóvel sobre uma ilha flutuante ou esteira móvel. Na maioria de seus filmes, Louis Malle procedeu, de modo mais ou menos evidente, por movimento de mundo, daí a magia dessa obra: o *coup de foudre* [82]* de *Os amantes* [*Les Amants*, 1958] se confunde com o prolongamento do parque e da lua no passeio de barco; os próprios estados de corpo encadeiam-se com movimentos de mundo. Já em *Ascensor para o cadafalso* [*Ascenseur pour l'échafaud*, Louis Malle, 1958], foi a parada do elevador que inibiu o movimento do assassino para substituí-lo por movimentos de mundo impelindo as outras personagens. Tudo culmina em *Lua negra* [*Black Moon*, Louis Malle, 1975], quan-

* Amor à primeira vista. (N. da T.)

do os movimentos despersonalizados levam a heroína do unicórnio de um mundo a outro, e mais outro: é fugindo das imagens iniciais da violência que a heroína passa de um mundo a outro, no sentido em que Sartre diz que cada sonho é um mundo, e mesmo cada fase ou cada imagem de sonho.[18] Cada um é marcado com animais, povoado de inversões (inversões sonoras de falas, aberrações de comportamento tais como o da senhora que conversa com ratos e mama no seio da menina). Em Malle, é sempre um movimento de mundo que leva a personagem até o incesto, à prostituição ou à infâmia, e a torna capaz de um crime, como sonhava o velho mitômano (*Atlantic City* [1980]). No conjunto do cinema mágico, os movimentos mundializados, despersonalizados, pronominalizados, com câmera lenta, precipitação, ou inversões, passam tanto pela Natureza quanto pelo artifício e pelo objeto fabricado. L'Herbier já havia montado toda uma magia do artifício e da inversão em *A noite fantástica* [*La Nuit fantastique*, 1942], para prolongar os estados de uma pessoa que aparentemente dormia. E o próprio neorrealismo não se renega, mas, ao contrário, permanece fiel a seus objetivos, quando prolonga as situações ópticas e sonoras em movimentos artificiais, e, no entanto, cósmicos, que arrastam as personagens: não apenas a magia de De Sica em *Milagre em Milão* [*Miracolo a Milano*, 1951], mas todos os parques de diversão de Fellini, com calçadas móveis, tobogãs, túneis, escadas rolantes, foguete ou montanha-russa, que "devem conduzir o visitante-espectador de um espaço-tempo específico a outro espaço-tempo igualmente autônomo" (notadamente em *Cidade das mulheres* [*La città delle donne*, 1980]).[19]

A comédia musical é, por excelência, o movimento despersonalizado e pronominalizado, a dança que, ao se fazer, traça um mundo onírico. Em Berkeley, as vedetes multiplicadas e *[83]* refletidas formam um proletariado mágico, cujos corpos, pernas e rostos são peças de uma grande máquina de transformação: as "figuras" são como que vistas caleidoscópicas se contraindo e dilatando

[18] Jean-Paul Sartre, *L'Imaginaire*, Paris, Gallimard, 1966, pp. 324-5.

[19] Barthélemy Amengual, *Federico Fellini II*, col. Études Cinématographiques, vol. 44, nº 127-130, Paris, Minard, 1981, p. 90.

em um espaço terrestre ou aquático, no mais das vezes vistas de cima, girando em torno do eixo vertical e transformando-se umas nas outras para culminar em puras abstrações.[20] Certamente, mesmo em Berkeley, e com muito mais razão na comédia musical em geral, o dançarino ou o casal mantêm uma individualidade como fonte criadora do movimento. O que conta, porém, é a maneira pela qual o gênio individual do dançarino, a subjetividade, passa de uma motricidade pessoal a um elemento suprapessoal, a um movimento de mundo que a dança vai traçar. É o momento de verdade em que o dançarino ainda está andando, mas já é o sonâmbulo que será possuído pelo movimento que parece chamá-lo: o vemos em Fred Astaire, no passeio que insensivelmente se torna dança (*A roda da fortuna* [*The Bandwagon*, 1953], de Minnelli), como em Gene Kelly, na dança que parece nascer do desnivelamento da calçada (*Cantando na chuva* [*Singing in the Rain*, 1952], de Donen). Entre o passo motor e o passo da dança há, às vezes, o que Alain Masson chamou de "grau zero", como que uma hesitação, uma defasagem, um atraso, uma série de falhas preparatórias (*Nas águas da esquadra* [*Follow the Fleet*, 1936], de Sandrich), ou, ao contrário, um nascimento brusco (*O picolino* [*Top Hat*, Mark Sandrich, 1935]). Repetidas vezes se opôs o estilo de Fred Astaire ao de Gene KelIy. E certamente, num, o centro de gravidade passa fora de seu corpo magro, flutua fora dele, desafia a verticalidade, balança, percorre uma linha que agora é tão só a de sua silhueta, de sua ou de suas sombras, de modo que são as sombras que dançam com ele (*Ritmo louco* [*Swing Time*, 1936], de George Stevens). Ao passo que, no outro, o centro de gravidade se aprofunda verticalmente em um corpo denso, para retirar e fazer surgir do interior o manequim que o dançarino é. "Fortes movimentos de balanceiro aumentam, frequentemente, o entusiasmo e a força de Gene Kelly, e às vezes é fácil de perceber como ele se impulsiona com um salto. Já os gestos de Fred Astaire se concatenam graças a uma clara vontade da inteligência, sem jamais abandonar ao cor-

[20] Sobre a verticalidade e a visão caleidoscópica em Busby Berkeley, cf. Jean Mitry, *Histoire du cinéma*, vol. IV, Paris, Delarge, 1980, pp. 185-8, e vol. V, pp. 582-3.

po o movimento", e *[84]* definem sombras "sucessivas e perfeitas".[21] É como se fossem os dois extremos da graça, como os definia Kleist, "no corpo de um homem desprovido de qualquer consciência e daquele que possui uma consciência infinita", Kelly e Astaire. Mas, nos dois casos, a comédia musical não se contenta em nos fazer entrar na dança, ou o que dá no mesmo, em fazer-nos sonhar. O ato cinematográfico consiste em que o próprio dançarino entre na dança, como se entra no sonho. Se a comédia musical nos apresenta explicitamente tantas cenas funcionando como sonhos ou pseudossonhos com metamorfoses (*Cantando na chuva*, *A roda da fortuna*, e, acima de tudo, *Sinfonia de Paris* [*An American in Paris*, 1951], de Minnelli), é porque toda ela é um gigantesco sonho, mas um sonho implicado, e que ele próprio implica a passagem de uma suposta realidade ao sonho.

Entretanto, mesmo suposta, essa realidade é bastante ambígua. Pois podemos apresentar as coisas de dois modos. Ou consideramos que a comédia musical começa por oferecer imagens sensório-motoras comuns, nas quais as personagens se veem em situações a que vão responder com suas ações, só que, mais ou menos progressivamente, suas ações e movimentos pessoais se transformam, pela dança, em movimento de mundo que ultrapassa a situação motora, ainda que possa voltar a esta etc. Ou, ao contrário, consideramos que o ponto de partida era apenas em aparência uma situação sensório-motora: mais profundamente, era uma situação óptica e sonora pura que já havia perdido seu prolongamento motor, era pura descrição que já substituíra seu objeto, um puro e simples cenário. Então o movimento de mundo responde diretamente ao apelo dos opsignos e dos sonsignos (e o "grau zero" já não atesta uma transformação progressiva, mas a anulação dos liames sensório-motores comuns). Em um caso, falando como Masson, passamos do narrativo ao espetacular, acedemos ao sonho implicado; no outro, vamos do espetacular ao espetáculo, como do cenário à dança, na integralidade de um sonho implicado

[21] Alain Masson, *La Comédie musicale*, Paris, Stock, 1981, pp. 49-50. (E, sobre o que Masson chama de "o grau zero" ou "entrar na dança", cf. pp. 112-4, 122, 220.)

que envolve até mesmo o andar. Os dois pontos de vista se superpõem na *[85]* comédia musical, mas é evidente que o segundo é mais abrangente. Em Stanley Donen, a situação sensório-motora deixa transparecer "vistas chapadas", cartões-postais ou fotos de paisagens, cidades, silhuetas. Ela dá lugar a situações puramente ópticas e sonoras, nas quais a cor adquire valor fundamental, e a própria ação chapada não mais se distingue de um elemento móvel do cenário colorido. Então a dança surge diretamente como a potência onírica que confere profundidade e vida às vistas chapadas, que desenrola todo um espaço no cenário e para além dele, dá à imagem um mundo, envolve-a com uma atmosfera de mundo (*Um pijama para dois* [*The Pajama Game*, Stanley Donen, George Abbott, 1957]), e em *Cantando na chuva* não somente a dança na rua, mas o final de Broadway). "A dança garantirá, pois, a transição da vista chapada à abertura do espaço."[22] Será o movimento de mundo que corresponde, no sonho, à imagem óptica e sonora.

Caberia a Minnelli descobrir que a dança não dá apenas um mundo fluido às imagens, mas que há tantos mundos quanto imagens: "Cada imagem, dizia Sartre, se envolve com uma atmosfera de mundo". A pluralidade dos mundos é a primeira descoberta de Minnelli, sua posição astronômica no cinema. Mas, então, como passar de um mundo a outro? Aqui temos sua segunda descoberta: a dança já não é apenas movimento de mundo, mas passagem de um mundo a outro, entrada em outro mundo, efração e exploração. Não se trata mais de passar de um mundo real em geral aos mundos oníricos particulares, pois o mundo real já suporia as passarelas que os mundos dos sonhos parecem nos vedar, como na inversão de *A lenda dos beijos perdidos* [*Brigadoon*, Vincente Minnelli, 1954], onde vemos apenas, em um imenso *plongée*, a realidade, da qual nos separa a aldeia imortal e fechada. Cada mundo, cada sonho em Minnelli está fechado sobre si mesmo, encerrado sobre tudo o que contém, inclusive o sonhador. Ele tem seus prisioneiros sonâmbulos, suas mulheres-panteras, suas guardiãs e sereias. Cada cenário atinge sua maior potência e se torna pura des-

[22] Cf. a excelente análise de Donen por Alain Masson, pp. 99-103.

crição de mundo que substitui a situação.[23] A cor é sonho, não porque o sonho *[86]* é colorido, mas porque as cores em Minnelli adquirem alto valor absorvente, quase devorador. Precisamos, pois, nos insinuar, nos deixar absorver, sem, no entanto, nos perder ou deixar abocanhar. A dança não é mais o movimento de sonho que traça um mundo, mas se aprofunda, redobra tornando-se o único meio de entrar em outro mundo, quer dizer, no mundo de outro, no sonho ou no passado de outro. *Yolanda e o ladrão* [*Yolanda and the Thief*, Vincente Minnelli, 1945] e *O pirata* [*The Pirate*, Vincente Minnelli, 1948] serão os dois grandes êxitos em que Astaire, e depois Kelly, se introduzem respectivamente em um sonho de menina, não sem certo perigo de morte.[24] E, em todas as obras que não são comédias musicais, mas simples comédias ou dramas, Minnelli precisa de um equivalente de dança e de canção que, sempre, introduz a personagem no sonho do outro. Em *Correntes ocultas* [*Undercurrent*, Vincente Minnelli, 1946], a moça irá até o fundo do pesadelo de seu marido, ao som de Brahms, para atingir o sonho e o amor do irmão desconhecido, passando assim de um mundo a outro. É uma escada rolante como movimento de mundo que, em *O ponteiro da saudade* [*The Clock*, Vincente Minnelli, 1945], quebra o salto do sapato da menina e a leva para o sonho acordado do soldado de licença. Com o grandioso *Os quatro cavaleiros do Apocalipse* [*Four Horsemen of the Apocalypse*, Vincente Minnelli, 1962], precisa haver o pesado galope dos dançarinos e a terrível lembrança do pai fulminado para arrancar o esteta de seu próprio sonho e fazê-lo penetrar no pesade-

[23] Tristan Renaud, "Minnelli", *Dossiers du Cinéma*, Éditions Casterman; "o cenário não é integrado na *mise-en-scène* para se tornar um dos seus elementos constituintes, ele é o motor", a tal ponto que a dinâmica dos filmes de Minnelli, mais importante do que a narrativa, "poderia se reduzir a uma viagem através de certo número de cenários que mediriam exatamente a evolução da personagem".

[24] Jacques Fieschi analisou essa "parte sombria" do sonho em Minnelli: em *Yolanda e o ladrão*, as lavadeiras com garras tentam capturar o homem com lençóis; e em *O pirata*, o homem não apenas é absorvido no sonho da menina, mas esta entra em um violento transe sob influência da bola do mágico (*Cinématographe*, nº 34, jan. 1978, pp. 16-8).

lo generalizado da guerra. A realidade, portanto, será necessariamente concebida ora como o fundo de um pesadelo, quando o herói morre por estar aprisionado no sonho do outro (não somente em *Os quatro cavaleiros*, mas em *A lenda dos beijos perdidos*, a morte daquele que tenta escapar), ora como um acordo dos sonhos entre si, segundo um final feliz no qual cada um se encontra ao se absorver em seu oposto (em *Teu nome é mulher* [*Designing Woman*, Vincente Minnelli, 1957], o dançarino que reconcilia os dois mundos em luta). A conexão do cenário-descrição e do movimento-dança não é mais, como em Donen, a de uma vista chapada com um desdobramento de espaço, mas a de um mundo absorvente com uma passagem entre *[87]* mundos, para o melhor ou o pior. Ninguém jamais aproximou tanto como Minnelli a comédia musical de um mistério da memória, do sonho e do tempo, como de um ponto de indiscernibilidade do real e do imaginário. Estranha e fascinante concepção do sonho, na qual o sonho se torna mais e mais implicado na medida em que, sempre, remete ao sonho de outro, ou, como na obra-prima *A sedutora madame Bovary* [*Madame Bovary*, Vincente Minnelli, 1949], constitui ele próprio, por seu tema real, uma potência devoradora, implacável.

Talvez a renovação do burlesco por Jerry Lewis deva muito de seus fatores à comédia musical. Poderíamos resumir sumariamente a sucessão dos períodos do burlesco: tudo começou por uma exaltação desmedida das situações sensório-motoras, na qual encadeamentos de cada uma eram aumentados e precipitados, prolongados ao infinito, e os cruzamentos e choques entre suas séries causais independentes eram multiplicados, formando um conjunto prolífero. E no segundo período esse elemento subsistirá, com enriquecimentos e purificações (as trajetórias de Buster Keaton, as séries ascendentes de Lloyd, as séries decompostas de O Gordo e o Magro). Mas o que caracteriza a segunda idade é a introdução de um fortíssimo elemento emotivo, afetivo, no esquema sensório-motor: ele se encarna ora na pura qualidade do rosto impassível e reflexivo de Buster Keaton, ora na força do rosto intensivo e variável de Chaplin, conforme os dois polos da imagem-afecção: no entanto, nos dois casos, ele se insere e expande na forma de ação, quer abra a "pequena forma" de Chaplin, quer feche e converta a "grande forma" de Keaton. Esse elemento afetivo se encontra nos Pierrots lunares do burlesco: O Gordo é lunático, mas também Langdon em seus sonos irresistíveis e seus sonhos acordados, e ainda a personagem muda de Harpo Marx, na violência de suas pulsões e na paz de sua harpa. Mas sempre, mesmo em Langdon, o elemento afetivo fica preso nos dédalos do esquema sensório-motor ou da imagem-movimento, dando aos choques e encontros de séries causais uma nova dimensão que lhes faltava no primeiro período. O terceiro período do burlesco implica o cinema falado, mas o cinema falado só entra aqui como suporte ou condição para uma nova imagem: é a imagem mental que leva ao limite a trama sensório-motora, regulando *[88]* dessa vez os desvios, encontros e choques sobre uma cadeia de correlações lógicas tão irrefutáveis quanto absurdas ou provocadoras. Essa imagem mental é a imagem discursiva tal como aparece nos grandes discursos dos filmes falados de Chaplin; é também a imagem-argumento no *nonsense* de Groucho Marx ou de Fields. Por sumária que seja essa análise, ela pode fazer pressentir como vai surgir um quarto estágio ou período: uma ruptura dos liames sensório-motores, uma instauração de puras situações ópticas e sonoras que, em vez de se prolongar em ação, entram em um circuito voltando sobre si mesmas, para então relançar outro circuito. É o que aparece com Jerry Lewis. O cenário vale por si próprio, pura descrição que substituiu seu objeto, como a célebre casa das garotas, vista inteiramente em corte, em *O terror das mulheres* [*The Ladies' Man*, 1961], enquanto a ação dá lugar ao grande balé da Devoradora e do herói que se tornou dançarino. É nesse sentido que o burlesco de Jerry Lewis tem origem na comédia musical.[25] E mesmo o seu procedimento parece feito de erros de dança, de um "grau zero" prolongado e renovado, variado de todas as maneiras possíveis, até finalmente nascer a dança perfeita (*O otário* [*The Patsy*, 1964]).

Os cenários apresentam uma intensificação das formas, cores e sons. À personagem de Jerry Lewis, mais involuída do que

[25] Cf. Robert Benayoun, *Bonjour Monsieur Lewis*, Paris, Éric Losfeld, 1972.

infantil, tudo lhe ressoa na cabeça e na alma; mas, inversamente, seus mínimos gestos esboçados ou inibidos, e os sons inarticulados que emite, também ressoam, porque desencadeiam um movimento de mundo que vai até a catástrofe (a destruição do cenário na casa do professor de música em *O otário*), ou passa de um mundo a outro em uma confusão de cores, metamorfose das formas e mutação dos sons (*O professor aloprado* [*The Nutty Professor*, 1963]). Lewis retoma uma figura clássica do cinema americano, a do *looser*, do perdedor nato, que se define assim: ele "exagera". Mas de repente, na dimensão do burlesco, esse "exagero" torna-se um movimento de mundo que o salva e vai torná-lo vencedor. Seu corpo é agitado por espasmos e correntes diversas, ondas sucessivas, como quando vai lançar os dados (*Ou vai ou racha* [*Hollywood or Bust*, Frank Tashlin, 1956]). Não é mais a era da ferramenta ou da máquina, como aparecem nos *[89]* estágios precedentes, especialmente nas máquinas de Buster Keaton que descrevemos acima. É a nova era da eletrônica e do objeto teleguiado que substitui por signos ópticos e sonoros os signos sensório-motores. Já não é a máquina que se desregula e enlouquece, como a máquina de alimentar dos *Tempos modernos* [*Modern Times*, Charles Chaplin, 1936], é a fria racionalidade do objeto técnico autônomo que reage sobre a situação e devasta o cenário: não apenas a casa eletrônica e o cortador de grama em *Detetive mixuruca* [*It's only Money*, Frank Tashlin, 1962], mas os carrinhos que destroem o *self-service* (*O bagunceiro arrumadinho* [*The Disorderly Orderly*, Frank Tashlin, 1964]) e o aspirador que devora tudo na loja, mercadorias, roupas, clientes, papéis de parede (*Errado pra cachorro* [*Who's Minding the Store*, Frank Tashlin, 1963]).[26] O novo burlesco não vem mais de uma produção de energia pela per-

[26] Os três filmes citados são de Tashlin. Mas a colaboração dele com Lewis torna difícil a divisão, e a autonomia ativa do objeto continua sendo uma constante dos filmes de Jerry Lewis. Gérard Recasens (*Jerry Lewis*, Paris, Seghers, 1971) pode ver um fundamento do cômico de Jerry Lewis no que ele chama de "personificação do objeto", que ele distingue das ferramentas e máquinas do burlesco precedente: essa distinção recorre à eletrônica, mas também a um novo tipo de movimentos e gestos.

sonagem, que se propagaria e amplificaria como antes. Surge quando a personagem se coloca (involuntariamente) sobre um feixe energético que a arrasta e constitui precisamente o movimento de mundo, uma nova maneira de dançar, de modular: "o ondulatório de fraca amplitude substitui o mecânico de forte peso e a envergadura dos gestos".[27] É o caso de dizer, ao menos desta vez, que Bergson está ultrapassado: o cômico já não é o mecânico aplicado sobre o ser vivo, mas um movimento de mundo levando e aspirando o ser vivo. A utilização por Jerry Lewis de técnicas modernas bem avançadas (em especial o circuito eletrônico que ele inventou) só tem interesse porque corresponde à forma e conteúdo dessa nova imagem burlesca. Puras situações ópticas e sonoras, que já não se prolongam em ação, mas remetem a uma onda. E é essa onda, movimento de mundo no qual a personagem é colocada como se estivesse em órbita, que vai suscitar os mais belos temas de Jerry Lewis, nesse onirismo muito especial ou estado de sonho implicado: as "proliferações", pelas quais *[90]* a personagem burlesca dissemina outras (os seis tios de *Uma família fuleira* [*Family Jewels*, Jerry Lewis, 1965]), ou implica outras que se reduzem (os três de *Três em um sofá* [*Three on a Couch*, Jerry Lewis, 1966]); as "gerações espontâneas" de rostos, corpos ou multidões; as "aglutinações" de personagens que se encontram, soldam e separam (*O fofoqueiro* [*The Big Mouth*, Jerry Lewis, 1967]).[28]

Por outra via, Tati também estava inventando esse novo período do burlesco, sem que houvesse semelhança, mas muita correspondência, entre os dois cineastas. Com Tati, a vidraça, a "vitrine", tornou-se a situação óptica e sonora por excelência. A sala de espera de *Playtime — Tempo de diversão* [*Playtime*, Jacques

[27] Gérard Rabinovitch analisou esta mutação dos gestos e dos movimentos, novos esportes, danças e ginásticas, que correspondem à era eletrônica (*Le Monde*, 27/7/1980, p. xiii). Vemos em Jerry Lewis todos os tipos de movimento que antecipam as danças recentes do tipo *break* ou *smurf*.

[28] Cf. do ponto de vista do onirismo em Jerry Lewis, as duas grandes análises de André Labarthe (*Cahiers du Cinéma*, nº 132, jun. 1962) e Jean-Louis Comolli (*Cahiers du Cinéma*, nº 197, fev. 1968). Comolli fala da "ubiquidade das ondas [que] se propagam".

Tati, 1967], o parque de exposição de *As aventuras de M. Hulot no tráfego louco* [*Trafic*, Jacques Tati, 1971] (tão essencial quanto o parque de atrações em Fellini) eram cenários-descrições, opsignos e sonsignos que constituíam a nova matéria do burlesco.[29] O som, como veremos, entra em conexões profundamente criativas com o visual, já que ambos deixam de ser integrados em meros esquemas sensório-motores. Basta que Hulot surja com seu andar que a cada passo faz nascer um dançarino, que é retomado e novamente lançado: penetra uma onda cósmica, como o vento e a tempestade no hotelzinho de praia de *As férias do sr. Hulot* [*Les Vacances de Monsieur Hulot*, 1953]; a casa eletrônica de *Meu tio* [*Mon Oncle*, 1958] se desmancha, em um movimento despersonalizado, pronominalizado; o restaurante de *Playtime* se desfaz em um impulso que suprime uma descrição para fazer surgir outra. Hulot está sempre prestes a ser carregado por movimentos de mundo que ele faz surgir, ou melhor, que o esperam para surgir. É uma ondulação de amplitude fraca, toda a genialidade de Tati, mas que faz proliferar por toda parte os M. Hulot, forma e desfaz grupos, reúne e separa as personagens, em uma espécie de balé moderno, como o das pedrinhas no jardim de *Meu tio*, ou a cena de leveza dos mecânicos de *As aventuras de M. Hulot no tráfego louco*. Os fogos de artifício, antecipados, em *As férias do sr. Hulot*, já são, como *[91]* diz Daney a respeito de *Parade* [Jacques Tati, 1974], o sulco luminoso das cores em uma paisagem eletrônica.

Tati secretava seu próprio onirismo, e refreava todo movimento de comédia musical que dele pudesse brotar, em prol de figuras sonoras e visuais capazes de constituir uma nova op-arte, um novo som-arte. É Jacques Demy quem reata, não com a comédia musical, mas com a ópera cantada, uma ópera popular, diz ele. Talvez esteja retomando o que havia de mais original em René

[29] Cf. Jean-Louis Schefer, "La Vitrine", e Serge Daney, "Éloge de Tati", *Cahiers du Cinéma*, nº 303, set. 1979. Desde *As férias do sr. Hulot*, Bazin mostrou como as situações se abriam sobre uma imagem-tempo ("M. Hulot et le temps", em *Qu'est-ce que le cinéma?*, Paris, Cerf, 1976) [ed. bras.: *O que é o cinema?*, tradução de Eloisa Araújo Ribeiro, São Paulo, Cosac Naify, 2015].

Clair, quando a situação se tornava puro cenário valendo por si próprio, enquanto a ação dava lugar a um balé popular cantado, em que os grupos e as personagens se perseguem, cruzam, jogam argolinha e quatro cantos.* Assistimos em Demy a situações ópticas e sonoras encarnadas pelos cenários-descrições coloridos, que não se prolongam mais em ações, mas em cantos operando, de certo modo, um "desprendimento", uma "defasagem" da ação. Encontramos os dois níveis: por um lado, situações sensório-motoras definidas pela cidade, por seu povo, suas classes, pelas correlações, ações e paixões das personagens. Mas, por outro lado, e de modo mais profundo, a cidade confunde-se com o que nela é cenário, passagem Pommeraye; e a ação cantada torna-se movimento de cidade e de classes, com as personagens se cruzando sem se conhecerem, ou, ao contrário, se reencontrando, opondo, unindo, misturando e se separando em uma situação puramente óptica e sonora que traça a seu redor um sonho implicado, "círculo encantado" ou verdadeiro "encantamento".[30] Como em Lewis e em Tati, o cenário substitui a situação e o vaivém substitui a ação.

* Jogo popular, no qual cinco participantes (p. ex.) disputam os quatro cantos de uma sala: quatro ficam nos cantos e, quando trocam de posição, o que está fora procura conquistar um lugar. (N. da T.)

[30] Falando já de *Lola, a flor proibida* [*Lola*, 1961] (que Jacques Demy havia concebido como uma comédia cantada), Claude Ollier notou esses cruzamentos ou coincidências de personagens, e essas "defasagens" da ação: *Souvenirs écran*, Paris, Gallimard, 1981, p. 42. Igualmente em *Une chambre en ville*, Jacques Fieschi nota as cenas que entrecruzam as personagens no apartamento da esposa do coronel, como que em um "círculo encantado" que vai além da narração; e Dominique Rinieri insiste na autonomia pictórica do cenário, e no "desprendimento da ação" na música (cf. *Cinématographe*, nº 82, out. 1982).

Capítulo 4
OS CRISTAIS DE TEMPO
[92]

1

O cinema não apresenta apenas imagens, ele as envolve com um mundo. Por isso, bem cedo, procurou circuitos cada vez maiores que unissem uma imagem atual a imagens-lembrança, imagens-sonho, imagens-mundo. Não é essa extensão que Godard questiona em *Salve-se quem puder (a vida)*, quando aborda a visão dos moribundos ("não estou morto, pois minha vida não passou ante meus olhos")? Não seria preciso seguir a direção contrária? Contrair a imagem, em vez de dilatá-la. Procurar o menor circuito, que funciona como limite interior de todos os outros, e que cola a imagem atual a um tipo de duplo imediato, simétrico, consecutivo ou até mesmo simultâneo. Os circuitos mais largos da lembrança ou do sonho supõem essa base estreita, essa ponta extrema, e não o inverso. Tal tendência já aparece nas ligações por *flashback*: em Mankiewicz há curto-circuito entre a personagem que conta "no passado", e a mesma, na medida em que descobriu algo para poder contar; em Marcel Carné, no filme *Trágico amanhecer*, todos os circuitos de lembranças, que a cada vez nos fazem voltar ao quarto de hotel, repousam em um pequeno circuito, a lembrança recente do assassinato que acaba de acontecer neste mesmo quarto. Se levarmos essa tendência às últimas consequências, diremos que a própria imagem atual tem uma imagem virtual que lhe corresponde, como um duplo ou um reflexo. Em termos bergsonianos, o objeto real reflete-se em uma imagem especular tal como no objeto virtual que, por seu lado e ao mesmo tempo, envolve ou reflete *[93]* o real: há "coalescência" entre os dois.[1] Há formação de

[1] Henri Bergson, *MM*, p. 274 (145) [ed. bras.: *Matéria e memória*, tra-

uma imagem bifacial, atual *e* virtual. É como se uma imagem especular, uma foto, um cartão-postal se animassem, ganhassem independência e passassem para o atual, com o risco de a imagem atual voltar ao espelho, retomar lugar no cartão-postal ou na foto, segundo um duplo movimento de liberação e de captura.

Reconhecemos aqui o gênero de *descrição* bem particular que, em vez de incidir sobre um objeto supostamente distinto, nunca para de, a um só tempo, absorver e criar seu próprio objeto, conforme a exigência de Robbe-Grillet.[2] Circuitos cada vez mais vastos poderão se desenvolver, correspondendo a camadas cada vez mais profundas da realidade e a níveis cada vez mais elevados da memória ou do pensamento. Mas é o circuito mais estreito da imagem atual e de *sua* imagem virtual que suporta o conjunto e serve de limite interno. Vimos como, em percursos mais amplos, a percepção e a lembrança, o real e o imaginário, o físico e o mental, ou, antes, suas imagens, se perseguiam sem descanso, correndo uma atrás da outra e remetendo uma à outra, em torno de um ponto de indiscernibilidade. Mas o que constitui esse ponto de indiscernibilidade é precisamente o menor circuito, ou seja, a coalescência da imagem atual e da imagem virtual, a imagem bifacial, a um tempo atual e virtual. Chamávamos de opsigno (e sonsigno) a imagem atual separada de seu prolongamento motor: ela compunha então grandes circuitos, entrava em comunicação com o que podia aparecer como imagens-lembrança, imagens-sonho, imagens-mundo. Mas o opsigno encontra seu verdadeiro elemento ge-

dução de Paulo Neves, São Paulo, Martins Fontes, 2011]; *ES*, p. 917 (136) [ed. bras.: *A energia espiritual*, tradução de Rosemary Costhek Abílio, São Paulo, Martins Fontes, 2017]. Vimos no capítulo anterior como o esquema bergsoniano dos circuitos apresentava uma aparência de anomalia se considerado o círculo "mais estreito", "mais perto da percepção imediata": *MM*, p. 250 (114).

[2] Jean Ricardou desenvolveu a teoria das descrições na dupla direção da "captura" e da "liberação": ora personagens e acontecimentos supostamente reais se imobilizam em uma "representação", ora é o inverso: *Le Nouveau roman*, Paris, Seuil, 1973, pp. 112-21, Esses procedimentos são frequentes nos filmes de Robbe-Grillet.

nético quando a imagem óptica atual cristaliza com *sua própria* imagem virtual, no pequeno circuito interior. É uma imagem-cristal, que nos dá a razão, ou, antes, *[94]* o "núcleo" dos opsignos e de suas composições. Estes não são mais que estilhaços da imagem-cristal.

A imagem-cristal, ou a descrição cristalina, tem mesmo duas faces que não se confundem. É que a confusão entre real e imaginário é um simples erro de fato, que não afeta a discernibilidade deles: a confusão só se faz "na cabeça" de alguém. Enquanto a indiscernibilidade constitui uma ilusão objetiva; ela não suprime a distinção das duas faces, mas a torna impossível de ser designada, já que cada face toma o papel da outra em uma correlação que é preciso qualificar de pressuposição recíproca, ou de reversibilidade.[3] Com efeito, não há virtual que não se torne atual relativamente ao atual, com este se tornando virtual sob essa mesma conexão: são um avesso e um direito perfeitamente reversíveis. São "imagens mútuas", como diz Bachelard, nas quais se efetua uma troca.[4] A indiscernibilidade do real e do imaginário, ou do presente e do passado, do atual e do virtual, não se produz, portanto, de modo algum, na cabeça ou no espírito, mas é o caráter objetivo de certas imagens existentes, duplas por natureza. Então, duas ordens de problema se colocam: uma de estrutura, outra de gênese. Em primeiro lugar, quais são essas consolidações de atual e virtual que definem uma estrutura cristalina (mais em um sentido estético

[3] Cf. o que Louis Hjelmslev diz do "conteúdo" e da "expressão": "É impossível sustentar que seja legítimo chamar uma dessas duas grandezas de expressão, e a outra de conteúdo, e não o inverso; elas só são definidas como solidárias uma da outra, e nem uma nem a outra o pode ser mais precisamente. Tomadas em separado, só se pode defini-las por oposição e de maneira relativa, como funtivos de uma mesma função que se opõem um ao outro" (*Prolégomènes à une théorie du langage*, Paris, Minuit, 1971, p. 85 [ed. bras.: *Prolegômenos a uma teoria da linguagem*, tradução de J. Teixeira Coelho Neto, São Paulo, Perspectiva, 2017]).

[4] Gaston Bachelard, *La Terre et les rêveries de la volonté*, Paris, Corti, 1948, p. 290 (a propósito do cristal) [ed. bras.: *A terra e os devaneios da vontade*, tradução de Maria Ermantina Galvão, São Paulo, Martins Fontes, 2017].

geral que em um sentido científico)? E, depois, qual é a operação genética que aparece nessas estruturas?

O caso mais conhecido é o espelho. Os espelhos de viés, os espelhos côncavos e convexos, os espelhos venezianos são inseparáveis de um circuito, como vemos por toda a obra de Ophüls, e em Losey, particularmente, em *Eva* [*Eve*, 1962] e *O criado* [*The Servant*, 1963].[5] Esse próprio circuito é uma troca: a imagem especular é virtual relativamente à personagem atual que *[95]* o espelho capta, mas é atual no espelho que nada mais deixa à personagem além de uma mera virtualidade, repelindo-a para o fora de campo. A troca é ainda mais ativa quando o circuito remete a um polígono de número crescente de lados: tal como um rosto refletido nas facetas de um anel, um ator visto dentro de uma infinidade de binóculos. Quando as imagens virtuais assim proliferam, seu conjunto absorve toda a atualidade da personagem, ao mesmo tempo que a personagem se torna apenas uma virtualidade entre outras. Essa situação já está prefigurada em *Cidadão Kane* [*Citizen Kane*, 1941], de Welles, quando Kane passa entre dois espelhos face a face; mas surge em estado puro no célebre palácio dos espelhos de *A dama de Shangai* [*The Lady from Shanghai*, Orson Welles, 1947], onde o princípio de indiscernibilidade atinge o ápice: perfeita imagem-cristal em que os espelhos multiplicados tomaram a atualidade das duas personagens, que só poderão reconquistá-la quebrando-os todos, encontrando-se, assim, lado a lado e matando uma à outra.

A imagem atual e *sua* imagem virtual constituem, portanto, o menor circuito interior, em última análise, uma ponta ou um ponto, mas um ponto físico que não deixa de ter elementos distintos (um pouco como o átomo epicuriano). Distintos, mas indiscerníveis, assim são o atual e o virtual, que não param de se trocar. Quando a imagem virtual se torna atual, então é visível e límpida, como no espelho ou na solidez do cristal acabado. Mas a imagem atual torna-se também virtual, por seu lado, remetida à outra parte, invisível, opaca e tenebrosa, como um cristal que mal foi reti-

[5] Sobre "o movimento de câmera a 360 graus com vários espelhos", cf. Michel Ciment, *Le Livre de Losey*, Paris, Stock, 1979, pp. 261-2, 274.

rado da terra. O par atual-virtual se prolonga, pois, imediatamente em opaco-límpido, expressão de sua troca. No entanto, basta que as condições (notadamente de temperatura) se modifiquem para que a face límpida se escureça, e a face opaca adquira ou reencontre sua limpidez. A troca é relançada. Há, sim, distinção das duas faces, mas não discernibilidade, enquanto as condições não forem mais bem definidas. Essa situação parece nos aproximar da ciência. E não é por acaso que a vemos desenvolvida em Zanussi, por conta de uma inspiração científica. O que interessa a Zanussi, no entanto, é o "poder" da ciência, sua conexão com a vida, e, antes de tudo, sua projeção na vida dos próprios homens de ciência.[6] *A estrutura de cristal* [*Struktura krystalu*, Krzysztof Zanussi, 1969] mostra *[96]* precisamente dois homens de ciência, um dos quais brilha, já possui toda a luz da ciência oficial, da ciência pura, enquanto o outro se enveredou por uma vida opaca e por tarefas obscuras. Mas, sob outro aspecto, não é a face obscura que se torna luminosa? Ainda que essa luz não seja mais a da ciência, e que se aproxime da fé como de uma "iluminação" agostiniana, enquanto os representantes da ciência pura se tornam singularmente opacos e tomam iniciativas de uma inconfessável vontade de potência (*Camuflagem* [*Barwy ochronne*, 1977], *Imperativo* [*Imperativ*, 1975])? Zanussi faz parte desses autores que, desde Dreyer, souberam alimentar o diálogo com um conteúdo religioso, metafísico ou científico, mantendo-o como a determinação mais cotidiana, mais trivial. E esse êxito vem de um princípio de indiscernibilidade. O que é luminoso, o claro esquema científico de um corte de cérebro, ou a caixa craniana opaca de um monge rezando (*Iluminação* [*Iluminacja*, 1973])? Entre as duas faces distintas uma dúvida sempre subsistirá, impedindo-nos de saber qual é límpida,

[6] Serge Daney notou que, nos cinemas do Leste Europeu, o poder científico ganha grande extensão, porque é o único que pode ser mostrado e submetido à crítica (sendo intocável o poder político): daí a coexistência de um cotidiano vivido e de um discurso científico "*off*". Cf. *La Rampe*, Paris, Cahiers du Cinéma/Gallimard, 1983, p. 99 (sobre Krzysztof Zanussi e Dusan Makavejev) [ed. bras.: *A rampa*, tradução de Marcelo Rezende, São Paulo, Cosac Naify, 2007].

qual é sombria, consideradas todas as condições. Em *Constância* [*Constans*, 1980] os dois protagonistas "ficam no terreno de combate, gelados e cobertos de lama, enquanto o sol surge".[7] É que as condições remetem ao meio, tal como as condições meteorológicas que constantemente encontramos em Zanussi. O cristal já não se reduz à posição exterior de dois espelhos face a face, mas à disposição interna de um germe relativamente ao meio. Qual será o germe capaz de semear o meio, essa extensão desértica e nevada que se manifesta nos filmes de Zanussi? Ou então, apesar dos esforços dos homens, continuará o meio amorfo, ao mesmo tempo que o cristal se esvazia de sua interioridade, e que o germe é apenas um germe de morte, doença mortal ou suicídio (*Espiral* [*Spirala*, 1978])? A troca ou a indiscernibilidade prosseguem, portanto, de três maneiras no circuito cristalino: o atual e o virtual (ou os dois espelhos face a face); o límpido e o opaco; o germe e o meio. Zanussi tenta *[97]* fazer passar todo o cinema sob esses diversos aspectos de um princípio de incerteza.

Zanussi fez do cientista um ator, isto é, um ser dramático por excelência. Mas já era essa a situação do ator em si mesmo: o cristal é uma cena, ou melhor, uma pista, antes de ser um anfiteatro. O ator está intrinsecamente ligado a seu papel público: ele atualiza a imagem virtual do papel, que se torna visível e luminoso. O ator é um "monstro" ou, antes, os monstros são atores natos, siameses ou homens sem braços, porque encontram um papel no excesso ou no defeito que os afeta. Mas, quanto mais a imagem virtual do papel se torna atual e límpida, mais a imagem atual do ator entra nas trevas e se faz opaca: haverá uma empresa privada do ator, uma sombria vingança, uma atividade criminosa ou justiceira singularmente obscura. E essa atividade subterrânea se libertará, se fará também visível, à medida que o papel interrompido recair no opaco. Reconhecemos o tema dominante, já no cinema mudo, da obra de Tod Browning. Um falso homem sem braços entra no seu papel e corta realmente os braços, por amor a uma

[7] Peter Cowie, "La Chute d'un corps", *Cinématographe*, nº 87, mar. 1983, p. 6. Esse artigo contém uma excelente análise do conjunto da obra de Zanussi.

mulher que não suportava a mão dos homens, mas tenta se recuperar organizando o assassinato de um rival intacto (*O monstro do circo* [*The Unknown*, 1927]). Em *A trindade maldita* [*The Unholy Three*, 1925], o ventríloquo Eco só pode falar através de seu boneco, mas se recupera na empresa criminosa que ele realiza disfarçado de velha, com o risco de confessar seu crime através da boca daquele que, erroneamente, era acusado. Os monstros de *Monstros* [*Freaks*, 1932] são monstros apenas porque foram forçados a entrar em seu papel manifesto, e é por sombria vingança que se encontram, reconquistando uma estranha claridade que vem, sob os raios, interromper o seu papel.[8] Com *O falcão negro* [*The Blackbird*, 1926], é no correr de uma transformação que o "ator" se vê paralisado, quando ia fazer com que seu papel de bispo servisse a uma intenção criminosa: como se *[98]* a troca monstruosa de repente se congelasse. Em geral, uma lentidão anormal, sufocante, penetra as personagens de Browning, no cristal. O que aparece em Browning não é de modo algum uma reflexão sobre o teatro ou o circo, como veremos em outros, mas uma dupla face do ator, que só o cinema podia captar, instaurando seu circuito próprio. A imagem virtual do papel público torna-se atual, mas o faz relativamente à imagem virtual de um crime privado, que, por sua vez, também se torna atual e substitui a primeira. Já não se sabe onde está o papel, onde o crime. Talvez fosse preciso haver esse acordo extraordinário entre um ator e um autor: Browning e Lon Chaney. Esse circuito cristalino do ator, sua face transparente e sua face opaca, é o travesti. Se Browning assim atingiu uma poesia do indesignável, parece que dois grandes filmes de travesti herdaram sua inspiração: *Assassinato* [*Murder*, 1930], de Hitchcock,

[8] Cf. a análise de Browning por Jean-Marie Sabatier, *Les Classiques du cinéma fantastique*, Paris, Balland, 1973, pp. 83-5: "Toda a obra de Browning se assenta na dialética espetáculo-realidade. [...] Essa capacidade do ator se transformar de homem real em homem de sonho, com aumento de potência que isso supõe, não resulta, na verdade, do tema do desdobramento tal como o vemos entre os românticos alemães ou no mito Jekyll-Hyde. Mais que de um duplo, trata-se de um reflexo, um reflexo que só existe em função do olhar de outrem, enquanto, sob a máscara, o rosto permanece na sombra".

e *A vingança do ator* [*Yukinojo henge*, 1963], de Ichikawa, com seus esplêndidos fundos pretos.

Em uma lista tão heteróclita, devemos incluir o navio. Também ele é uma pista, um circuito. Parece que, como nos quadros de Turner, fender-se em dois não é um acidente, mas uma potência que caracteriza o navio. Foi Herman Melville, em sua obra romanesca, que fixou de modo definitivo essa estrutura. Germe semeando o mar, o navio está preso entre suas duas faces cristalinas: uma face límpida que é o navio de cima, onde tudo deve ser visível, conforme a ordem; uma face opaca, que é o navio de baixo, que transcorre embaixo da água — a face negra dos foguistas. Mas parece que a face límpida atualiza uma espécie de teatro ou de dramaturgia que se apodera dos próprios passageiros, ao passo que o virtual se insere na face opaca, e se atualiza por sua vez nos acertos de contas entre maquinistas, na perversidade diabólica de um chefe de tripulação, na monomania de um capitão, na secreta vingança de negros rebelados.[9] É o circuito de duas imagens virtuais que estão sempre se tornando atual, uma relativamente à outra, sempre se relançando. Não é tanto o *Moby Dick*, de Huston, que proporciona a versão cinematográfica do navio, é antes *A dama de Shangai*, de Welles, em quem *[99]* decididamente encontramos a maioria das figuras da imagem-cristal: o iate de nome *Circe* mostra uma face visível e outra invisível, uma face límpida, que engana o herói ingênuo, por um tempo, enquanto a outra face, a opaca, a grande cena obscura do aquário dos monstros, ascende em silêncio e aumenta à medida que a primeira se encobre ou se turva. E, de outra maneira, é Fellini quem encontra, após a pista de circo, um circuito do navio como último destino. Já o paquete de *Amarcord* [1973] se portava como um enorme germe de morte ou de vida sobre o mar de plástico. Mas, em *E la nave va* [1983], o navio faz proliferar as faces de um polígono crescente. Ele se fende

[9] Sobre o navio, a visão, o visível e o invisível, o transparente e o opaco na obra de Herman Melville, cf. Régis Durand, *Melville*, Lausanne, L'Âge d'Homme, 1980, e Philippe Jaworski, *Le Désert et l'empire*, tese defendida em Paris VII [publicada em 1986 sob o mesmo título por Presses de l'École Normale Supérieure (N. da T.)].

primeiramente em dois no sentido alto-baixo: toda a ordem visível do navio e de seus marinheiros está a serviço do grande empreendimento dramatúrgico dos passageiros-cantores; mas, quando esses passageiros de cima vão ver o proletariado de baixo, é este que por sua vez se torna espectador, ouvinte do concurso de canto que impõe aos de cima, ou do concurso musical na cozinha. Depois a fenda muda de orientação, divide, na ponte, os passageiros-cantores e os náufragos-proletários: ainda aí a troca se dá entre o atual e o virtual, o límpido e o opaco, em uma combinação musical ao modo de Bartók. E ainda depois, a fenda quase se torna desdobramento: o obscuro navio de guerra, cego e fechado, aterrorizante, que vem exigir os fugitivos, se atualiza na mesma medida em que o navio transparente consumou sua dramaturgia funerária, em um esplêndido circuito de imagens cada vez mais rápidas em que os dois navios acabam explodindo e afundando, devolvendo ao mar o que é do mar, um meio eternamente amorfo, um rinoceronte melancólico que vale por Moby Dick. É a imagem mútua, o ciclo do navio-cristal em um fim de mundo pictórico e musical, e, entre os últimos gestos, o jovem, terrorista maníaco que não pode se impedir de jogar uma derradeira bomba na seteira estreita do navio sombrio.

O navio também pode ser o navio dos mortos, a nave de uma simples capela como lugar de troca. A sobrevivência virtual dos mortos pode-se atualizar, mas não seria à custa de nossa existência, que por sua vez se torna virtual? São os mortos que nos pertencem, ou nós que pertencemos aos mortos? E nós os amamos contra os vivos, *[100]* ou a favor da vida e com ela? O belo filme de Truffaut, *O quarto verde* [*La Chambre verte*, 1978], organiza essas quatro faces que formam um curioso cristal verde, uma esmeralda. Em certo momento o herói se esconde em um compartimento com vidraça fosca e reflexos verdes, onde parece levar uma existência glauca, indesignável, entre os vivos e os mortos. E no cristal da capela se enxergam mil círios, sarça de fogo à qual sempre falta um ramo para formar a "figura perfeita". Sempre faltará o último círio daquele ou daquela que só pode acender o penúltimo, em uma irredutível persistência da vida que torna infinito o cristal.

O cristal é expressão. A expressão vai do espelho ao germe. É o mesmo circuito que passa por três figuras, o atual e o virtual, o límpido e o opaco, o germe e o meio. Com efeito, por um lado o germe é a imagem virtual que fará cristalizar um meio atualmente amorfo; mas, por outro, este deve ter uma estrutura virtualmente cristalizável, relativamente à qual o germe desempenha agora o papel de imagem atual. Também aí o atual e o virtual se trocam em uma indiscernibilidade que a cada vez deixa subsistir a distinção. Em uma famosa sequência de *Cidadão Kane*, a pequena bola de vidro se parte ao cair das mãos do moribundo, mas a neve que ela continha parece vir em nossa direção, por rajadas, para semear os meios que vamos descobrir. Não sabemos por enquanto se o germe virtual ("Rosebud") vai se atualizar, pois não sabemos de antemão se o meio atual tem a virtualidade correspondente. Talvez seja assim que devamos compreender o esplendor das imagens de *Coração de cristal* [*Herz aus Glas*, 1976] em Herzog, e o aspecto duplo do filme. A busca do coração e do segredo alquímicos, do cristal vermelho, não é separável da busca dos limites cósmicos, como a mais alta tensão do espírito e o mais profundo grau da realidade. Mas será preciso que o fogo do cristal se transmita a toda a manufatura para que também o mundo deixe de ser um meio amorfo aplainado que se detém à beira de um abismo, e revele em si potencialidades cristalinas infinitas ("a terra surge das águas, vejo uma nova terra...").[10] Herzog esculpiu, nesse filme, as *[101]* maiores imagens-cristal da história do cinema. Há, em Tarkóvski, uma tentativa análoga, retomada a cada filme, mas sempre fechada: *O espelho* [*Zerkalo*, 1974] constitui um cristal giratório, de duas faces se o referirmos à personagem adulta invisível (sua mãe, sua mulher), de quatro faces se o referirmos aos dois casais visíveis (sua mãe e a criança que ele foi, sua mulher e o filho que ele tem). E o cristal gira sobre si mesmo, como um sistema de mira que interroga um meio opaco: O que é a Rússia, o que é a Rússia...? O germe parece se imobilizar nas imagens molhadas, lavadas, pesa-

[10] Sobre a aproximação das paisagens de Herzog coma pintura cristalina e visionária de Friedrich, cf. Alain Masson, "La Toile et l'écran", *Positif*, nº 159.

damente translúcidas, com suas faces ora azuladas, ora marrons, enquanto o meio verde parece, sob a chuva, incapaz de ultrapassar o estado de um cristal líquido que guarda seu segredo. Seria preciso acreditar que o planeta mole *Solaris* [*Solyaris*, Andrei Tarkóvski, 1972] dá uma resposta, e reconciliará o oceano e o pensamento, o meio e o germe, designando, a um só tempo, a face transparente do cristal (a mulher reencontrada) e a forma cristalizável do universo (a moradia reencontrada)? *Solaris* não apresenta tal otimismo, e *Stalker* [Andrei Tarkóvski, 1979] devolve o meio à opacidade de uma zona indeterminada, e o germe, à morbidez do que aborta, uma porta fechada. O lavado de Tarkóvski (a mulher que lava os cabelos junto a um muro úmido em *O espelho*), as chuvas que dão o ritmo a cada filme, tão intensas quanto em Antonioni ou Kurosawa, mas com outras funções, fazem ressurgir sem descanso a questão: que sarça ardente, que fogo, que alma, que esponja estancará essa terra? Serge Daney observou que, no rastro de Dovjenko, certos cineastas soviéticos (ou do Leste Europeu, como Zanussi) mantiveram o gosto por matérias pesadas, naturezas-mortas densas, que foram, ao contrário, eliminadas pela imagem-movimento no cinema ocidental.[11] Na imagem-cristal há essa busca mútua, cega e hesitante, da matéria e do espírito: para além da imagem-movimento, "no que ainda somos devotos". *[102]*

O germe e o espelho são mais uma vez retomados, um na obra se fazendo, o outro na obra refletida na obra. Esses dois temas, que atravessaram todas as outras artes, iriam afetar também o cinema. Ora é o filme que se reflete em uma peça de teatro, em um espetáculo, em um quadro ou, melhor, em um filme no interior do filme; ora é o filme que se toma por objeto no processo de sua

[11] Serge Daney, *Libération*, 29/1/1982: "Os americanos levaram bem longe o estudo do movimento contínuo [...], de um movimento que esvazia a imagem de seu peso, de sua matéria. [...] Na Europa, e até mesmo na URSS, alguns se dão ao luxo de interrogar o movimento sobre sua outra vertente: desacelerado e descontínuo. Paradjanov, Tarkóvski (mas já Eisenstein, Dovjenko ou Barnet) olham a matéria se acumular e se obstruir, uma geologia de elementos, lixos e tesouros se fazer em câmera lenta. Eles fazem o cinema do glacis soviético, esse império imóvel. Pouco importa que esse império o queira ou não".

constituição ou de seu fracasso em se constituir. E ora os dois temas são bem distintos: em Eisenstein, a montagem de atrações já criava imagens especulares; em *O ano passado em Marienbad*, de Alain Resnais e Robbe-Grillet, as duas grandes cenas de teatro são imagens especulares (e todo o hotel de Marienbad é um cristal puro, com sua face transparente, sua face opaca e suas trocas).[12] Inversamente, *Oito e meio*, de Fellini, é uma imagem em germe, se fazendo, que se nutre de seus fracassos (exceto, talvez, na grande cena do telepata que introduz uma imagem especular). *O estado das coisas* [*Der Stand der Dinge*, 1982], de Wim Wenders, está tanto mais em germe que ele fracassa, se dispersa e só pode se refletir nas razões que o impedem. Buster Keaton, que às vezes é apresentado como um gênio sem reflexão, foi talvez o primeiro, junto com Viértov, a introduzir o filme dentro do filme. Uma vez, em *Sherlock Jr.*, mais na forma de uma imagem especular; outra, em *O homem das novidades* [*The Cameraman*, Buster Keaton e Edward Sedgwick, 1928], na forma de um germe que passa pelo cinema direto, ainda que manejado por um macaco ou por um repórter, e constitui o filme se fazendo. Ora, ao contrário, à maneira de *Os moedeiros falsos*, de Gide, os dois temas ou os dois casos se cruzam e se reúnem, tornam-se indiscerníveis.[13] Em *Paixão*, de Godard, os quadros vivos, pictóricos e musicais, estão se fazendo, mas também a operária, a mulher e o patrão são a imagem especular daquilo que, no entanto, os reflete. Em Rivette, a representação teatral é uma imagem especular, mas porque não para de fracassar, é o *[103]* germe daquilo que não consegue se produzir nem se refletir. Daí o papel tão estranho dos ensaios de Péricles em

[12] Daniel Rocher fez uma análise detalhada do branco e preto, do límpido e do opaco, de suas repartições e trocas em *O ano passado em Marienbad*: cf. *Alain Resnais et Alain Robbe-Grillet*, col. Études Cinématographiques, vol. 38, nº 100-103, Paris, Minard, 1974. E Robert Benayoun, dando ênfase aos ladrilhos, aos gelos brancos e às pedras preciosas pretas: *Marienbad* "é uma espécie de cristal das videntes" (*Alain Resnais, arpenteur de l'imaginaire*, Paris, Stock, 1980, p. 97).

[13] Raymond Bellour e Alain Virmaux confrontaram, de maneira bem geral, *Oito e meio*, de Fellini, com o romance de Gide: *Federico Fellini I*, col. Études Cinématographiques, vol. 15, nº 28-29, Paris, Minard, 1963.

Paris nos pertence, ou de Fedra em *Amor louco* [*L'Amour fou*, Jacques Rivette, 1969]. Havia ainda outra fórmula em *História imortal* [*Une histoire immortelle*, 1968], de Welles: o filme todo era a imagem especular de uma lenda reencenada pelo velho, mas valia também pela primeira vez que faria germinar a própria lenda e a devolveria ao mar.[14]

Era fatal que o cinema, na crise da imagem-ação, passasse por melancólicas reflexões hegelianas sobre sua própria morte: não tendo mais história para contar, ele tomaria a si próprio por objeto e só poderia contar sua própria história (Wim Wenders). Mas, de fato, se a obra especular e a obra em germe sempre acompanharam a arte sem jamais extenuá-la, foi porque esta encontrava, nisso, um meio de constituição para certas imagens especiais. Do mesmo modo, o filme dentro do filme não marca um fim da História, e não tem mais suficiência em si mesmo do que o *flashback* ou o sonho: é apenas um procedimento que deve receber sua necessidade de outra parte. Com efeito, é um modo de composição da imagem-cristal. Se se emprega esse modo, é preciso que ele esteja fundado em considerações capazes de lhe dar uma justificação mais elevada. Notaremos que, em todas as artes, a obra dentro da obra esteve frequentemente ligada à consideração de uma vigilância, de uma investigação, vingança, conspiração ou complô. Isso já valia para o teatro no teatro de Hamlet, mas também para o romance de Gide. Vimos a importância que o tema do complô ganhou no cinema, com a crise da imagem-ação; não apenas em Rivette, também em *O ano passado em Marienbad* uma invencível atmosfera de conspiração se difunde. No entanto, isso não passaria de um ponto de vista muito secundário, se o cinema não tivesse razões mais fortes para lhe dar profundidade nova e específica. O próprio cinema como arte vive em uma conexão direta com um complô permanente, uma conspiração internacional que o condi-

[14] Frédéric Vitoux salientou o aspecto cristalino das imagens do marinheiro levado para casa: "Uma luz amarela muito viva recai sobre o marinheiro e o auréola, enquanto o conjunto da sala e o próprio Mr. Clay permanecem na fria penumbra das iluminações cinza-azul" (*Positif*, nº 167, mar. 1975, p. 57).

ciona de dentro, como o mais íntimo inimigo, o *[104]* mais indispensável. Essa conspiração é a do dinheiro; o que define a arte industrial não é a reprodução mecânica, mas a conexão, que se interiorizou com o dinheiro. Para a dura lei do cinema, um minuto de imagem que custa um dia de trabalho coletivo, a única resposta, ou contestação, é a de Fellini: "Quando não houver mais dinheiro, o filme estará terminado". O dinheiro é o avesso de todas as imagens que o cinema mostra e monta do lado direito, de modo que os filmes sobre o dinheiro já são, embora implicitamente, filmes dentro do filme ou sobre o filme.[15] É esse o verdadeiro "estado das coisas": ele não está no fim do cinema, como diz Wim Wenders, mas sim, como ele mostra, em uma conexão constitutiva entre o filme se fazendo e o dinheiro como todo do filme. Wim Wenders, em *O estado das coisas*, mostra o hotel deserto e devastado, e a equipe do filme, em que cada um volta à sua solidão, vítima de um complô, cuja chave está noutra parte; e a segunda parte do filme descobre essa chave como o avesso, o *trailer* do produtor fugido que vai ser assassinado, provocando a morte do cineasta, de maneira a tornar evidente que não há, nunca haverá, equivalência ou igualdade na troca mútua câmera-dinheiro.

É o que mina o cinema, a velha maldição: o dinheiro é tempo. Se é verdade que o movimento suporta como invariante um conjunto de trocas ou uma equivalência, uma simetria, o tempo é por natureza a conspiração da troca desigual ou a impossibilidade de equivalência. É nesse sentido que ele é dinheiro: das duas fórmulas de Marx, M-D-M é a da equivalência, mas D-M-D é a da equivalência impossível ou da troca fraudulenta, dissimétrica. Godard afirmou que *Paixão* propunha, precisamente, o problema da troca. E se Wenders, como vimos em seus primeiros filmes, tratava

[15] A revista *Cinématographe* dedica dois números especiais ao "dinheiro no cinema", nºs 26 e 27, de abril e maio de 1977. Analisando os filmes em que o dinheiro tem papel importante, encontramos, como que naturalmente, o tema do filme que se reflete no filme. Destacamos um artigo premonitório de Mireille Latil, "Bresson et l'argent", que analisa o papel e a importância do dinheiro na obra de Bresson bem antes de ele fazer um filme com o mesmo nome.

a câmera como equivalente geral de qualquer movimento de translação, ele descobre em *O estado das coisas* a impossibilidade da equivalência câmera-tempo, o tempo sendo dinheiro ou *[105]* circulação de dinheiro. L'Herbier dissera tudo, em uma conferência surpreendente e sarcástica: com o espaço e o tempo se tornando cada vez mais caros no mundo moderno, a arte teve de se fazer arte industrial internacional, quer dizer, cinema, para *comprar* espaço e tempo enquanto "títulos imaginários do capital humano".[16] Não era esse o tema explícito da obra-prima *O dinheiro* [*L'Argent*, Robert Bresson, 1983], mas seu tema implícito (e em um filme com o mesmo título, inspirado em Tolstói, Bresson mostra que o dinheiro, por ser da ordem do tempo, torna impossível qualquer reparação do mal, qualquer equivalência ou retribuição justa, a não ser, evidentemente, através da graça). Em suma, *é em uma mesma operação que o cinema enfrenta seu pressuposto mais interno, o dinheiro, e que a imagem-movimento cede lugar à imagem-tempo.* O que o filme dentro do filme exprime é esse circuito infernal entre a imagem e o dinheiro, essa inflação que o tempo põe na troca, a "alta estonteante". O filme é o movimento, mas o filme dentro do filme é o dinheiro, é o tempo. A imagem-cristal recebe, assim, o princípio que a funda: relançar sem descanso a troca dissimétrica, desigual e sem equivalente, dar imagem contra dinheiro, dar tempo contra imagens, converter o tempo, a face transparente, e o dinheiro, a face oculta, como um pião sobre sua ponta. E o filme estará terminado quando não houver mais dinheiro...

2

Por mais que a imagem-cristal tenha muitos elementos distintos, sua irredutibilidade consiste na unidade indivisível de uma imagem atual e de "sua" imagem virtual. Mas o que é essa imagem virtual em coalescência com a atual? O que é uma imagem mútua?

[16] Marcel L'Herbier, "Le Cinématographe et l'espace, chronique financière", reproduzido em Noël Burch, *Marcel L'Herbier*, Paris, Seghers, 1973, pp. 97-104.

Bergson sempre se colocou essa questão, e sempre procurou a resposta no abismo do tempo. O que é atual é sempre um presente. Mas o presente muda ou passa. Pode-se sempre dizer que ele se torna passado quando já não é, quando um novo presente o *[106]* substitui. Mas isso não quer dizer nada.[17] Certamente é preciso que ele passe, para que o novo presente chegue, que passe ao mesmo tempo que é presente, no momento em que o é. É preciso, portanto, que a imagem seja presente e passado, ainda presente e já passado, a um só tempo, ao mesmo tempo. Se ela já não tivesse passado ao mesmo tempo que fosse presente, jamais o presente passaria. O passado não sucede ao presente que ele não é mais, ele coexiste com o presente que foi. O presente é a imagem atual, e *seu* passado contemporâneo é a imagem virtual, a imagem especular. Segundo Bergson, a "paramnésia" (ilusão de *déjà-vu*, de já-vivido) nada mais faz que tornar sensível essa evidência: há uma lembrança do presente, contemporânea do próprio presente, tão colada a este quanto um papel ao ator. "Nossa existência atual, à medida que se desenrola no tempo, se duplica assim de uma existência virtual, de uma imagem especular. Logo, cada momento de nossa vida oferece esses dois aspectos: ele é atual e virtual, por um lado, percepção e, por outro, lembrança. [...] Aquele que tomar consciência do contínuo desdobramento de seu presente em percepção e em lembrança [...] será comparável ao ator que interpreta automaticamente seu papel, se escutando e se olhando interpretar".[18]

Se Bergson chama a imagem virtual de "lembrança pura", é para melhor distingui-la das imagens mentais, das imagens-lembrança, sonho ou devaneio, com as quais corremos o risco de confundi-la. Com efeito, estas são imagens virtuais, mas atualizadas ou em via de atualização em consciências ou estados psicológicos. E elas se atualizam necessariamente relativamente a um novo presente, a outro presente que não aquele que foram: daí esses circui-

[17] *ES*, p. 914 (131): "Como surgiria a lembrança senão quando está tudo acabado?". Observaremos que Bergson não fala de cristal: as únicas imagens que invoca são ópticas, acústicas ou magnéticas.

[18] *ES*, pp. 917-9 (136-9).

tos mais ou menos amplos, evocando imagens mentais em função das exigências do novo presente que se define como posterior ao antigo, e que define o antigo como anterior, conforme uma lei de sucessão cronológica (a imagem-lembrança será, pois, datada). Ao contrário, a imagem virtual em estado puro se define, não em função de um novo presente relativamente ao qual ela seria (relativamente) passado, mas em função do atual presente, *do qual* ela é o *[107]* passado, absoluta e simultaneamente: particular, ela é, no entanto, "passado em geral", no sentido em que ainda não tem data.[19] Pura virtualidade, ela não tem que se atualizar, já que é estritamente correlativa da imagem atual, com a qual forma o menor circuito que serve de base ou de ponta a todos os outros. Ela é a imagem virtual que corresponde a determinada imagem atual, em vez de se atualizar, de ter de se atualizar em *outra* imagem atual. É um circuito aqui mesmo atual-virtual, e não uma atualização do virtual em função de um atual em deslocamento. É uma imagem-cristal, não uma imagem orgânica.

A imagem virtual (lembrança pura) não é um estado psicológico ou uma consciência: ela existe fora da consciência, no tempo, e não deveríamos ter mais dificuldades para admitir a insistência virtual de lembranças puras no tempo do que a existência atual de objetos não percebidos no espaço. O que nos engana é que as imagens-lembrança, e mesmo as imagens-sonho ou devaneio, habitam uma consciência que necessariamente lhes dá um aspecto caprichoso ou intermitente, já que se atualizam segundo as necessidades momentâneas dessa consciência. Mas, se perguntarmos *onde* a consciência vai procurar essas imagens-lembrança, imagens-sonho ou devaneio que ela evoca segundo seus estados, seremos levados às puras imagens virtuais, das quais estas são apenas modos ou graus de atualização. Do mesmo modo que percebemos as coisas lá onde elas estão, e que precisamos nos instalar nas coisas para perceber, do mesmo modo vamos procurar a lembrança lá onde ela está, devemos nos instalar subitamente no passado em geral, nessas imagens puramente virtuais que estão sempre se conservando ao longo do tempo. É no passado tal como ele é em si, tal como

[19] *ES*, p. 918 (137).

se conserva em si, que iremos procurar nossos sonhos ou nossas lembranças, e não o inverso.[20] É somente sob essa condição que a imagem-lembrança portará o signo do passado que a distingue de outra imagem, ou da imagem-sonho, o signo distintivo de uma perspectiva temporal: signo que retiram de uma "virtualidade original". Por isso, anteriormente, podíamos assimilar as imagens virtuais a imagens mentais, imagens-lembrança, *[108]* sonho ou devaneio: eram todas soluções insuficientes, mas a caminho da boa solução. Os circuitos mais ou menos amplos e sempre relativos, entre o presente e o passado, remetem, por um lado, a um pequeno circuito interior entre um presente e *seu próprio* passado, entre uma imagem atual e sua imagem virtual; e por outro, a circuitos virtuais mais e mais profundos, que a cada vez mobilizam todo o passado, mas nos quais os circuitos relativos banham ou mergulham para se desenhar atualmente e trazer sua colheita provisória.[21] A imagem-cristal tem esses dois aspectos: limite interior de todos os circuitos relativos, mas também invólucro último, variá-

[20] Todos esses temas inspiram *MM*, cap. III.

[21] Daí o segundo grande esquema de Bergson, o célebre cone de *MM*, p. 302 (181):

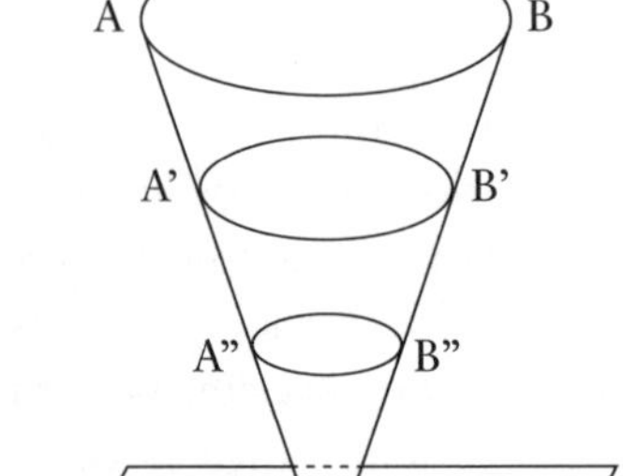

Sem dúvida o ponto S é o atual presente; mas, estritamente falando, não é um ponto, pois já compreende o passado desse presente, a imagem virtual que duplica a imagem atual. Quanto às seções do cone, AB, A'B'..., não são circuitos psicológicos a que corresponderiam imagens-lembrança, são circuitos puramente virtuais, cada um deles contendo todo o nosso passado tal como ele se conserva em si (as lembranças puras). Bergson não deixa subsistir qualquer equívoco a esse respeito. Os circuitos psicológicos de imagens-lembrança, ou de imagens-sonho, constituem-se somente quando "saltamos" de S para uma dessas seções, para dela atualizar essa ou aquela virtualidade que deverá então descer para um novo presente S'.

vel, deformável, nos confins do mundo, para além dos movimentos do mundo. O pequeno germe cristalino e o imenso universo cristalizável: tudo está compreendido na capacidade de amplificação do conjunto constituído pelo germe e pelo universo. As memórias, os sonhos, até mesmo os mundos são apenas circuitos relativos aparentes que dependem das variações desse Todo. São graus ou modos de atualização que se repartem entre esses dois extremos do atual e do virtual: o atual e *seu* virtual no pequeno circuito, as virtualidades em expansão nos circuitos profundos. E é de dentro que o pequeno circuito interior comunica com os profundos, diretamente, através dos circuitos apenas relativos.

O que constitui a imagem-cristal é a operação mais fundamental do tempo: já que o passado não se constitui depois do presente que ele foi, mas ao mesmo tempo, é preciso que *[109]* o tempo se desdobre a cada instante em presente e passado, que por natureza diferem um do outro, ou, o que dá no mesmo, desdobre o presente em duas direções heterogêneas, uma se lançando em direção do futuro e a outra caindo no passado.[22] É preciso que o tempo se cinda ao mesmo tempo que se afirma ou desenrola: ele se cinde em dois jatos dissimétricos, um fazendo passar todo o presente, e o outro conservando todo o passado. O tempo consiste nessa cisão, e é ela, é ele que *se vê no cristal*. A imagem-cristal não era o tempo, mas vemos o tempo no cristal. Vemos a perpétua fundação do tempo, o tempo não cronológico dentro do cristal, Cronos e não Chronos. É a poderosa Vida não orgânica que encerra o mundo. O visionário, o vidente é quem vê no cristal, e o que ele vê é o jorrar do tempo como desdobramento, como cisão. Só que, acrescenta Bergson, essa cisão nunca vai até o seu termo. O cristal, com efeito, não para de trocar as duas imagens distintas que o constituem, a imagem atual do presente que passa e a imagem vir-

[22] *ES*, p. 914 (132). É o terceiro esquema, que Bergson não sente necessidade de desenhar:

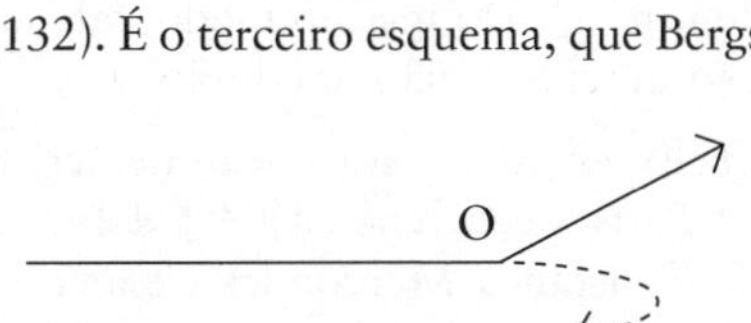

tual do passado que se conserva: distintas e, entretanto, indiscerníveis, e indiscerníveis justamente por serem distintas, já que não se sabe qual é uma e qual é a outra. É a troca desigual, ou o ponto de indiscernibilidade, a imagem mútua. O cristal vive sempre no limite, ele próprio é "limite fugidio entre o passado imediato que já não é mais e o futuro imediato que ainda não é [...], espelho móvel que reflete sem descanso a percepção em lembrança". O que se vê no cristal é, portanto, um desdobramento que o próprio cristal não para de fazer girar sobre si, que ele impede de findar, já que é um perpétuo *Distinguir-se*, distinção se fazendo, que retoma sempre em si os termos distintos, para relançá-los sem descanso. "A construção em abismo não redobra a unidade, como um reflexo externo poderia fazer; enquanto cintilação interna, só pode desdobrá-la", e submetê-la "ao infinito relançar de cisões sempre novas".[23] A imagem-cristal é certamente o ponto de indiscernibilidade *[110]* de duas imagens distintas, a atual e a virtual, enquanto o que vemos no cristal é o tempo em pessoa, um pouco de tempo em estado puro, a distinção mesma entre as duas imagens que nunca acaba de se reconstituir. Por isso haverá diferentes estados do cristal, conforme os atos de sua formação e as figuras do que nele vemos. Analisávamos, antes, os elementos do cristal, mas ainda não os estados cristalinos; podemos chamar agora cada um desses estados de *cristal de tempo*.[24]

As grandes teses de Bergson sobre o tempo apresentam-se assim: o passado coexiste com o presente que ele foi; o passado se conserva em si, como passado em geral (não cronológico); o tempo se desdobra a cada instante em presente e passado, presente que passa e passado que se conserva. Repetidas vezes se reduziu o bergsonismo à seguinte ideia: a duração seria subjetiva, e constituiria nossa vida interior. E, sem dúvida, Bergson precisou se expressar

[23] Jean Ricardou, p. 73. Do mesmo modo, falando da obra de Browning, Sabatier dizia: é um reflexo, não um duplo.

[24] Devemos a Félix Guattari essa noção de "cristal de tempo": *L'Inconscient machinique*, Paris, Recherches, 1979 [ed. bras.: *O inconsciente maquínico*, tradução de Constança Marcondes César e Lucy Moreira César, Campinas, Papirus, 1988].

assim, ao menos no começo. Cada vez mais, porém, ele dirá algo bem diferente: a única subjetividade é o tempo, o tempo não cronológico apreendido em sua fundação, e somos nós que somos interiores ao tempo, não o inverso. Que estejamos no tempo parece um lugar-comum, no entanto é o maior paradoxo. O tempo não é o interior em nós, é justamente o contrário, a interioridade na qual estamos, nos movemos, vivemos e mudamos. Bergson está bem mais perto de Kant do que pensa: Kant definia o tempo como forma de interioridade, no sentido em que somos interiores ao tempo (só que Bergson concebe essa forma de modo bem diferente de Kant). No romance, será Proust quem saberá dizer que o tempo não nos é interior, mas somos nós que somos interiores ao tempo que se desdobra, que se perde e se reencontra em si mesmo, que faz passar o presente e conservar o passado. No cinema haverá talvez três filmes que mostram como habitamos o tempo, como nos movemos nele, nessa forma que nos leva, apanha e alarga: *Zvenigora* [1928], de Dovjenko; *Um corpo que cai* [*Vertigo*, 1958], de Hitchcock; *Eu te amo, eu te amo* [*Je t'aime je t'aime*, 1968], de Resnais. No filme de Resnais, a hiperesfera opaca é uma das mais belas imagens-cristal, enquanto o que vemos no cristal *[111]* é o tempo em pessoa, o jorrar do tempo. A subjetividade nunca é a nossa, é o tempo, ou seja, a alma ou o espírito, o virtual. O atual é sempre objetivo, mas o virtual é o subjetivo: primeiro era o afeto, o que sentimos no tempo; depois o próprio tempo, pura virtualidade que se desdobra em afetante e afetado, "a afecção de si por si" como definição do tempo.

3

Suponhamos um estado ideal que fosse o cristal perfeito, acabado. As imagens de Max Ophüls são cristais perfeitos. Suas facetas são espelhos enviesados, como em *Desejos proibidos* [*Madame De...*, 1953]. E os espelhos não se contentam em refletir a imagem atual, eles constituem o prisma, a lente onde a imagem desdobrada não para de correr atrás de si mesma para se encontrar, como na pista de circo em *Lola Montès* [Max Ophüls, 1955]. Na pista ou no cristal, as personagens aprisionadas se agitam, agindo e agidas, um pouco como os heróis de Raymond Roussel, executando suas proezas no seio de um diamante ou de uma gaiola de vidro, sob uma luz irisada (*A terna inimiga* [*La Tendre ennemie*, Max Ophüls, 1936]). No cristal só podemos girar: é assim a ronda os episódios, mas também as cores (*Lola Montès*), as valsas, mas também os brincos (*Desejos proibidos*), as visões circulares do crupiê de *Conflitos de amor* [*La Ronde*, Max Ophüls, 1950]. A perfeição cristalina não deixa subsistir nenhum fora: não há fora do espelho ou do cenário, apenas um avesso onde passam as personagens, que desaparecem ou morrem, abandonadas pela vida que se reinjeta no cenário. Em *O prazer* [*Le Plaisir*, Max Ophüls, 1952], o fato de se arrancar a máscara do velho dançarino não mostra nada fora dela, e sim um avesso que remete e devolve ao baile o médico apressado.[25] E até em seus delicados *[112]* e familiares apartes, o impiedoso M. Loyal, de *Lola Montès*, não para de reinjetar em cena a heroína desfalecida. Se pensarmos nas conexões em geral do teatro e do cinema, não nos encontramos mais na situação clássica em que as duas artes são dois meios diferentes de atualizar uma mesma imagem virtual, mas também não nos encontramos na situação de uma "montagem das atrações", em que um espetáculo teatral (ou circense etc.), por estar sendo filmado, desempenha o papel de uma imagem virtual que viria prolongar as imagens atuais sucedendo por um momento a elas, durante uma sequência. A situação é bem diferente: a imagem atual e a imagem virtual coexistem e se cristalizam, entram em um circuito que nos leva constantemente de uma a outra, formam uma única e mesma "cena" em

[25] Michel Devilliers, "Ophüls ou la traversée du décor", *Cinématographe*, nº 33, dez. 1977. No mesmo número, Louis Audibert ("Max Ophüls et la mise en scène") analisa a dupla tensão da imagem-cristal em Ophüls: por um lado a face transparente e a face opaca (máscara, grades, cordames, gelosias) do próprio cristal; por outro, a imobilidade, e o movimento daquilo que se vê no cristal. "Cada personagem é seguida em seu curso até um ponto de imobilidade que geralmente coincide com uma figura ou um cenário estacionário, breve instante de incerteza. [...] O movimento, em fabulosas elipses, arranca o tempo à miserável dimensão do espaço." É o caso da sucessão das valsas em *Desejos proibidos*.

que as personagens pertencem ao real e no entanto desempenham um papel. Em suma, é todo o real, a vida inteira, que se tornou espetáculo, conforme as exigências de uma percepção óptica e sonora pura. A cena, então, não se contenta em fornecer uma sequência, ela se torna a unidade cinematográfica que substitui o plano ou constitui ela própria um plano-sequência. É uma teatralidade propriamente cinematográfica, o "acréscimo de teatralidade" de que falava Bazin, e que só o cinema pode dar ao teatro.

A origem disso estaria, talvez, nas obras-primas de Tod Browning. Porém, os monstros de Max Ophüls já nem precisam de aparência monstruosa. Eles prosseguem sua ronda nas imagens geladas, glaciais. E o que se vê no cristal perfeito? É o tempo, mas que já se enrolou, e arredondou, ao mesmo tempo que se cindia. *Lola Montès* pode conter *flashback*, esse filme bastaria para confirmar, se fosse necessário, a que ponto o *flashback* é um procedimento secundário que só vale na medida em que serve a uma *démarche* mais profunda. Pois o que conta não é o liame do atual e miserável presente (o circo) com a imagem-lembrança dos antigos presentes magníficos. A evocação existe; o que ela revela mais profundamente é o desdobramento do tempo, que faz passar todos os presentes e os faz tender para o circo como para seu futuro, mas também conserva todos os passados e os põe no circo como outras tantas imagens virtuais ou lembranças puras. A própria Lola Montès sente a vertigem desse desdobramento quando, embriagada e febril, vai se jogar do alto do capitel na minúscula *[113]* rede que a espera embaixo: toda a cena é vista como em uma lente da caneta-tinteiro cara a Raymond Roussel. O desdobramento, a diferenciação das duas imagens, atual e virtual, não chega ao fim, já que o circuito que dele resulta está sempre nos levando de umas às outras. É apenas uma vertigem, uma oscilação.

Também em Renoir, desde *A pequena vendedora de fósforos* [*La Petite marchande d'allumettes*, 1928], em que a árvore de Natal aparece enfeitada de cristais, os autômatos e os seres vivos, os objetos e os reflexos entram em um circuito de coexistência e de troca que constitui uma "teatralidade em estado puro". E é em *A carruagem de ouro* [*Le Carrosse d'or*, 1952] que tal coexistência e troca serão levadas ao ponto mais alto, com os dois lados da câmera ou da imagem, a imagem atual e a virtual. Mas o que dizer quando a imagem deixa de ser plana ou bifacial, e a profundidade de campo lhe acrescenta um terceiro lado? É a profundidade de campo, em *A regra do jogo* [*La Règle du jeu*, Jean Renoir, 1939], por exemplo, que proporciona um encaixe de quadros, uma cascata de espelhos, um sistema de rimas entre patrões e empregados, seres vivos e autômatos, teatro e realidade, atual e virtual. É a profundidade de campo que substitui o plano pela cena. Por isso mesmo, relutaremos muito em lhe atribuir o papel que Bazin queria lhe dar, de pura função de realidade. A profundidade tem, antes, a função de constituir a imagem enquanto cristal, e de absorver o real que assim passa a virtual, a atual.[26] Há, porém, uma grande diferença entre os cristais de Renoir e os de Ophüls. Em Renoir o cristal nunca é puro e perfeito, ele tem uma falha, um ponto de fuga, um defeito. É sempre rachado. E é isso o que a profundidade de campo manifesta: dentro do cristal não há simplesmente uma ronda enrolando-se, mas alguma coisa vai fugir para o fundo, em profundidade, pelo terceiro lado, ou a terceira dimensão, pela rachadura. Isso já acontecia no espelho da imagem plana, como em *A carruagem de ouro*, mas era menos visível, *[114]* ao passo que a profundidade torna evidente que o cristal está ali para que alguma coisa fuja dele, para o fundo, pelo fundo. *A regra do jogo* faz coexistir a imagem atual dos homens e a imagem virtual dos animais, a imagem atual dos seres vivos e a virtual dos autômatos, a imagem atual das personagens e a virtual de seus papéis durante a festa, a imagem atual dos patrões e a virtual deles nos empregados,

[26] Bazin marcou bem essa substituição do plano, pela cena efetuada graças à profundidade de campo: *Jean Renoir*, Paris, Champ Libre, 1971, pp. 80-4, e *Qu'est-ce que le cinéma?*, Paris, Cerf, 1976, pp. 74-6 [ed. bras.: *O que é o cinema?*, tradução de Eloisa Araújo Ribeiro, São Paulo, Cosac Naify, 2015]. Só que, para ele, a profundidade de campo tem uma função de realidade, mesmo e, sobretudo, quando acentua a ambiguidade do real. Pensamos, porém, que há muitas funções diferentes da profundidade, conforme os cineastas ou até mesmo os filmes. Michaël Romm lhe atribuía uma função de teatralidade (Pierre Lherminier, *L'Art du cinéma*, Paris, Seghers, 1960, pp. 227-9). E frequentemente é o que vemos em Renoir, mesmo que a função mude ou evolua no correr do plano-sequência.

a imagem atual dos empregados e a virtual deles nos patrões. Tudo são imagens especulares, escalonadas em profundidade. Mas a profundidade de campo sempre deixa no circuito um fundo por onde alguma coisa pode fugir: a rachadura. E curioso que várias respostas tenham sido dadas à questão: quem não joga a regra do jogo?, e que Truffaut, por exemplo, diga que é o aviador. No entanto o aviador permanece encerrado no cristal, prisioneiro de seu papel, e se esquiva quando a mulher lhe propõe fugir com ela. Como observou Bamberger, a única personagem que está fora do jogo, proibida de entrar no castelo e, no entanto, pertencendo a ele, nem dentro, nem fora, mas sempre no fundo, é o couteiro, único a não ter duplo ou reflexo. Invadindo o castelo, apesar do interdito, perseguindo o criado caçador furtivo, assassinando, por engano, o aviador, é ele quem quebra o circuito, quem estilhaça o cristal rachado e faz escapar o seu conteúdo, a tiros de fuzil.

A regra do jogo é um dos mais belos filmes de Renoir, mas não nos dá a chave dos outros. Pois é pessimista e procede por violência. É violenta, em primeiro lugar, a ideia completa de Renoir. Essa ideia completa é a de que o cristal ou a cena não se contentam em pôr em circuito a imagem atual e a virtual, em absorver o real em um teatro generalizado. Sem necessidade de violência, e apenas pelo desenvolvimento de uma experimentação, algo sairá do cristal, um novo Real dele sairá para além do atual e do virtual. Tudo se passa como se o circuito servisse para pessoas ensaiarem papéis, como se ensaiassem papéis até encontrarem o certo, com o qual fogem para entrar em uma realidade decantada. Em suma, o circuito, a ronda não são fechados, pois são seletivos, e cada vez fazem sair um ganhador. Já houve quem criticasse Renoir por seu gosto pela *bricolagem* e pela improvisação, tanto na direção de filme, quanto na de atores. Mas isso, na verdade, é uma virtude criativa, ligada à substituição do plano pela cena. No entender de Renoir o teatro é *[115]* inseparável, tanto para as personagens como para os atores, dessa empresa que consiste em experimentar e selecionar papéis, até encontrar aquele que vai além do teatro para entrar na vida.[27] Em seus momentos pessimistas, Re-

[27] Sobre a "aparente desenvoltura" de Renoir, cf. André Bazin, *Jean Re-*

noir duvida que possa haver ganhador: então só há os tiros do guarda que explodem o cristal, como em *A regra do jogo*, ou a revessa do rio inflado pela tempestade e alfinetado pela chuva, em *Um dia no campo* [*Une partie de campagne*, 1946]. Mas, conforme seu temperamento, Renoir aposta em um ganho: algo se forma no interior do cristal, que conseguirá sair pela rachadura e se desabrochar livremente. Já era o caso de Boudu,* que reencontra o correr da água, ao sair do teatro íntimo e fechado do livreiro onde experimentou muitos papéis. Será o caso de Harriet no notável filme *O rio sagrado* [*Le Fleuve*, 1951], quando as crianças abrigadas em uma espécie de cristal ou de quiosque hindu, experimentam papéis, alguns se tornando trágicos como quando o irmão caçula morre tragicamente, mas graças aos quais a menina faz sua aprendizagem, até achar a poderosa vontade de vida, que se confunde com o rio e o alcança no exterior. Filme estranhamente próximo a Lawrence. Para Renoir, o teatro vem primeiro, mas isso porque a vida deve sair dele. O teatro só vale como busca de uma arte de viver, é o que aprende o casal desarmônico de *O pequeno teatro de Jean Renoir* [*Le Petit théâtre de Jean Renoir*, 1969]. "Onde pois acaba o teatro, onde começa a vida?", é a questão sempre formulada por Renoir. Nascemos dentro de um cristal, mas o cristal só retém a morte, e a vida deve sair dele, depois de ser experimentada. Já adulto, o professor de *O almoço sobre a relva* [*Le Déjeuner*

noir, pp. 69-71. É que muitas vezes, em Renoir, o ator desempenha o papel de uma personagem desempenhando um papel: assim Boudu experimenta papéis sucessivos na casa do livreiro, e, em *A regra do jogo*, a caçador furtivo tenta o papel de empregado, como o marquês, todos os aspectos do papel de marquês. Rohmer falará, nesse sentido, de uma espécie de excesso (*outrance*) em Renoir, e marca a função seletiva que este implica: "Tal excesso tem tréguas, como se o ator, cansado de fingir, retomasse fôlego, não se tornando novamente ele mesmo (o comediante), mas se identificando com a personagem. De modo que a credibilidade é reforçada: a personagem, interpretando seu papel, volta a ser, quando não interpreta, a personagem, enquanto o ator, interpretando a personagem, volta a ser apenas o ator" (*Le Goût de la beauté*, Paris, Cahiers du Cinéma/Éditions de l'Étoile, 1984, p. 208).

* Personagem do filme de Jean Renoir, *Boudu, salvo das águas* [*Boudu sauvé des eaux*, 1932]. (N. da T.)

sur l'herbe, 1959] conhecerá tal aventura. A dança desenfreada no final de *French cancan* [1955] não é uma ronda, um refluxo da vida para dentro do circuito, no palco de teatro, como em Ophüls, mas, ao contrário, um galope, uma maneira *[116]* pela qual o teatro se abre para a vida, se derrama na vida, arrastando Nina para uma correnteza agitada. No final de *A carruagem de ouro* três personagens terão encontrado seu papel vivo, enquanto Camilla permanecerá no cristal, mas para nele experimentar outros papéis, um dos quais lhe fará descobrir, talvez, a verdadeira Camilla.[28]

Por isso, ao mesmo tempo que compartilha plenamente o gosto que toda a escola francesa tem pela água, Renoir faz dela um uso tão especial. Há, segundo ele, dois estados da água, a água gelada da vidraça, do espelho plano ou do cristal profundo, e a água viva e corrente (ou então o vento, que tem o mesmo papel em *O almoço sobre a relva*). Isso é muito mais Maupassant que naturalismo — Maupassant, que muitas vezes vê as coisas através de uma vidraça, antes de seguir-lhes o curso por um rio. Em *Um dia no campo* é pela janela que os dois homens observam a família chegando, cada um deles desempenhando seu papel, um de cínico e o outro de sentimental escrupuloso. Mas, quando a ação se desenvolve no rio, o perigo de vida faz cair as máscaras e mostra no cínico um bom rapaz, enquanto o sentimental aparece como sedutor sem escrúpulos.

O que se vê através da vidraça ou no cristal é o tempo, em seu duplo movimento de fazer passar os presentes, de substituir um pelo outro rumo ao futuro, mas também de conservar todo o passado, de fazê-lo cair em uma obscura profundidade. Esse desdobramento, essa diferenciação não ia até o fim em Ophüls, porque o tempo se enrolava, e porque seus dois aspectos se relançavam no circuito, cujos polos eles recarregavam bloqueando o futuro. Agora, ao contrário, o desdobramento pode ir até o fim, mas, precisamente, com a condição de que uma das duas tendências saia do cristal, pelo ponto de fuga. Da indiscernibilidade do atual e do

[28] Cf. François Truffaut, em Bazin, pp. 260-2. É em *A carruagem de ouro* que ouvimos a pergunta de Renoir: "Onde pois acaba o teatro, onde começa a vida?".

virtual uma nova distinção deve sair, como uma nova realidade que antes não existia. Tudo o que é passado recai no cristal e nele fica: é o conjunto dos papéis gelados, imobilizados, já prontos, conformes demais, que as personagens sucessivamente experimentaram, papéis mortos ou da morte, a dança macabra das lembranças, de que fala Bergson, como no castelo de *A regra do jogo* ou na fortaleza de *A grande ilusão [117]* [*La Grande illusion*, Jean Renoir, 1937]. Alguns desses papéis podem ser heroicos, como os dois oficiais inimigos dando continuidade a ritos já ultrapassados, ou encantadores, como a prova do primeiro amor: isso não os exime de estar condenados, pois já fadados à lembrança. E, entretanto, a experimentação de papéis é indispensável. É indispensável para que a outra tendência, a dos presentes que passam e se substituem, saia do palco e se lance em direção do futuro, crie esse futuro como vida jorrando. Os dois fugitivos serão salvos pelo sacrifício do outro. Harriet será salva porque saberá renunciar ao papel de seu primeiro amor. Salvo das águas, Boudu também será salvo pelas águas, abandonando os papéis sucessivos que os sonhos demasiado íntimos do livreiro e de sua mulher lhe confiavam. Sai-se do teatro para se alcançar a vida, mas sai-se insensivelmente, com o passar da água corrente, ou seja, do tempo. É saindo dele que o tempo se proporciona um futuro. Daí a importância da questão: onde começa a vida? O tempo no cristal diferenciou-se em dois movimentos, mas é um dos dois que se encarrega do futuro e da liberdade, com a condição de sair do cristal. Então o real será criado, ao mesmo tempo que escapa ao eterno ricochete do atual e do virtual, do presente e do passado. Quando Sartre criticava Welles (e *Cidadão Kane*) por ter reconstituído o tempo com base no passado, em vez de compreendê-lo em função de uma dimensão de futuro, talvez não tivesse consciência de que o cineasta mais perto de seu gosto fosse Renoir. Era Renoir que tinha forte consciência da identidade da liberdade com um futuro, coletivo ou individual, com um impulso rumo ao futuro, uma abertura de futuro. É até mesmo esta a consciência política de Renoir, a maneira como concebe a Revolução Francesa ou a Frente Popular.

Talvez haja ainda um terceiro estado: o cristal tomado em sua formação e crescimento, referido aos "germes" que o compõem.

Com efeito, nunca há cristal acabado; todo cristal é, em direito, infinito, está se fazendo, e se faz com um germe que incorpora o meio e o força a cristalizar. A questão não está mais em saber o que sai do cristal e como, mas, ao contrário, em como entrar nele. É que cada entrada é um germe cristalino, um elemento componente. Reconhecemos o método que será cada vez mais o de Fellini. Ele começou fazendo filmes de andanças, que afrouxavam os *[118]* liames sensório-motores e faziam surgir imagens ópticas e sonoras puras, fotonovela, fotoinvestigação, *music-hall*, festas... Porém, o que ainda se fazia era fugir, partir, ir embora. E cada vez mais o que se fará será entrar em um novo elemento, multiplicar as entradas. Há entradas geográficas, psíquicas, históricas, arqueológicas etc.: todas as entradas em Roma, ou no mundo dos palhaços. Às vezes uma entrada é explicitamente dupla; assim, a passagem do Rubicão, em *Roma* de Fellini [1972] é uma evocação histórica, mas cômica, por intermédio de uma lembrança de escola. Em *Oito e meio*, por exemplo, podemos fazer o inventário dessas entradas enquanto vários tipos de imagens: lembrança de infância, pesadelo, distração, devaneio, fantasia, já-vivido.[29] Daí a apresentação em forma de alvéolos, as imagens emparedadas, os compartimentos, nichos, camarotes e janelas que marcam *Satyricon* [1969], *Julieta dos espíritos* [*Giulietta degli spiriti*, 1965], *Cidade das mulheres*. Duas coisas se passam a um só tempo. Por um lado, as imagens puramente ópticas e sonoras cristalizam: atraem seu conteúdo, fazem-no cristalizar-se, o compõem com uma imagem atual e sua imagem virtual, com sua imagem especular. São outros tantos germes ou entradas: em Fellini, os números, as atrações substituíram a cena e destituíram a profundidade de campo. Mas, por outro lado, entrando em coalescência, elas constituem um único e mesmo cristal em via de crescimento infinito. O cristal inteiro não é mais que o conjunto ordenado de seus germes ou a transversal de todas as suas entradas.

[29] Isso não vale apenas para Fellini. Ollier fez um arrolamento completo dos tipos de imagens em *O ano passado em Marienbad*: imagem-lembrança, desejo, pseudolembrança, fantasia, hipótese, raciocínio... ("Ce soir à Marienbad", *La Nouvelle Revue Française*, out.-nov. 1961).

Fellini compreendeu plenamente o princípio econômico segundo o qual só a entrada é paga. Não há unidade de Roma, só a do espetáculo que reúne todas as suas entradas. O espetáculo se torna universal, e não para de crescer, precisamente porque não tem outro objeto além das entradas no espetáculo, que, nesse sentido, são outros tantos germes. Amengual definiu muito bem essa originalidade do espetáculo em Fellini, sem distinção de quem olha e de quem é olhado, sem espectadores, sem saída, sem bastidores nem palco: menos um teatro que uma espécie de gigantesco Luna-Park, no qual o movimento, que se tornou movimento do mundo, nos faz passar de uma vitrine a outra, *[119]* de uma entrada a outra, atravessando os compartimentos.[30] Assim compreendemos a diferença entre Fellini e Renoir ou Ophüls: o cristal de Fellini não comporta rachadura alguma pela qual se poderia ou deveria sair para alcançar a vida; mas tampouco tem a perfeição de um cristal prévio e talhado, que reteria a vida para congelá-la. É um cristal sempre em formação, em expansão, que faz cristalizar tudo o que toca, e ao qual seus germes dão um poder de crescimento indefinido. Ele é a vida enquanto espetáculo, e, no entanto, em sua espontaneidade.

Significa dizer que todas as entradas equivalem? Sim, sem dúvida, enquanto germes. Claro, os germes mantêm a distinção que havia entre os tipos de imagem ópticas e sonoras que eles fazem cristalizar, percepções, lembranças, sonhos, fantasias... Mas essas

[30] Barthélemy Amengual dedicou dois artigos à ideia de espetáculo e sua evolução no cinema de Fellini: *Federico Fellini*, col. Études Cinématographiques, I, vol. 15, nº 28-29, Paris, Minard, 1963, e II, vol. 44, nº 127-130, Paris, Minard, 1981. Ele mostra como, nos primeiros filmes, ainda se cogita partir e encontrar uma saída; mas, desde *Noites de Cabíria* [*Le notti di Cabiria*, 1957], se retorna; e depois não se pensa mais em sair (I, pp. 15-6) Amengual analisa a forma alveolar e emparedada do gigantesco Luna-Park ou da "exposição universal" que Fellini constrói a cada filme (II, pp. 89-93). Ele o opõe, com razão, a Renoir, mas em termos severos para Renoir (I, p. 26). Não vemos, no entanto, em que o tema "teatro-vida", em Renoir, seria menos profundo que a concepção felliniana do espetáculo, com a condição, evidentemente, de repormos cada um desses pensamentos em seu contexto cinematográfico: fora desse contexto, eles nada são.

distinções tornam-se indiscerníveis, pois há homogeneidade do germe e do cristal, este, inteiro, não passando de um germe mais vasto em crescimento. Só que, na medida em que o cristal é um conjunto ordenado, outras diferenças se introduzem: certos germes malogram e outros têm êxito, certas entradas se abrem, outras se fecham, como os afrescos de Roma que desaparecem ao olhar e se tornam opacos. Nada podemos dizer de antemão, ainda que tenhamos pressentimentos. Resta que uma seleção se faz (embora de modo bem diferente de Renoir). Consideremos as entradas ou os germes sucessivos em uma das obras-primas de Fellini, *Os palhaços* [*I Clowns*, 1970]: a primeira, como frequentemente em Fellini, é a lembrança de infância; mas ela vai se cristalizar com impressões de pesadelo e miséria (o palhaço débil). A segunda entrada é a investigação histórica e sociológica, com entrevistas de palhaços: os palhaços e os lugares filmados entram em ressonância com a equipe filmando, e formam mais um impasse. A terceira, a pior, é antes *[120]* arqueológica, nos arquivos da televisão. Pelo menos ela nos persuade, no ponto em que estamos da ordenação, de que o imaginário vale mais que o arquivo (apenas o imaginário pode desenvolver o germe). Então, a quarta entrada é cinésica: mas não é uma imagem-movimento que representaria um espetáculo de circo, é uma imagem especular representando um movimento de mundo, um movimento despersonalizado, e reflete a morte do circo na morte do palhaço. É a percepção alucinatória da morte do palhaço, o galope fúnebre ("mais depressa, mais depressa") no qual o coche mortuário se transforma em garrafa de champanhe de onde o palhaço jorra. E esta quarta entrada por sua vez torna a se fechar, no vazio e no silêncio, como um fim de festa. Porém, um velho palhaço, abandonado na quarta entrada (estava sem fôlego, o movimento ia depressa demais), vai abrir uma quinta entrada, puramente sonora e musical: com seu clarim ele invoca o compadre desaparecido, e o outro clarim responde. Através da morte era como um "começo de mundo", um cristal sonoro, cada um dos dois clarins só e, no entanto, ambos especulares, ecoando...[31]

[31] Cf. a análise dos *Clowns* por Mireille Latil-Le Dantec, em *Federico Fellini II*, col. Études Cinématographiques.

A ordenação do cristal é bipolar, ou melhor, bifacial. Envolvendo o germe, ora lhe comunica uma aceleração, uma precipitação, às vezes um salto, uma fragmentação que vão constituir a face opaca do cristal; ora lhe confere uma limpidez que é como uma prova do eterno. Em uma das faces estaria escrito "Salvos!", na outra, "Perdidos!", em uma paisagem tão apocalíptica como o deserto de *Satyricon*.[32] Mas não podemos dizer de antemão; uma face opaca pode se tornar límpida por uma transformação insensível, e uma face límpida se revelar decepcionante e se escurecer, como a Claudia de *Oito e meio*. Estará tudo salvo, como sugere a ronda final de *Oito e meio*, que arrasta todos os germes em torno da criança branca? Estará tudo perdido, como nos sobressaltos mecânicos e nas fragmentações mortuárias que levam à mulher-autômato de *Casanova de Fellini* [*Il Casanova di Federico Fellini*, 1976]? Nunca é inteiramente uma coisa ou inteiramente a outra, e a face opaca do cristal, por exemplo, a barca da morte no mar de *[121]* plástico de *Amarcord*, indica também a outra face que se destaca e não morre, enquanto a face límpida, como o foguete do futuro em *Oito e meio*, espera que os germes saiam do alvéolo ou de suas precipitações mortuárias para levá-los. De fato, a seleção é tão complexa, e a imbricação tão cerrada, que Fellini criou uma palavra, algo como "procadência", para designar a um a só tempo o curso inexorável da decadência e a possibilidade de frescor ou de criação que necessariamente a acompanha (é nesse sentido que ele se diz plenamente "cúmplice" da decadência e da podridão).

O que vemos no cristal é sempre o jorro da vida, do tempo, em seu desdobramento ou diferenciação. Entretanto, por oposição a Renoir, não apenas nada mais sai do cristal, já que este não para de crescer, mas parece que os signos da seleção se inverteram. Em Fellini é o presente, a fila dos presentes que passam, que constitui a dança macabra. Eles correm, mas para a tumba, não para o futuro. Fellini é o autor que soube fazer as mais prodigiosas galerias

[32] Cf. as páginas de Henry Miller para um projeto de ópera com Varèse: *Le Cauchemar climatisé*, Paris, Gallimard, 1954, pp. 195-9 [ed. bras.: *Pesadelo refrigerado*, tradução de José Rubens Siqueira, São Paulo, Francis, 2006].

de monstros: um *travelling* os percorre, detendo-se diante desse ou daquele, mas é sempre no presente que eles são apreendidos, aves de rapina desconcertadas pela câmera, por um instante mergulhando nela. A salvação só pode estar do outro lado, do lado dos passados que se conservam: ali, um plano fixo isola uma personagem, tirando-a da fila, e lhe dá, nem que seja só por instante, uma chance em si mesma eterna, uma virtualidade que valerá para sempre, ainda que não se atualize. Não que Fellini tenha um gosto particular pela memória e pelas imagens-lembrança: não há, nele, um culto dos antigos presentes. E antes como em Péguy, quando a sucessão horizontal dos presentes que passam esboça uma corrida para a morte, enquanto a cada presente corresponde uma linha vertical que o une em profundidade com seu próprio passado, como ao passado dos outros presentes, constituindo entre todos eles uma única e mesma coexistência, uma única e mesma contemporaneidade, o "interno" ("*internel*")* mais que o eterno (*éternel*). Não é na imagem-lembrança, é na lembrança pura que permanecemos contemporâneos da criança que fomos, como o crente se sente contemporâneo de Cristo. A criança em nós, diz Fellini, é contemporânea do adulto, do velho e do adolescente. Assim, o passado *[122]* que se conserva assume todas as virtudes do começo e do recomeço: é ele que possui, em sua profundeza ou em seus flancos, o impulso da nova realidade, o jorro da vida. Uma das mais belas imagens de *Amarcord* mostra um grupo de escolares, o tímido, o engraçadinho, o sonhador, o bom aluno etc., que se encontram em frente do grande hotel ao término da temporada; e, enquanto os cristais de neve caem, cada um por si e, no entanto, todos juntos, eles esboçam ora um passo de dança desajeitado, ora uma imitação de instrumento de música, indo um em linha reta, outra traçando círculos, um terceiro girando sobre si mesmo... Há nessa imagem uma ciência da distância exatamente medida que separa uns dos outros, e, no entanto, uma ciência da ordenação que os reúne. Eles mergulharam em uma profundidade que já não

* "Interno" aqui e no fim deste parágrafo deve ser lido como correspondendo ao neologismo criado por Deleuze (*internel*, por oposição a *éternel*) e não como interno traduzindo "*interne*". (N. da T.)

é a da memória, mas a de uma coexistência na qual nos tornamos seus contemporâneos, assim como eles se tornam contemporâneos de todas as "temporadas" passadas e por vir. Os dois aspectos, o presente que passa e que vai para a morte, o passado que se conserva e retém o germe de vida, não param de interferir, de coincidir. Em *Oito e meio* é o pesadelo da fila de pacientes das termas, só que a fila é interrompida pela imagem em sonho da moça luminosa, da branca enfermeira que distribui os copinhos. Seja qual for a velocidade ou a lentidão, a fila, o *travelling* é uma cavalgada, uma cavalgata, um galope. Mas a salvação vem de um estribilho que pousa ou se enrola em torno de um rosto, e o extrai da fileira. *A estrada da vida* [*La strada*, Federico Fellini, 1954] já era a busca do momento em que o estribilho errante pousaria sobre o homem finalmente acalmado. E em quem pousará o estribilho, acalmando a angústia de *Oito e meio*, em Claudia, na esposa ou mesmo na amante, ou apenas na criança branca, o "interno" ("*internel*") ou o contemporâneo de todos os passados, que salva tudo o que pode ser salvo?

A imagem cristal não é menos sonora do que óptica, e Félix Guattari tinha razão em definir o cristal de tempo como sendo por excelência um "estribilho".[33] Ou, talvez, o estribilho melódico seja apenas um componente musical que *[123]* se opõe e se mistura a outro componente, este rítmico: o galope. O cavalo e o pássaro seriam duas grandes figuras, uma levando e precipitando a outra, mas a outra renascendo de si própria até a fratura final ou até a extinção (em muitas danças, um galope acelerado vem concluir as figuras redondas). O galope e o estribilho é o que se ouve no cristal, como as duas dimensões do tempo musical, sendo uma a precipitação dos presentes que passam, a outra a elevação ou a re-

[33] Félix Guattari desenvolve precisamente sua análise do "cristal de tempo" em função do estribilho ou da "pequena frase" segundo Proust: *L'Inconscient machinique*, pp. 239 ss. Veja-se também ao texto de Clément Rosset sobre o estribilho, e notadamente sobre o *Bolero* de Ravel: "Archives", *La Nouvelle Revue Française*, nº 373, fev. 1984. E, sobre o galope como esquema musical definido através de culturas bem diferentes, cf. François-Bernard Mâche, *Musique, mythe, nature*, Paris, Klincksieck, 1983, p. 26.

caída dos passados que se conservam. Ora, se formularmos o problema de qual é a especificidade da música de cinema, não nos parece que essa especificidade possa simplesmente se definir por uma dialética do sonoro e do óptico que entrariam em uma nova síntese (Eisenstein, Adorno). A música de cinema tende a salientar o estribilho e o galope como dois elementos puros e suficientes, enquanto muitos outros componentes necessariamente intervêm na música em geral, exceto em casos excepcionais como o bolero. É o que acontece já no *western*, onde a pequena frase melódica vem interromper os ritmos galopantes (*Matar ou morrer* [*High Noon*, 1952], de Zinnemann e Tiomkin); isso fica ainda mais evidente na comédia musical, onde o passo e o andar rítmicos, militares até mesmo nas garotas, se defrontam com a canção melódica. Mas os dois elementos também se misturam, como em *Trágico amanhecer*, de Carné e Jaubert, com os baixos e percussões dando o ritmo, enquanto o flautim lança a melodia. Em Grémillon, um dos diretores de cinema mais músico, o galope das farândolas remete à repetição dos estribilhos, os dois separados ou unidos (Roland-Manuel). São essas tendências que chegam a uma perfeita expressão quando a imagem cinematográfica se faz imagem-cristal. Em Ophüls, os dois elementos se confundem na identificação da ronda e do galope, enquanto em Renoir e em Fellini eles se distinguem, tomando um a força da vida, o outro a potência da morte. Mas, para Renoir, a força de vida está do lado dos presentes que se lançam rumo ao futuro, do lado do galope, seja o do *french cancan* ou da Marselhesa, enquanto o estribilho tem a melancolia do que já recai no passado. Para Fellini parece ser o contrário: o galope acompanha o mundo que corre para seu fim, o terremoto, a formidável entropia, *[124]* o carro mortuário; o estribilho, porém, eterniza um começo de mundo e o subtrai ao tempo que passa. A galopada dos Augustos e o estribilho dos palhaços brancos. Ainda assim as coisas nunca são tão simples, e há algo que é indesignável na distinção dos estribilhos e dos galopes. É o que torna extraordinária a aliança de Fellini e do músico Nino Rota. No final de *Ensaio de orquestra* [*Prova d'orchestra*, Federico Fellini, 1978] ouvimos primeiro o mais puro galope dos violinos, mas insensivelmente surge um estribilho que lhe sucede, até que os dois se insinuem um no outro cada vez mais intimamente, agarrando-se como lutadores, perdidos-salvos, perdidos-salvos... Os dois movimentos musicais tornam-se o objeto do filme, e o próprio tempo se torna sonoro.

O último estado a considerar seria o do cristal em decomposição. O exemplo é a obra de Visconti. Ela atingiu a perfeição quando Visconti soube a um só tempo distinguir e fazer atuar, segundo conexões variadas, quatro elementos fundamentais que o obcecavam. Em primeiro lugar, o mundo aristocrático dos ricos, dos antigos-ricos aristocratas: é ele que é cristalino, mas parece um cristal sintético, porque está fora da História e da Natureza, fora da criação divina. O padre de *O leopardo* [*Il Gattopardo*, Luchino Visconti, 1963] explicará: não compreendemos esses ricos, porque criaram um mundo só deles, do qual não podemos entender as leis, e onde o que nos parece secundário ou mesmo inoportuno assume uma urgência, uma importância extraordinária, por isso seus motivos sempre nos escapam como se fossem ritos de uma religião por nós desconhecida (é o caso do velho príncipe que retorna a sua casa de campo e encomenda um piquenique). Esse mundo não é o do artista-criador, embora *Morte em Veneza* [*Morte a Venezia*, Luchino Visconti, 1971] ponha em cena um músico, mas cuja obra fora intelectual e cerebral demais. Também não é um mundo de simples amantes da arte. São, antes, pessoas que se cercaram de arte, "sabem" profundamente que a arte é a um tempo obra e vida, mas é esse saber que os separa da vida e da criação, como o professor de *Violência e paixão* [*Gruppo di famiglia in un interno*, Luchino Visconti, 1974]. Invocam a liberdade, mas uma liberdade que gozam como se fosse um privilégio vazio que chegasse a eles de fora, dos antepassados de quem descendem e da arte de que se rodeiam. Luís II da Baviera quer "provar sua liberdade", enquanto o verdadeiro criador, Wagner, é de outra raça, na verdade muito *[125]* mais prosaica e menos abstrata. Luís II quer papéis e mais papéis, como os que ele arranca do ator exausto. O rei encomenda seus castelos desertos, como o príncipe seu piquenique, em um movimento que esvazia a arte e a vida de qualquer interioridade. O gênio de Visconti culmina nas grandes cenas ou "composições", frequentemente em vermelho e ouro, a ópera de

Sedução da carne [*Senso*, 1954], os salões de *O leopardo*, o castelo de Munique, em *Ludwig, o último rei da Baviera* [*Ludwig*, 1972], as salas do grande hotel de Veneza, o salão de Música de *O inocente* [*L'Innocente*, 1976]: imagens cristalinas de um mundo aristocrático. Em segundo lugar, porém, esses meios cristalinos são inseparáveis de um processo de decomposição que os solapa de dentro, e os torna sombrios, opacos: apodrecimento dos dentes de Luís II, podridão da família que invade o professor de *Violência e paixão*, abjeção do amor da condessa de *Sedução da carne*, abjeção dos amores de Luís II, e por toda parte o incesto, como na família da Baviera, no retorno de *Vagas estrelas da Ursa Maior*, na abominação de *Os deuses malditos* [*La caduta degli dei*, Luchino Visconti, 1969], por toda parte a sede de matar e de se matar, ou a necessidade do esquecimento e da morte, como diz o velho príncipe falando da Sicília como um todo. Não é somente que esses aristocratas estejam sendo arruinados; a ruína que se aproxima é apenas uma consequência. É que um passado desaparecido, mas que sobrevive no cristal artificial, espera por eles, os aspira, traga, retirando-lhes toda a força ao mesmo tempo que eles se embrenham nele. Como o famoso *travelling* do início de *Vagas estrelas da Ursa Maior*, que não é deslocamento no espaço, mas penetração em um tempo sem saída. As grandes composições de Visconti têm uma saturação que determina seu escurecimento. Tudo se turva, até a indiscernibilidade das duas mulheres em *O inocente*. Como em *Ludwig, o último rei da Baviera*, como em *Os deuses malditos*, o cristal não é separável de um processo de opacificação que agora faz triunfar as cores azuladas, roxas, e sepulcrais, as da lua como crepúsculo dos deuses ou último reino dos heróis (o movimento sol-lua tem, pois, um valor bem diferente do que possui no expressionismo alemão e, principalmente, na escola francesa).

O terceiro elemento de Visconti é a História. Pois, é claro, ela duplica a decomposição, a acelera ou mesmo explica: as guerras, a ascensão de novas potências, a emergência de novos-ricos, que não se propõem a devassar as leis secretas do velho mundo, mas a fazê-lo *[126]* desaparecer. A História, no entanto, não se confunde com a decomposição interna do cristal, é um fator autônomo que vale por si mesmo, e ao qual Visconti ora dedica imagens esplêndidas, ora confere uma presença ainda mais intensa por ser elíptica e estar no fora de campo. Em *Ludwig* se verá muito pouco de História, os horrores da guerra e a ascensão da Prússia só nos chegam indiretamente, talvez de modo ainda mais forte pelo fato de Luís II querer ignorar tudo isso: a História ruge à porta. Em *Sedução da carne*, ao contrário, ela está presente com o movimento italiano, a célebre batalha e a eliminação dos garibaldinos. Em *Os deuses malditos*, com a vitória de Hitler, a organização dos SS e o extermínio dos SA. Mas, presente ou no fora de campo, a História nunca é cenário. Ela é percebida de viés, em uma perspectiva rasante, sob um raio nascente ou poente, uma espécie de laser que vem cortar o cristal, desorganizando sua substância, apressar o seu escurecimento, dispersar suas faces, sob uma pressão ainda mais forte na medida em que é exterior, como a peste em Veneza, ou a chegada silenciosa dos SS ao amanhecer...

E depois há o quarto elemento, o mais importante em Visconti, porque garante a unidade e a circulação dos outros. É a ideia, ou melhor, a revelação de que *algo* chega tarde demais. Chegando a tempo, talvez pudesse evitar a decomposição natural e a desagregação histórica da imagem-cristal. Mas é a História, e a própria natureza, a estrutura do cristal, que fazem com que esse algo não possa chegar a tempo. Já em *Sedução da carne*, "tarde demais, tarde demais", urrava o amante abjeto, tarde demais devido à História que nos divide, mas também a nossa natureza, tão podre em você quanto em mim. O príncipe, em *O leopardo*, ouve o tarde-demais que se estende por sobre toda a Sicília: a ilha, cujo mar nunca é mostrado por Visconti, está tão mergulhada no passado de sua natureza e de sua história que nem mesmo o novo regime nada poderá fazer por ela. "Tarde demais" ritmará, sempre, as imagens de *Ludwig*, já que é seu destino. Esse algo que chega tarde demais é sempre a revelação sensível e sensual de uma unidade da Natureza e do Homem. Por isso não é uma simples carência, é o modo de ser dessa revelação grandiosa. O tarde-demais não é um acidente que se dá no tempo, é uma dimensão do próprio tempo. Como dimensão do tempo *[127]* é a que se opõe, através do cristal, à dimensão estática do passado tal como este sobrevive e pesa no interior do cristal. É uma claridade sublime que se opõe ao opaco, mas que se caracteriza por chegar tarde demais, dinamicamente. Como revelação sensível, o tarde-demais se refere à unidade da natureza e do homem, enquanto mundo ou meio. Mas, como revelação sensual, a unidade se faz pessoal. É a revelação perturbadora do músico, em *Morte em Veneza*, ao receber do garoto a visão daquilo que faltou à sua obra: a beleza sensual. É a insustentável revelação do professor de *Violência e paixão*, ao descobrir no rapaz um malandro, seu amante em natureza e seu filho em cultura. Já em *Obsessão*, primeiro filme de Visconti, a possibilidade de homossexualidade surgia como a chance de salvação, de sair de um passado sufocante, mas tarde demais. Não se vá acreditar, porém, que a homossexualidade seja a obsessão de Visconti. Dentre as mais belas cenas de *O leopardo* está aquela em que o velho príncipe, tendo aprovado o casamento por amor entre seu sobrinho e a filha do novo-rico, para salvar o que pode ser salvo, recebe durante uma dança a revelação da moça: seus olhares se entrelaçam, eles são um para o outro, um do outro, enquanto o próprio sobrinho é rejeitado ao fundo, fascinado e anulado pela grandeza do casal, mas é tarde demais tanto para o velho como para a moça.

Visconti não tem o controle dos quatro elementos desde o início de sua obra: muitas vezes eles se distinguem ainda mal, ou tomam o lugar um do outro. Mas Visconti procura, pressente. Foi muitas vezes observado que os pescadores de *A terra treme* manifestam uma lentidão, um hieratismo que atesta uma aristocracia natural, em oposição aos novos-ricos; e, se a tentativa dos pescadores malogra, não é apenas por causa dos marisqueiros, mas pelo peso de um passado arcaico que faz com que sua empresa já chegue tarde demais.[34] O próprio Rocco não é apenas um "santo", é um aristocrata por natureza, em sua família de camponeses pobres: mas é tarde demais para voltar ao vilarejo, porque a cidade já corrompeu tudo, porque tudo se tornou opaco e *[128]* a Histó-

[34] Philippe de Lara, *Cinématographe*, nº 30, set. 1977, p. 20: "Se *A terra treme* fosse um filme de personagens, a mais importante seria o tempo: seus ritmos, sua decupagem constituem a matéria do filme, é ele que, na diegese, é a causa maior do fracasso dos pescadores".

ria já fez mudar o vilarejo... Contudo, é com O *leopardo*, nos parece, que Visconti chega tanto ao pleno controle como à harmonia de seus quatro elementos. O tarde-demais lancinante torna-se tão intenso quanto o *nevermore* de Edgar A. Poe; ele explica igualmente em que direção Visconti teria traduzido Proust.[35] E não se pode reduzir a queixa de Visconti a seu aparente pessimismo aristocrático: a obra de arte será feita dessa queixa, como com as dores e os sofrimentos de que tiramos uma estátua. O tarde-demais condiciona a obra de arte, e condiciona seu êxito, já que a unidade sensível e sensual da Natureza com o homem é por excelência a essência da arte, na medida em que é sua propriedade ocorrer tarde demais no que diz respeito a tudo, exceto a uma coisa: o tempo reencontrado. Como dizia Jean de Baroncelli, em Visconti, o Belo se torna realmente uma dimensão, ele "tem o papel da quarta dimensão".[36]

[35] Podemos até listar os temas que ligam Visconti a Proust: o mundo cristalino dos aristocratas; sua decomposição interna; a História vista de viés (o caso Dreyfus, a guerra de 1914); o tarde-demais do tempo perdido, mas que também cria a unidade da arte ou o tempo reencontrado: as classes definidas como famílias de espírito, mais que como grupos sociais... Bruno Villien fez uma análise comparativa muito interessante dos projetos de Visconti e de Losey (roteiro de Harold Pinter) para filmar Proust: *Cinématographe*, nº 42, dez. 1978, pp. 25-9. No entanto, não podemos seguir essa análise, pois ela atribui a Losey-Pinter uma consciência do tempo que faltaria a Visconti, o qual apresentaria de Proust uma versão quase naturalista. Seria antes o contrário: Visconti é atavicamente um cineasta do tempo, enquanto o "naturalismo" característico de Losey o leva a subordinar o tempo a mundos originários e a suas pulsões (é o que tentamos mostrar antes). Esse é um ponto de vista que também existe em Proust.

[36] Jean de Baroncelli, *Le Monde*, 18/6/1963.

5
PONTAS DE PRESENTE E LENÇÓIS DE PASSADO (QUARTO COMENTÁRIO A BERGSON)
[129]

1

O cristal revela uma imagem-tempo direta, e não mais uma imagem indireta do tempo, que decorresse do movimento. Ele não abstrai o tempo, faz melhor, subverte sua subordinação relativamente ao movimento. O cristal é como um *ratio cognoscendi* do tempo, e o tempo, inversamente, é *ratio essendi*. O que o cristal revela ou faz ver é o fundamento oculto do tempo, ou seja, sua diferenciação em dois jorros, o dos presentes que passam e o dos passados que se conservam. De uma só vez o tempo faz passar o presente e conserva em si o passado. Há, portanto, duas imagens-tempo possíveis, uma fundada no passado, outra no presente. Ambas são complexas e valem para o conjunto do tempo.

Vimos que Bergson conferia status muito rigoroso à primeira. É o esquema do cone invertido. O passado não se confunde com a existência mental das imagens-lembrança que o atualizam em nós. É no tempo que ele se conserva: é o elemento virtual em que penetramos para procurar a "lembrança pura" que vai se atualizar em uma "imagem-lembrança". E esta não teria signo algum do passado, se não fosse no passado que tivéssemos ido procurar seu germe. É a mesma coisa com a percepção: assim como percebemos as coisas lá onde estão presentes, no espaço, nós nos lembramos delas lá onde passaram, no tempo, e tanto em um caso quanto no outro saímos de nós mesmos. A memória não está em nós, somos nós *[130]* que nos movemos em uma memória-Ser, em uma memória-mundo. Em suma, o passado aparece como a forma mais geral de um já-aí, de uma preexistência em geral, que nossas lembranças supõem, até mesmo a primeira, se uma houvesse, e que nossas percepções, até mesmo a primeira, utilizam. Desse ponto de vista, o próprio presente só existe como um passado infinitamente contraído que se constitui na ponta extrema do já-aí. O presente não passaria sem essa condição. Não passaria, se não fosse o grau mais contraído do passado. Com efeito, é digno de nota que o sucessivo não seja o passado, mas o presente que passa. O passado, ao contrário, se manifesta como a coexistência de círculos mais ou menos dilatados, mais ou menos contraídos, cada um deles contendo tudo ao mesmo tempo, e sendo o presente o limite extremo (o menor circuito que contém todo o passado). Entre o passado como preexistência em geral e o presente como passado infinitamente contraído há, pois, todos os círculos do passado que constituem outras tantas *regiões*, *jazidas*, *lençóis* estirados ou retraídos: cada região com suas características próprias, seus "tons", "aspectos", "singularidades", "pontos brilhantes", "dominantes". Conforme a natureza da lembrança que procuramos, devemos saltar para este ou aquele círculo. Claro, tais regiões (minha infância, minha adolescência, maturidade etc.) parecem se suceder. Mas elas só se sucedem do ponto de vista dos antigos presentes que marcaram o limite de cada uma. Inversamente, elas coexistem do ponto de vista do atual presente que cada vez representa o seu limite comum, ou o mais contraído dentre eles. O que Fellini diz é bergsoniano: "somos construídos como memória, somos *a um só tempo* a infância, a adolescência, a velhice e a maturidade". O que acontece quando procuramos uma lembrança? Precisamos nos instalar no passado em geral, depois temos de escolher entre as regiões: em qual delas acreditamos estar escondida a lembrança, encolhida, esperando por nós, se esquivando? (Será um amigo de infância ou de juventude, da escola ou do serviço militar...?) Precisamos saltar para uma região escolhida, ainda tendo a possibilidade de retornar ao presente para dar outro salto, se a lembrança procurada não nos responde e não vem se encarnar em uma imagem-lembrança. Tais são as características paradoxais de um tempo não cronológico: a preexistência de um passado em geral, a coexistência de todos *[131]* os lençóis de passado, a existência de um grau mais contraído.[1] É a concepção que será encontrada no primeiro grande filme de um cinema do tempo, *Cidadão Kane*, de Welles.

E, em Bergson, essa imagem-tempo se prolonga naturalmente em uma imagem-linguagem e em uma imagem-pensamento. O que o passado é para o tempo, o sentido é para a linguagem, e a ideia para o pensamento. O sentido como passado da linguagem é a forma de sua preexistência, aquilo em que nos instalamos já de início para compreender as imagens de frases, para distinguir as imagens de palavras e até de fonemas que ouvimos. Por isso ele se organiza em círculos coexistentes, lençóis ou regiões, entre os quais escolhemos conforme os signos auditivos atuais confusamente apreendidos. Do mesmo modo, instalamo-nos já de início na ideia, saltamos para este ou aquele de seus círculos a fim de formar as imagens que correspondem à investigação atual. Assim, os cronosignos não param de se prolongar em lektosignos, em noosignos.

Mas, conforme outra vertente, pode o presente valer, por sua vez, pelo conjunto do tempo? Talvez sim, se conseguirmos destacá-lo de sua própria atualidade, exatamente como distinguimos o passado da imagem-lembrança que o atualizava. Se o presente se distingue atualmente do futuro e do passado é porque é presença de alguma coisa, que deixa de ser presente ao ser substituída por *outra coisa*. É relativamente ao presente de outra coisa que o passado e o futuro se dizem passado e futuro de uma coisa. Passamos, portanto, ao longo de acontecimentos diferentes, conforme um tempo explícito ou uma forma de sucessão que faz com que coisas diversas ocupem uma após a outra o presente. O mesmo já não ocorre se nos instalamos no interior de um único e mesmo acontecimento, se nos embrenhamos no acontecimento que se prepara, acontece e se apaga, se substituímos a vista pragmática longitudinal por uma visão puramente óptica, vertical, ou antes, em profundidade. O acontecimento não se confunde mais com o espaço que lhe serve de lugar, nem com o atual presente que passa: "a ho-

[1] É o desenvolvimento dos temas do capítulo III de *Matière et mémoire* [*MM*], como os vimos antes (o segundo esquema do tempo, o cone), pp. 302-9 (181-90) [ed. bras.: *Matéria e memória*, tradução de Paulo Neves, São Paulo, Martins Fontes, 2011].

ra do acontecimento termina antes que termine o acontecimento, o acontecimento começará então em outra hora [...]; todo o acontecimento está, por assim dizer, no tempo em que nada se passa", e é no *[132]* tempo vazio que antecipamos a lembrança, desagregamos o que é atual e situamos a lembrança uma vez formada.[2] Desta vez não há mais futuro, presente e passado sucessivos, segundo a passagem explícita dos presentes que discernimos. Na bela fórmula de Santo Agostinho, há *um presente do futuro, um presente do presente, um presente do passado*, todos eles implicados e enrolados no acontecimento, portanto, simultâneos, inexplicáveis. Do afeto ao tempo: descobrimos um tempo interior ao acontecimento, que é feito da simultaneidade dos três presentes implicados, dessas *pontas de presente* desatualizadas. É a possibilidade de tratar o mundo, a vida, ou simplesmente uma vida, um episódio, como um único e mesmo acontecimento, que funda a implicação dos presentes. Um acidente vai acontecer, acontece, aconteceu; mas também é ao mesmo tempo que ele vai ocorrer, já ocor-

[2] Nesse belo texto de Bernhard Groethuysen ("De quelques aspects du temps", *Recherches Philosophiques*, vol. V, 1935-1936) ecoam temas de Charles Péguy e Henry Bergson. Em *Clio* (Paris, Gallimard, p. 230), Péguy distinguia história e memória: "A história é essencialmente longitudinal, a memória essencialmente vertical. A história consiste essencialmente em passar ao longo do acontecimento. A memória consiste, essencialmente, estando dentro do acontecimento, mais que tudo, em não sair dele, em permanecer nele, e remontá-lo por dentro". Bergson propusera um esquema, que poderíamos chamar de seu quarto esquema do tempo, para distinguir a visão espacial que passa ao longo do acontecimento, e a visão temporal que se entranha no acontecimento. Cf. *MM*, p. 285 (159):

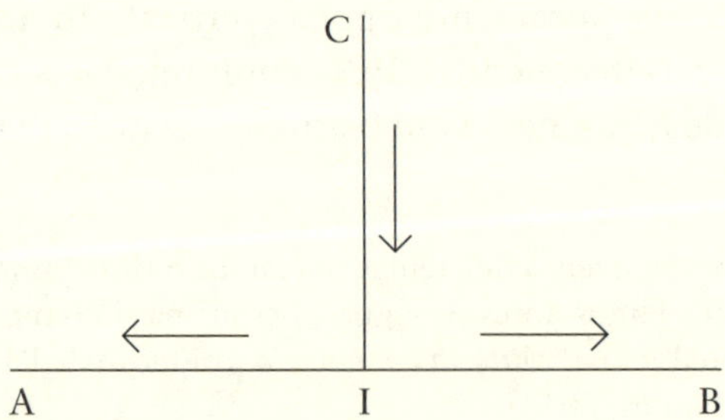

reu, está ocorrendo; de modo que, devendo ocorrer, ele não ocorreu, e, ocorrendo, não ocorrerá... etc. É o paradoxo da camundonga Josefina, em Kafka: ela canta, cantou, cantará, ou então nada disso, embora tudo isso produza diferenças inexplicáveis no presente coletivo dos camundongos?[3] É ao mesmo tempo que alguém não tem mais a chave (quer dizer que a tinha), ainda a tem (não a havia perdido) e a encontra (quer dizer, ele a terá e não a tinha). Duas pessoas se conhecem, mas já se conheciam e não se conhecem ainda. A traição se dá, nunca se deu e, no entanto, se deu e se dará, ora um traindo o outro, ora o outro o primeiro, tudo de uma vez. Encontramo-nos aqui em uma imagem-tempo direta de outra natureza que a precedente: não mais a coexistência dos lençóis de passado, mas a *[133]* simultaneidade das pontas de presente. Temos, portanto, duas espécies de cronosignos: os primeiros são *aspectos* (regiões, jazida), os segundos são *acentos* (pontas de vista).

Encontramos essa segunda espécie de imagem-tempo em Robbe-Grillet, em uma espécie de agostinismo. Nele nunca temos uma sucessão de presentes que passam, mas a simultaneidade de um presente de passado, de um presente de presente, de um presente de futuro, que tornam o tempo terrível, inexplicável. O encontro de *O ano passado em Marienbad*, o acidente de *L'Immortelle* [Alain Robbe-Grillet, 1963], a chave de *Trans-Europ Express* [Alain Robbe-Grillet, 1966], a traição de *O homem que mente* [*L'Homme qui ment*, 1968]: os três presentes implicados sempre se retratam, se desmentem, se apagam, se substituem, se recriam, bifurcam e retornam. É uma poderosa imagem-tempo, mas não vamos supor que ela suprima a narração. Entretanto, o que é bem mais importante, ela confere à narração um novo valor, já que a abstrai de qualquer ação sucessiva, na medida em que substitui por uma verdadeira imagem-tempo a imagem-movimento. Então a narração vai consistir em distribuir os diferentes presentes às di-

[3] Franz Kafka, *Un champion de jeûne*, em *Oeuvres complètes*, vol. IV, *Récits I*, Paris, Cercle du Livre Précieux, 1964 [ed. bras.: *Um artista da fome/A construção*, tradução de Modesto Carone, São Paulo, Companhia das Letras, 1998].

versas personagens, de modo que cada uma forme uma combinação plausível, possível em si mesma, mas que todas em conjunto sejam "incompossíveis", e que o inexplicável seja por isso mesmo mantido, suscitado. Em *O ano passado em Marienbad*, foi X que conheceu A (portanto A não se lembra ou mente), e é A quem não conhece X (portanto X se engana ou a engana). Finalmente, as três personagens correspondem aos três presentes diferentes, mas de maneira a "complicar" o inexplicável em vez de esclarecê-lo, de maneira a fazê-lo existir em vez de suprimi-lo: o que X vive em um presente de passado, A vive em um presente de futuro, de modo que a diferença segrega ou supõe um presente de presente (o terceiro, o marido), todos implicados uns nos outros. A repetição distribui suas variações pelos três presentes. Em *O homem que mente*, as duas personagens não são simplesmente a mesma: a diferença delas só se coloca tornando a traição inexplicável, já que é atribuída, diferente mas simultaneamente, a cada uma delas como idêntica à outra. Em *O jogo com o fogo* [*Le Jeu avec le feu*, Alain Robbe-Grillet, 1975] é preciso que o sequestro da moça seja o meio de conjurá-lo, mas também que o meio de conjurá-lo seja o próprio sequestro, de modo que ela nunca foi sequestrada no momento em que ela é e será sequestrada, *[134]* e ela própria se sequestra no momento em que não foi sequestrada. Entretanto, esse novo modo de narração continua sendo humano, embora constitua uma alta forma de *nonsense*. Ele ainda não nos diz o essencial. O essencial aparece, isto sim, se consideramos um acontecimento terrestre que supostamente se transmitisse a planetas diferentes, com um deles recebendo-o ao mesmo tempo (à velocidade da luz), mas o outro, mais rápido, e outro ainda, menos depressa, portanto antes de ele se dar e depois. Um ainda não o teria recebido, o outro já o teria, o terceiro o receberia, sob três presentes simultâneos implicados no mesmo universo. Seria um tempo sideral, um sistema de relatividade, no qual as personagens seriam menos humanas do que planetárias, e os acentos menos subjetivos que astronômicos, em uma pluralidade de mundos a constituir o universo.[4] Uma cosmologia pluralista, na qual não há somente

[4] Daniel Rocher confrontou *Marienbad* e o lance de dados de Mallar-

mundos diversos (como em Minnelli), mas sim um único e mesmo acontecimento que se dá nesses diferentes mundos, em versões incompatíveis.

Submeter a imagem a uma potência de repetição-variação foi já a contribuição de Buñuel, em uma maneira de liberar o tempo, de subverter sua subordinação ao movimento. Só que, na maior parte da obra de Buñuel, vimos que o tempo continuava a ser um tempo cíclico, onde ora o esquecimento *Susana, mulher diabólica* [*Susana*, 1951], ora a repetição exata *O anjo exterminador* [*El ángel exterminador*, 1962] marcavam o fim de um ciclo e o possível início de outro, em um cosmos ainda único. Talvez a influência se tenha invertido no último período de Buñuel, quando ele adapta a seus próprios fins uma inspiração que lhe veio de Robbe-Grillet. Já se observou que o regime do sonho ou da fantasia mudou neste último período.[5] Mas trata-se menos de um estado imaginário que de um aprofundamento do problema do tempo. Em *A bela da tarde* [*Belle du jour*, Luis Buñuel, 1967] a paralisia final do marido ocorre e não ocorre (ele se levanta de repente para falar de férias com sua mulher); *O discreto charme da burguesia* [*Le Charme discret de la bourgeoisie*, Luis Buñuel, 1972] mostra menos um ciclo de refeições malogradas do que as diversas versões da mesma refeição sob modos e em *[135]* mundos irredutíveis. Em *O fantasma da liberdade* [*Le Fantôme de la liberté*, Luis Buñuel, 1974], os cartões-postais são realmente pornográficos, embora representem apenas monumentos desprovidos de qualquer ambiguidade; e a menina está perdida, embora não tenha deixado de estar ali e vá ser reencontrada. E em *Esse obscuro objeto do desejo* [*Cet obscur objet du désir*, 1977] surge uma das mais belas invenções de Buñuel: em vez de fazer uma mesma personagem desempenhar diferentes papéis, pôr duas personagens, e duas atrizes, para uma mesma pessoa. Dir-se-ia que a cosmologia naturalista de Buñuel,

mé, "número êxito estelar", "cálculo total em formação": *Alain Resnais et Robbe-Grillet*, col. Études Cinématographiques, vol. 38, nº 100-103, Paris, Minard, 1974.

[5] Cf. Jean-Claude Bonnet, "L'Innocence du rêve", *Cinématographe*, nº 92, set. 1983, p. 16.

fundada no ciclo e na sucessão dos ciclos, dá lugar a uma pluralidade de mundos simultâneos, a uma simultaneidade de presentes em diferentes mundos. Não são pontos de vista subjetivos (imaginários) em um mesmo mundo, mas um mesmo acontecimento em mundos objetivos diferentes, todos implicados no acontecimento, universo inexplicável. Buñuel alcança então uma imagem-tempo direta, que, anteriormente, seu ponto de vista naturalista e cíclico lhe vedava.

Ainda mais instrutivo é o confronto de Robbe-Grillet e Resnais em *O ano passado em Marienbad*. O que parece extraordinário nessa colaboração é que dois diretores (já que Robbe-Grillet não foi um simples roteirista) tenham produzido uma obra tão consistente, embora a concebendo de maneira tão diferente, quase oposta. Talvez revelem com isso a verdade de toda verdadeira colaboração, quando a obra não é apenas vista, mas fabricada segundo processos de criação completamente diferentes, que se unem em um êxito renovável, mas sempre único. Esse confronto de Resnais e Robbe-Grillet é complexo, turvado pelos seus protestos da maior amizade, e pode ser avaliado em três níveis diversos. Em primeiro lugar há um nível de cinema "moderno", marcado pela crise da imagem-ação. *O ano passado...* foi, aliás, um momento importante dessa crise: a falência dos esquemas sensório-motores, a andança das personagens, a ascensão dos clichês e dos cartões-postais nunca deixaram de inspirar a obra de Robbe-Grillet. E, nele, as correias que atam a mulher cativa não têm apenas valor erótico e sádico, são a maneira mais simples de deter o movimento.[6] Mas também em Resnais *[136]* as andanças, as imobilizações, as petrificações, as repetições indicam, constantemente, uma dissolução geral da imagem-ação. O segundo nível seria o do real e do imaginário: já se notou que, para Resnais, há sempre algo real

[6] "As personagens sádicas em meus romances têm de particular o seguinte: tentam imobilizar algo que se mexe"; em *Trans-Europ Express*, a jovem não para de se deslocar em todos os sentidos: "Ele está ali, olhe, e tenho a impressão de sentir nascer nele o desejo de parar aquilo". É, pois, a transformação de uma situação motora em situação óptica pura. Citado por André Gardies, *Alain Robbe-Grillet*, Paris, Seghers, 1972, p. 74.

que subsiste, e especialmente coordenadas espaçotemporais que mantêm sua realidade, ainda que a preço de entrar em conflito com o imaginário. É assim que Resnais sustenta que algo efetivamente aconteceu no "ano passado..." e, em seus filmes posteriores, estabelece uma topografia e uma cronologia ainda mais rigorosa porque tudo o que neles se passa é imaginário ou mental.[7] Enquanto, em Robbe-Grillet, tudo se passa "na cabeça" das personagens, ou melhor, do próprio espectador. No entanto, essa diferença indicada por Robbe-Grillet convence muito pouco. Nada se passa na cabeça do espectador que não provenha do caráter da imagem. Vimos que, na imagem, a distinção é sempre feita entre o real e o imaginário, o objetivo e o subjetivo, o físico e o mental, o atual e o virtual, mas que essa distinção se torna reversível, e, nesse sentido, indiscernível. *Distintos, porém indiscerníveis*, tais são o imaginário e o real em ambos os atores. De modo que a diferença entre os dois só pode aparecer de outra maneira. Ela se apresentaria antes como define Mireille Latil: os grandes contínuos de real e de imaginário em Resnais, em contraposição aos blocos descontínuos ou aos "choques" de Robbe-Grillet. Mas esse novo critério não parece capaz de se desenvolver em nível do par imaginário-real — ele necessariamente requer um terceiro nível, que é o tempo.[8]

Robbe-Grillet sugere que sua diferença com *[137]* Resnais deve ser finalmente procurada no plano do tempo. A dissolução da imagem-ação, e a indiscernibilidade que se segue, se fariam ora em prol de uma "arquitetura do tempo" (seria o caso de Resnais),

[7] Mireille Latil-Le Dantec, "Notes sur la fiction et l'imaginaire chez Resnais et Robbe-Grillet", em *Alain Resnais et Robbe-Grillet*, col. Études Cinématographiques, p. 126. Para uma cronologia de *Marienbad*, cf. *Cahiers du Cinéma*, nº 123 e 125.

[8] Muitos comentadores reconhecem a necessidade de ultrapassar o nível do real e do imaginário: começando pelos partidários de uma semiologia de inspiração linguística, que encontram em Robbe-Grillet um exemplo privilegiado (cf. Dominique Chateau e François Jost, *Nouveau cinéma, nouvelle semiologie*, Paris, Minuit, 1979 e Renée Gardies, *Le Cinéma de Robbe-Grillet*, Paris, Albatros, 1983). Porém, para eles, o terceiro nível é o do "significante", enquanto nossa pesquisa tem por objeto a imagem-tempo e sua potência a-significante.

ora de um "presente perpétuo" separado de sua temporalidade, ou seja, de uma estrutura privada de tempo (caso do próprio Robbe-Grillet).[9] No entanto, ainda aí, hesitamos em acreditar que um perpétuo presente implique menos imagem-tempo que um eterno passado. O presente puro não pertence menos ao tempo do que o passado puro. A diferença está, pois, na natureza da imagem-tempo, plástica em um caso, arquitetural no outro. É que Resnais concebe *O ano passado*, como seus outros filmes, na forma de lençóis ou regiões de passado, enquanto Robbe-Grillet vê o tempo na forma de pontas de presente. Se *O ano passado* pudesse ser dividido, diríamos que o homem X está mais perto de Resnais, e a mulher A de Robbe-Grillet. O homem, com efeito, tenta envolver a mulher com lençóis contínuos dos quais o presente é apenas o mais estreito, como o avançar de uma onda, enquanto a mulher, ora desconfiada, ora obstinada, ora quase convencida, salta de um bloco a outro, não para de transpor um abismo entre duas pontas, entre dois presentes simultâneos. De qualquer modo, os dois autores não estão mais no campo do real e do imaginário, mas no tempo, como veremos, no campo ainda mais tenebroso do verdadeiro e do falso. Claro, o real e o imaginário continuam seu circuito, mas apenas como a base de uma figura mais alta. Não é mais, ou não é mais apenas o *tornar-se indiscernível* de imagens distintas, são *alternativas indecidíveis* entre círculos de passado, *diferenças inextricáveis* entre pontas de presente. Com Resnais e Robbe-Grillet um acordo se produziu, ainda mais forte porque fundado em duas concepções opostas do tempo, que percutiam uma na outra. A coexistência de lençóis de passado virtual, a simultaneidade de pontas de presente desatualizado são os dois signos diretos do Tempo em pessoa.

[9] É a diferença que Robbe-Grillet propõe entre Proust e Faulkner (*Pour un nouveau roman*, Paris, Minuit, 1963, p. 32 [ed. port.: *Por um novo romance*, tradução de Cristóvão Santos, Lisboa, Publicações Europa-América, 1965]). E, no capítulo "Temps et description", ele dirá que o *nouveau roman* e o cinema moderno cuidam bem pouco do tempo; ele critica Resnais por ter-se interessado demais pela memória e pelo esquecimento.

Em um filme de animação, *Chronopolis* [1982], Piotr Kamler *[138] modelou* o tempo com dois elementos, bolinhas manejadas com pontas, e lençóis maleáveis envolvendo as bolas. Os dois elementos formavam instantes, esferas polidas e de cristal, mas que logo se escureciam, a menos que... (veremos a continuação dessa história animada).

2

É inexato considerar a imagem cinematográfica como estando, por natureza, no presente. Acontece, porém, a Robbe-Grillet retomar por sua conta essa consideração, mas é por artimanha ou por zombaria: por que, com efeito, ele tomaria tanto cuidado para obter imagens-presente, se fosse este um dado da própria imagem? E a primeira vez que a imagem-tempo direta apareceu no cinema não foi sob o aspecto do presente (mesmo implicado), foi, ao contrário, na forma de lençóis de passado, com *Cidadão Kane*, de Welles. Aí, o tempo saía de seus eixos, subvertia sua conexão de dependência com o movimento, a temporalidade se mostrava por si mesma e pela primeira vez, mas na forma de uma coexistência de grandes regiões por explorar. O esquema de *Cidadão Kane* pode parecer simples: estando Kane morto, testemunhas são interrogadas, e vão evocar suas imagens-lembrança em uma série de *flashbacks* subjetivos. No entanto, é mais complexo. A investigação é voltada para "Rosebud" (o que é? ou, o que significa tal palavra?). E o investigador fará sondagens, cada uma das testemunhas interrogadas valerá por um corte da vida de Kane, um círculo ou um lençol de passado virtual, um contínuo. E cada vez a questão é: será nesse contínuo, será nesse lençol que jaz a coisa (ou o ser) chamado Rosebud? Claro, essas regiões de passado têm um curso cronológico que é o dos antigos presentes aos quais elas remetem. Porém, se esse curso pode ser facilmente desarrumado, é porque em si mesmas, e relativamente ao atual presente de onde parte a busca (Kane morto), elas são todas coexistentes, cada uma contendo toda a vida de Kane sob este ou aquele aspecto. Cada uma tem o que Bergson chama de "pontos brilhantes", singularidades, mas cada uma recolhe em torno desses pontos a totalidade de Kane ou sua vida inteira como uma "vaga nebulosidade".[10] *[139]* É claro, será nesses lençóis que as testemunhas mergulharão para evocar as imagens-lembrança, quer dizer, reconstituir os antigos presentes. Mas os próprios lençóis são tão diferentes das imagens-lembrança que os atualizam quanto o passado puro pode sê-lo em face do antigo presente que ele foi. Cada testemunha salta no passado em geral, instala-se de saída nesta ou naquela região coexistente, antes de encarnar certos pontos de região em uma imagem-lembrança.

O que mostra que a unidade não está na imagem-lembrança e que esta se parte em duas direções. Ela induz duas espécies de imagens bem distintas, e a famosa montagem de *Cidadão Kane* vai determinar o conjunto das conexões entre ambas (ritmo). As primeiras reconstituem séries motoras de antigos presentes, "atualidades" ou mesmo hábitos. São campos e contracampos, cuja sucessão atesta os hábitos conjugais de Kane, dias enfadonhos e tempos mortos. São curtos planos de conjunto cuja superposição atesta o efeito cumulativo de uma vontade de Kane (fazer de Susan uma cantora). Sartre via nisso o equivalente do frequentativo inglês, tempo do hábito ou do presente que passa. Mas o que acontece quando os esforços acumulados de Susan desembocam em uma cena em plano longo e profundidade de campo, sua tentativa de suicídio? Dessa vez, a imagem procede a uma verdadeira exploração de um lençol de passado. As imagens em profundidade expressam regiões do passado como tal, cada uma com seus acentos próprios ou seus potenciais, e marcam tempos críticos da vontade de potência de Kane. O herói age, anda, e se mexe: mas é no passado que ele próprio se mete e move: o tempo não está mais subordinado ao movimento, mas o movimento ao tempo. Assim, na grande cena em que Kane vai ao encontro, em profundidade, do amigo com o qual ele vai romper, é no passado que ele se move; esse movimento *foi* a ruptura. E, no início de *Grilhões do passado*, o aventureiro que avança no grande pátio ressurge de um passado

[10] Cf. *MM*, p. 310 (190).

cujas zonas ele nos fará explorar.[11] Em suma, com esse segundo caso, a imagem-lembrança não passa mais para uma sucessão de antigos presentes que ela reconstitui, mas se ultrapassa em regiões de passado *[140]* coexistente que a tornam possível. Essa é a função da profundidade de campo: cada vez explorar uma região de passado, um contínuo.

Será preciso retomar os problemas da profundidade de campo, que Bazin soube formular e resolver, inventando a noção de "plano-sequência"? O primeiro problema dizia respeito à novidade do procedimento. E parece verdade, a esse respeito, que a profundidade reinava na imagem desde os primórdios do cinema, enquanto não havia nem montagem, nem decupagem, nem movimento de câmera, e os diferentes planos espaciais eram necessariamente dados todos juntos. Ainda assim ela não morre quando os planos se distinguem realmente, mas podem ser reunidos em um novo conjunto que reporta cada um a si mesmo. Já temos então duas formas de profundidade que não se deixam confundir no cinema, e tampouco na pintura. No entanto, elas têm em comum o fato de constituírem uma profundidade na imagem ou no campo, e não ainda uma profundidade *de* campo, uma profundidade *da* imagem. Se considerarmos a pintura do século XVI, veremos uma firme distinção, mas que se exerce sobre planos paralelos e sucessivos, cada um deles autônomo, definido por personagens ou elementos lado a lado, embora todos conspirem no conjunto. Mas cada plano, e, sobretudo, o primeiro, cumpre sua função e só vale por si mesmo em função do quadro que os harmoniza. Haverá uma nova mudança, capital, no século XVII, quando um elemento de um plano remeter diretamente a um elemento de outro plano, quando as personagens se interpelarão diretamente de um plano a outro, em uma organização de quadro segundo a diagonal, ou conforme uma abertura que agora privilegia o plano de fundo e o faz comunicar imediatamente com o primeiro plano. O quadro "se aprofunda interiormente". Então a profundidade se torna profundidade *de* campo, enquanto as dimensões do primeiro

[11] Petr Kral, "Le Film comme labyrinthe", *Positif*, nº 256, jun. 1982: "Atravessamos a um só tempo o pátio e os anos passados".

plano ganham tamanho anormal, e as do plano de fundo se reduzem, em uma violenta perspectiva que une ainda mais o próximo ao longínquo.[12]

A mesma história atravessa o cinema. A profundidade foi *[141]* por muito tempo produzida por uma simples justaposição de planos independentes, uma sucessão de planos paralelos na imagem: por exemplo a conquista da Babilônia em *Intolerância* [*Intolerance*, 1916] de Griffith mostra em profundidade as linhas de defesa dos sitiados, do primeiro plano ao plano de fundo, cada um tendo seu próprio valor e reunindo elementos lado a lado em um conjunto harmonioso. É de uma maneira bem diferente que Welles inventa uma profundidade de campo segundo uma diagonal ou uma abertura que atravessa todos os planos, põe os elementos de cada plano em interação com os outros, e sobretudo faz comunicar diretamente o plano de fundo com o primeiro plano (como na cena de suicídio, quando Kane entra violentamente pela porta dos fundos, pequenininha, enquanto Susan agoniza na sombra, em plano médio, e o enorme copo é visto em primeiro plano). Tais diagonais aparecerão em Wyler, como em *Os melhores anos de nossas vidas* [*The Best Year of Our Lives*, 1946], quando uma personagem está ocupada com uma cena secundária, mas pitoresca, no primeiro plano, enquanto outra dá um telefonema decisivo no plano de fundo: a primeira vigia a segunda conforme uma diagonal que liga o fundo à frente, e os faz reagir. Antes de Welles essa profundidade de campo parece ter tido apenas Renoir por precursor, com *A regra do jogo*, e Stroheim, sobretudo com *Ouro e maldição* [*Greed*, 1924]. Duplicando a profundidade com grandes angulares, Welles obtém as grandezas desmedidas do primeiro plano somadas às reduções do plano do fundo que, com isso, adquire

[12] Sobre a oposição dessas duas concepções da profundidade, nos séculos XVI e XVII, cf. Heinrich Wölfflin, *Principes fondamentaux de l'histoire de l'art*, Paris, Gallimard, 1966, capítulo II [ed. bras.: *Conceitos fundamentais da história da arte*, tradução de João Azenha Jr., São Paulo, Martins Fontes, 2015]. Wölfflin analisa os espaços "barrocos" do século XVII segundo as diagonais do Tintoretto, as anomalias de dimensões de Vermeer, as aberturas de Rubens etc.

ainda mais força; o centro luminoso fica ao fundo, enquanto massas de sombra podem ocupar o primeiro plano, e violentos contrastes podem riscar o conjunto; os tetos tornam-se necessariamente visíveis, seja na manifestação de uma altura desmedida, seja, ao contrário, em um esmagamento segundo a perspectiva. O volume de cada corpo extravasa este ou aquele plano, mergulha na sombra ou sai dela, e expressa a conexão desse corpo com os outros situados na frente ou atrás: uma arte das massas. É agora que o termo "barroco" convém literalmente, ou neoexpressionismo. Nessa liberação da profundidade que agora subordina todas as outras dimensões devemos ver não apenas a conquista de um contínuo, mas o caráter temporal desse contínuo: é uma continuidade de duração que faz com que a profundidade desencadeada seja tempo, e não mais *[142]* espaço.[13] Ela é irredutível às dimensões do espaço. Enquanto a profundidade permanecia presa na simples sucessão dos planos paralelos, ela já representava o tempo, mas de maneira indireta, que a mantinha subordinada ao espaço e ao movimento. A nova profundidade, ao contrário, forma diretamente uma região de tempo, uma região de passado que se define pelos aspectos ou elementos ópticos tirados dos diferentes planos em interação.[14] É um conjunto de ligações não localizáveis, sempre de um plano a outro, que constitui a região de passado ou o contínuo de duração.

O segundo problema se refere à função dessa profundidade de campo. É sabido que Bazin lhe dava uma função de realidade, já que o próprio espectador devia organizar sua percepção na imagem em vez de recebê-la pronta. O que Mitry negava, vendo na profundidade de campo uma organização não menos constrange-

[13] Paul Claudel dizia que a profundidade, em Rembrandt, por exemplo, era um "convite a se lembrar" ("a sensação despertou a lembrança, e a lembrança, por sua vez, alcança, abala sucessivamente as camadas superpostas da memória", "L'Oeil écoute", em *Oeuvres en prose*, col. Bibliotèque de La Pléiade, Paris, Gallimard, 1965, p. 195). Henry Bergson e Maurice Merleau-Ponty mostraram como a "distância" (*MM*, cap. I) e a "profundidade" (*Fenomenologia da percepção*) eram uma dimensão temporal.

[14] Heinrich Wölfflin, pp. 99, 185.

dora, por forçar o espectador a seguir a diagonal ou a abertura. Mas a posição de Bazin era complexa: ele mostrava que o ganho de realidade podia ser obtido por um "acréscimo de teatralidade", como vimos para *A regra do jogo*.[15] Só que função de *[143]* teatralidade, ou de realidade, não parece esgotar esse complicado problema. Parece-nos que há várias funções da profundidade de campo, e que elas se encontram todas em uma imagem-tempo direta. Seria característico da profundidade de campo subverter a subordinação do tempo ao movimento, exibir o tempo por si mesmo. Claro, não dizemos que a profundidade de campo tenha a exclusividade da imagem-tempo. Pois, por sua vez, há muitas imagens-tempo diretas. Há imagens-tempo que são criadas por supressão da profundidade de campo (tanto profundidade no campo quanto profundidade de campo); e o próprio caso da planeza da imagem é bem diverso, é uma concepção variada do tempo, já que não é da mesma maneira que procedem Dreyer, Robbe-Grillet, Syber-

[15] O debate Bazin-Mitry tem por objeto os dois problemas. Mas parece que Jean Mitry está bem mais perto de André Bazin do que supõe. Em primeiro lugar, seria inovação a profundidade de campo em Orson Welles, ou seria, sim, o retorno a um velho procedimento inseparável do antigo cinema, como alerta Mitry? No entanto, é o próprio Mitry que mostra como, em *Intolerância*, há apenas justaposição de planos paralelos, e não a interação que vemos em Renoir e Welles (com as grandes-angulares); ele dá, portanto, razão a Bazin, nesse ponto essencial. Cf. *Esthétique et psychologie du cinéma*, II, Paris, Éditions Universitaires, 1965, p. 40. Em segundo lugar, a função da nova profundidade é uma função de realidade mais livre, ou é tão constrangedora como qualquer outra, como pensa Mitry? Mas Bazin reconhecia sem problemas o caráter teatral da profundidade de campo, tanto em William Wyler como em Renoir. Ele analisa um plano de Wyler, em *Pérfida* [*The Little Foxes*, 1941], no qual a câmera fixa registra o conjunto de uma cena em profundidade, como no teatro. Mas o elemento cinematográfico faz que a personagem, situada na sala, possa sair duas vezes do quadro, primeiro à direita na frente do plano, depois à esquerda, ao fundo, antes de desabar na escada: o fora de quadro funciona de modo bem diferente dos bastidores ("William Wyler ou le janséniste de la mise-en-scène", *Revue du Cinéma*, nº 10 e 11, fev.-mar. 1984). O cinema produz aqui um "acréscimo de teatralidade", que terminará por reforçar a impressão de realidade. Portanto, o que se pode dizer é que Bazin, embora reconhecesse a pluralidade das funções da profundidade de campo, mantinha a primazia da função de realidade.

berg... Queremos dizer que a profundidade de campo cria certo tipo de imagem-tempo direta, que se pode definir pela memória, pelas regiões virtuais de passado, pelos aspectos de cada região. Seria menos uma função de realidade que uma função de memorização, de temporalização: não exatamente uma lembrança, mas "um convite a se lembrar...".

É preciso constatar o fato antes de tentar explicá-lo: a maioria das vezes em que a profundidade de campo encontra plena necessidade é quando tem conexão com a memória. E também nisso o cinema é bergsoniano: não se trata de uma memória psicológica, feita de imagens-lembrança, tal como convencionalmente o *flashback* pode representar. Não se trata de uma sucessão de presentes que passam conforme o tempo cronológico. Trata-se *ou* de um esforço de evocação produzido em um presente atual, e precedendo a formação das imagens-lembrança, *ou* da exploração de um lençol de passado do qual, ulteriormente, surgirão as imagens-lembrança. É um aquém, e um além, da memória psicológica: os dois polos de uma metafísica da memória. Bergson assim apresenta esses dois extremos da memória: a extensão dos lençóis de passado, a contração do presente atual.[16] E os dois estão ligados, já que evocar a lembrança é *[144]* saltar para uma região de passado onde se supõe que ela virtualmente jaz, com todos os lençóis ou regiões coexistindo relativamente ao presente atual contraído do qual procede a evocação (enquanto eles, lençóis, se sucedem psicologicamente relativamente aos presentes que foram). O fato a se constatar é que a profundidade de campo nos mostra ora a evocação em ato, ora os lençóis virtuais de passado que exploramos para encontrar a lembrança procurada. O primeiro caso, a contração, aparece muitas vezes em *Cidadão Kane*: por exemplo, um *plongée* se dirige sobre Susan, alcoólatra e perdida no salão do cabaré, para forçá-la a evocar. Ou então, em *Soberba* [*The Magnificent Ambersons*, 1942], toda uma cena fixa em profundidade é justificada porque o garoto quer, sem o demonstrar, forçar a tia a se recordar

[16] *MM*, p. 184 (31): as duas formas da memória são os "lençóis de lembranças" e a "contração" do presente.

de uma lembrança essencial para ele.[17] E também em *O processo* [*Le Procès*, 1962], o contra-*plongée* do início marca o ponto de partida dos esforços do herói, procurando, a todo custo, aquilo de que a justiça pode acusá-lo. O segundo caso aparece na maioria das cenas em profundidade transversal em *Cidadão Kane*, onde cada uma corresponde a um lençol de passado sobre o qual nos perguntamos: é ali que jaz o segredo virtual, Rosebud? E em *Grilhões do passado*, onde as sucessivas personagens são lençóis de passado, substitutos em direção de outros lençóis, todos coexistentes relativamente ao esforço inicial contraído. Bem se vê que a imagem-lembrança por si mesma tem pouco interesse, mas que supõe duas coisas que a ultrapassam: uma variação de lençóis de passado puro onde se pode encontrá-la, uma contração do atual presente de onde parte a busca sempre retomada. A profundidade de campo irá de um a outro, da extrema contração aos grandes lençóis, e inversamente. Welles "deforma de uma só vez o espaço e o tempo, os dilata e estreita alternadamente, domina uma *[145]* situação ou se embrenha nela".[18] Os *plongées* e contra-*plongées* formam contrações, como os *travellings* oblíquos e laterais formam lençóis. A profundidade de campo se alimenta nessas duas fontes de memória. Não a imagem-lembrança (ou o *flashback*),

[17] André Bazin muitas vezes analisou essa cena da cozinha, mas sem fazer com que dependesse da função de memorização que nela se exerce (ou tenta se exercer). No entanto costuma acontecer o mesmo em William Wyler, a profundidade estando ligada ao reencontro de duas personagens: é o caso de um plano-sequência de *Os melhores anos de nossas vidas* estudado por Bazin em seu artigo sobre Wyler; mas também de um plano de *Jezebel* analisado por Jean Mitry, quando duas personagens se encontram e se defrontam em uma espécie de desafio de memória (a heroína tornou a vestir o vestido vermelho...). Neste último exemplo, a profundidade de campo opera uma contração máxima, que um campo/contracampo não poderia produzir: a câmera está em contra-*plongée* atrás de uma das personagens, e capta, a um só tempo, a mão crispada de um e o rosto fremente do outro (Mitry).

[18] Jean Collet, "La Soif du mal, ou Orson Welles et la soif d'une transcendance", *Orson Welles*, col. Études Cinématographiques, vol. 13, nº 24-25, Paris, Minard, 1962, p. 115 (como veremos mais adiante, apenas em um ponto não podemos seguir esse texto: no recurso a uma transcendência).

mas o esforço atual de evocação, para suscitá-la, e a exploração das zonas virtuais de passado, para encontrá-la, selecionar, fazer descer.

Muitos críticos consideram hoje a profundidade de campo como um procedimento técnico que pode nos fazer esquecer outras contribuições ainda mais importantes de Welles. Certamente essas contribuições existem. Mas a profundidade conserva toda a sua importância, para além da técnica, se dela fazemos uma função de memoração, quer dizer, uma figura da temporalização. Dela decorrem todos os tipos de aventuras da memória, que são menos acidentes psicológicos que avatares do tempo, perturbações de sua constituição. Os filmes de Welles desenvolvem tais perturbações conforme uma rigorosa progressão. Bergson distinguia dois grandes casos: a lembrança passada ainda pode ser evocada em uma imagem, mas esta não serve para mais nada, porque o presente do qual parte a evocação perdeu o prolongamento motor que tornaria a imagem utilizável; ou então a lembrança não pode mais sequer ser evocada em imagem, embora subsista em uma região de passado, mas o atual presente já não pode alcançá-la. Ora as lembranças "ainda são evocadas, mas não podem mais se aplicar sobre percepções correspondentes", ora "a própria evocação das lembranças é impedida".[19] Encontramos o equivalente dramático desses casos nos filmes de Welles, onde a temporalização opera através da memória.

Tudo começa com *Cidadão Kane*. Muitas vezes já se afirmou que a profundidade interiorizava a montagem na cena, na *mise-en-scène*, mas isso é verdade apenas parcialmente. Sem dúvida o plano-sequência é um lençol de passado, com suas nebulosas e seus pontos brilhantes que vão alimentar a imagem-lembrança e determinar o que ela conserva de um antigo presente. Mas a montagem subsiste como tal sob três outros aspectos: *[146]* a conexão dos planos-sequência ou dos lençóis de passado com os planos curtos de presentes que passam; a conexão dos lençóis entre si, uns com os outros (como dizia Burch, quanto mais longo um plano é, mais

[19] *MM*, p. 253 (118-9): são as duas formas principais das doenças da memória, segundo Bergson.

importante é saber onde e como terminá-lo); a conexão dos lençóis com o atual presente contraído que os evoca. A esse respeito, cada testemunha de *Cidadão Kane* tem seu esforço de evocação, que corresponde ao lençol de passado à qual ela se consagra. Mas todos os esforços coincidem na notícia de atualidade "Kane acaba de morrer, Kane morreu", que constitui uma espécie de ponto fixo dado desde o início (o mesmo vemos em *Grilhões do passado* e em *Othello* [Orson Welles, 1951]). E é relativamente à morte, como ponto fixo, que todos os lençóis de passado coexistem — a infância, a juventude, o adulto e o velho. Se a montagem continua a ser, em Welles, o ato cinematográfico por excelência, nem por isso deixa de mudar de sentido: em vez de produzir a partir do movimento uma imagem indireta do tempo, ela vai organizar a ordem das coexistências ou as correlações não cronológicas na imagem-tempo direta. Diversos lençóis de passado serão evocados, e encarnarão seus aspectos em imagens-lembrança. E, cada vez, é sobre o tema: será que ali jaz a pura lembrança "Rosebud"? Rosebud não será encontrada em nenhuma das regiões exploradas, embora esteja em uma delas, na da infância, mas tão enterrada que passa despercebida de todos. Ainda mais, quando Rosebud se encarna por seu próprio movimento em uma imagem é literalmente *para ninguém*, na lareira onde o trenó jogado se reduz a cinzas. Não somente Rosebud poderia ter sido qualquer coisa, como, na medida em que é alguma coisa, desce em uma imagem que queima por si mesma, e não serve para nada, não interessa a ninguém.[20] Desse modo ela lança uma suspeita sobre todos os lençóis de passado que foram evocados por esta ou aquela personagem, ainda que interessada: as imagens às quais elas deram lugar eram, por sua vez, talvez igualmente vãs, já que não há mais presente para acolhê-las, e que Kane morreu solitário, sentindo o vazio de toda a sua vida, a esterilidade de todos os seus lençóis.

[20] Contra aproximações arbitrárias, Amengual tem razão de opor ponto por ponto Rosebud (ou a bola de vidro) e a *madeleine* de Proust: não há nenhuma busca do tempo perdido em Welles. Cf. *Orson Welles*, col. Études Cinématographiques, pp. 64-5.

Em *Soberba* não é mais uma suspeita induzida pela singularidade "Rosebud", uma *[147]* certeza que toca em cheio o conjunto. Os lençóis de passado ainda são evocáveis e evocados: o casamento, por orgulho, de Isabela, a infância de George, sua juventude, a família dos Amberson... Mas as imagens que daí tiramos já não servem para nada, pois não podem mais se inserir em um presente que as prolongasse em ação: a cidade se transformou tanto, a nova motricidade dos automóveis substituiu a das charretes, o presente mudou tão profundamente que as lembranças não são mais utilizáveis. Por isso o filme não começa por uma morte, mas por um comentário que antecede qualquer imagem, e que encontra sua conclusão quando a queda da família se consuma: "está feito, mas os que queriam assistir a isso estavam mortos, e os que estavam vivos tinham esquecido o homem e o que haviam desejado". As lembranças perderam qualquer prolongamento, e não servem sequer para alegrar os profetas, os malévolos ou os vingadores. A morte se infiltrou tão bem que já não é necessária uma morte no começo. Todas as evocações coincidem com mortes, e todas as mortes coincidem com a morte sublime do major, ao longo do filme: "ele sabia que devia se preparar para penetrar em uma região desconhecida onde nem mesmo era certo que fosse reconhecido como um Amberson". As lembranças caem no vazio, porque o presente se esquivou e corre noutra parte, retirando-lhes qualquer inserção possível. No entanto, não é certo que Welles queira simplesmente mostrar a vaidade do passado. Se há um niilismo de Welles, ele não é este. A morte como ponto fixo tem outro sentido. Vejamos antes o que ele mostra, e já em *Cidadão Kane*: a partir do momento em que alcançamos os lençóis de passado é como se fôssemos arrastados pelas ondulações de uma grande onda, o tempo sai dos eixos, entramos na temporalidade como estado de *crise permanente*.[21]

[21] "A base mesma da existência é trágica. O homem não vive, com se costuma dizer, uma crise passageira. Tudo sempre foi crise" (citado por Michel Estève, "Notes sur les fonctions de la mort dans l'univers de Welles", *Orson Welles*, col. Études Cinématographiques, p. 41).

O terceiro passo é dado com *A dama de Shangai*. Pois antes os lençóis de passado extravasavam por todos os lados as imagens-lembrança; mas a sua evocação fazia com que produzissem tais imagens, ainda que estas flutuassem e não tivessem aplicação a não ser a morte. A situação agora é *[148]* bem diferente: os lençóis ou regiões de passado continuam ali, ainda se distinguem, e, no entanto, já não são evocáveis, já não os acompanha nenhuma imagem-lembrança. Mas então como se assinalam, já que nenhuma imagem-lembrança os garante, nem procura neles uma marca? Dir-se-ia que o passado surge em si mesmo, mas na forma de personalidades independentes, alienadas, desequilibradas, de certo modo larvárias, fósseis estranhamente ativos, radioativos, inexplicáveis no presente em que surgem, por isso ainda mais nocivos e autônomos. Não mais lembranças, mas alucinações. É a loucura, a personalidade cindida, que agora depõe pelo passado. A história de *A dama de Shangai* é a de um herói que começa ingênuo, preso no passado dos outros, apanhado, tragado (há uma semelhança com os temas de Minnelli, sem que se possa falar em influência, que desagradaria Welles). São três personagens em desequilíbrio, como três lençóis de passado que vêm submergir o herói, sem que este possa evocar o que quer que seja desses lençóis, nem mesmo decidir entre eles: Grisby, o homem que surge como um diabinho de corda (e nesse lençol o herói se verá perseguido por assassinato, quando lhe propunham o que parecia ser a simulação de um assassinato); o advogado Bannister, com sua bengala, sua paralisia, sua monstruosa claudicação, que vai querer fazer com que seja condenado, depois de lhe propor uma defesa segura; e ainda a mulher, a rainha demente do bairro chinês, por quem ele está loucamente apaixonado, enquanto ela se serve de seu amor, do fundo de um indecifrável passado vindo do Oriente. O herói torna-se ainda mais louco na medida em que nada pode reconhecer desses passados, que se encarnam em personalidades alienadas, projeções talvez da sua que se tornaram independentes.[22] E ainda os Outros

[22] O herói é um homem comum, mas "consciente de sua loucura". Enfrentando os passados, que ele não conhece, nem reconhece, dirá: "acreditava estar exposto ao delírio, depois recuperei a razão, foi então que me vi lou-

existem, são reais e dão as cartas em *A dama de Shangai*. Um quarto passo será dado em *Grilhões do passado*: como tornar inevocável *seu próprio* passado? Será preciso que o herói finja ter amnésia, para instigar o investigador a encontrar as personalidades *[149]* larvárias que emanam das regiões desse passado, assombrando diversos lugares que não passam de estações de troca na exploração do tempo. Arkadin vai assassinar as testemunhas, uma a uma, seguindo os rastros da investigação. Ele pretende recuperar todas as suas cisões, em uma grandiosa unidade paranoica que nada mais conheceria além de um presente sem memória, enfim a verdadeira amnésia. O niilismo de Welles encontra sua fórmula, em um legado de Nietzsche: suprime tuas lembranças, ou a ti mesmo... Que tudo comece e termine no desaparecimento de Arkadin, como em *Cidadão Kane*, não impede a inexorável progressão, de filme em filme: Welles não se contenta mais em mostrar a inutilidade de uma evocação do passado, em um estado permanente de crise do tempo, ele mostra a impossibilidade de qualquer evocação, o tornar-se-impossível da evocação, em um estado do tempo ainda mais fundamental. As regiões de passado guardarão seu segredo, e o apelo à lembrança permanece vazio. O investigador não dirá nem mesmo o que sabe, porém, sob a pressão do tempo, apenas implorará à menina para dizer que ele lhe disse isso.

O processo se encadeia com *Grilhões do passado*. Em que lençol de passado o herói procurará o erro pelo qual é culpado? Nada mais é evocável, mas tudo é alucinatório. Personagens imóveis e estátua velada. Há a região das mulheres, a região dos livros, a da infância e das meninas, a da arte, a da religião. O presente não passa de uma porta vazia a partir da qual não podemos mais evocar o passado, pois este já saiu enquanto esperávamos. Cada região do passado será explorada, nos longos planos cujo segredo Welles domina: por exemplo, a longa corrida sob um longo caramanchão enquanto o herói é perseguido por uma matilha de me-

co". Gérard Legrand mostra que se pode conceber dois níveis: Welles ator, que desempenha a personagem de O'Hara, no vazio, como sonâmbulo alucinado; Welles autor, que se projeta nos três personagens alucinantes (*Positif*, nº 256, jun. 1982).

ninas aos berros (*A dama de Shangai* já mostrava uma corrida análoga do pseudoassassino em um espaço com aberturas). Mas as regiões de passado não liberam mais imagens-lembrança, libertam presenças alucinatórias: as mulheres, os livros, as meninas, a homossexualidade, os quadros. Só que, em tudo isso, dir-se-ia que certos lençóis se afundaram, outros se elevaram, de modo que aqui e ali se justapõem tal idade a tal outra, como na arqueologia. *Nada mais é passível de decisão*: os lençóis que coexistem agora justapõem seus segmentos. O livro mais sério é também um livro pornográfico, os adultos mais *[150]* ameaçadores são também crianças em quem se bate, as mulheres estão a serviço da justiça, mas a justiça talvez esteja ameaçada pelas meninas, e a secretária do advogado, com seus dedos espalmados, será uma mulher, uma menina, um processo folheado? Parece que, se quebrando e desequilibrando, as regiões de passado entraram no elemento de uma justiça superior que as mistura, de um passado em geral onde as existências pagam uma à outra o preço de sua injustiça (conforme uma fórmula pré-socrática). O êxito de Welles em função de Kafka consiste em ter sabido mostrar como regiões espacialmente distantes e cronologicamente distintas comunicam-se entre si no fundo de um tempo ilimitado que as tornava contíguas: é para isso que serve a profundidade de campo, os compartimentos mais afastados comunicam-se diretamente no fundo.[23] Mas que fundo é este, comum a todos os lençóis, de onde eles saem e onde recaem, quebrando-se? Que justiça superior é esta, da qual todas as regiões não passam de auxiliar?

Os lençóis de passado existem, são estratos, onde buscamos nossas imagens-lembrança. Mas ou elas não são sequer utilizáveis, devido à morte como presente permanente, região mais contraída;

[23] A topografia do *Processo* (e também do *Castelo*) recorre à profundidade de campo; lugares bem distantes ou até mesmo opostos, em primeiro plano, são contíguos no plano de fundo. De modo que o espaço, como diz Michel Ciment, não para de desaparecer: "O espectador, à medida que o filme se desenvolve, perde todo sentido espacial, e a casa do pintor, o tribunal, a igreja comunicam desde então entre si" (*Les Conquérants d'un nouveau monde*, Paris, Gallimard, 1981, p. 219).

ou não são sequer evocáveis, pois se quebram e se deslocam, se dispersam em uma substância não estratificada. E talvez as duas se encontrem, talvez só encontremos a substância universal no ponto contraído da morte. Porém isto não é uma confusão, são dois estados diferentes do tempo: o tempo como perpétua crise, e, mais profundamente, o tempo como matéria-prima, imensa e aterrorizante, como universal devir. Herman Melville tem um texto que parece especialmente destinado a Welles: vamos de faixa em faixa, de estrato em estrato, no seio da pirâmide, à custa de terríveis esforços, e tudo isso para descobrir que não há ninguém no quarto funerário — a menos que comece aqui "a substância não estratificada".[24] *[151]* Certamente não é um elemento transcendente, mas uma justiça imanente, a Terra, e sua ordem não cronológica na medida em que cada um de nós nasce diretamente dela e não de nossos pais: autoctonia. É nela que morremos, e expiamos nosso nascimento. Em Welles, em geral se morre de bruços, com o corpo já na terra, e se arrastando, rastejando. Todos os estratos coexistentes se comunicam e se justapõem em um meio vital lamacento. A terra como tempo primordial dos autóctones. E é o que o bando das grandes personagens de Welles vê: o herói de *A marca da maldade*, que morre na terra úmida e preta, o de *O processo*, que morre no buraco da terra, mas já o major Amberson agonizante que falava com dificuldade, "e nós, nós saímos da terra... então, de qualquer jeito devemos ter estado na terra...". A terra pode se afundar sob as águas, para entreter seus monstros primitivos, como na cena do aquário e no relato sobre os tubarões de *A dama de Shangai*. E Macbeth, acima de tudo, *Macbeth* [Orson Welles, 1948]. Foi nesse filme que Bazin soube ver o elemento das personagens de Welles: "O cenário de papelão com piche, os escoceses bárbaros, vestidos de pele de animais e que brandem umas espécies de lança de madeira nodosa, os lugares insólitos jorrando água, dominados por névoas que jamais deixam descobrir um céu onde se duvida que haja estrelas, tudo isso forma literalmente um universo de pré-história, não a de nossos ancestrais, os gauleses ou celtas, mas de uma pré-história da consciência ao nascimento do

[24] Herman Melville, *Pierre ou les ambiguïtés*, Paris, Gallimard, 1939.

tempo e do pecado, quando o céu e a terra, a água e o fogo, o bem e o mal ainda não estão distintamente separados".[25]

3

Talvez Resnais seja o mais próximo de Welles, seu discípulo mais independente, mais criativo, que transforma todo o problema. É que, em Welles, um ponto fixo *[152]* subsiste, ainda que se comunique com a terra (contra-*plongée*). É um presente oferecido à vista, a morte de alguém, ora dada já de início, ora prefigurada. É também um presente sonoro, a voz do recitante, a voz *off*, que constitui um centro radiofônico, cujo papel é essencial em Welles.[26] E é relativamente a esse ponto fixo que todos os estratos ou lençóis de passado coexistem e se confrontam. Ora, a primeira novidade de Resnais consiste em fazer desaparecer o centro ou o ponto fixo. A morte não fixa um presente atual, já que há tantas mortes assombrando os lençóis de passado ("9 milhões de mortos assombram a paisagem", "200 mil mortes em 9 segundos..."). A voz *off* não é mais central, seja porque ela entra em conexões de dissonância com a imagem visual, seja porque se divide ou se multiplica (as diferentes vozes que dizem "nasci..." em *Meu tio da América* [*Mon oncle d'Amérique*, Alain Resnais, 1980]. Em regra geral o presen-

[25] André Bazin, *Orson Welles*, Paris, Cerf, 1972, p. 90 [ed. bras.: *Orson Welles*, tradução de André Telles, Rio de Janeiro, Zahar, 2006]. Michel Chion encontra o mesmo motivo na abertura de *Cidadão Kane*: "Contra uma música cavernosa, arcaica, paisagens disparatadas se sucedem em uma atmosfera de caos primitivo, de confusão em que os elementos, e a terra e a água ainda estão misturados. Únicos traços de vida, macacos, referência a um passado pré-humano..." (*La Voix au cinéma*, Paris, Cahiers du Cinéma/Éditions de l'Étoile, 1982, p. 78).

[26] Michel Chion, lembrando a influência que o rádio sempre exerceu sobre Welles, fala de uma "imobilidade central da voz", inclusive quando é voz de personagens em movimento. E, paralelamente, os corpos móveis tendem a uma inércia pesada que vai encarnar o ponto fixo da voz. Cf. "Notes sur la voix chez Orson Welles", *Orson Welles*, *Cahiers du Cinéma*, hors série, nº 12, 1982, p. 93.

te começa a flutuar, tomado de incerteza, espalhado no vaivém das personagens, ou já absorvido pelo passado.[27] Até mesmo na máquina de recuar no tempo (*Eu te amo, eu te amo*), o presente, que se define pelos quatro minutos de descompressão necessários, não terá tempo de se fixar, de se contar, mas remeterá a cobaia a níveis sempre diversos. Em *Muriel* [Alain Resnais, 1963], a nova Boulogne não tem centro, tampouco o apartamento com móveis transitórios: nenhuma das pessoas tem presente, salvo talvez a última, que só encontra vazio. Em suma, a confrontação dos lençóis de passado se faz diretamente, cada um podendo servir de presente relativo ao outro: Hiroshima será para a mulher o presente de Nevers, mas Nevers será para o homem o presente de Hiroshima. Resnais começou *[153]* por uma memória coletiva, a dos campos de concentração nazistas, a de Guernica, a da Biblioteca Nacional. Mas descobre o paradoxo de uma memória a dois, de uma memória a várias pessoas: os diferentes níveis de passado já não remetem a uma personagem, a uma mesma família ou a um mesmo grupo, mas a personagens completamente diferentes, como a lugares não comunicantes que compõem uma memória mundial. Ele acede a uma relatividade generalizada, e vai até o fim do que em Welles era tão só uma direção: construir alternativas indecidíveis entre lençóis de passado. Por aí também se entende seu antagonismo com Robbe-Grillet, e a fecunda ambiguidade da colaboração entre os dois cineastas: uma arquitetura da memória que explica ou desenvolve os níveis de passado coexistentes, e não mais uma arte de

[27] Em *Hiroshima meu amor*, o presente é o lugar de um esquecimento que incide já sobre si mesmo, e a personagem do japonês é como que velada. E Marie-Claire Ropars resume o conjunto de *O ano passado em Marienbad* da seguinte maneira: "No momento em que a narrativa, imaginária ou não, de um primeiro encontro em Marienbad acabou de se juntar ao segundo encontro e de modificá-lo, nesse momento a história presente do segundo encontro cai por sua vez no passado, e a voz do narrador recomeça a evocá-lo no imperfeito, como se um terceiro encontro já se esboçasse, relegando à sombra o que acaba de transcorrer, como se, melhor dizendo, toda essa história nunca deixasse de ser passada..." (*L'Écran de la mémoire*, Paris, Seuil, 1970, p. 115).

pontas, que implica presentes simultâneos. Nos dois casos ocorre o desaparecimento do centro ou do ponto fixo, mas de maneira oposta.[28]

Tentemos fazer fichas técnicas que marquem uma ordem de progressão em certos filmes de Resnais, mais que uma dialética e oposições. *Eu te amo, eu te amo*: apesar do aparato de ficção científica, a figura do tempo é mais simples, pois nesse filme a memória concerne a uma única personagem. Claro, a máquina-memória não consiste em se lembrar, mas em reviver um instante preciso do passado. Só que o que é possível para o animal, para o camundongo, não o é para o homem. O instante passado para o homem é como um ponto brilhante que pertence a um lençol, e dele não pode ser destacado. Instante ambíguo, ele participa até mesmo de dois lençóis, o amor por Catrine e o declínio desse amor.[29] De modo que o herói só poderá revivê-lo percorrendo novamente esses lençóis, e por isso percorrendo muitos outros (antes de conhecer Catrine, depois da morte de Catrine...). Todos *[154]* os tipos de regiões são desse modo misturados na memória de um homem, que salta de uma para outra, e parecem emergir alternadamente de um pântano original, universal marulho encarnado pela eterna natureza de Catrine ("você é água parada, um pântano, noite, lama... cheira a maré baixa..."). *O ano passado em Marienbad* é uma figura mais complexa, pois aqui a memória é de duas personagens. Porém ainda é uma memória comum, já que se refere aos mesmos dados, afirmados por uma, negados ou denegados pela outra. Com efeito, a personagem X gravita sobre um circuito de passado que compreende A como ponto brilhante, como "aspec-

[28] Bernard Pingaud foi quem mais insistiu no desaparecimento do ponto fixo em Resnais (em oposição a Welles), já em *Hiroshima meu amor*: cf. *Premier Plan*, nº 18, out. 1961.

[29] Trata-se do instante preciso em que a máquina supostamente deve fazer remontar o herói, minuto em que saía da água na praia, e que será retomado e modificado em todo o filme. Gaston Bounoure diz: "Claude nadou, nada e nadará em torno desse minuto no qual sua vida está encerrada. Incorruptível e inacessível, ele cintila como um diamante no labirinto do tempo" (*Alain Resnais*, Paris, Seghers, 1962, p. 86).

to", enquanto A está em regiões que não compreendem X ou só o compreendem de maneira nebulosa. A se deixará atrair para o lençol de X, ou este será rasgado, desfeito pelas resistências de A, que se envolve em seus próprios lençóis? *Hiroshima meu amor* complica ainda mais a situação. Há duas personagens, mas cada uma tem sua própria memória, alheia à outra. Não há nada mais em comum. São como duas regiões de passado, incomensuráveis, Hiroshima, Nevers. E enquanto o japonês recusa que a mulher entre em sua própria região ("Vi tudo... tudo — você nada viu em Hiroshima, nada..."), a mulher atrai o japonês para a sua, até certo ponto, voluntário e consentidor. Não seria para cada um uma maneira de esquecer sua própria memória, e de constituir uma memória a dois, como se agora a memória se tornasse mundo e se destacasse da pessoa deles? *Muriel*: ainda há duas memórias, cada uma marcada por uma guerra, Boulogne, Argélia. Mas dessa vez cada uma compreende vários lençóis ou regiões de passado que remetem às diferentes personagens: três níveis em torno da carta de Boulogne (aquele que escreveu a carta, o que a tem ou não a enviou, a que não a recebeu), dois níveis em torno da guerra da Argélia (o jovem soldado e o hoteleiro). É uma memória-mundo, com várias personagens e vários níveis, que se desmentem, se denunciam ou se agarram mutuamente. *A guerra acabou* [*La Guerre est fini*, Alain Resnais, 1966] não nos parece marcar uma mutação, um retorno ao presente, mas um aprofundamento do mesmo problema. É que o presente do herói é apenas uma "idade", uma certa idade da Espanha que nunca é dada como presente. Há a época da guerra civil, na qual *[155]* continua fixado o comitê no exílio. Há a nova idade, dos jovens terroristas radicais. E o presente do herói, "permanente" da organização, nada é senão uma idade da Espanha, nível que se distingue tanto do da guerra civil quanto da jovem geração que não a conheceu. O que aparece como passado, presente, futuro, são também três idades da Espanha, de modo a produzir algo novo, seja pela decisão entre elas, seja às margens do indecidível. A ideia de idade tende a se distinguir, a adquirir valor político, histórico ou até mesmo arqueológico autônomo. *Meu tio da América* poderá prosseguir essa exploração das idades: três personagens, cada uma tendo vários níveis, várias idades. Há constantes: cada idade, cada lençol, se definirá por um território, linhas de fuga, bloqueio dessas linhas; são as determinações topológicas, cartológicas, propostas por Laborit. Porém, de uma idade a outra, e de uma personagem a outra, varia a repartição. As idades tornam-se idades do mundo, em suas variações, pois se reportam aos próprios animais (o homem e o camundongo encontram um destino comum, em oposição ao que se passa em *Eu te amo, eu te amo*), mas também porque dizem respeito a um cosmos sobre-humano, à ilha e seu tesouro. É nesse sentido que Bergson falava de durações inferiores e superiores ao homem, todas coexistentes. Enfim, *A vida é um romance* [*La Vie est un roman*, Alain Resnais, 1983] desenvolve a ideia de três idades do mundo, três idades do castelo, três idades coexistentes referidas ao humano, mas cada uma possuindo e absorvendo suas próprias personagens, em vez de todas se referirem a pessoas dadas: a idade do Antigo, e a utopia; a idade do Moderno, e o colóquio, a organização tecnodemocrática; a idade da infância, e a lenda. Do começo ao fim da obra de Resnais, embrenhamo-nos em uma memória que vai além das condições da psicologia, memória a dois, memória de vários, memória-mundo, memória-idades do mundo.

Mas a questão permanece: o que são os lençóis de passado no cinema de Resnais, quer níveis de uma mesma memória, quer regiões de várias memórias, quer constituição de uma memória-mundo, quer exposição das idades do mundo? Aqui precisamos distinguir vários aspectos. Em primeiro lugar, cada lençol de passado é um contínuo. Se os *travellings* de Resnais são célebres é porque definem, *[156]* ou melhor, constroem contínuos, circuitos de velocidade variável, seguindo as prateleiras da Biblioteca Nacional, mergulhando nos quadros deste ou daquele período de Van Gogh. Mas parece caracterizar cada contínuo, em um gênero, o ser maleável. É o que os matemáticos chamam de "a transformação do padeiro": um quadrado pode ser estirado em retângulo, cujas metades formarão um novo quadrado, de modo que a superfície total é redistribuída a cada nova transformação. Se considerarmos uma região dessa superfície, por menor que seja, dois pontos infinitamente próximos acabarão sendo separados, cada um repartido pela metade, ao termo de certo número de transformações.[30] Cada transformação tem uma "idade interna", e poderemos considerar uma coexistência de lençóis ou de contínuos de idades diferentes. Tal coexistência ou tais transformações formam uma topologia. Por exemplo, os diferentes cortes que correspondem a cada uma das personagens de *Meu tio da América*, ou os diversos períodos de *Van Gogh* [Alain Resnais, 1948]: outros tantos estratos. Em *O ano passado em Marienbad*, encontramo-nos em uma situação com duas personagens, A e X, tal que X se coloca sobre um lençol onde está bem perto de A, enquanto A se encontra sobre um lençol de outra idade onde está, ao contrário, distante e separada de X. Não são apenas os caracteres geométricos acentuados, é a terceira personagem, M, que depõe aqui pela transformação de um mesmo contínuo. A questão de saber se dois contínuos de gênero diferente, cada um provido de uma "idade mediana", podem por sua vez ser assimilados à transformação do mesmo, aparece com *Hiroshima meu amor*, de tal modo que um seja a modificação do outro em todas as suas regiões: Hiroshima-Nevers (ou de uma personagem a outra em *Meu tio da América*). É assim que a noção de idade, idades do *[157]* mundo, idades da memória, está profundamente fundada no cinema de Resnais: os acontecimentos não se sucedem apenas, não têm apenas um curso cronológico, eles não param de ser remanejados conforme pertencem a este ou àquele lençol de passado, a este ou àquele contínuo de idade, todos coexistentes. X conhece ou não A? Ridder matou

[30] Encontramos uma análise das transformações do padeiro, e da noção de idade que lhes corresponde, em Ilya Prigogine e Isabelle Stengers, *La Nouvelle aliance*, Paris, Gallimard, 1979, pp. 245-57 [ed. bras.: *A nova aliança*, tradução de Miguel Faria e Maria Joaquina M. Trincheira, Brasília, Editora da UnB, 1984]. Os autores inferem daí consequências originais, em relação a Bergson. Há, com efeito, estreita conexão entre as transformações de Prigogine e as seções do cone bergsoniano. De tudo isso retemos apenas os aspectos mais simples, menos científicos. Pois se trata de mostrar que Resnais não aplica dados da ciência ao cinema, mas cria por seus próprios meios cinematográficos algo que tem seu correspondente na matemática e na física (assim como na biologia, explicitamente invocada por *Meu tio da América*). Podemos pensar em uma conexão implícita entre Resnais e Prigogine, assim como em uma conexão implícita de Godard e René Thom.

Catrine, ou foi um acidente, em *Eu te amo, eu te amo*? A carta em *Muriel* foi enviada sem ser recebida, e quem a escreveu? São alternativas indecidíveis entre lençóis de passado, pois suas transformações são estritamente probabilísticas, do ponto de vista da coexistência das idades. Tudo depende do lençol no qual nos colocamos. E é sempre esta a diferença que vemos entre Resnais e Robbe-Grillet: o que um obtém pela descontinuidade das pontas de presente (saltos), o outro obtém pela transformação dos lençóis contínuos de passado. Há um probabilismo estatístico em Resnais, muito diferente do indeterminismo de tipo "quântico" em Robbe-Grillet.

E, no entanto, Resnais conquista tão bem o descontínuo quanto Robbe-Grillet a continuidade. É o segundo aspecto que aparece em Resnais, decorrente do primeiro. Com efeito, as transformações ou novas repartições de um contínuo sempre e necessariamente acabarão em fragmentação: por menor que seja uma região ela será fragmentada, ao mesmo tempo que cada um de seus pontos mais próximos fará parte de uma metade; qualquer região de um contínuo "poderá começar deformando-se de maneira contínua, mas acabará sendo cortada em dois, e suas partes, por sua vez, serão fragmentadas" (Stengers). *Muriel*, e, sobretudo, *Eu te amo, eu te amo* manifestam no grau mais alto essa inevitável fragmentação dos lençóis de passado. Mas já *Van Gogh* faz coexistir períodos, dos quais o último, o provençal, acelera os *travellings* pelas telas, e multiplica também os planos de corte, estende os *fade-outs*, sob uma "montagem quebrada" que termina em um escuro profundo.[31] Em suma, os contínuos ou estratos não param de se fragmentar ao mesmo tempo que se remanejam, de uma idade a outra. Em *Eu te amo, eu te amo*, uma perpétua mistura vai tornar próximo o que estava longe, longe o próximo. O contínuo não para de se fragmentar, *[158]* para criar outro contínuo, ele próprio em fragmentação. As fragmentações são inseparáveis da topologia, isto é, da transformação de um contínuo. Há aqui uma tônica técnica que é essencial para o cinema. Como em Welles, ve-

[31] Cf. René Prédal, *Alain Resnais*, col. Études Cinématographiques, vol. 29, nº 64-68, Paris, Minard, 1968, p. 23.

remos, a montagem de planos curtos não se opõe às panorâmicas e *travellings*: é seu estrito correlato e marca a idade de sua transformação. Como dizia Godard, acontece de Resnais fazer um *travelling* com dois planos fixos, mas também de produzir uma fragmentação pelo *travelling*, como do riacho japonês aos cais do Loire.[32] Mas talvez seja em *Providence* que o corte e o contínuo alcancem a mais alta unidade: um reúne os estados de corpo (crepitações orgânicas), os estados de mundo (tempestade e trovão), os estados da história (rajada de metralhadora, explosão de bombas), enquanto o outro efetua as redistribuições e transformações desses estados. Tal como na matemática, os cortes já não designam soluções de continuidade, mas repartições variáveis entre os pontos do contínuo.

Em terceiro lugar, Resnais nunca escondeu o gosto que sentia, em seus trabalhos preparatórios, por uma biografia completa das personagens, por uma cartografia detalhada dos lugares que frequentam e dos itinerários, pelo estabelecimento de verdadeiros diagramas: nem mesmo *O ano passado...* escapará a essa exigência de Resnais. É que as biografias permitem determinar as diferentes "idades" de cada personagem. Porém, ainda mais, um mapa corresponde a cada idade, isto é, a um contínuo ou a um lençol de passado. E o diagrama é o conjunto das transformações do contínuo, o empilhamento dos estratos ou a superposição dos lençóis coexistentes. Os mapas e os diagramas subsistem, portanto, como partes integrantes do *[159]* filme. Os mapas aparecem, inicialmente, como descrições de objetos, lugares e paisagens: séries de objetos têm o papel de testemunha, já em *Van Gogh*, depois em *Muriel*

[32] Um dos mais belos livros sobre Resnais é o de Gaston Bounoure, por sua força e densidade. É o primeiro a colocar os curtas e os longas-metragens em conexões que esclarecem uns aos outros. Compreende a memória em Resnais como uma memória-mundo que ultrapassa infinitamente a lembrança, e mobiliza todas as faculdades (por exemplo, p. 72). E, mais importante, analisa a conexão do plano contínuo e da montagem quebrada enquanto dois correlatos: cf. seu comentário a *Muriel*, ao que ela chama de "estações" (o que chamamos de "idades"), e de identidade corte-contínuo, corte-deslizamento (pp. 62-5). Sobre a fragmentação em *Muriel*, veja-se também Didier Goldschmidt, "Boulogne mon amour", *Cinématographe*, nº 88, abr. 1983.

e *Meu tio da América*.[33] Tais objetos, porém, são antes de tudo funcionais, e a função em Resnais não é o simples uso do objeto, é a função mental ou o nível de pensamento que lhe correspondem: "Resnais concebe o cinema não como um instrumento de representação da realidade, mas como o melhor meio para discutir o funcionamento psíquico".[34] *Van Gogh* já se propunha a tratar as coisas pintadas como objetos reais cujas funções seriam o "mundo interior" do artista. E o que torna *Noite e neblina* [*Nuit et brouillard*, Alain Resnais, 1956] tão dilacerante é que Resnais consegue mostrar, através das coisas e das vítimas, não apenas o funcionamento do campo, mas as funções mentais, frias, diabólicas, quase impossíveis de se compreender, que presidem à sua organização. Na Biblioteca Nacional, os livros, carrinhos, prateleiras, escadas, elevadores e corredores constituem os elementos e os níveis de uma gigantesca memória da qual os próprios homens nada mais são que funções mentais, ou "mensageiros neurônicos".[35] Em virtude desse funcionalismo, a cartografia é essencialmente mental, cerebral, e Resnais sempre disse que o que lhe interessava era o cérebro, o cérebro como mundo, como memória, como "memória do mundo". É da maneira mais concreta que Resnais tem acesso a um cinema, cria um cinema que não tem mais que uma personagem, o Pensamento. Nesse sentido, cada mapa é um contínuo mental, ou seja, um lençol de passado que faz corresponder uma distribuição das funções a uma repartição dos objetos. O método cartográ-

[33] Marie-Claire Ropars-Wuilleumier, p. 69: "Não é por acaso [em *Muriel*] que tudo começa por *closes* alternados de objetos cotidianos, um puxador de porta, uma chaleira, e termina com um apartamento vazio no qual rosas se imobilizam, parecendo, de repente, artificiais". E Robert Benayoun: "Na abertura de *Meu tio da América*, Resnais faz desfilar um catálogo de objetos testemunhas, justapostos a paisagens ou retratos, sem estabelecer hierarquia entre eles" (*Alain Resnais, arpenteur de l'imaginaire*, Paris, Stock, 1980, p. 185). Cf. o capítulo de René Prédal, "Des objets plus parlants que les êtres" ["Objetos mais falantes que os seres"].

[34] Youssef Ishaghpour, *D'une image à l'autre*, col. Bibliotèque des Médiations, Paris, Denöel, 1981, p. 182.

[35] Gaston Bounoure, p. 67.

fico em Resnais, e de coexistência dos mapas, se distingue do método fotográfico em Robbe-Grillet, e de sua *[160]* simultaneidade de instantâneos, até mesmo quando os dois métodos chegam a um produto comum. O diagrama em Resnais será uma superposição de mapas definindo um conjunto de transformações de lençol em lençol, com as redistribuições de funções e as fragmentações de objetos: as idades superpostas de Auschwitz. *Meu tio da América* será uma grande tentativa de cartografia mental diagramática, na qual os mapas se superpõem e se transformam, em uma mesma personagem e de uma personagem a outra.

Mas, em quarto lugar, é a ênfase na memória que parece criar um problema. É evidente que, se reduzirmos a memória à imagem-lembrança e ao *flashback*, Resnais não lhe concede privilégio algum e pouco tem a ver com ela: não será difícil mostrar que os sonhos e pesadelos, as fantasias, as hipóteses e antecipações, todas as formas do imaginário são mais importantes do que os *flashbacks*.[36] Claro, há *flashbacks* notáveis em *Hiroshima meu amor*, mas em *O ano passado em Marienbad* já não sabemos o que é ou não *flashback* e em *Muriel* não há *flashback*, tampouco em *Eu te amo, eu te amo* ("não há nenhum *flashback* ou coisa parecida", disse Resnais). *Noite e neblina* pode até ser considerado uma soma de todas as maneiras de escapar do *flashback*, e da falsa devoção da imagem-lembrança. Mas com isso não saímos de uma constatação que vale para todos os cineastas do tempo: o *flashback* é apenas uma cômoda convenção que, quando utilizada, precisa

[36] Robert Benayoun, por exemplo, recusa, de antemão, qualquer interpretação de Resnais pela memória, ou até pelo tempo (pp. 163, 177). Mas praticamente não justifica sua recusa, e parece que para ele a memória e o tempo se reduzem ao *flashback*. Resnais, por sua vez, é mais sutil, mais bergsoniano também: "Sempre protestei contra a palavra *memória*, mas não contra a palavra *imaginário*, nem contra a palavra *consciência*. [...] Se o cinema não é especificamente um meio de fazer malabarismos com o tempo, em todo caso é o meio que mais se adapta a isso. [...] Isto não veio de uma vontade deliberada. Acho que o tema da memória está presente cada vez que uma peça é escrita ou um quadro, pintado. [...] Prefiro as palavras *consciência*, *imaginário*, mais que *memória*, mas a consciência é inegavelmente memória" (pp. 212-3).

sempre receber sua necessidade de outra parte. No caso de Resnais, a insuficiência do *flashback* não impede, no entanto, que toda a sua obra seja fundada na coexistência dos lençóis de passado, com o presente não intervindo sequer como centro de evocação. A máquina de *Eu te amo, eu te amo [161]* mistura e fragmenta lençóis de passado nos quais a personagem está absolutamente presa, e revive. *Noite e neblina* se propõe a inventar uma memória ainda mais viva na medida em que não passaria mais pela imagem-lembrança. Como explicar essa situação aparentemente paradoxal?

Precisamos retornar à distinção bergsoniana entre a "lembrança pura", sempre virtual, e a "imagem-lembrança", que não faz mais do que atualizá-la relativamente a um presente. Em um texto essencial, Bergson diz que a lembrança pura não deve de modo algum ser confundida com a imagem-lembrança que dela decorre, mas se mantém com um "magnetizador" por trás das alucinações que ela sugere.[37] A lembrança pura é a cada vez um lençol ou um contínuo que se conserva no tempo. Cada lençol de passado tem sua distribuição, sua fragmentação, seus pontos brilhantes, suas nebulosas, em suma, uma idade. Quando me instalo sobre um determinado lençol, duas coisas podem acontecer: ou descubro ali o ponto que procurava, que vai, portanto, se atualizar em uma imagem-lembrança, mas bem se vê que esta não possui por si mesma a marca de passado, que apenas herda. Ou não descubro o ponto, porque ele está em outro lençol que me é inacessível, pertence a outra idade. *O ano passado em Marienbad* é precisamente uma história de magnetismo, de hipnotismo, onde podemos considerar que X tem imagens-lembrança, e A não as tem ou tem apenas imagens-lembrança bem vagas, pois não estão no mesmo lençol.[38] Mas um terceiro caso pode aparecer: constituímos

[37] *ES*, p. 915 (133) [ed. bras.: *A energia espiritual*, tradução de Rosemary Costhek Abílio, São Paulo, Martins Fontes, 2017]. E *MM*, pp. 276-7 (147-8).

[38] Cf. Alain Robbe-Grillet, *L'Année dernière à Marienbad*, Paris, Minuit, 1961, p. 13: "Todo o filme é a história de uma persuasão". E Resnais invoca a hipnose, *Cahiers du Cinéma*, nº 123, set. 1961.

um contínuo com fragmentos de diferentes idades, nos servimos das transformações que se operam entre dois lençóis para constituir um lençol *de* transformação. Por exemplo, em um sonho, não há mais uma imagem-lembrança que encarna um ponto particular de determinado lençol, há imagens que se encarnam uma na outra, cada uma remetendo a um ponto de lençol diferente. É provável que, quando lemos um livro, assistimos a um espetáculo ou olhamos um quadro, e com mais razão, quando somos nós mesmos o autor, um processo análogo se desencadeie: constituímos um lençol de transformação que inventa um tipo de continuidade ou de comunicação *[162]* transversal entre vários lençóis e tece entre eles um conjunto de correlações não localizáveis. Deslindamos, assim, um tempo não cronológico. Extraímos um lençol que, através de todos os outros, apreende e prolonga a trajetória dos pontos, a evolução das regiões. E sem dúvida é esta uma tarefa que corre o risco de fracassar: ora produzimos apenas uma poeira incoerente feita de empréstimos justapostos, ora formamos meras generalidades, que só retêm semelhanças. É todo o campo das falsas lembranças pelas quais nos enganamos a nós mesmos, ou tentamos enganar os outros (*Muriel*). Mas é possível que a obra de arte consiga inventar tais lençóis paradoxais, hipnóticos, alucinatórios, que têm a propriedade, a um só tempo, de ser um passado, mas sempre por vir. É uma terceira possibilidade proposta para *Marienbad*: M seria o romancista-dramaturgo, de que X e A seriam apenas as personagens, ou melhor, os dois lençóis cuja transversal ele vai traçar. E é sobretudo em *Providence* [Alain Resnais, 1977], um dos mais belos filmes de Resnais, que assistimos a essas redistribuições, fragmentações, transformações que estão sempre passando de um lençol a outro, mas para criar um novo que os leva todos, remonta até o animal e se estende até os confins do mundo. As dificuldades, os fracassos são muitos, no trabalho do velho romancista bêbado: por exemplo, três terraços tirados de três idades, e o jogador de futebol, de que lençol saiu ele, será preciso conservá-lo? Benayoun capta o essencial quando diz: "A ausência de sucessão infância, adolescência e idade adulta em Resnais [...] o leva talvez a reconstituir, no plano da criação, uma síntese do ciclo vital, partindo do nascimento e talvez da idade intrauterina, até a morte e suas pré-experiências, com a possibilidade de fundi-las todas, eventualmente, na mesma personagem".[39] A obra de arte atravessa as idades coexistentes, a menos que seja impedida, que seja fixada sobre um lençol esgotado, em uma fragmentação mortificada (*As estátuas também morrem* [*Les Statues meurent aussi*, Alain Resnais, Chris Marker e Ghislain Cloquet, 1953]). O êxito aparece quando o artista, como Van Gogh, atinge o excesso que transforma as idades da memória ou do mundo: uma operação "magnética", e essa operação explica a "montagem", mais do que é explicada por ela. *[163]*

Não há autor menos enterrado no passado. É um cinema que, de tanto se esquivar do presente, impede o passado de se degradar em lembrança. Cada lençol de passado, cada idade solicita, a um só tempo, todas as funções mentais: a lembrança, mas também o esquecimento, a falsa lembrança, a imaginação, o projeto, o juízo... É para o sentimento que, a cada vez, se confluem todas as funções. *A vida é um romance* começa por "amor, amor". É o sentimento que se estende sobre um lençol, e se matiza de acordo com sua fragmentação. Repetidas vezes Resnais declarou que não eram as personagens que o interessavam, mas os sentimentos que elas podiam extrair como sua sombra, segundo as regiões de passado onde se situavam. As personagens são presente, mas os sentimentos mergulham no passado. Os sentimentos se tornam personagens, como as sombras pintadas no parque sem sol (*O ano passado em Marienbad*). A música ganha aqui toda a sua importância. Resnais pode, portanto, estimar ora que vai além da psicologia, ora que permanece nela, conforme se considere uma psicologia das personagens ou uma psicologia dos sentimentos puros. E o sentimento é o que não para de se trocar, de circular de um lençol a outro, à medida que as transformações se fazem. Porém, quando as próprias transformações formam um lençol que atravessa todos os outros, é como se o sentimento liberasse a consciência ou o pensamento que o preenchia: uma tomada de consciência segundo a qual as sombras são as realidades vivas de um teatro mental, os sentimentos, as verdadeiras figuras de um "jogo cerebral" bem

[39] Robert Benayoun, p. 205.

concreto. É a hipnose que revela o pensamento a si próprio. Em um mesmo movimento Resnais ultrapassa as personagens rumo aos sentimentos, e os sentimentos rumo ao pensamento, do qual são as personagens. Por isso Resnais repete que só se interessa pelo que se passa no cérebro, pelos mecanismos cerebrais, mecanismos monstruosos, caóticos ou criadores.[40] Se os sentimentos são idades do mundo, o pensamento *[164]* é o tempo não cronológico que lhes corresponde. Se os sentimentos são lençóis de passado, o pensamento, o cérebro, é o conjunto de correlações não localizáveis entre todos esses lençóis, a continuidade que os envolve e desenrola como outros tantos lóbulos, impedindo-os de parar, de se imobilizar em uma posição de morte. Segundo o romancista Biéli, "somos o desenrolar de um filme cinematográfico submetido à ação minuciosa de forças ocultas: que o filme pare e nos imobilizaremos para sempre em uma pose artificial de assombro".[41] No

[40] Em suas entrevistas, Resnais costuma retomar esses dois temas: os sentimentos para além das personagens, e a tomada de consciência ou o pensamento crítico que dela resulta. É um método de *hipnose crítica*, mais perto daquilo que Dalí chamava de método de paranoia crítica do que dos procedimentos de Brecht. René Prédal ressaltou bem esse aspecto: "Se Brecht obtinha tal resultado no teatro pelo distanciamento, Resnais provoca, ao contrário, uma verdadeira fascinação. Esse tipo de hipnose, de origem puramente estética, desdramatiza a anedota, impede a identificação com as personagens e dirige a atenção do público unicamente para os sentimentos que movem o herói" (p. 163).

[41] *Eu te amo, eu te amo* corresponde bem a essa fórmula. Há uma afinidade real, nos parece, entre a obra de Resnais e o grande romance de Andrei Biéli, *Petersburgo*, fundado no que Biéli chama de "a biologia das sombras" e "o jogo cerebral". Em Biéli, a cidade e o cérebro estão topologicamente em contato; "tudo o que desfilava ante seus olhos, quadros, piano, espelho, nácar, marchetaria das jardineiras, tudo era apenas excitação da membrana cerebral, a não ser que fosse deficiência do cerebelo"; e um contínuo não cessa de se instaurar entre estados orgânicos viscerais, estados políticos da sociedade, estados meteorológicos do mundo. *Providence* a esse respeito está muito perto do romance de Biéli. Existe um método de hipnose crítica nos dois autores. Cf. Andrei Biéli, *Petersbourg*, Lausanne, L'Âge d'Homme, 1967 [ed. bras.: *Petersburgo*, tradução de Konstantin G. Asryantz e Svetlana Kardash, São Paulo, Ars Poetica, 1992].

cinema, diz Resnais, algo deve se passar "em torno da imagem, atrás da imagem e até mesmo no interior da imagem". É o que acontece quando a imagem se torna imagem-tempo. O mundo tornou-se memória, cérebro, superposição das idades ou dos lóbulos, mas o próprio cérebro tornou-se consciência, continuação das idades, criação ou crescimento de lóbulos sempre novos, recriação de matéria à maneira do estireno. A própria tela é a membrana cerebral onde se afrontam imediatamente, diretamente, o passado e o futuro, o interior e o exterior, sem distância designável, independentemente de qualquer ponto fixo (o que talvez provoque a estranheza de *Stavisky ou o império de Alexandre* [*Stavisky*, Alain Resnais, 1974]. As primeiras características da imagem já não são o espaço e o movimento, mas a topologia e o tempo.

Capítulo 6
AS POTÊNCIAS DO FALSO
[165]

1

Podemos opor ponto por ponto dois regimes da imagem, um orgânico e um cristalino, ou, de modo mais geral, um regime cinético e um regime crônico. O primeiro ponto se refere às descrições. Chamaremos de "orgânica" uma descrição que supõe a independência de seu objeto. Não importa saber se o objeto é realmente independente; nem se são exteriores ou cenários. O que conta é que, cenários ou exteriores, o meio descrito seja posto como independente da descrição que a câmera dele faz, e valha por uma realidade supostamente preexistente. Chamamos, ao contrário, de "cristalina" a descrição que vale por seu objeto, que o substitui, cria e apaga a um só tempo, como diz Robbe-Grillet, e sempre está dando lugar a outras descrições que contradizem, deslocam ou modificam as precedentes. Agora é a própria descrição que constitui o único objeto decomposto, multiplicado. Vemos isso nos mais diversos campos, as vistas planas e as superfícies chapadas de cores da comédia musical, as "transparências frontais antiperspectiva", em Syberberg. Acontece de passarmos de um regime ao outro, como em *A vingança do ator*, de Ichikawa, quando uma névoa amarela se atenua e passa para uma tela pintada. Mas a diferença não está entre os cenários e os exteriores. O neorrealismo e a *nouvelle vague* não pararam de rodar em exterior, para extrair deste descrições puras que desenvolvem uma função criadora e destruidora. Com efeito, as descrições orgânicas que pressupõem a independência de um meio qualificado servem para definir *[166]* situações sensório-motoras, enquanto as descrições cristalinas, que constituem seu próprio objeto, remetem a situações puramente ópticas e sonoras desligadas de seu prolongamento motor: um cinema de vidente, não mais de actante.

O segundo ponto resulta do primeiro, e se refere à conexão entre o real e o imaginário. Em uma descrição orgânica, o real suposto é reconhecido por sua continuidade, até mesmo interrompida, pelos *raccords* que a restabelecem, pelas leis que determinam as sucessões, as simultaneidades, as permanências: é um regime de correlações localizáveis, de encadeamentos atuais, concatenações legais, causais e lógicas. É certo que esse regime inclui o irreal, a lembrança, o sonho, o imaginário, mas por oposição. O imaginário, com efeito, aparecerá na forma do capricho e da descontinuidade, cada imagem estando desprendida de outra, na qual ela se transforma. Será um segundo polo da existência, que se definirá pela pura aparição à consciência, e não mais pelas concatenações legais. As imagens desse tipo se atualizarão na consciência, em função das necessidades do atual presente ou das crises do real. Um filme poderá ser inteiramente feito de imagens-sonho, estas conservarão a capacidade de desprendimento e metamorfose perpétuas que as opõe às imagens-real. Logo, o regime orgânico compreenderá esses dois modos de existência como dois polos opostos: os encadeamentos atuais, do ponto de vista do real, as atualizações na consciência, do ponto de vista do imaginário. Bem diferente é o regime cristalino: o atual está cortado de seus encadeamentos motores, ou o real de suas concatenações legais, e o virtual, por sua parte, se destaca de suas atualizações, começa a valer por si próprio. Os dois modos de existência reúnem-se agora em um circuito em que o real e o imaginário, o atual e o virtual, correm um atrás do outro, trocam de papel e se tornam indiscerníveis.[1] Aqui

[1] No início do capítulo III de *Matière et mémoire* [*MM*], Bergson começa mostrando como o senso comum opõe dois polos da existência, as concatenações que determinam uma continuidade, as aparições descontínuas à consciência. De um ponto de vista mais profundo, porém, são dois elementos que não se deixam mais separar e se misturam em graus diversos: pp. 288-9 (163-4) [ed. bras.: *Matéria e memória*, tradução de Paulo Neves, São Paulo, Martins Fontes, 2011].

poderemos falar com precisão em imagem-cristal: a coalescência de uma imagem atual e de sua imagem virtual, a indiscernibilidade *[167]* das duas imagens distintas. De um regime para outro, do orgânico ao cristalino, as passagens podem ser feitas de maneira insensível, ou os amontoamentos se produzir sem parar (por exemplo, em Mankiewicz). Mas nem por isso deixa de haver dois regimes que diferem em natureza.

O terceiro ponto já não se refere à descrição, mas à narração. A narração orgânica consiste no desenvolvimento dos esquemas sensório-motores segundo os quais as personagens reagem a situações, ou então agem de modo a desvendar a situação. É uma narração verídica, no sentido em que aspira ao verdadeiro, até mesmo na ficção. Tal regime é complexo porque pode fazer intervir rupturas (elipses), inserções de lembranças e de sonhos, e, sobretudo, porque implica um determinado uso da palavra como fator de desenvolvimento. Entretanto, ainda não consideramos a especificidade desse fator. Constatamos apenas que o esquema sensório-motor se manifesta concretamente em um "espaço hodológico" (Kurt Lewin), que se define por um campo de forças, oposições e tensões entre essas forças, resoluções das tensões de acordo com a distribuição dos objetivos, obstáculos, meios, desvios... A forma abstrata correspondente é o espaço euclidiano, pois este é o meio no qual as tensões se resolvem conforme um princípio de economia, segundo leis ditas de extremo, de mínimo e de máximo: por exemplo o caminho mais simples, o desvio mais adequado, a palavra mais eficaz, o mínimo de meio para um máximo de efeito. Essa economia da narração aparece, pois, tanto na figura concreta da imagem-ação e do espaço hodológico, quanto na figura abstrata da imagem-movimento e do espaço euclidiano. Os movimentos e as ações podem apresentar muitas anomalias aparentes, rupturas, inserções, superposições, decomposições, eles não obedecem menos a leis que remetem à distribuição dos *centros de forças* no espaço. De maneira geral, podemos dizer que o tempo é objeto de uma representação indireta na medida em que resulta da ação, depende do movimento, é concluído no espaço. Por isso, por mais revolvido que esteja, ele continua, em princípio, a ser um tempo cronológico.

Bem diferente é a narração cristalina, pois ela implica um desmoronamento dos esquemas sensório-motores. As situações *[168]* sensório-motoras deram lugar a situações ópticas e sonoras puras diante das quais as personagens, agora videntes, já não podem ou querem reagir, pois precisam, muito, conseguir "enxergar" o que há na situação. É a condição dostoievskiana tal como retomada por Kurosawa: nas situações mais urgentes, *O idiota* sente a necessidade de ver os dados de um problema mais profundo que a situação, e ainda mais urgente (do mesmo modo na maioria dos filmes de Kurosawa). Porém, em Ozu, no neorrealismo, na *nouvelle vague*, a visão não é mais sequer um pressuposto acrescido à ação, uma preliminar que se manifesta como condição, ela toma todo o lugar e faz as vezes de ação. Então o movimento pode tender a zero, a personagem ou o próprio plano permanecer fixo: redescoberta do plano fixo. Mas não é isso o que conta, pois o movimento pode igualmente se tornar exagerado, ser incessante, tornar-se movimento de mundo, movimento browniano, arrastar-se, cruzar-se, assumir uma multiplicidade de movimentos de escalas diferentes. O que conta é que as anomalias de movimento se tornam o essencial em vez de serem acidentais ou eventuais. É o reino do falso-*raccord*, tal como Dreyer o instaura.[2] Seria o mesmo que dizer que a narração cristalina vai quebrar a complementaridade do espaço hodológico vivido e do espaço euclidiano representado. Tendo perdido suas concatenações sensório-motoras, o espaço concreto deixa de se organizar conforme tensões e resoluções de tensão, conforme objetivos, obstáculos, meios e até mesmo desvios. Já se afirmou, de um ponto de vista que não tratava do cinema, mas que nele encontra total confirmação: "Antes do espaço hodológico há essa sobreposição de perspectivas que não permite apreender o obstáculo determinado, porque não há dimensões

[2] A propósito de *O ano passado em Marienbad*, Sylvette Baudrot diz: o filme "é inteiramente composto de falsos-*raccords* [...], só há *raccords* de sentimento". Do mesmo modo em *Muriel*, ou em *A guerra acabou*: "Se a personagem passasse da direita para a esquerda em um plano, seria preciso que no plano seguinte ela passasse da esquerda para a direita, ou que viesse de frente, para chocar, para criar contraste" (*Alain Resnais*, *L'Arc*, nº 31, p. 50).

relativamente às quais o conjunto único se ordenaria. A *fluctuatio animi* que precede à ação resolvida não é hesitação entre vários objetos ou sequer entre várias vias, mas recobrimento móvel de conjuntos *[169]* incompatíveis, quase semelhantes e, no entanto, díspares".[3] É aí que uma narração cristalina vem prolongar as descrições cristalinas, suas repetições e variações, através de uma crise da ação. Mas, ao mesmo tempo que o espaço concreto deixa de ser hodológico, o espaço abstrato deixa de ser euclidiano, perdendo por sua vez as concatenações legais e as leis de extremo que o regiam. Claro, conhecemos os perigos de invocar determinações científicas fora de seu campo. É o perigo de uma metáfora arbitrária, ou o de uma aplicação difícil. Mas talvez esses perigos sejam conjurados se nos contentarmos em extrair dos operadores científicos esta ou aquela característica conceitualizável que remete a campos não científicos, e converge com a ciência sem ser aplicação nem metáfora. É nesse sentido que podemos falar de espaços riemanianos em Bresson, no neorrealismo, na *nouvelle vague*, na escola de Nova York, de espaços quânticos em Robbe-Grillet, de espaços probabilísticos e topológicos em Resnais, de espaços cristalizados em Herzog e Tarkóvski. Dizemos, por exemplo, que há espaço riemaniano quando a junção das partes não é predeterminada, mas pode ser feita de múltiplas maneiras: é um espaço desconectado, puramente óptico, sonoro, ou, até mesmo, tátil (à maneira de Bresson). Há também os espaços vazios, amorfos, que perdem suas coordenadas euclidianas, à maneira de Ozu, ou de Antonioni. Há os espaços cristalizados, quando as paisagens se tornam alucinatórias em um meio que não retém mais que germes cristalinos e matérias cristalizáveis.

Ora, o que caracteriza esses espaços é que suas características não podem ser explicadas de modo apenas espacial. Elas implicam correlações não localizáveis. São apresentações diretas do tempo. Não temos mais uma imagem indireta do tempo que resulta do movimento, mas uma imagem-tempo direta da qual resulta o movimento. Não temos mais um tempo cronológico que pode ser per-

[3] Gilbert Simondon, *L'Individu et sa génèse physico-biologique*, Paris, PUF, 1964, p. 233.

turbado por movimentos eventualmente anormais, temos um tempo crônico, não cronológico, que produz movimentos necessariamente "anormais", essencialmente "falsos". Podemos também dizer que a montagem tende a desaparecer *[170]* em prol do plano-sequência, com ou sem profundidade. Não é verdade, porém, em princípio, e a montagem continua a ser, na maioria das vezes, o ato cinematográfico essencial. Só que muda de sentido: em vez de compor as imagens-movimento de tal maneira que delas saia uma imagem indireta do tempo, ela decompõe as conexões em uma imagem-tempo direta de tal maneira que desta saiam todos os movimentos possíveis. Não são as lembranças nem os sonhos que determinam essas conexões crônicas. As imagens-lembrança ou sonho estão em via de atualização nos esquemas sensório-motores, e supõem sua ampliação ou enfraquecimento, mas não a ruptura em favor de outra coisa. Se o tempo aparece diretamente, é nas *pontas de presente desatualizadas*, é nos *lençóis de passado virtuais*. A imagem indireta do tempo se constrói no regime orgânico segundo as situações sensório-motoras, mas as duas imagens-tempo diretas são vistas no regime cristalino segundo situações ópticas e sonoras puras.

Disso resulta um quarto ponto, mais complexo ou mais geral. Se considerarmos a história do pensamento, constatamos que o tempo sempre pôs em crise a noção de verdade. Não que a verdade varie conforme as épocas. Não é o mero conteúdo empírico, é a forma, ou melhor, a força pura do tempo que põe a verdade em crise. Essa crise eclode desde a Antiguidade, no paradoxo dos "futuros contingentes". Se é *verdade* que uma batalha naval *pode* acontecer amanhã, como evitar uma das duas consequências seguintes: ou o impossível procede do possível (já que, se a batalha acontece, não é mais possível que ela não aconteça), ou o passado não é necessariamente verdadeiro (já que ela podia não acontecer).[4] É fácil tratar tal paradoxo como sofisma. Mas ele não deixa

[4] Cf. Pierre-Maxime Schuhl, *Le Dominateur et les possibles*, Paris, PUF, 1960 (sobre o papel desse paradoxo na filosofia grega). Jules Vuillemin retomou o conjunto da questão em *Nécessité ou contingence*, Paris, Minuit, 1984.

de apontar a dificuldade que há em pensar uma conexão direta da verdade com a forma do tempo, e nos condena a situar o verdadeiro longe do existente, no eterno ou no que imita o eterno. Precisaremos esperar Leibniz para termos a solução mais engenhosa desse paradoxo, mas também a mais estranha e mais rebuscada. Leibniz diz que a batalha naval *[171]* pode acontecer ou não acontecer, mas que não é no mesmo mundo: ela acontece em um mundo, não acontece em outro, e esses dois mundos são possíveis, mas não "compossíveis" entre si.[5] Ele tem de forjar, portanto, a bela noção de *incompossibilidade* (bem diferente da de contradição) para resolver o paradoxo salvando a verdade: segundo ele, não é o impossível, é apenas o incompossível que procede do possível; e o passado pode ser verdadeiro sem ser, necessariamente, verdadeiro. Mas a crise da verdade assim conhece mais uma pausa que uma solução. Pois nada nos impedirá de afirmar que os incompossíveis pertencem ao mesmo mundo, que os mundos incompossíveis pertencem ao mesmo universo: "Fang, digamos, tem um segredo, um desconhecido bate à sua porta... Fang pode matar o intruso, o intruso pode matar Fang, ambos podem salvar-se, ambos podem morre etc... o senhor chega a esta casa, mas, num dos passados possíveis, o senhor é meu inimigo, em outro, meu amigo...".[6] É a resposta de Borges a Leibniz: a linha reta como força do tempo,

[5] Cf. Leibniz, *Teodiceia*, § 414-6: nesse texto surpreendente, que nos parece ser uma fonte de toda a literatura moderna, Leibniz apresenta os "futuros contingentes" como outros tantos apartamentos que compõem uma pirâmide de cristal. Em um apartamento, Sexto não vai a Roma e cultiva seu jardim em Corinto: em outro, ele se torna rei, na Trácia; mas, em outro, ele vai a Roma e toma o poder... Notaremos que esse texto se apresenta sob uma narração muito complexa, inextricável, embora pretenda salvar a Verdade: é antes de mais nada um diálogo de Valla com Antônio, no qual se insere outro diálogo, entre Sexto e o oráculo de Apolo, ao qual depois sucede um terceiro diálogo, Sexto-Júpiter, que dá lugar à entrevista Teodoro-Pallas, ao término da qual Teodoro acorda.

[6] Jorge Luis Borges, "Le Jardin aux sentiers qui bifurquent", em *Fictions*, Paris, Gallimard, 1952, p. 130 [ed. bras.: "O jardim de veredas que se bifurcam", em *Ficções*, tradução de Davi Arrigucci Jr., São Paulo, Companhia das Letras, 2007].

como labirinto do tempo, é também a linha que se bifurca e não para de se bifurcar, passando por *presentes incompossíveis*, retomando *passados não necessariamente verdadeiros*.

Resulta daí um novo status da narração: a narração deixa de ser verídica, quer dizer, de aspirar à verdade, para se fazer essencialmente falsificante. Não é de modo algum "cada um com sua verdade", uma variabilidade que se referiria ao conteúdo. É uma potência do falso que substitui e destrona a forma do verdadeiro, pois ela afirma a simultaneidade de presentes incompossíveis, ou a coexistência de passados não necessariamente verdadeiros. A descrição cristalina atingia já a indiscernibilidade do real e do imaginário, mas a narração falsificante que lhe corresponde vai um pouco adiante e coloca no presente *[172]* diferenças inexplicáveis; no passado, alternativas indecidíveis entre o verdadeiro e o falso. O homem verídico morre, todo modelo de verdade se desmorona, em favor da nova narração. Não falamos ainda do autor essencial a esse respeito: é Nietzsche, que, sob o nome de "vontade de potência", substitui pela potência do falso a forma do verdadeiro, e resolve a crise da verdade, quer resolvê-la de uma vez por todas, mas em contraposição a Leibniz, em prol do falso e de sua potência artística, criadora...

Do romance ao cinema, a obra de Robbe-Grillet aponta a potência do falso como princípio de produção das imagens. Não é um simples princípio de reflexão ou de tomada de consciência: "Atenção! Isto é cinema". É uma fonte de inspiração. As imagens devem ser produzidas de tal maneira que o passado não seja necessariamente verdadeiro ou que do possível proceda o impossível. Quando Robbe-Grillet faz questão do detalhe que dá a impressão de falso à imagem (por exemplo, *O homem que mente* [*L'Homme qui ment*, 1968] não deveria usar o mesmo terno e gravata com vários anos de distância), compreendemos que a potência do falso é também o princípio mais geral que determina o conjunto das conexões na imagem-tempo direta. Em um mundo, duas personagens se conhecem, em outro não se conhecem, em outro, uma conhece a outra, no outro, enfim, é a outra que conhece a primeira. Ou duas personagens se traem, uma apenas trai a outra, nenhuma trai, ambas são a mesma que se trai sob dois nomes diferentes: contrariamente ao que pensava Leibniz, todos esses mundos pertencem ao mesmo universo e constituem as modificações da mesma história. A narração não é mais uma narração verídica que se encadeia com descrições reais (sensório-motoras). É a um só tempo que a descrição se torna seu próprio objeto, que a narração se torna temporal *e* falsificante. A formação do cristal, a força do tempo e a potência do falso são estritamente complementares, e não param de se implicar como as novas coordenadas da imagem. Não há nisso juízo de valor algum, pois o novo regime engendra, tanto quanto o antigo, fórmulas prontas, receitas, aplicações laboriosas e vazias, fracassos, arbitrários, "segundas-mãos" apresentadas como obras-primas. O interessante *[173]* é o novo status da imagem, o novo tipo de descrição-narração na medida em que inspira, antes de mais nada, grandes cineastas muito diferentes.[7] Poderíamos resumir tudo isso dizendo que o falsário se torna o próprio personagem do cinema: não mais o criminoso, o *cowboy*, o homem psicossocial, o herói histórico, o detentor do poder etc., como na imagem-ação, mas o falsário puro e simples, em detrimento de qualquer ação. O falsário podia, não há muito, existir sob uma forma determinada, mentiroso ou traidor, porém agora ele ganha uma figura ilimitada que impregna todo o filme. A um só tempo ele é o homem das descrições puras, e fabrica a imagem-cristal, a indiscernibilidade do real e do imaginário; ele passa para o cristal, e faz ver a imagem-tempo direta; suscita as alternativas indecidíveis, as diferenças inexplicáveis entre o verdadeiro e o falso, e com isso impõe uma potência do falso como adequada ao

[7] Cf. Alain Bergala, "Le Vrai, le faux, le factice", *Cahiers du Cinéma*, nº 351, set. 1983. Ele denuncia as fórmulas já prontas que resultam desse novo regime da imagem (e evidentemente qualquer regime de imagens tem suas contrafacções que ocorrem bem cedo). Bergala sugere um critério: é preciso que o cenário não fique morto, pretendendo valer por si mesmo, mas se encadeie com uma narração falsificante, que por sua vez não seja arbitrária, mas tenha uma necessidade. Já a propósito de Welles, ele intitulou uma página de imagens "As potências do falso" (*Orson Welles*, *Cahiers du Cinéma*, hors série, nº 12, 1982, p. 69). Cf. um importante artigo de Pascal Bonitzer, "L'Art du faux, metamorphoses" (*Raoul Ruiz*, *Cahiers du Cinéma*, nº 345, 1983).

tempo, em oposição a qualquer forma do verdadeiro que discipline o tempo. *O homem que mente* é um dos mais belos filmes de Robbe-Grillet: não é um mentiroso localizável, mas um falsário ilocalizável e crônico, em espaços paradoxais. Diremos também que *Stavisky*, na obra de Resnais, não é um filme entre outros: embora não seja o mais importante, ele contém o segredo dos outros, um pouco como *O desenho do tapete*, de Henry James. Poderíamos também tomar um filme ainda menor em Godard, e, no entanto, fundamental, pois apresenta na forma sistemática e condensada aquilo de que toda a obra sempre vai se inspirar, uma potência do falso que Godard soube impor como novo estilo e que vai das descrições puras à narração falsificante, sob a conexão de uma imagem-tempo direta: é *O grande trapaceiro* [*Le Grand escroc*, Jean-Luc Godard, 1963], interpretação livre de um episódio do grande romance de Herman Melville.[8] *O homem que mente*, *[174]* *Stavisky* seriam também como *O grande trapaceiro*, todos juntos formariam o manifesto simplificado, aumentado, provocante, mal recebido, "mal visto mal dito", do novo cinema.

A narração verídica se desenvolve organicamente, segundo concatenações legais no espaço e conexões cronológicas no tempo. Certamente o alhures poderá avizinhar-se do aqui, e o antigo do presente; porém essa variabilidade dos lugares e dos momentos não põe em questão as conexões e concatenações, determina antes seus termos ou elementos, tanto assim que a narração implica uma investigação ou testemunhos que a referem ao verdadeiro. O investigador, as testemunhas podem até mesmo ganhar uma figura explícita autônoma, como nos filmes propriamente "judiciários". Mas, explícito ou não, é sempre a um *sistema do julgamento* que a narração se refere: mesmo quando a absolvição se dá em bene-

[8] O romance de Melville, *The Confidence Man*, foi traduzido por Henri Thomas com o título *Le Grand escroc*, Paris, Minuit, 1950 (a expressão se encontra em Melville) [ed. bras.: *O vigarista*, tradução de Eliana Sabino, Rio de Janeiro, Editora 34, 1992]. O curta-metragem de Godard (1964) fazia parte de uma série compondo *As maiores vigarices do mundo* [*Les Plus belles escroqueries du monde*, 1964]. A decupagem foi publicada em *L'Avant-Scène Cinéma*, nº 46.

fício da dúvida, ou quando o culpado só é culpado pelo destino. A narração falsificante, ao contrário, escapa a tal sistema, ela quebra o sistema do julgamento, pois a potência do falso (não o erro ou a dúvida) afeta tanto o investigador e a testemunha quanto o presumido culpado. "Em *Stavisky*, os testemunhos são feitos durante a vida da personagem, que os refuta. Depois, no interior desses testemunhos, aparecem outras testemunhas, que já falam de um morto."[9] É que os próprios elementos não param de mudar com as conexões de tempo nas quais entram, e os termos, com suas concatenações. A narração inteira está sempre se modificando, a cada um desses episódios, não conforme variações subjetivas, mas segundo lugares desconectados e momentos descronologizados. Há uma razão profunda para essa nova situação: contrariamente à forma do verdadeiro que é unificante e tende à identificação de uma personagem (sua descoberta ou simplesmente sua coerência), a potência do falso não é separável de uma irredutível multiplicidade. "Eu é outro" substituiu Eu=Eu.

A potência do falso só existe sob o aspecto de uma série de potências, que estão sempre se remetendo umas às outras e penetrando umas nas outras. Tanto assim que os investigadores, *[175]* as testemunhas, os heróis inocentes ou culpados participarão da mesma potência do falso, cujos graus eles encarnarão, a cada etapa da narração. Até mesmo "o homem verídico acaba compreendendo que nunca deixou de mentir", dizia Nietzsche. O falsário será, portanto, inseparável de uma cadeia de falsários nos quais ele se metamorfoseia. Não há falsário único, e, se o falsário desvenda alguma coisa, é a existência atrás dele de outro falsário, ainda que seja o próprio Estado, como nas operações financeiras de *Stavisky*, ou de *O grande trapaceiro*. O homem verídico fará parte da cadeia, em uma ponta como artista, na outra como enésima potência do falso. E a narração não terá outro conteúdo senão a exposição desses falsários, seus deslizes de um a outro, as metamorfoses de uns nos outros. Na literatura e na filosofia, os dois maiores textos que desenvolveram essas cadeias de falsários ou

[9] Youssef Ishaghpour, *D'une image à l'autre*, col. Médiations, Paris, Denöel, 1983, p. 206.

essas séries de potências foram o último livro de *Zaratustra*, de Nietzsche, e o romance de Melville, *The Confidence Man*, em francês *Le Grand escroc*. Um expõe o "grito múltiplo" do Homem Superior que passa pelo adivinho, pelos dois reis, o homem da sanguessuga, o feiticeiro, o último papa, o mais feio dos homens, o mendigo voluntário e a sombra: todos falsários. O outro expõe uma série de falsários que inclui um albino mudo, um negro sem pernas, um homem com fita preta, um homem de cinza, um homem de boné, um homem dos registros, um doutor de ervas, até o cosmopolita com roupas coloridas, o grande hipnotizador, o "crápula metafísico", cada um se metamorfoseando nos outros, todos enfrentando "homens verídicos" que não são menos falsos que eles mesmos.[10] Godard esboça tal série, cujas personagens serão a representante do cinema-verdade, o policial, o próprio grande escroque, enfim, o cineasta, o retrato do artista com barrete. O *ano passado em Marienbad* só relacionava a hipnotizada (a mulher verídica?) ao hipnotizador com a condição de descobrir, por trás, *[176]* mais um hipnotizador. Ou a série de *Muriel* [Alain Resnais, 1963], todos, de certo modo, falsários. As séries de Robbe-Grillet se desenvolvem à maneira de *Trans-Europ Express*: Elias, o homem do falso, remete a Eva, a agente dupla, no relatório do gângster Frank que supõe uma organização, que remete a Jean e Marc, o autor e seu crítico, mas que ainda passam pelo delegado Lorentz... Tal construção parece comum a filmes bem diferentes, a autores bem independentes. Citaremos o filme de Hugo Santiago, no qual colaboraram Borges e Casares, *Les Autres* [1974]: depois da morte do filho, o livreiro se metamorfoseia em uma série de falsários, o mago, o homem com a varinha, o homem do espelho, e

[10] Como diz Régis Durand, resumindo um dos procedimentos narrativos de Melville, "alguém repete uma história que sabe de outra personagem, a qual invoca, para se justificar, o testemunho de outras personagens que são apenas a primeira, diversamente fantasiada. [...] O homem de boné consegue pôr em dúvida as pretensas calamidades das quais (alguém) lhe faz a narrativa; ora, essas calamidades são as que teriam acontecido a um homem que na verdade é ele próprio, sob um disfarce diferente, e cuja narrativa foi transmitida por outro indivíduo que também é outra versão dele mesmo" (*Melville, signes et métaphores*, Lausanne, L'Âge d'Homme, 1980, pp. 129-30).

o próprio filho, que constituem toda a narração, enquanto a câmera salta de ponto em ponto para efetuar puras descrições (o observatório vazio). Por toda a parte são as metamorfoses do falso que substituem a forma do verdadeiro.

O essencial é isso: como o novo regime da imagem (a imagem-tempo direta) opera com descrições ópticas e sonoras puras, cristalinas, e narrações falsificantes, puramente crônicas. É ao mesmo tempo que a descrição deixa de pressupor uma realidade e a narração de remeter a uma forma do verdadeiro: daí o *Documentiroso* [*Documenteur*, 1982], de Agnès Varda, em que o documentário descreve situações apenas ópticas e sonoras (os muros, a cidade), para uma história que não faz mais que invocar a abolição do verdadeiro, que seguir os gestos desconectados da heroína. E, sem dúvida, cada grande autor tem seu modo de conceber a descrição, a narração e suas conexões.[11] Cada vez, também, o visual e o falado entram em novas conexões. É que, como veremos, um terceiro elemento intervém ainda, a narrativa, distinta da descrição e da narração. Mas, para ficar nessas duas instâncias, devemos dizer que elas formam a base que se impôs depois da *nouvelle vague*. A revolução neorrealista ainda mantinha a referência a uma forma do verdadeiro, embora a tenha renovado profundamente, e certos *[177]* cineastas, no curso de sua evolução, dela se tenham emancipado (Fellini, e até mesmo Visconti). Mas a *nouvelle vague* rompeu deliberadamente com a forma do verdadeiro para substituí-la por potências de vida, potências cinematográficas consideradas mais profundas. Se procurarmos a descendência da *nouvelle vague* ou a influência de Godard em certos filmes recentes, vemos imediatamente características que bastam para definir o aspecto mais aparente. *Falsos fugitivos* [*Faux fuyants*, 1983],* de Bergala e Li-

[11] Por exemplo, em Robbe-Grillet, são as cenas eróticas que assumem o papel de descrever, tendendo à imobilidade (prender, amarrar a mulher), enquanto a narração passa por todos os meios de transporte como fontes de falsos movimentos.

* O título original do filme possui duplo sentido, indicando tanto a ação das personagens que estrutura o enredo, quanto a expressão existente no francês e que em português conota “subterfúgio”. (N. da T.)

mosin, conta a história de um homem de carro que sem querer atropela outro e foge; depois investiga, entra em uma conexão cada vez mais próxima com a filha da vítima, sem sabermos o que ele quer. Mas a narração não se desenvolve organicamente, e sim como se o delito de fuga deslizasse ao longo de uma cadeia, se metamorfoseasse cada vez, seguindo as personagens como outros tantos falsários, cada um dos quais por sua conta efetua um subterfúgio (contamos oito ao todo), até que o delito se inverta, e que a testemunha original se torne, por sua vez, o delinquente, que um último delito de fuga deixará morrer na neve, enquanto o circuito se fecha com uma chamada telefônica que relata essa morte ao primeiro personagem. Ora, tal narração falsificante está entrecortada por estranhas cenas que não têm outra função além da de pura descrição: o homem telefona para a moça, que trabalha como babá, unicamente a fim de que ela descreva o apartamento onde ela está; depois, ele pede à moça para vir olhá-lo, à toa, quando não há estritamente nada para ser visto, quando ele está prestes a entrar no cinema com uma amiga; e a moça lhe retribuirá a "gentileza", pedindo-lhe, simplesmente, para estar presente quando ela passeia, por sua vez, com uma amiga. *A plagiária* [*La Pirate*, 1984], de Doillon, procede de modo bem diferente, mas com a mesma base: o filme nos apresenta uma paixão entre três personagens que querem ser "julgadas", mas que caem somente sob o olhar de uma menina puramente descritiva, e na intriga de um detetive que se pergunta que história ele vai poder tirar dali. A paixão se torna o elemento essencial desse cinema porque, de modo inverso da ação, ela ata narrações falsificantes a descrições puras.

Se há uma unidade no novo cinema alemão — Wenders, Fassbinder, Schmid, Schroeter ou Schlöndorff — ela também está, como resultado da guerra, na ligação sempre *[178]* variável entre esses elementos: os espaços reduzidos à sua própria descrição (cidades-desertos ou lugares que estão sempre se destruindo); as apresentações diretas de um tempo pesado, inútil e inevocável, que persegue as personagens; e, de um polo a outro, as potências do falso que tecem uma narração, na medida em que se efetuam em "movimentos em falso". A paixão alemã tornou-se medo, mas o medo é também a última razão do homem, sua nobreza anunciando algo de novo, a criação que sai do medo como paixão nobre. Se procurássemos um exemplo não para resumir os outros, mas entre outros, seria precisamente *A falsificação* [*Die Fälschung*, 1981], de Schlöndorff: em uma Beirute devastada e dividida, um homem vindo de outro passado, apanhado em uma corrente de falsários, volta um olhar vazio para o movimento do limpador de para-brisas.

A semiologia de inspiração linguística, a semiocrítica, encontrou o problema das narrações falsificantes no curso de estudos ricos e complexos sobre o "dysnarrativo".[12] Mas, como ela identificava a imagem cinematográfica com um enunciado, e qualquer sequência com uma narração em geral, as diferenças entre narrações só poderiam vir dos processos linguageiros constitutivos de uma estrutura intelectual subjacente às imagens. O que constituía tal estrutura eram o sintagma e o paradigma, ambos complementares, mas sob tais condições que o segundo se mostrava fraco e pouco determinado, sendo o primeiro o único decisivo na narração tradicional (Christian Metz). Portanto, basta que o paradigma se torne essencial na ordem estrutural, ou até mesmo que a estrutura se torne "serial", para que a narração perca o caráter acumulativo, homogêneo e identificável que devia à primazia do sintagma. A "grande sintagmática" fica sobrecarregada, a Grande Senhorita está morta, subvertida, e os microelementos a corroem ou a fazem proliferar. Novos sintagmas podem surgir (por exemplo, os "sintagmas projetivos" de Chateau e Jost), mas só *[179]* atestam que mudou a predominância. O cinema é sempre narrativo, e cada vez mais narrativo, mas é dysnarrativo na medida em que a narração é afetada por repetições, permutações e transformações

[12] Foi sobre esse ponto que os discípulos de Christian Metz introduziram importantes mudanças semiológicas acerca do "cinema moderno": sobre o "dysnarrativo" em Robbe-Grillet (que criou o termo), cf. Dominique Chateau e François Jost, *Nouveau cinéma, nouvelle sémiologie* (Paris, Minuit, 1979), e Andrée Gardies, *Le Cinéma de Robbe-Grillet* (Paris, Albatros, 1983). Cf. também, a propósito de Resnais, o livro coletivo de Michel Marie, Marie-Claire Ropars e Claude Bailblé sobre *Muriel* (*Muriel: histoire d'une recherche*, Paris, Galilée, 1974).

detalhadamente explicadas pela nova estrutura. Entretanto, uma semiótica pura não pode seguir as vias dessa semiologia, pois não há narração (nem descrição) que seja um "dado" das imagens. A diversidade das narrações não pode se explicar pelos avatares do significante, pelos estados de uma estrutura da linguagem supostamente subjacente às imagens em geral. Ela remete apenas a formas sensíveis de imagens e a signos sensitivos correspondentes que não pressupõem narração alguma, mas dos quais resulta tal narração e não outra. Os tipos sensíveis não se deixam substituir por processos de linguagem. É nesse sentido que a narração falsificante depende diretamente da imagem-tempo, dos opsignos e dos cronosignos, enquanto a narração tradicional remete às formas da imagem-movimento e a signos sensório-motores.

2

Orson Welles é o primeiro: ele liberta uma imagem-tempo direta e faz a imagem ficar sob o poder do falso. Sem dúvida esses dois aspectos estão estreitamente ligados, mas as críticas recentes deram cada vez mais importância ao segundo, que culmina com *Verdades e mentiras* [*F for Fake*, 1973]. Há um nietzschianismo de Welles, como se ele tornasse a passar pelos principais pontos da crítica à verdade em Nietzsche: o "mundo verdadeiro" não existe e, se existisse, seria inacessível, inevocável e se fosse evocável, seria inútil, supérfluo. O mundo verdadeiro supõe um "homem verídico", um homem que quer a verdade, mas tal homem tem estranhos móveis, como se ele escondesse em si outro homem, uma vingança: Otelo quer a verdade, mas por ciúmes, ou pior, por vingar-se de ser negro, e Vargas, o homem verídico por excelência, parece por muito tempo indiferente à sina de sua mulher, inteiramente ocupado nos arquivos juntando provas contra seu inimigo. O homem verídico só quer finalmente julgar a vida, ele exige um valor superior, o bem, em nome do *[180]* qual poderá julgar; tem sede de julgar, vê na vida um mal, um erro a ser expiado: origem moral da noção de verdade. À maneira de Nietzsche, Welles não parou de lutar contra o sistema do julgamento: não existe valor superior à vida, a vida não tem de ser julgada, nem justificada, ela é inocente, tem a "inocência do devir", para além do bem e do mal...[13]

Esse problema do julgamento não é mais estranho ao cinema do que ao teatro, e sofreu uma evolução complexa. Desde o expressionismo é a luta do bem e do mal, como da luz e das trevas, que constitui a metafísica do verdadeiro (encontrar a verdade na luz e na expiação). Mas o lugar de Lang é único, pois ele faz do mal uma dimensão humana e não mais fáustica, quer na forma de um gênio hipnótico (Mabuse), quer na de uma impulsão irresistível (*M., o vampiro de Düsseldorf* [*M, Eine Stadt sucht einen Mörder*, 1931]). Com isso a questão da verdade, quer dizer, do tribunal e do julgamento, vai revelar toda a sua ambiguidade: M. é submetido a um tribunal de delinquentes que não tem bem a verdade como móvel. E a evolução se acelera quando Lang vai para a América, onde encontra um gênero de filmes propriamente judiciários, cujos dados ele vai renovar. Não se trata simplesmente de marcar a dificuldade de alcançar o verdadeiro, considerando-se as insuficiências da investigação e daqueles que julgam (será ainda esse o caso de *Doze homens e uma sentença* [*12 Angry Men*, 1957], de Lumet). Em Lang, como em Preminger, é a própria possibilidade de julgar que é posta em questão. Para Lang, parece que não há mais verdade, apenas aparências. O Lang americano torna-se o maior cineasta das aparências, das imagens falsas (daí a evolução dos Mabuse). Tudo é aparência, e, no entanto, esse novo estado transforma o sistema de julgamento, em vez de suprimi-lo. Com efeito, a aparência é o que trai a si mesmo; os grandes momentos em Lang são aqueles em que uma personagem se trai. As aparências se traem, não porque dariam lugar a uma verdade mais profunda, mas simplesmente porque elas próprias se revelam como não verdadeiras: a personagem comete uma gafe, conhece o primeiro nome da vítima *Suplício de uma alma* [*Beyond a Reasonable Doubt*, 1956], ou sabe falar alemão *Os carrascos também mor-*

[13] Na maior parte das entrevistas de Welles, a crítica à noção de verdade se confunde com a impossibilidade de julgar o homem e a vida. Cf. Jean Gili, "Orson Welles ou le refus de juger", *Orson Welles*, col. Études Cinématographiques, vol. 13, nº 24-25, Paris, Minard, 1962.

rem [*Hangmen also Die!*, Fritz Lang, 1943]. *[181]* Nessas condições ainda é possível fazer surgir novas aparências com base nas quais as primeiras poderão ser julgadas e o serão. Os resistentes, por exemplo, arranjarão as testemunhas falsas que farão o traidor que sabia alemão ser condenado pela Gestapo. O sistema do julgamento sofre, portanto, uma grande transformação, pois penetra nas condições que determinam as conexões de que dependem as aparências: Lang inventa um relativismo à maneira de Protágoras, no qual o julgamento exprime o "melhor" ponto de vista, isto é, a conexão sob a qual as aparências têm a chance de se voltarem em favor de um indivíduo ou de uma humanidade de valor mais elevado (o julgamento como "vingança", ou o deslocamento das aparências). Em última instância, compreende-se o encontro de Lang e Brecht, e os mal-entendidos desse encontro. Pois, em Lang como em Brecht, o julgamento não pode mais se exercer diretamente na imagem, mas passa para o lado do espectador, a quem são dadas condições de possibilidade para julgar a própria imagem. O que, em Brecht, assentava em uma realidade das contradições, funda-se, ao contrário, em Lang, em uma relatividade das aparências.[14] Tanto em um como no outro, se o sistema do julgamento passa por uma crise, ele não deixa de ser salvo, transformado. É muito diferente o que acontece com Welles (embora ele

[14] A colaboração entre Lang e Brecht ocorreu em *Os carrascos também morrem*, mas foi muito equívoca. Por exemplo, no início do filme coloca-se a questão de saber se os resistentes têm direito a comprometer seus compatriotas, já que os nazistas prendem e matam reféns inocentes: a menina implora ao resistente para que ele se entregue, a fim de salvar seu pai preso como refém. Mas pouco mais tarde, e ainda para salvar o pai, ela aceita sem hesitação o sacrifício de uma vendedora que se recusa a denunciá-la. Há nisso um processo propriamente brechtiano, no qual o espectador é levado a tomar consciência de um problema ou de uma contradição, e resolvê-los a seu modo (distanciamento). O que é característico de Lang é um processo bem diferente: a maneira pela qual alguém trai a si próprio, mas de tal modo que à aparência opor-se-ão outras aparências sob uma conexão diferente (não apenas o delator que "se trai" por falta de jeito, mas também o resistente que se riscou com batom, dessa vez com perfeição demais, para que os outros acreditassem em uma cena de amor). Os dois processos podem se misturar, e concorrer para o mesmo efeito, mas estão muito afastados um do outro.

tenha feito um filme "languiano", mas repudiado: *O estranho* [*The Stranger*, 1946], onde a personagem se trai). Em Welles, o sistema de julgamento torna-se definitivamente impossível, até mesmo, e sobretudo, para o espectador. A confusão do escritório do juiz em *A dama de Shangai*, e acima de tudo a infinita impostura do julgamento em *[182] O processo*, atestam essa nova impossibilidade. Welles não para de construir personagens injulgáveis, e que não têm de ser julgadas, que se esquivam de qualquer julgamento possível. Se o ideal de verdade desmorona, as conexões da aparência não mais bastarão para manter a possibilidade do julgamento. Conforme a expressão de Nietzsche, "ao mesmo tempo que o mundo verdadeiro, abolimos também o mundo das aparências...".

O que resta? Restam os corpos, que são forças, nada mais que forças. Mas a força já não se reporta a um centro, tampouco enfrenta um meio ou obstáculos. Ela só enfrenta outras forças, se refere a outras forças, que ela afeta e que a afetam. A potência (o que Nietzsche chama de "vontade de potência", e Welles de "*character*") é o poder de afetar e de ser afetado, a conexão de uma força com outras. Tal poder é sempre preenchido, a relação necessariamente efetuada, embora de maneira variável conforme as forças em presença.[15] Já se pressente que a montagem de planos curtos, partida ou quebrada, e o plano-sequência longo servem à mesma causa. Um apresenta sucessivamente corpos exercendo sua força, ou sofrendo a de outro: "Cada plano mostra um golpe, um contragolpe, um golpe recebido, um golpe desferido".[16] O outro apresenta simultaneamente uma relação de forças na sua variabi-

[15] Sobre os corpos-forças, cf. Petr Kral, "Le Film comme labyrinthe", *Positif*, nº 256, jun. 1982, e Jean Narboni, "Un cinéma en plongée", *Orson Welles*, *Cahiers du Cinéma*, hors série, nº 12, 1982 (Narboni aproxima o "character" segundo Welles e a vontade de potência nietzschiana).

[16] Entrevista com Welles, *Cahiers du Cinéma*, p. 42: a propósito da batalha em *Falstaff*. Igualmente, a montagem entrecortada das personagens em *A dama de Shangai* leva Didier Goldschmidt a comentar: os planos não se encadeiam, "eles se precipitam uns contra os outros, as séries de campo/contracampo em *close* acentuado, em particular sobre O'Hara e Grisby, fazem oscilar o peso da imagem da esquerda para a direita, os movimentos são brutalmente interrompidos; tudo tende a libertar uma energia que condiciona

lidade, sua instabilidade, na proliferação dos centros e na multiplicação dos vetores (a cena do interrogatório em *A marca da maldade* [*Touch of Evil*, Orson Welles, 1958]).[17] Tanto de um lado quanto do outro, há um choque das forças, na imagem ou das imagens entre si. Acontece de uma montagem com muitos cortes reproduzir um plano-sequência, através *[183]* da decupagem, como na batalha de *Falstaff* [*Chimes at Midnight*, Orson Welles, 1965], ou de um plano-sequência produzir uma montagem com muitos cortes, através de incessantes reenquadramentos, como em *A marca da maldade*. Vimos como Resnais, por outros meios, chegava também a essa complementaridade.

Seria o mesmo que dizer que na vida tudo é questão de forças? Sim, se compreendermos que a relação de forças não é quantitativa, mas implica, necessariamente, certas "qualidades". Há forças que já não sabem responder a outras senão de uma única maneira, uniforme, invariável: o escorpião de *Grilhões do passado* só sabe picar, e pica a rã que o carrega sobre a água, ainda que por isso vá morrer afogado. A variabilidade subsiste, pois, na relação de forças, já que a picada do escorpião se volta contra ele, quando, no caso, ela se dirige à rã. Resta que o escorpião é um tipo de força que não sabe mais se metamorfosear, segundo as variações do que pode afetar e do que pode afetá-la. Bannister é um grande escorpião que só sabe picar. Arkadin, de *Grilhões do passado*, só sabe matar, e Quinlan, de *A marca da maldade*, falsificar provas. É um tipo de força esgotada, mesmo quando continuou quantitativamente muito grande, mas só pode destruir e matar, antes de se destruir, e talvez a fim mesmo de se matar. É nisso que ela encontra um centro, mas que coincide com a morte. Por maior que seja a força, ela está esgotada, pois não sabe mais se transformar. Por isso é declinante, decadente, degenerada: representa a impotência

uma percepção quase unicamente plástica do filme" (*Cinématographe*, nº 75, fev. 1982, p. 64).

[17] Cf. as minuciosas análises de Robin Wood a propósito de *A marca da maldade* (*Positif*, nº 167, mar. 1975): Vargas e Quinlan, "cada um deles predomina sucessivamente no quadro, ou ambos ocupam a imagens em um equilíbrio efêmero e precário".

nos corpos, ou seja, o ponto preciso em que a "vontade de potência" já não é mais que um querer-dominar, um ser para a morte, e que tem sede de sua própria morte, com a condição de passar pela dos outros. Welles multiplica o quadro desses impotentes onipotentes: Bannister e suas próteses; Quinlan e sua bengala; Arkadin e seu desvario quando não tem mais avião; Iago, o impotente por excelência.[18] São homens de vingança: entretanto, não do mesmo modo que os homens verídicos que pretendiam julgar *[184]* a vida em nome de valores superiores. Eles se tomam, ao contrário, por *homens superiores*, são homens superiores que pretendem julgar a vida por si mesmos, por conta própria. Não seria, porém, o mesmo espírito de vingança sob duas figuras: Vargas, o homem verídico que invoca as leis para julgar, mas também seu duplo, Quinlan, que se arroga o direito de julgar sem lei; Otelo, o homem do dever e da virtude, mas também seu duplo, Iago, que se vinga por natureza e perversão? É o que Nietzsche chamava de estágios do niilismo, o espírito de vingança através de diversas figuras. Atrás do homem verídico, que julga a vida do ponto de vista de valores pretensamente mais elevados, está o homem doente, "o doente de si próprio", que julga a vida do ponto de vista de sua doença, de sua degenerescência e esgotamento. E isso talvez seja melhor que o homem verídico, pois a vida doente ainda é vida, ela opõe a morte à vida, em vez de lhe opor "valores superiores"... Nietzsche dizia: atrás do homem verídico, que julga a vida, há o homem doente, doente da própria vida. E Welles acrescenta: atrás da rã, animal verídico por excelência, há o escorpião, animal doente de si mesmo. Um é idiota, e o outro, um sujo.[19] No entanto eles

[18] Sobre a "impotência" das personagens de Welles, como "preço a pagar por exercerem o poder da voz e da escrita", cf. Michel Chion, Orson Welles, *Cahiers du Cinéma*, hors série, nº 12, 1982, p. 93. Do mesmo modo, a suposta impotência sexual de Iago não é um motivo nem uma explicação, porém remete mais profundamente a um determinado estado ou qualidade de vida (Richard Marienstras, "Orson Welles interprète et continuateur de Shakespeare", *Positif*, nº 167).

[19] Cf. entrevista, em André Bazin, *Orson Welles*, Paris, Cerf, 1972, p. 178. A rã é o animal verídico, porque acredita nos pactos e nos contratos. Mas, de fato, só há "parceiros" flutuantes ("Você fala como se houvesse en-

são complementares como duas figuras do niilismo, duas figuras da vontade de potência.

Não seria restaurar um sistema de julgamento? Welles não se cansa de dizer que "detesta moralmente" Quinlan, Arkadin etc. (ainda que não os deteste "humanamente", em função do que guardaram de *vida*).[20] Mas não se trata de julgar a vida em nome de uma instância superior, que seria o bem, a verdade; trata-se, ao contrário, de avaliar qualquer ser, qualquer ação e paixão, até qualquer valor, em relação à vida que eles implicam. O afeto como avaliação *[185]* imanente, em vez do julgamento como valor transcendente: "gosto ou detesto" em vez de "julgo". Nietzsche, que já substituía o julgamento pelo afeto, prevenia seus leitores: para além do bem e do mal pelo menos não significa *para além do bom e do mau*. Esse mau é a vida esgotada, degenerescente, ainda mais terrível, e capacitada a se propagar. Mas o bom é a vida emergente, ascendente, a que sabe se transformar, se metamorfosear de acordo com as forças que encontra, e que compõe com elas uma potência cada vez maior, aumentando sempre a potência de viver, abrindo sempre novas "possibilidades". Certamente não há mais verdade em uma que na outra; só há devir, e o devir e a potência do falso da vida, a vontade de potência. Porém há bom e mau, ou seja, nobre e vil. Segundo os físicos, a energia nobre é a capaz de se transformar, enquanto a vil não o pode mais. Dos dois lados há vontade de potência, mas esta é apenas querer-dominar no devir esgotado da vida, enquanto é querer-artista ou "virtude que dá", criação de novas possibilidades, no devir emergente. Os homens ditos superiores são vis ou maus. Mas o bom só tem um nome, "generosidade", e é o traço pelo qual Welles define sua persona-

tre nós uma espécie de contrato, mas não, aqui nós somos parceiros", *A marca da maldade*). Claro, Welles começa dizendo que é melhor julgar em nome de valores superiores do que "por conta própria" (p. 154). Mas, um pouco adiante, ele diz que uma coisa não é menos detestável do que a outra (p. 160).

[20] É o problema que domina a entrevista de André Bazin. Welles não reluta em reconhecer a "ambiguidade" de sua posição; ele não tem a mesma clareza de Nietzsche, embora gire em torno do mesmo tema, o de uma "moral aristocrática".

gem preferida, Falstaff, é também o traço que se supõe dominante no eterno projeto de Dom Quixote. Se o devir é a potência do falso, o bom, o generoso, o nobre, é o que eleva o falso à enésima potência, ou a vontade de potência até o devir artista. Falstaff e Dom Quixote podem parecer falastrões ou lastimáveis, ultrapassados pela história: mas, são peritos em metamorfoses da vida, opõem o devir à História. Incomensuráveis a qualquer julgamento, têm a inocência do devir.[21] E sem dúvida o devir é sempre inocente, mesmo no crime, mesmo na vida esgotada, na medida em que ela ainda é um devir. Mas só o bom se deixa esgotar pela vida em vez de a esgotar, colocando-se sempre a serviço do que renasce da vida, do que metamorfoseia e cria. Ele faz do devir um Ser, quão *[186]* proteiforme, em vez de arrojá-lo no não ser, do alto de um ser uniforme e paralisado. São dois estados da vida que se opõem no seio do devir imanente, e não uma instância que se pretendesse superior ao devir, seja para julgar a vida, seja para apropriá-la e esgotá-la de qualquer modo. O que Welles vê em Falstaff e Dom Quixote é a "bondade" da vida em si mesma, uma estranha bondade que leva o vivente à criação. É nesse sentido que se pode falar de um nietzchianismo autêntico ou espontâneo em Welles.

Resta que, no devir, a terra perdeu todo centro, não apenas em si mesma, mas já não tem centro em torno do qual girar. Os corpos não têm mais centro, exceto o de sua morte, uma vez esgotados, quando ganham a terra para nela se dissolver. A força não tem mais centro precisamente porque é inseparável de sua relação com outras forças: então, como dizia Didier Goldschmidt, os planos curtos não param de oscilar, para a direita, para a esquerda, assim como o plano-sequência suscita um emaranhado de centros evanescentes (a abertura de *A marca da maldade*). Os pesos perderam os centros de equilíbrio em torno dos quais se repartem, as massas perderam os centros de gravidade em torno dos quais se ordenam, as forças perderam os centros dinâmicos em torno dos

[21] Sobre a bondade vital de Falstaff, Welles tem declarações líricas; "ele é a bondade, e a personagem em quem mais acredito [...]; sua bondade é como o pão e o vinho" (entrevista, *Cahiers du Cinéma*, p. 41; e também Richard Marienstras, p. 43).

quais organizam o espaço, os próprios movimentos perderam os centros de revolução em torno dos quais se desenvolvem. Há em Welles uma mutação tanto cinematográfica quanto metafísica. Pois o que se opõe ao ideal de verdade não é o movimento: o movimento permanece perfeitamente conforme ao verdadeiro enquanto apresentar invariantes, ponto de gravidade do móvel, pontos privilegiados pelos quais passa, ponto de fixidez em relação ao qual ele se move. Por isso a imagem-movimento, em sua própria essência, está sujeita ao efeito de verdade que ela invoca enquanto o movimento conservar seus centros. É o que tentamos dizer desde o início deste estudo: uma mutação cinematográfica se produz quando as aberrações de movimento ganham independência, quer dizer, quando os móveis e os movimentos perdem suas invariantes. Então se produz uma subversão onde o movimento deixa de se valer do verdadeiro, e o tempo de se subordinar ao movimento: ambos de uma só vez. *O movimento fundamental [187] descentrado torna-se movimento em falso, e o tempo fundamentalmente libertado torna-se potência do falso que agora se efetua no movimento em falso* (Arkadin sempre já aí). Welles parece ter sido o primeiro a abrir essa brecha, onde o neorrealismo e a *nouvelle vague* iriam se introduzir, com meios bem diferentes. Welles, por sua concepção dos corpos, das forças e do movimento, constrói um mundo que perdeu todo centro motor ou de "configuração": a Terra.

No entanto, vimos que o cinema de Welles conservava centros essenciais (aliás, é exatamente nesse ponto que Resnais se afasta de Welles). Mas o que precisamos avaliar a esse respeito é a mudança radical que Welles impôs à própria noção de centro. A questão da profundidade de campo retomou, então, de uma maneira nova, uma transformação da pintura que ocorreu no século XVII. É possível que o cinema de Welles tenha sabido assim recriar, para o uso de nosso mundo moderno, uma transformação de pensamento que fora produzida uma primeira vez naquele antigo século. Se seguirmos uma bela análise de Michel Serres, o século XVII não foi a idade "clássica" do ideal de verdade, mas a idade barroca por excelência, inseparável do que se chama clássico, e quando a verdade atravessava uma crise definitiva. Não se tratava mais de saber onde ficava o centro, o sol ou a terra, pois a primeira questão tornava-se: "Há, ou não, algum centro?". Todos os centros, de gravidade, de equilíbrio, de força, de revolução, em suma, de configuração, desmoronavam. Então se efetuou, é certo, uma restauração dos centros, mas mediante uma mudança profunda, uma grande evolução das ciências e das artes. Por um lado, o centro se tornava *puramente óptico*, o ponto se tornava ponto de vista. Esse "perspectivismo" de modo algum se definia pela variação de pontos de vista exteriores sobre um objeto supostamente invariável (o ideal de verdade seria conservado). Aqui, ao contrário, o ponto de vista era constante, mas sempre interno aos diferentes objetos que desde então se apresentaram como a metamorfose de uma única e mesma coisa em devir. Era a *geometria projetiva*, que instalava o olho no ápice do cone, e nos dava "projeções" tão variáveis quanto os planos de seção, círculo, elipse, hipérbole, parábola, ponto, retas, o próprio objeto não sendo mais, em última instância, que a concatenação de suas próprias projeções, a coleção ou série de suas próprias metamorfoses. As *[188]* perspectivas ou projeções são o que não é nem verdade nem aparência.

Entretanto, esse novo perspectivismo ainda não nos oferece meios para estabelecer uma verdadeira progressão nas figuras assim descritas, ou escalonar os volumes pelas seções planas. Por outro lado, e por isso, é preciso acrescentar-lhe a *teoria das sombras*, que é como que o inverso da projetiva: a fonte luminosa ocupa agora o ápice do cone, o corpo projetado é o opaco, e as projeções se fazem por relevos ou zonas de sombras.[22] São esses dois aspectos que formam "uma arquitetura da visão". São encontrados especialmente na arte de Welles; e eles nos oferecem a última razão da complementaridade entre a montagem de planos curtos e o plano-sequência. A montagem de planos curtos apresenta imagens planas, aplainadas, que são outras tantas perspectivas, projeções, no sentido forte, e que exprimem as metamorfoses de uma coisa ou de um ser imanentes. Daí a aparência de uma sucessão de "números", que marca frequentemente os filmes de Welles: por exemplo, as diferentes testemunhas de passado de *Grilhões do*

[22] Sobre todos esses temas, cf. Michel Serres, *Le Système de Leibniz*, Paris, PUF, 1968, I, pp. 151-4, e II, pp. 648-67.

passado podem ser consideradas como uma série de projeções do próprio Arkadin, que é a um só tempo aquele que projeta sobre cada plano, e o poderoso ponto de vista sob o qual se passa de uma projeção a outra; do mesmo modo, em *O processo*, todas as personagens, policiais, colegas, estudante, zelador, advogado, meninas, pintor e padre, constituem a série projetiva de uma mesma instância que não existe fora de suas metamorfoses. Porém, segundo o outro aspecto, o plano-sequência com profundidade de campo marca fortemente os volumes e os relevos, as zonas de sombra de onde saem os corpos e onde tornam a entrar, as oposições e combinações do claro e do escuro, as violentas listras que afetam os corpos quando correm em espaço aberto (*A dama de Shangai*, *O processo*: todo um neoexpressionismo, que se libertou de seus pressupostos morais como de um ideal de verdade).[23] *[189]* Poderíamos dizer que Welles impunha à noção de centro uma dupla transformação, que fundava o novo cinema: o centro deixava de ser sensório-motor, e, por um lado, tornava-se óptico, determinando um novo regime da descrição; por outro, ao mesmo tempo, tornava-se luminoso, determinando uma nova progressão da narração. A descritiva ou projetiva, e a narrativa ou tenebrosa...

Elevando o falso à potência, a vida se libertava tanto das aparências quanto da verdade: nem verdadeiro nem falso, alternativa indecidível, mas potência do falso, vontade decisória. Welles, a partir de *A dama de Shangai*, impõe uma única e mesma personagem, o falsário. Mas o falsário só existe em uma série de falsários, que são suas metamorfoses, pois a própria potência só existe na forma de uma série de potências que são seus expoentes. Há sempre uma personagem destinada a trair a outra (Welles insiste: o príncipe *deve* trair Falstaff, Menzies deve trair Quinlan), pois o outro já é um traidor, e a traição é o elo dos falsários entre si por

[23] Charles Tesson (*Orson Welles*, *Cahiers du Cinéma*, faz uma análise da profundidade de campo como fator de desequilíbrio, "sem estabilidade": é como se filmássemos um escorpião de frente, "o importante não está na frente, mas no fundo", tanto assim que a imagem deve "oscilar para o lado de uma pura *vidência*". Há um efeito de oscilação no plano-sequência, tanto quanto na montagem de planos curtos.

toda a série. Como Welles tem uma personalidade forte, esquecemos que seu tema constante, justamente em função de sua personalidade, é o de não ser mais uma pessoa, à maneira da Mrs. Dalloway, de Virginia Woolf.[24] Um devir, uma irredutível multiplicidade, as personagens ou as formas valem agora apenas como transformação umas das outras. E é o trio infernal de *A dama de Shangai*, as estranhas personagens-substitutos de *Grilhões do passado*, a cadeia que solda as de *A marca da maldade*, a transformação ilimitada das de *O processo*, o percurso do falso que não cessa de circular entre o rei, seu filho e Falstaff, todos os três impostores, usurpadores, de certo modo, culminando na cena em que os papéis são trocados. *[190]* E finalmente a grande série de *Verdades e mentiras*, que é o manifesto de toda a obra de Welles, e sua reflexão sobre o cinema. F de Falstaff, mas, sobretudo, F de falso. Welles certamente tem uma afinidade consciente com Herman Melville, ainda mais importante que sua afinidade menos consciente com Nietzsche. Em *Verdades e mentiras* Welles constrói uma série de falsários tão extensiva e perfeita quanto a de *Le Grand escroc*, de Melville, com Welles encenando exatamente o papel do Cosmopolita hipnotizador. Essa grande série de Welles, a história que não para de se modificar, se resume assim: 1) apresentação de Oja Kadar, ante a qual todos os homens se voltam na rua; 2) apresentação de Welles como prestidigitador; 3) apresentação do jornalista, autor de um livro sobre um pintor falsário, mas também das falsas Memórias de Hughes, o bilionário falsário dos múltiplos sósias, de quem não se sabe se ele próprio não enganou o jornalista; 4)

[24] Entre os projetos de Welles está *Os sonhadores* [*The Dreamers*], inspirado em Isak Dinesen: uma cantora que perdeu a voz depois de uma difícil história de amor encontra no coro de um vilarejo um menino que tem exatamente a mesma voz; ela lhe dá aulas, para que o mundo ouça novamente sua voz, durante três anos; entre os dois se tece uma conexão bastante erótica, que leva o menino à vingança... É uma história de traidores ou de falsários, à maneira de Welles, mas, necessariamente também, de desvanecimento da pessoa. Isak Dinesen fazia a heroína dizer, mais ou menos nos mesmos termos que Virginia Woolf: "Nunca mais serei uma pessoa, Marcus, a partir de agora serei sempre várias". Welles declara ter rodado essa cena como uma das razões de ser do filme (entrevista, *Cahiers du Cinéma*, pp. 49 e 58).

conversa ou troca do jornalista e do pintor falsários; 5) intervenção de Welles que garante que, durante uma hora, o espectador não verá nem ouvirá mais nada falso; 6) Welles conta sua vida e medita sobre um homem em frente da catedral de Chartres; 7) a aventura de Oja Kadar com Picasso, ao termo da qual Welles aparece para dizer que a hora havia passado, e a aventura fora inteiramente inventada.[25]

No entanto, nem tudo se vale, e nem todos os falsários são falsários no mesmo grau ou potência. O homem verídico faz parte deles, como a rã, como Vargas ou Otelo, como Welles em frente da catedral de Chartres: é que ele invoca um mundo verdadeiro, porém o próprio mundo verdadeiro supõe o homem verídico. Em si mesmo, é um mundo *inacessível e inútil*. Como a catedral, tudo o que tem é o fato de ser feito por homens. Por isso não está escondido pelas aparências, é ele, ao contrário, que as esconde e serve-lhes de álibi. Atrás do homem verídico há, pois, o falsário, o escorpião, e um está sempre remetendo ao outro. O perito em verdade abençoa os falsos Vermeer de Van Megeeren precisamente porque o falsário os fabricou conforme seus *[191]* próprios critérios, os do perito. Em suma, o falsário não pode ser reduzido a um mero copiador, nem a um mentiroso, pois o que é falso não é apenas a cópia, mas já o modelo. Não deveríamos dizer então que mesmo o artista, mesmo Vermeer, mesmo Picasso, é um falsário, já que faz um modelo com aparências, correndo o risco de que o próximo artista devolva o modelo às aparências para fazer um novo modelo? Onde termina a "má" conexão falsário Elmer-Picasso, onde começa a "boa" conexão Picasso-Velázquez? Longa é a cadeia de falsários, do homem verídico ao artista. Sem dúvida é por isso que é tão difícil definir "o" falsário, pois não se leva em conta sua multiplicidade, sua ubiquidade, e porque nos contentamos em invocar um tempo histórico e, finalmente, cronológico. Mas

[25] Seguimos com muito pouca variação o artigo fundamental de Gérard Legrand sobre *Verdades e mentiras* (*Positif*, nº 167). Legrand, porém, vê uma contradição entre "vontade de potência" e "constatação de ilusão". Não vemos contradição nisso, sendo a vontade de potência a vida enquanto potência do falso.

tudo muda, do ponto de vista do tempo como devir. O que podemos repreender nos falsários, tanto quanto no homem verídico, é o gosto exagerado pela *forma*: eles não têm o sentido nem a potência das metamorfoses, apontam um empobrecimento do impulso vital, uma vida já esgotada. A diferença entre o falsário, o perito e Vermeer é que os dois primeiros praticamente não sabem mudar. Só o artista criador leva a potência do falso a um grau que se efetua, não mais na forma, mas na transformação. Já não há verdade nem aparência. Já não há forma invariável nem ponto de vista variável sobre uma forma. Há um ponto de vista que pertence tão bem à coisa que a coisa não para de se transformar em um devir idêntico ao ponto de vista. Metamorfose do verdadeiro. O artista é *criador de verdade*, pois a verdade não tem de ser alcançada, encontrada nem reproduzida, ela deve ser criada. Não há outra verdade senão a criação do Novo: a criatividade, a emergência, o que Melville chamava de "*shape*", em contraposição a "*form*". A arte é a incessante produção de *shapes*, relevos e projeções. O homem verídico e o falsário fazem parte da mesma cadeia, mas, afinal, não são eles que se projetam, se elevam ou se abrem; é o artista, criador da verdade, ali mesmo onde o falso atinge sua potência última: bondade, generosidade. Nietzsche fez a lista da "vontade de potência": o homem verídico, depois todos os falsários que o supõem e que ele supõe, o enorme bando esgotado dos "homens superiores", mas, ainda atrás, o novo homem, Zaratustra, *[192]* o artista ou a vida que jorra.[26] Isto não passa de

[26] A grande teoria dos falsários segundo Nietzsche aparece no livro IV de *Zaratustra*: ali se reconhece o homem de Estado, o homem religioso, o homem de moralidade, o homem de ciência... A cada um corresponde uma potência do falso; são também inseparáveis uns dos outros. E o próprio "homem verídico" era a primeira potência do falso, que se desenvolve através dos outros. O artista, por sua vez, é um falsário, mas é a potência última do falso, pois quer a metamorfose em vez de "tornar" uma forma (forma da Verdade, do Bem etc.). A vontade como vontade de potência tem, portanto, dois graus extremos, dois estados polares da vida, por um lado o querer-tomar ou querer-dominar, por outro o querer idêntico ao devir e a metamorfose, "a virtude que dá". Nietzsche poderá dizer ser o criador de verdade, do segundo ponto de vista, mantendo, ao mesmo tempo, integralmente sua crítica da Ver-

uma chance minguada, já que o niilismo pode vencer, a vida esgotada apoderar-se do Novo desde seu nascimento, e formas já feitas podem petrificar as metamorfoses, reconstruir modelos e cópias. Frágil é a potência do falso, que se deixa retomar pelas rãs e pelos escorpiões. Mas essa é a única oportunidade para a arte ou a vida, a chance nietzschiana, melvilliana, bergsoniana, wellesiana... A Chronopolis de Kamler mostra que os elementos do tempo precisam de um encontro extraordinário com o homem para produzir algo novo.

3

Haveria ainda uma terceira instância, para além da descrição e da narração: a narrativa. Se tentarmos, provisoriamente, defini-la como fizemos com as outras instâncias, sem levar ainda em conta a importância particular do fator falado, pensamos que a narrativa se refere em geral à conexão sujeito-objeto e ao desenvolvimento dessa conexão (enquanto a narração se referia ao desenvolvimento do esquema sensório-motor). O modelo de verdade encontra então sua expressão plena, não mais na concatenação sensório-motora, mas na "adequação" do sujeito e do objeto. Mas é necessário precisar o que são objeto e sujeito nas condições do cinema. Por convenção, chama-se objetivo o que a câmera "vê", e subjetivo o que a personagem "vê". Tal convenção só ocorre no *[193]* cinema, não no teatro. Ora, é certo que a câmera vê a própria personagem: é uma mesma personagem que ora vê, ora é vista. Mas é também a mesma câmera que apresenta a personagem vista e o que ela vê. Pode-se, pois, considerar que a narrativa é o desenvolvimento dos dois tipos de imagens, objetivas e subjetivas, a conexão complexa delas que pode resultar em antagonismo, mas

dade. Encontraremos em Melville uma oposição igualmente forte entre a forma e a metamorfose, "*form*" e "*shape*" (notadamente em *Pierre: or, The Ambiguities*; cf. o comentário de Philippe Jaworski, *Le Désert et l'empire*, tese defendida em Paris VII, pp. 566-8 [lançada em livro pela Éditions Rue d'Ulm em 1986].

deve se resolver em uma identidade do tipo Eu = Eu: identidade da personagem vista e que vê, mas também identidade do cineasta-câmera, que vê a personagem e o que a personagem vê. Essa identidade passa por muitas tribulações que representam precisamente o falso (confusão de duas personagens vistas, por exemplo, em Hitchcock, ou confusão no que a personagem vê, por exemplo, em Ford), mas acaba se afirmando por si mesma ao constituir a Verdade, ainda que a personagem deva morrer por isso. Pode-se dizer que o filme começa pela distinção de dois tipos de imagem, e termina na sua identificação, no reconhecimento de sua identidade. As variações são infinitas, pois tanto a distinção quanto a identidade sintética podem estabelecer-se de todas as maneiras. Mas não deixam de ser estas as condições de base para o cinema, do ponto de vista da *veracidade* de toda narrativa possível.[27]

E a distinção do objetivo e do subjetivo, mas também a sua identificação, que se veem postas em questão em um outro modo de narrativa. Ainda aqui, o Lang americano foi o grande precursor de uma crítica da veracidade da narrativa.[28] E essa crítica será retomada e desenvolvida por Welles, a partir de *[194] Cidadão Ka-*

[27] Encontraremos em alguns diretores uma exposição clara dessas condições de base — ainda mais claras porque se trata de autores que se propõem a superá-las. Assim Beckett, a propósito de *Film*, diz que é preciso distinguir o que a câmera OE vê e o que a personagem O vê, "a percepção por OE no quarto e a percepção do quarto por O": é melhor evitar o plano duplo, a superposição, e marcar a distinção qualitativa dos dois tipos de imagem, até a identificação final de OE e de O (*Comédies et actes divers*, Paris, Minuit, 1966, p. 130). Assim Godard, a propósito de *Duas ou três coisas que sei dela* [*2 ou 3 choses que je sais d'elle*, 1967], chama de objeto o que a câmera vê, de sujeito o que a personagem vê, soma os dois, 1+2 = 3, para chegar à identidade final, 1+2+3 = 4, a vida (*Jean-Luc Godard par Jean-Luc Godard*, Paris, Belfond, 1968, pp. 393-6). Assim Pasolini distingue a natureza dupla do cinema, tanto do ponto de vista da personagem quanto do próprio cineasta: o cinema é "a um só tempo extremamente subjetivo e extremamente objetivo", os dois elementos permanecem indissociáveis a ponto de se identificarem (*L'Expérience hérétique*, Paris, Payot, 1976, p. 142).

[28] Sobre esse ponto remetemos às minuciosas análises de Reynold Humphries, *Fritz Lang américain*, Paris, Albatros, 1982, especialmente os capítulos III e IV: sobre o ultrapassamento do objetivo e do subjetivo, e a crise de

ne, em que a distinção de dois tipos de imagens tende a se esvanecer no que as testemunhas viram, sem que se possa concluir sobre uma identidade da personagem ("*no trespassing*"), tampouco sobre a identidade do cineasta, a respeito da qual Welles sempre teve dúvidas, que ele iria levar a termo em *Verdades e mentiras*. Pasolini também tirou, a seu modo, as consequências dessa nova situação no que chamou de "cinema de poesia", em oposição ao cinema dito de prosa. No cinema de poesia, a distinção se esvanecia entre o que a personagem subjetivamente via e o que a câmera objetivamente via, não em prol de uma ou de outra, mas porque a câmera adquiria uma presença subjetiva, adquiria uma visão interior, que entrava em uma conexão de *simulação* (*mimesis*) com a maneira de ver da personagem. Foi assim, segundo nosso estudo precedente, que Pasolini descobriu a superação dos dois elementos da narrativa tradicional, a narrativa indireta objetiva do ponto de vista da câmera, a narrativa direta subjetiva do ponto de vista da personagem, para atingir a forma muito especial de um "discurso indireto livre", de uma "subjetividade indireta livre". Estabelecia-se uma contaminação dos dois tipos de imagens, de tal modo que as visões insólitas da câmera (alternância de diferentes objetivas, o *zoom*, ângulos extraordinários, movimentos anormais, paradas...) exprimiam as visões singulares da personagem, e estas se expressavam naquelas, mas levando o conjunto à potência do falso. A narrativa não se refere mais a um ideal de verdade a constituir sua veracidade, mas se torna uma "pseudonarrativa", um poema, uma narrativa que simula, ou, antes, uma simulação de narrativa.[29] As imagens objetivas e subjetivas perdem sua distin-

identidade ("centralité de la vision et du regard et identités brouillés" ["centralidade da visão e do olhar e identidades turvadas"], p. 99).

[29] Pasolini, *L'Expérience hérétique*, pp. 147-54: "pseudonarrativas escritas na língua da poesia". Esse novo cinema de poesia (por volta de 1960, segundo Pasolini) tem de "fazer com que se sinta a câmera", enquanto o antigo cinema de prosa podia atingir maior poesia de conteúdo, nem por isso se desligava de uma narrativa clássica em que a câmera era formalmente esquecida (perguntamo-nos, apesar de tudo, se esse critério basta, e onde Pasolini situaria autores como Eisenstein ou Gance...).

ção, mas também sua identidade, em prol de um novo circuito onde se substituem em bloco, ou se contaminam, ou se decompõem e recompõem. Pasolini faz sua análise incidir sobre Antonioni, Bertolucci e Godard, mas a origem dessa transformação da narrativa talvez esteja em Lang e *[195]* Welles (o estudo de *Uma história imortal* seria importante, a esse respeito).

Gostaríamos de considerar um aspecto desse novo tipo de narrativa, tal como aparece em um campo bem diferente. Se nos referimos às formas que desde muito tempo recusavam a ficção, constatamos que o cinema de realidade queria ora fazer ver objetivamente meios, situações e personagens reais, ora mostrar subjetivamente as maneiras de ver das próprias personagens, a maneira pela qual elas viam sua situação, seu meio, seus problemas. Sumariamente, eram o polo documentário ou etnográfico, e o polo investigação ou reportagem. Os dois polos inspiraram obras-primas, e se misturaram de todo modo (por um lado Flaherty, por outro Grierson e Leacock). Porém, ao recusar a ficção, se o cinema descobria novos caminhos, ele conservava e sublimava, no entanto, um ideal de verdades *que dependia da própria ficção cinematográfica*: havia o que a câmera vê, o que a personagem vê, o possível antagonismo e a necessária resolução de ambos. E a própria personagem mantinha ou adquiria uma espécie de identidade na medida em que era vista e via. E o cineasta-câmera também tinha sua identidade, como etnólogo ou repórter. Era fundamental recusar as ficções preestabelecidas, em prol de uma realidade que o cinema podia apreender ou descobrir. Mas se abandonava a ficção em prol do real, mantendo-se um modelo de verdade que supunha a ficção e dela decorria. O que Nietzsche havia mostrado: que o ideal de verdade era a ficção mais profunda, no âmago do real, o cinema ainda não havia percebido. Era na ficção que a veracidade da narrativa continuava a se fundar. Quando se aplicava o ideal ou modelo de verdade ao real, muita coisa mudava, pois a câmera se dirigia a um real preexistente, mas, em outro sentido, nada tinha mudado nas condições da narrativa: o objetivo e o subjetivo foram deslocados, não transformados; as identidades se definiam de outra maneira, mas continuavam definidas; a narrativa continuava veraz, realmente-veraz em vez de ficticiamente-veraz. Só que a veracidade da narrativa não havia deixado de ser uma ficção.

A ruptura não está entre a ficção e a realidade, mas no novo modo de narrativa que as afeta. Uma mudança se deu por volta de 1960, em pontos *[196]* bem independentes, no cinema direto de Cassavetes e de Shirley Clarke, no "cinema do vivido" de Pierre Perrault, no "cinema-verdade" de Jean Rouch. Assim, quando Perrault critica toda ficção, é no sentido em que ela forma um modelo de verdade preestabelecido, que necessariamente exprime as ideias dominantes ou o ponto de vista do colonizador, até mesmo quando ela é forjada pelo autor do filme. A ficção é inseparável de uma "veneração" que a apresenta como verdadeira, na religião, na sociedade, no cinema, nos sistemas de imagens. Ninguém entendeu as palavras de Nietzsche, "elimina tuas venerações", tão bem quanto Perrault. Quando Perrault se dirige a suas personagens reais do Quebec, não é apenas para eliminar a ficção, mas para libertá-la do modelo de verdade que a penetra, e encontrar, ao contrário, a pura e simples *função de fabulação* que se opõe a esse modelo. O que se opõe à ficção não é o real, não é a verdade que é sempre a dos senhores ou dos colonizadores, é a função fabuladora dos pobres, na medida em que dá ao falso a potência que faz deste uma memória, uma lenda, um monstro. Assim são o golfinho branco de *Para que o mundo prossiga* [*Pour la suite du monde*, 1963], o caribu de *O país da terra sem árvore* [*Le Pays de la terre sans arbre*, 1979], e acima de tudo a besta luminosa, o Dionísio de *A fera luminosa* [*La Bête lumineuse*, 1982]. O que o cinema deve apreender não é a identidade de uma personagem, real *ou* fictícia, através de seus aspectos objetivos e subjetivos. É o devir da personagem real quando ela própria se põe a "ficcionar", quando entra "em flagrante delito de criar lendas", e assim contribui para a invenção de seu povo. A personagem não é separável de um antes e de um depois, mas que ela reúne na passagem de um estado a outro. Ela própria torna-se outro, quando se põe a fabular sem nunca ser fictícia. E, por seu lado, o cineasta torna-se outro quando assim "se intercede" personagens reais que substituem em bloco suas próprias ficções pelas fabulações próprias deles. Ambos se comunicam na invenção de um povo. Eu me intercedi Alexis (O *reino do hoje* [*Le Règne du jour*, Pierre Perrault, 1967]), e todo o Quebec, para saber quem eu era, "de modo que para me dizer basta lhes dar a palavra".[30] É a simulação de uma *[197]* narrativa, a lenda e suas metamorfoses, o discurso indireto livre do Quebec, um discurso de duas cabeças, de mil cabeças, "pouco a pouco". Então o cinema pode se chamar cinema-verdade, tanto mais que terá destruído qualquer modelo de verdade para se tornar criador, produtor de verdade: não será um cinema da verdade, mas a verdade do cinema.

É isso o que Jean Rouch entendia ao falar em "cinema-verdade". Exatamente como Perrault com suas reportagens-investigações, Rouch havia começado com filmes etnográficos. A evolução de ambos seria mal-entendida se nos contentássemos em alegar a impossibilidade de atingir um real bruto; que a câmera age sobre as situações, e que as personagens reagem à presença da câmera, isso todos sempre souberam, e não perturbava Flaherty ou Leacock, para quem isso já não passava de falsos problemas. Em Rouch como em Perrault, a novidade vem de outras fontes. Ela começa a se exprimir claramente em Rouch em *Os mestres loucos* [*Les Maîtres fous*, 1955], quando as personagens do rito, possuídas, embriagadas, espumando, em transe, são primeiramente mostradas em sua realidade cotidiana, na qual são garçons, operários, serventes de pedreiro, assim como tornarão a ser após a cerimônia. O que eram antes... De modo inverso, em *Eu, um negro* [*Moi, un noir*, Jean Rouch, 1958], são as personagens reais que vemos mostradas através dos papéis de sua fabulação, Dorothy Lamour, a prostitutazinha, Lemmy Caution, o desempregado de Treichville, ainda que depois eles próprios comentem e corrijam a função que

[30] Sobre a crítica da verdade e da veneração, sobre a função de fabulação e a maneira pela qual ela supera o real e o fictício, sobre o papel e a necessidade dos "intercessores", o texto mais importante é a entrevista de Perrault com René Allio, em *Écritures de Pierre Perrault*, Paris/Montreal, Edilig/Cinémateque Québécquoise, 1983, pp. 54-6. Acrescentaremos, na mesma coletânea, toda a análise de Jean-Daniel Lafond, "L'Ombre d'un doute", que apresenta o cinema de Perrault como arte do "fingimento": as personagens "são ficcionais sem ser, no entanto, seres de ficção" (pp. 72-3).

desencadearam.[31] Em *Jaguar*, as três personagens, e sobretudo o "galã", distribuem-se papéis que lhes fazem enfrentar, como se fossem potências lendárias, as realidades de sua viagem, o encontro com os feiticeiros, a organização do trabalho, a fabricação dos lingotes de ouro que guardam e não servem para nada, a visita que fazem correndo ao mercado, enfim, a invenção de um comerciozinho com um nome que *[198]* substitui a fórmula corriqueira por uma figura que tem tudo para virar lenda: "*petit à petit l'oiseau fait son... bonnet*" [de grão em grão a galinha enche o... boné]. E eles retornarão a seu país, à maneira dos ancestrais, cumulados de façanhas e de mentiras em que o menor incidente se torna potência. Sempre há passagem de um estado a outro no interior da personagem, como quando o caçador batiza o leão de Americano, ou quando os viajantes de *Cocorico! Monsieur Poulet* [Jean Rouch, 1974] encontram a mulher diabólica. Restringindo-nos a essas obras-primas, percebemos em primeiro lugar que a personagem deixou de ser real ou fictícia, tanto quanto deixou de ser vista objetivamente ou de ver subjetivamente: é uma personagem que vence passagens e fronteiras porque inventa enquanto personagem real, e torna-se tão mais real quanto melhor inventou. *Dionysos* [1984] é uma grande síntese de Rouch: a imagem da sociedade industrial, que reúne um mecânico húngaro, um metalúrgico da Costa do Marfim, um bate-chapa antilhano, um carpinteiro turco, uma mecânica alemã, mergulha em um antes dionisíaco, habitado pelas três bacantes, a branca, a negra e a amarela; mas este antes é também um depois, como o horizonte pós-industrial em que um dos operários se tornou flautista, o outro tambor, violoncelista, soprano, formando o cortejo dionisíaco que penetra na floresta de Meudon. O "cine-transe" e sua música são uma temporalização da imagem que nunca permanece no presente, não para de atravessar

[31] Cf. a análise de Jean-André Fieschi, que mostra como, a partir de *Os mestres loucos*, Rouch impõe "uma segunda defasagem à defasagem já perturbadora que parecia ser o propósito do filme". E, cada vez mais, "o que Rouch filma, e em primeiro lugar, não são mais condutas ou sonhos, ou discursos subjetivos, mas a mescla indissociável que liga um ao outro" (em *Cinéma: théorie, lectures*, Paris, Klincksieck, 1973, pp. 259-61).

o limite nos dois sentidos, tudo isso sob a influência de um professor que revela ser um falsário, tão somente um falsário, potência do falso do próprio Dionísios. Se a alternativa real-fictício é tão completamente ultrapassada, é porque a câmera, em vez de talhar um presente, fictício ou real, liga constantemente a personagem ao antes e ao depois que constituem uma imagem-tempo direta. É preciso que a personagem seja primeiro real, para afirmar a ficção como potência e não como modelo: é preciso que ela comece a fabular para se afirmar ainda mais como real, e não como fictícia. A personagem está sempre se tornando outra, e não é mais separável desse devir que se confunde com um povo.

Mas o que dizemos da personagem vale, em segundo lugar e eminentemente, para o próprio cineasta. Também ele se torna outro, na medida em que toma personagens reais como intercessores, e substitui suas ficções pelas próprias fabulações deles, mas, inversamente, dá a essas fabulações *[199]* a figura de lendas, efetua a sua "acessão à lenda". Rouch faz seu discurso indireto livre, ao mesmo tempo que suas personagens fazem o da África. Perrault faz seu discurso indireto livre, ao mesmo tempo que suas personagens fazem o do Quebec. E sem dúvida há uma grande diferença entre Perrault e Rouch, diferença que não é apenas pessoal, mas cinematográfica e formal. Para Perrault, a questão está em pertencer a seu povo dominado, e em encontrar uma identidade coletiva perdida, reprimida. Para Rouch, a questão reside em sair de sua civilização dominante, e em alcançar as premissas de outra identidade. Daí a possibilidade de mal-entendidos entre os dois autores. No entanto, ambos, como cineastas, partem com o mesmo material leve, câmera nos ombros e gravador sincronizado; eles devem se tornar outros, com suas personagens, ao mesmo tempo que suas personagens devem se tornar outras. A célebre fórmula — "o que é fácil no documentário é que sabemos quem somos e quem filmamos" deixa de valer. A forma de identidade Eu = Eu (ou sua forma degenerada, Eles = Eles) deixa de valer para as personagens e para o cineasta, tanto no real quanto na ficção. O que se insinua, em graus profundos, é antes o "Eu é outro" de Rimbaud. Godard dizia isso a propósito de Rouch: não apenas acerca das personagens, mas do próprio cineasta que, "branco, exatamente como Rimbaud, também ele declara que *Eu é outro*", quer dizer *eu, um negro*.[32] Quando Rimbaud exclama "sempre fui de uma raça inferior... sou um animal, um preto...", é passando por toda uma série de falsários, "Mercador és um preto, magistrado és um preto, general és um preto, imperador velha sarna és um preto...",* até essa mais alta potência do falso que faz que um negro tenha de se tornar ele próprio negro, através de seus papéis brancos, enquanto o branco nisso encontra uma chance de também se tornar um negro ("posso ser salvo..."). E, por sua vez, Perrault não precisa se tornar outro para se juntar a seu próprio povo. Não é mais *O nascimento de uma nação*, mas a constituição ou reconstituição de um povo, em que o cineasta e *[200]* suas personagens se tornam outros em conjunto e um pelo outro, coletividade que avança pouco a pouco, de lugar em lugar, de pessoa em pessoa, de intercessor em intercessor. Sou um caribu, um alce do Canadá... "Eu é outro" é a formação de uma narrativa simulante, de uma simulação de narrativa ou de uma narrativa de simulação que destrona a forma da narrativa veraz. É a poesia que Pasolini queria contra a prosa, mas que encontramos lá onde ele não a procurava, em um cinema apresentado como direto.[33]

Em Shirley Clarke ou em Cassavetes, fenômeno análogo se produz, ainda que com muitas diferenças. É como se os três grandes temas girassem e formassem combinações: a personagem está sempre passando a fronteira entre o real e o fictício (a potência do falso, a função de fabulação); o cineasta deve atingir o que a per-

[32] *Jean-Luc Godard par Jean-Luc Godard*, p. 220.

* Ed. bras.: *Uma temporada no inferno*, tradução de Lêdo Ivo, Rio de Janeiro, Civilização Brasileira, 1957. (N. da T.)

[33] Pasolini sublinhava que o discurso indireto livre implicava na literatura, "línguas" diferentes conforme o pertencimento social das personagens. Mas, estranhamente, essa condição não lhe parecia realizável no cinema, no qual os dados visuais sempre introduzem uma determinada uniformização: se as personagens "pertencem a outro mundo social, elas são mitificadas e assimiladas nas categorias da anomalia, da neurose ou da hipersensibilidade" (pp. 146-7, 155). Parece que Pasolini não viu como o cinema direto oferecia uma resposta bem diferente a esse problema da narrativa.

sonagem era "antes" e será "depois", deve reunir o antes e o depois na passagem incessante de um estado a outro (a imagem-tempo direta); o devir do cineasta e de sua personagem já pertence a um povo, a uma comunidade, a uma minoria da qual praticam e libertam a expressão (o discurso indireto livre). Com *A conexão* [*The Connexion*, 1962], de Shirley Clarke, os níveis de organização se misturam, pois os papéis de drogados remetem a personagens preexistentes que remetem, elas próprias, alternadamente, a seu papel. E em *Retrato de Jason* [*Portrait of Jason*, 1967], é a passagem que deve ser captada sob todas as "distâncias" possíveis, relativamente à personagem e a seus papéis, mas distâncias sempre interiores, como se a câmera branca tivesse se insinuado no grande falsário negro: o "Eu é outro" de Shirley Clarke consiste no fato de que o filme que ela queria fazer sobre si mesma torna-se o filme que fez sobre Jason. O que deve ser filmado é a fronteira, com a condição de ser ultrapassada tanto pelo cineasta em um sentido quanto pela personagem real no outro: para isso é preciso tempo, um determinado tempo, que é parte integrante do filme, é necessário.[34] *[201]* É o que Cassavetes dizia já em *Sombras* [*Shadows*, 1959], e depois em *Faces* [1968]: o que faz parte do filme é se interessar mais pelas pessoas do que pelo filme, mais pelos "problemas humanos" do que pelos "problemas de encenação", para que as pessoas não passem para o lado da câmera sem que a câmera não tenha passado para o lado das pessoas. Em *Sombras*, são os dois negros-brancos que constituem a fronteira, e seu perpétuo ultrapassamento em uma realidade dupla que não mais se distingue do filme. A fronteira só pode ser apreendida como fugidia, quando já não sabemos onde ela passa, entre o Branco e Negro, mas também entre o filme e o não filme: cabe ao filme estar sempre fora de suas marcas, em ruptura com a "boa distância", indo sempre além da "zona reservada" onde gostariam de mantê-lo no espaço e no tempo.[35]

[34] Shirley Clarke, *Cahiers du Cinéma*, nº 205, out. 1968 ("é preciso um determinado tempo para que a personagem se apodere de sua expectativa", p. 25).

[35] A propósito de *Faces*, cf. Jean-Louis Comolli, *Cahiers du Cinéma*, nº

Veremos como Godard tira disso um método generalizado da imagem: onde algo termina, onde começa outra coisa, o que é uma fronteira e como vê-la, mas isso de tanto ultrapassá-la e deslocá-la sem descanso. Em *Masculino feminino* [*Masculin féminin*, Jean-Luc Godard, 1966], a entrevista fictícia das personagens e a entrevista real dos atores se misturam tão bem que eles parecem conversar uns com os outros, e conversar por si mesmos, falando com o cineasta.[36] O método só pode se desenvolver no sentido em que a câmera nunca deixa de atingir nas personagens um antes ou um depois que constituem o real, no ponto mesmo em que a fabulação alça voo. "Saber o que eram antes de serem colocados no quadro, e depois..."[37] *France/tour/détour/deux/enfants* [Jean-Luc Godard e Anne-Marie Miéville, 1979] se vale disso como de um princípio: "Ele antes, e a história depois, ou ele depois e a história antes". Godard, que muitas vezes reconheceu sua dívida para com Rouch, *[202]* insiste cada vez mais nesse ponto: é preciso que a imagem compreenda o antes e o depois, que reúna assim as condições para uma nova imagem-tempo direta, em vez de ficar no presente "como nos filmes ruins". É sob essas condições da imagem-tempo que uma mesma transformação arrasta o cinema de ficção e o cinema de realidade, e confunde suas diferenças: no mesmo movimento, as descrições tornam-se puras, puramente ópticas e sonoras, as narrações, falsificantes, as narrativas, simulações. É todo o cinema que se torna um discurso indireto livre operando na realidade. O falsário e sua potência, o cineasta e sua personagem, ou o inverso,

205, p. 38: sobre a fronteira, a impossibilidade de determiná-la, e de manter uma "zona reservada".

[36] Godard, *Introduction à une véritable histoire du cinéma*, Paris, Albatros, 1980, p. 160 (e p. 162: "Sempre pensei que o que se chama de documentário e o que se chama de ficção fossem para mim dois aspectos de um mesmo movimento, e é a sua ligação que cria o verdadeiro movimento").

[37] Godard, em *Le Monde*, 27/5/1982, a propósito de *Paixão*. E, falando de seu filme *Carmen*, ele lembrará que o prenome é precisamente o que está antes: é preciso alcançar a personagem antes que ela seja tomada pelo mito ou pela lenda, e, quanto a Cristo, "o que José e Maria se disseram antes de ter o filho?" (conferência no Festival de Veneza, setembro de 1983).

já que eles só existem por essa comunidade que lhes permite dizer "nós, criadores de verdade". É uma terceira imagem-tempo, que se distingue das que vimos no capítulo precedente. As duas anteriores, com efeito, se referiam à *ordem do tempo*, quer dizer à coexistência das conexões ou à simultaneidade dos elementos internos ao tempo. A terceira se refere à *série do tempo* que reúne o antes e o depois em um devir, em vez de separá-los: seu paradoxo é introduzir um intervalo que dura no próprio momento.[38] As três imagens-tempo têm em comum o fato de romper com a representação indireta, mas também de quebrar o curso ou a sequência empírica do tempo, a sucessão cronológica, a separação do antes e do depois. Elas comunicam, portanto, entre si, se penetram (Welles, Resnais, Godard, Robbe-Grillet), mas deixam subsistir em uma mesma obra a distinção de seus signos.

[38] Em um belo conto (*Le Baron Bagge*, Paris, Sorbier, 1984), Alexander Lernet-Holenia supõe que a morte não acontece em um momento, mas em um espaço-tempo situado "entre o próprio momento", e que pode durar vários dias. Encontra nos filmes de Godard uma concepção de morte bem parecida.

Capítulo 7
O PENSAMENTO E O CINEMA
[203]

1

Aqueles que no início fizeram e pensaram o cinema partiram de uma ideia simples: o cinema como arte industrial atinge o automovimento, o movimento automático, faz do movimento o dado imediato da imagem. Tal movimento não depende mais de um móvel ou de um objeto que o execute, nem de um espírito que o reconstitua. E a própria imagem que se move em si mesma. Nesse sentido, portanto, ela não é figurativa nem abstrata. Dirão que isso já acontecia com todas as imagens artísticas; e Eisenstein sempre analisa os quadros de Da Vinci e de El Greco como se fossem imagens cinematográficas (como Élie Faure faz com Tintoretto). Mas as imagens pictóricas não são por isso menos imóveis em si, tanto assim que é o espírito que deve "fazer" o movimento. E as imagens coreográficas ou dramáticas continuam ligadas a um móvel. É somente quando o movimento se torna automático que a essência artística da imagem se efetua: *produzir um choque no pensamento, comunicar vibrações ao córtex, tocar diretamente o sistema nervoso e cerebral*. Porque a própria imagem cinematográfica "faz" o movimento, porque ela faz o que as outras artes se contentam em exigir (ou em dizer), ela recolhe o essencial das outras artes, herda o essencial, é como o manual de uso das outras imagens, converte em potência o que ainda era apenas possibilidade. *O movimento automático* faz surgir em nós um *autômato espiritual*, que, por sua vez, reage sobre ele.[1] *[204]* O autômato

[1] Élie Faure, *Fonction du cinéma: de la cinéplastique à son destin social*, col. Méditations, Paris, Denöel, 1963, p. 56: "Na verdade é seu próprio

espiritual já não designa, como na filosofia clássica, a possibilidade lógica ou abstrata de deduzir formalmente os pensamentos uns dos outros, mas o circuito no qual eles entram com a imagem-movimento, a potência comum do que força a pensar e do que pensa sob o choque: um *noochoque*. Heidegger dirá: "O homem sabe pensar na medida em que tem a possibilidade de pensar, mas esse possível ainda não garante que sejamos capazes de pensar".[2] É essa capacidade, essa potência, e não a mera possibilidade lógica, que o cinema pretende nos dar comunicando-nos o choque. Tudo se passa como se o cinema nos dissesse: comigo, com a imagem-movimento, vocês não podem escapar do choque que desperta o pensador em vocês. Um autômato subjetivo e coletivo para um movimento automático: a arte das "massas".

Todos sabem que, se uma arte impusesse necessariamente o choque ou a vibração, o mundo teria mudado há muito tempo, e há muito tempo os homens pensariam. Por isso essa pretensão do cinema, pelo menos nos seus grandes pioneiros, hoje nos faz rir. Eles acreditavam que o cinema seria capaz de impor tal choque, e de impô-lo às massas, ao povo (Viértov, Eisenstein, Gance, Élie Faure...). No entanto, pressentiam que o cinema encontraria, já encontrava todas as ambiguidades das outras artes, iria revestir-se de abstrações experimentais, "palhaçadas formalistas", e figurações comerciais, sexo ou sangue. O choque ia se confundir, no cinema ruim, com a violência figurativa do representado, em vez de atingir essa outra violência de uma imagem-movimento desenvol-

automatismo material que faz surgir de dentro dessas imagens esse novo universo que ele pouco a pouco impõe a nosso automatismo intelectual. É assim que aparece, em uma luz ofuscante, a subordinação da alma humana aos instrumentos por ela criados, e reciprocamente. Entre tecnicidade e afetividade, verifica-se uma reversibilidade constante" [ed. port.: *Função do cinema e das outras artes*, tradução de Maria de Conceição Nobre, Lisboa, Texto e Grafia, 2010]. Do mesmo modo para Jean Espstein, o automatismo da imagem ou o mecanismo da câmera têm por correlato uma "subjetividade automática", capaz de transformar e ultrapassar o real: *Écrits sur le cinéma*, II, Paris, Seghers, 1975, p. 63.

[2] Cf. Martin Heidegger, *Qu'appelle-t-on penser?*, Paris, PUF, 1951, p. 21.

vendo suas vibrações em uma sequência móvel que mergulha em nós. Pior ainda, o autômato espiritual corria o risco de se tornar o manequim de todas as propagandas: a arte das massas já mostrava um rosto inquietante.[3] Eis, portanto, que a potência ou a capacidade do cinema *[205]* se revelava não passar de pura e simples possibilidade lógica. Pelo menos o possível ganhava nisso uma nova forma, mesmo se ainda faltava o povo, mesmo se o pensamento ainda estava por vir. Algo se fazia, em uma concepção *sublime* do cinema. Com efeito, o que constitui o sublime é que a imaginação sofre um choque que a leva para o seu limite, e força o pensamento a pensar o todo enquanto totalidade intelectual que ultrapassa a imaginação. O sublime, vimos, pode ser matemático, como em Gance, ou dinâmico, como em Murnau e Lang, ou dialético, como em Eisenstein. Tomamos o exemplo de Eisenstein porque o método dialético lhe permite decompor o noochoque em momentos particularmente bem determinados (mas o conjunto da análise vale para o cinema clássico em geral, o cinema da imagem-movimento).

Segundo Eisenstein, o primeiro momento vai da imagem ao pensamento, do percepto ao conceito. A imagem-movimento (célula) é essencialmente múltipla e divisível, conforme os objetos entre os quais ela se estabelece, que são suas partes integrantes. Há choques das imagens entre si segundo a dominante delas, ou choque na própria imagem segundo seus componentes e ainda choque das imagens segundo todos os seus componentes: o choque é a forma mesma da comunicação do movimento nas imagens. E Eisenstein censura Pudóvkin por ter conservado apenas o caso mais simples de choque. É a *oposição* que define a fórmula geral, ou a violência, da imagem. Vimos antes as análises concretas de Eisenstein, a propósito de *O encouraçado Potemkin* [*Bronenosets Potyomkin*,

[3] Élie Faure tem ainda uma esperança, fundada no próprio automatismo: "Amigos sinceros do cinema não viram nele nada mais que um admirável instrumento de propaganda. Seja. Os fariseus da política, da arte, das letras, e inclusive das ciências, encontrarão no cinema o mais fiel dos servidores até o dia em que, por inversão mecânica dos papéis, ele por sua vez os sujeitará" (p. 51, texto de 1934).

1925] e de *O velho e o novo* [*Staróie i novoie*, 1929], e o esquema abstrato que delas se destaca: o choque tem um efeito sobre o espírito, ele o força a pensar, e a pensar o Todo. O todo precisamente só pode ser pensado, pois é a representação indireta do tempo que decorre do movimento. Ele não decorre deste como um efeito lógico, analiticamente, mas sinteticamente, como o efeito dinâmico das imagens "sobre o córtex inteiro". Por isso depende da montagem, embora resulte da imagem: ele não é uma *[206]* soma, mas um "produto", uma unidade de ordem superior. O todo é a totalidade orgânica que se afirma opondo e sobrepujando suas próprias partes, e que se constrói como a grande Espiral, segundo as leis da dialética. O todo é o conceito. Por isso o cinema é dito "cinema intelectual", e a montagem, "montagem-pensamento". A montagem é no pensamento o próprio "processo intelectual", ou o que, ante o choque, pensa o choque. Já a imagem, visual ou sonora, tem harmônicos que acompanham a dominante sensível, e entram por conta própria em conexões suprassensoriais (por exemplo, a saturação do calor na procissão de *O velho e o novo*): é isso a onda de choque ou a vibração nervosa, tal que não se pode mais dizer "vejo, ouço", mas SINTO, "sensação totalmente fisiológica". E é o conjunto dos harmônicos agindo sobre o córtex que faz nascer o pensamento, o PENSO cinematográfico: o todo como sujeito. Se Eisenstein é dialético, é porque concebe a violência do choque sob a figura da oposição, e o pensamento do todo na forma da oposição superada ou da transformação dos opostos: "do choque de dois fatores nasce um conceito".[4] E o cinema do *soco*, "o cinema soviético deve rachar os crânios". Mas assim ele dialetiza

[4] Todos esses temas são analisados em *Le Film: sa forme, son sens* (Paris, Bourgois, 1976), notadamente nos capítulos, "Le Principe du cinéma et la culture japonaise", "La Quatrième dimension du cinéma", "Méthodes de montage 1929", e sobretudo no discurso de 1935, "La Forme du film: nouveaux problèmes". [Este último está traduzido por Vinicius Dantas na antologia organizada por Ismail Xavier, *A experiência do cinema*, Rio de Janeiro, Graal, 1983. Ver também, para todos estes artigos, *A forma do filme*, tradução de Teresa Ottoni, Rio de Janeiro, Zahar, 2002. O primeiro artigo citado por Deleuze está publicado nessa edição com o título "Fora de quadro" (N. da T).]

o dado mais geral da imagem-movimento, estima que qualquer outra concepção enfraquece o choque, e deixa o pensamento facultativo. A imagem cinematográfica deve ter um efeito de choque sobre o pensamento e forçar o pensamento a pensar tanto em si mesmo quanto no todo. É a própria definição do sublime.

Há, porém, um segundo momento que vai do conceito ao afeto, ou que retorna do pensamento para a imagem. Trata-se de tornar a dar ao processo intelectual sua "plenitude emocional" ou sua "paixão". Não apenas esse segundo momento é inseparável do primeiro, como não se pode dizer qual dos dois vem primeiro. O que vem primeiro, a montagem ou a imagem-movimento? O todo é produzido pelas partes, mas o inverso também: há círculo *[207]* ou espiral dialética, "monismo" (que Eisenstein opõe ao dualismo de Griffith). O todo como efeito dinâmico é também o pressuposto de sua causa, a espiral. Por isso Eisenstein lembra constantemente que "o cinema intelectual" tem por correlato "o pensamento sensorial" ou "a inteligência emocional", e se não for assim não vale nada. O orgânico tem por correlato o patético. O mais alto da consciência na obra de arte tem por correlato o mais profundo do subconsciente, conforme um "duplo processo" ou dois momentos coexistentes. No segundo momento não se vai mais da imagem-movimento ao claro pensamento do todo que ela exprime, vai-se de um pensamento do todo, pressuposto, obscuro, às imagens agitadas, misturadas que o exprimem. O todo não é mais o *logos* que unifica as partes, mas a embriaguez, o *páthos* que as banha e nelas se difunde. É desse ponto de vista que as imagens constituem uma massa plástica, uma matéria sinalética, carregada de traços de expressões, visuais, sonoros, sincronizados ou não, zigue-zagues de formas, elementos de ação, gestos e silhuetas, sequências assintáticas. É uma língua ou um pensamento primitivo, ou melhor, um *monólogo interior*, um monólogo ébrio, operando por figuras, metonímias, sinédoques, metáforas, inversões, atrações... Desde o início Eisenstein pensava que o monólogo interior encontrava sua extensão e seu alcance mais no cinema do que na literatura, mas ele ainda o restringia ao "curso do pensamento de um homem". É no discurso de 1935 que ele o percebe como adequado ao autômato espiritual, quer dizer, ao filme inteiro. O monólogo interior vai além do sonho, que é individual demais, e constitui os segmentos ou os elos de um pensamento realmente coletivo. Desenvolve uma potência de imaginação patética que chega aos confins do universo, um "uso desregrado de representações sensoriais", uma música visual que cria massa, jato de creme, fontes de água luminosas, fogos faiscantes, zigue-zagues formando cifras, como na célebre sequência de *O velho e o novo*. Faz um instante íamos da imagem-choque ao conceito formal e consciente, porém, agora, vamos do conceito inconsciente à imagem-matéria, à imagem-figura, que o encarna e por sua vez também causa um choque. A figura confere à imagem uma carga afetiva que vem redobrar o choque sensorial. Os dois momentos se confundem, se abraçam, como no crescendo de *O velho e o novo*, *[208]* em que os zigue-zagues de cifras recriam o conceito consciente.[5]

Também aqui notaremos que Eisenstein torna dialético um aspecto muito geral da imagem-movimento e da montagem. Vemos em muitos autores, especialmente em Epstein, que a imagem cinematográfica procede por figuras e reconstitui uma espécie de pensamento primitivo: inclusive quando o cinema europeu se contenta com o sonho, com a fantasia ou o devaneio, ele ambiciona trazer à consciência os *mecanismos inconscientes do pensamento*.[6] É verdade que foi questionada a capacidade metafórica do cinema. Jakobson observou que o cinema é mais propriamente metonímico, pois procede essencialmente por justaposição e contiguidade: ele não tem o poder característico da metáfora, de dar a um "sujeito" o verbo ou a ação de outro sujeito, precisa justapor os dois sujeitos e, portanto, submeter a metáfora a uma metonímia.[7] O cinema não pode dizer, como o poeta: "mãos folhe-

[5] Cf. "La Centrifugeuse et le Graal", em *La Non-indifférente Nature*, vol. I, col. 10-18, Paris, Union Générale d'Éditions, 1974.

[6] Jean Epstein, *passim*. Ele costuma insistir na metáfora (é a ele que devemos o exemplo, que vem de Apollinaire, "les mains feuillolent" ["as mãos folhevoam"], *Écrits sur le cinéma*, vol. I, Paris, Seghers, 1974, p. 68).

[7] Cf. a entrevista de Roman Jakobson, que introduz muitos matizes na questão: *Cinéma: théorie, lectures* (Paris, Klincksieck, 1973). Jean Mitry, por seu lado, propõe uma noção complexa: o cinema não poderia proceder por

voam"; ele primeiro tem de mostrar mãos que se agitam, depois folhas que esvoaçam. Mas essa restrição só existe em parte. Existe, se assimilarmos a imagem cinematográfica a um enunciado. Não existe, se tomamos a imagem cinematográfica pelo que ela é, imagem-movimento que tanto pode *fundir* o movimento reportando-o ao todo que ele exprime (metáfora, que reúne as imagens) quanto dividi-lo, referindo-o aos objetos entre os quais ele se estabelece (metonímia, que separa as imagens). Parece-nos correto dizer, portanto, que a montagem de Griffith é metonímica, mas a de Eisenstein, metafórica.[8] Se falamos em fusão, não é apenas pensando na superposição como meio técnico, mas em uma fusão *[209]* afetiva que se explica, nos termos de Eisenstein, porque duas imagens distintas podem ter os mesmos harmônicos e constituir, assim, a metáfora. A metáfora se define, precisamente, pelos harmônicos da imagem. Um autêntico exemplo de metáfora no cinema é encontrado em *A greve* [*Stachka*, 1925], de Eisenstein: o grande espião do patrão é mostrado inicialmente em poisção invertida, de cabeça para baixo, com suas imensas pernas se elevando como canos que vão dar em uma poça d'água, no alto da tela; depois vemos duas chaminés de fábrica que parecem entrar em uma nuvem. E uma metáfora com dupla inversão, pois o espião é mostrado em primeiro lugar, e mostrado de cabeça para baixo. A poça e a nuvem, as pernas e as chaminés têm os mesmos harmônicos: é uma metáfora por montagem. Mas o cinema chega também às metáforas na imagem e sem montagem. A esse respeito, é em um filme americano que encontramos a mais bela metáfora da história do cinema: *Marinheiro por descuido* [*The Navigator*, 1924], de Keaton, em que o herói de escafandro, asfixiado, morrendo, afogado

metáfora, mas por "expressão metafórica fundada na metonímia" (*Cinématographe*, nº 83, nov. 1982, p. 71).

[8] Pascal Bonitzer, "Voici", *Cahiers du Cinéma*, nº 273, jan. 1977. Gance e L'Herbier, ambos usam montagem metafórica: a cena da Convenção e a tempestade, em *Napoleão* [*Napoléon*, Abel Gance, 1927], ou a cena da Bolsa e o céu, em *O dinheiro* [*L'Argent*, Marcel L'Herbier, 1928]. Em Gance, a técnica das superposições que ultrapassam as possibilidades de percepção serve para constituir os harmônicos da imagem.

em seu escafandro, vai ser salvo desajeitadamente pela moça. Ela o prende entre as pernas para firmar sua presa, e finalmente consegue abrir com uma faca a roupa, por onde escapa uma torrente de água. Nunca uma imagem expressou tão bem a violenta metáfora de um parto cesáreo e explosão da bolsa d'água.

Eisenstein tinha uma ideia parecida quando distinguia os casos de composição afetiva: um, em que a Natureza refletia o estado do herói, com duas imagens tendo os mesmos harmônicos (por exemplo, uma Natureza triste para um herói triste); outro, mais difícil, quando uma única imagem apreende os harmônicos de outra que não é dada (por exemplo, o adultério como "crime", com os amantes tendo os gestos de uma vítima imolada e de um assassino louco).[9] Ora a metáfora é extrínseca, *[210]* ora intrínseca. Mas, nos dois casos, a composição não expressa apenas a maneira pela qual a personagem se sente, expressa também a maneira pela qual o autor e o espectador a julgam, integra o pensamento na imagem: é o que Eisenstein chamava de "a nova esfera da retórica fílmica, a possibilidade de pronunciar um julgamento social abstrato". Elabora-se um circuito que compreende a um só tempo o autor, o filme e o espectador. O circuito completo compreende, pois, o choque sensorial que nos eleva das imagens ao pensamento consciente, e depois o pensamento por figuras que nos leva às imagens e torna a nos causar um choque afetivo. Fazer coexistir os dois, juntar o grau mais alto de consciência ao nível mais pro-

[9] Eisenstein admira Tolstói (e Zola) por terem sabido compor a imagem de modo a nela integrar a maneira pela qual as próprias personagens se sentem e pensam, e pela qual o autor as pensa: como nos abraços "criminosos" de Anna Kariênina e Vronski. Dessa vez, o "princípio composicional" não se exprime mais em uma imagem que é eco (uma natureza triste, uma luz triste, uma música triste para um herói triste...), mas se exprime diretamente na imagem: *Le Film: sa forme, son sens*, pp. 182-9. No entanto, não parece que o próprio Eisenstein tenha obtido imagens dessa espécie. Ele procede mais pelo primeiro meio, ressonância ou eco. Assim como Renoir, em *A besta humana* [*La Bête humaine*, 1938] ou em *Um dia no campo* [*Une partie de campagne*, 1946]. L'Herbier, ao contrário, atinge uma composição intrínseca com as imagens surpreendentes do estupro em *O homem do mar* [*L'Homme du large*, 1920]: o estupro como assassinato.

fundo de inconsciente: o autômato dialético. O todo não deixa de ser *aberto* (a espiral), mas é para interiorizar a sequência das imagens, tanto quanto para se exteriorizar nessa sequência. O conjunto forma um Saber, à maneira hegeliana, que reúne a imagem e o conceito como dois movimentos indo um em direção ao outro.

Há ainda um terceiro momento, não menos presente nos dois precedentes. Não mais da imagem ao conceito, e do conceito à imagem, mas a identidade do conceito e da imagem: o conceito está em si na imagem, a imagem é para si no conceito. Já não é o orgânico e o patético, mas o dramático, o pragmático, a práxis ou o pensamento-ação. Esse pensamento-ação designa *a conexão do homem e do mundo*, do homem e da Natureza, a unidade sensório-motora, mas elevando-a a uma potência suprema ("monismo"). Isto parece ser uma verdadeira vocação do cinema. Como dirá Bazin, a imagem cinematográfica se opõe à imagem teatral no fato de ir de fora para dentro, do cenário à personagem, da Natureza ao homem (e mesmo quando parte da ação humana, ela parte como de um fora; e, mesmo quando parte do rosto humano, parte como de uma Natureza ou de uma paisagem).[10] É, portanto, ainda mais capacitada a mostrar a reação do homem sobre a Natureza, ou a exteriorização do homem. Há no sublime uma unidade sensório-motora da Natureza e do homem, tal que a Natureza deva ser chamada de *a não indiferente*. É o que exprime a composição afetiva ou metafórica, por exemplo, em *[211] O encouraçado Potemkin*, onde três elementos, a água, a terra e o ar, manifestam harmonicamente uma Natureza exterior de luto em torno da vítima humana, enquanto a reação do homem vai se exteriorizar no desenvolvimento do quarto elemento, o fogo, que leva a Natureza a uma nova qualidade, na efervescência revolucionária.[11] Mas é também o homem que adquire uma qualidade nova, tornando-se o sujeito coletivo de sua própria reação, enquanto

[10] André Bazin, *Qu'est-ce que le cinéma?*, Paris, Cerf, 1976, pp. 156-63 [ed. bras.: *O que é o cinema?*, tradução de Eloisa Araújo Ribeiro, São Paulo, Cosac Naify, 2014].

[11] Serguei Eisenstein, *La Non-indifférente Nature*, II, col. 10-18, Paris, Union Générale d'Éditions, 1975, pp. 67-9.

a Natureza se torna a conexão objetiva humana. O pensamento--ação coloca a um só tempo a unidade da Natureza e do homem, do indivíduo e da massa: o cinema como arte das massas. É inclusive graças a isso que Eisenstein justifica a primazia da montagem: o cinema não tem por sujeito o indivíduo, nem por objeto uma intriga ou uma história; tem por objeto a Natureza, e por sujeito as massas, a individualização das massas e não a de uma pessoa. O que o teatro, e sobretudo a ópera, haviam tentado sem êxito, o cinema alcança (*O encouraçado Potemkin*, *Outubro* [*Oktiabr*, Serguei Eisenstein, 1928]): chegar ao Dividual, ou seja, individuar uma massa enquanto tal, em vez de relegá-la a uma homogeneidade qualitativa ou reduzi-la a uma divisibilidade quantitativa.[12]

Por isso é muito interessante constatar como Eisenstein responde às críticas que lhe serão dirigidas pelos stalinistas. Acusam--no de não compreender o elemento realmente dramático do pensamento-ação, de apresentar o liame sensório-motor de maneira exterior e muito geral, sem mostrar como ele se enlaça na personagem. A crítica é a um só tempo ideológica, técnica e política: Eisenstein se atém a uma concepção idealista da Natureza, que substitui "a história", a uma concepção dominadora da montagem, que esmaga a imagem ou o plano, a uma concepção abstrata das massas, que oculta o herói pessoal consciente. Eisenstein *[212]* compreende muito bem do que se trata, e se entrega a uma autocrítica em que rivalizam prudência e ironia. É o grande discurso

[12] O teatro e a ópera se deparavam com o seguinte problema: como evitar reduzir a multidão a uma massa compacta e anônima, mas também a um conjunto de átomos individuais? Piscator, no teatro, impunha às multidões um tratamento arquitetural ou geométrico que o cinema expressionista, e Fritz Lang, em especial, também adotará: é o caso das organizações retangulares, triangulares ou piramidais de *Metrópolis*, só que é uma multidão de escravos. Cf. Lotte Eisner, *L'Écran démoniaque*, col. Encyclopédie du Cinéma, Paris, André Bonne, 1952, pp. 119-24 [ed. bras.: *A tela demoníaca*, tradução de Lúcia Nagib, Rio de Janeiro, Paz e Terra, 2003]. Debussy reclamava ainda mais para a ópera: queria que a multidão fosse um foco de individuações físicas e móveis, irredutíveis às de seus membros (Jean Barraqué, *Debussy*, Paris, Seuil, 1977, p. 159). É o que Eisenstein realiza no cinema: a condição é que as massas se tornem *sujeito*.

de 1935. Sim, ele não captou o papel do herói, isto é, do Partido e de seus chefes, porque permaneceu exterior demais aos acontecimentos, mero observador ou companheiro de estrada. Mas era o primeiro período do cinema soviético, antes da "bolchevização das massas" que faz surgir heróis pessoais e conscientes. Nem tudo era ruim, aliás, nesse primeiro período, que torna o seguinte possível. E o seguinte iria conservar a montagem, podendo até integrá-la melhor na imagem e mesmo no desempenho do ator. O próprio Eisenstein iria tratar de heróis realmente dramáticos, *Ivan, o terrível* [*Ivan Grozni*, 1944], *Alexander Nevski* [*Aleksandr Nevski*, 1938], conservando a aquisição precedente, a não indiferença da Natureza, a individuação das massas. O máximo que ele podia fazer era observar que o segundo período até então só havia produzido obras medíocres, e corria o risco, se não prestassem atenção, de perder a especificidade do cinema soviético. Era preciso evitar que o cinema soviético se confundisse com o americano, que fez dos heróis pessoais e das ações dramáticas sua especialidade...

É bem verdade que as três conexões do cinema e do pensamento se encontram por toda parte, no cinema da imagem-movimento: *a conexão com um todo que só pode ser pensado em uma tomada de consciência superior, conexão com um pensamento que só pode ser figurado no desenrolar subconsciente das imagens, conexão sensório-motora entre o mundo e o homem, a Natureza e o pensamento*. Pensamento crítico, pensamento hipnótico, pensamento-ação. O que Eisenstein critica nos outros, e principalmente em Griffith, é terem concebido mal o todo, pois se ativeram a uma diversidade de imagens sem chegar a oposições constituintes, é terem composto mal as figuras, pois não chegaram às verdadeiras metáforas ou harmônicos, é terem reduzido a ação ao melodrama, pois se ativeram a um herói pessoal, tomado em uma situação psicológica e não social.[13] Em suma, faltava-lhes prática e teoria dialéticas. Resta que o cinema americano, a seu modo, manifestava as três conexões *[213]* fundamentais. A imagem-ação podia ir da

[13] Eisenstein, "Dickens, Griffith et nous" (*Le Film: sa forme, son sens*). Ele critica Griffith por não atingir um verdadeiro "monismo" dialético.

situação à ação, ou, inversamente, da ação à situação, era inseparável de atos de compreensão pelos quais o herói avaliava os dados do problema ou da situação, ou de atos de inferência pelos quais ele adivinhava o que não estava dado (o caso, como vimos, das fulgurantes imagens-raciocínio de Lubitsch). E esses atos de pensamento na imagem se prolongavam em uma dupla direção, conexão das imagens com um todo pensado e com figuras do pensamento. Voltemos a um exemplo extremo: se o cinema de Hitchcock nos pareceu o remate mesmo da imagem-movimento, foi porque ultrapassa a imagem-ação rumo às "correlações mentais" que o enquadravam e constituíam sua cadeia, mas ao mesmo tempo retorna à imagem segundo "correlações naturais" que compõem uma trama. Da imagem à relação, e da relação à imagem: todas as funções de pensamento estão compreendidas nesse circuito. Coerente com o gênio inglês, obviamente não é uma dialética, é uma lógica das relações (que explica, em particular, que o "suspense" substitua o "choque").[14] Há, portanto, muitas maneiras pelas quais o cinema pode efetuar suas conexões com o pensamento. Mas essas três conexões parecem bem definidas no plano da imagem-movimento.

2

A que ponto as grandes declarações, de Eisenstein, de Gance, soam estranhas hoje: todas as esperanças postas no cinema, arte das massas e novo pensamento, parecem agora declarações de museu. Podemos, é claro, dizer que o cinema se afogou na nulidade de suas produções. O que se tornam o suspense de Hitchcock, o choque de Eisenstein, o sublime de Gance, quando são retomados por autores medíocres? Quando a violência não é da imagem e de suas vibrações, mas a do representado, cai-se em um arbitrário sangrento, quando a grandeza já não é a da *[214]* composição, mas

[14] Encontramos em Bonitzer uma confrontação sistemática Hitchcock-Eisenstein, especialmente em função do primeiro plano: *Le Champ aveugle*, Paris, Cahiers du Cinéma/Gallimard, 1982.

um mero inchaço do representado, não há mais excitação cerebral ou nascimento do pensamento. É antes uma deficiência generalizada no diretor e nos espectadores. No entanto, a mediocridade corrente nunca impediu a grande pintura; mas não é a mesma coisa nas condições de uma arte industrial, na qual a proporção das obras execráveis põe diretamente em questão os objetivos e as capacidades mais essenciais. O cinema morre, pois, por sua mediocridade quantitativa. Há, entretanto, uma razão ainda mais importante: a arte das massas, a abordagem das massas, que não devia separar-se de uma acessão das massas ao título de verdadeiro sujeito, caiu na propaganda e na manipulação de Estado, em uma espécie de fascismo que aliava Hitler a Hollywood, Hollywood a Hitler. O autômato espiritual tornou-se o homem fascista. Como diz Serge Daney, o que colocou em questão todo o cinema da imagem-movimento foram "as grandes encenações políticas, as propagandas de Estado que se tornaram quadros vivos, as primeiras manutenções humanas de massa", e o que veio atrás, os campos de concentração.[15] Foi isso o que soou o fim das ambições do "antigo cinema": não foi, não foi só, a mediocridade e a vulgaridade da produção corrente, foi antes Leni Riefenstahl, que não era medíocre. E a situação é ainda pior se esposarmos a tese de Virilio: não houve desvio, alienação, em uma arte das massas que a imagem-movimento teria primeiramente fundado, ao contrário, já de início a imagem-movimento esteve ligada à organização de guerra, à propaganda de Estado, ao fascismo comum, histórica e essencialmente.[16] Somadas, as duas razões, a mediocridade dos produ-

[15] Serge Daney, *La Rampe*, Paris, Cahiers du Cinéma/Gallimard, 1983, p. 172 [ed. bras.: *A rampa*, tradução de Marcelo Rezende, São Paulo, Cosac Naify, 2007].

[16] Paul Virilio mostra como o sistema da guerra mobiliza tanto a percepção quanto as armas e as ações: também a foto e o cinema passam pela guerra, e são acopladas às armas (por exemplo, a metralhadora). Haverá cada vez mais uma *encenação* do campo de batalha, à qual o inimigo responde, não mais com camuflagem, mas com uma contraencenação (simulação, truques, ou então gigantescas iluminações da defesa aérea). Porém é toda a vida civil que passa sob o signo da encenação, para o regime fascista: "o poder real está desde então dividido entre a logística das armas e a das imagens

tos, o fascismo *[215]* da produção, podem explicar muitas coisas. Por um breve momento, Artaud "acredita" no cinema, e multiplica declarações que parecem coincidir com as de Eisenstein ou de Gance, arte nova, pensamento novo. Mas logo desiste. "O mundo imbecil das imagens, agarrado como visco às miríades de retinas não completará jamais a imagem que se pode fazer dele. Portanto, a poesia que não pode desvencilhar-se de tudo isso não passa de poesia eventual, poesia do que poderia ser, e não é do cinema que devemos esperar..."[17]

Talvez haja uma terceira razão, que estranhamente poderá devolver-nos a esperança em uma eventualidade de pensar o cinema pelo cinema. Precisamos estudar com mais atenção o caso de Artaud, que pode ter uma importância determinante. Pois, durante o curto período em que acredita, Artaud parece à primeira vista retomar os grandes temas da imagem-movimento nas conexões com o pensamento. Ele diz, exatamente, que o cinema deve evitar dois obstáculos, o cinema experimental abstrato, que na época se desenvolvia, e o cinema figurativo comercial, que Hollywood impunha. Diz que o cinema é coisa de vibrações neurofisiológicas, e que a imagem deve produzir um choque, uma onda nervosa que faça nascer o pensamento, "pois o pensamento é uma matrona que nem sempre existiu". O pensamento não tem outro funcionamento que seu próprio nascer, sempre a repetição de seu nascimento, oculto e profundo. Diz que a imagem tem, pois, por objeto o funcionamento do pensar, e que este funcionamento é também o ver-

e dos sons"; e, até o fim, Goebbels sonhará em ultrapassar Hollywood, que era a cidade-cinema moderna por oposição à cidade-teatro-antigo. O cinema, por sua vez, se supera, no rumo da imagem eletrônica, tanto civil quanto militar, em um complexo militar-industrial. Cf. *Guerre et cinema I. Logistique de la perception*, Paris, Cahiers du Cinéma/Éditions de l'Étoile, 1984 [ed. bras.: *Guerra e cinema*, tradução de Paulo Roberto Pires, São Paulo, Boitempo, 2005].

[17] Antonin Artaud, "La Vieillesse précoce da cinéma", em *Oeuvres complètes*, III, Paris, Gallimard, 1978, p. 99 (é o texto de ruptura de Artaud com o cinema, 1933) [ed. bras.: "A velhice precoce do cinema", tradução de Sílvia Fernandes, em Antonin Artaud, *Linguagem e vida*, São Paulo, Perspectiva, 2011].

dadeiro sujeito que nos traz de volta às imagens. Acrescenta que o sonho, tal como aparece no cinema europeu inspirado no surrealismo, é uma aproximação interessante, mas insuficiente, desse objetivo: o sonho é uma solução fácil demais para o "problema" do pensamento. Artaud acredita mais em uma adequação entre o cinema e a *escrita automática*, com a condição de se compreender que a escrita automática não é de modo algum uma ausência de composição, mas um controle superior unindo o pensamento crítico e consciente ao inconsciente do pensamento: o autômato espiritual (o que é bem diferente do sonho, unindo uma censura ou uma rejeição a um inconsciente de pulsão). Diz ainda que seu *[216]* ponto de vista, por ser avançado demais, corre o risco de ser mal compreendido, até mesmo pelos surrealistas, como vemos por suas conexões com Germaine Dulac, que oscila entre um cinema abstrato e um cinema-sonho.[18]

À primeira vista, nada opõe as declarações de Artaud e as de Eisenstein: da imagem ao pensamento, há o choque ou a vibração, que deve fazer o pensamento nascer dentro do pensamento; do pensamento à imagem, há a figura que deve se encarnar em uma espécie de monólogo interior (mais que em um sonho), capaz de tornar a causar o choque. E, no entanto, há em Artaud algo bem diferente: uma constatação de impotência, que não incide ainda *sobre* o cinema, mas, ao contrário, define o verdadeiro objeto-sujeito do cinema. O que o cinema privilegia não é a potência do pensamento, é seu "impoder", e o pensamento nunca teve outro

[18] Todos esses temas são desenvolvidos no tomo III das obras de Artaud. A propósito de *A concha e o clérigo* [*La Coquille et le clergyman*], o único roteiro que foi rodado (por Germaine Dulac), Artaud diz, à p. 77: a especificidade do cinema é a vibração como "nascimento oculto do pensamento"; isso "pode parecer e aparentar-se com a mecânica de um sonho sem ser um sonho"; é "o trabalho puro do pensamento". A atitude de Artaud em face da realização de Germaine Dulac levanta várias questões, que foram analisadas por Odette Virmaux e Alain Virmaux, *Les Surréalistes et le cinéma*, Paris, Seghers, 1976. Artaud lembrará constantemente que este é o primeiro filme surrealista; e criticará Buñuel e Cocteau por se contentarem com o arbitrário do sonho (pp. 270-2). Parece que o que ele critica em Germaine Dulac é ter dado a *A concha e o clérigo* o sentido de um mero sonho.

problema. Isso é muito mais importante que o sonho: essa dificuldade de ser, essa impotência no cerne do pensamento. O que os inimigos do cinema censuram nessa arte (é o caso de Georges Duhamel: "Não posso mais pensar o que quero, as imagens móveis substituem meus próprios pensamentos"), para Artaud se torna a glória sombria e a profundidade do cinema. Com efeito, para ele, não se trata de uma mera inibição que o cinema nos traria de fora, mas da inibição central, do desmoronamento e da petrificação interiores, do "roubo dos pensamentos" do qual o pensamento nunca deixa de ser vítima e agente. Artaud deixará de acreditar no cinema quando entender que o cinema passa ao lado, e só pode fazer o que é abstrato, figurativo ou sonho. Mas acredita no cinema na medida em que o considera essencialmente capacitado a revelar essa impotência de pensar que está no cerne do pensamento. É só considerarmos os roteiros concretos de Artaud, o *[217]* vampiro dos *32*, o louco de *A revolta do açougueiro* [*La Révolte du boucher*], e, sobretudo, o suicida de *Os dezoito segundos* [*Les Dix-huit secondes*]: o herói "tornou-se incapaz de atingir seus pensamentos", "está reduzido a só ver desfilar dentro de si imagens, um excesso de imagens contraditórias", "roubaram-lhe o espírito". O autômato espiritual ou mental não se define mais pela possibilidade lógica de um pensamento que deduziria formalmente suas ideias umas das outras.[19] Mas também não pela potência física de um pensamento que fosse montado em circuito com a imagem automática. O autômato espiritual tornou-se a Múmia, essa instância desmontada, paralisada, petrificada, congelada, que documenta a "impossibilidade de pensar que é o pensamento".[20] Dir-se-á que o

[19] É nesse sentido que a tradição filosófica (Espinosa, Leibniz) toma o autômato espiritual; e ainda Paul Valéry, em *M. Teste*. Jacques Rivette aproxima Artaud de Valéry, mas é um dos numerosos contrassensos que comete, na famosa correspondência (tomo 1). Kuniichi Uno mostrou bem a oposição radical Valéry-Artaud a propósito do autômato espiritual: *Artaud et l'espace des forces*, pp. 15-26 (tese defendida na Universidade de Paris VIII).

[20] Véronique Tacquin fez uma análise muito profunda do cinema de Dreyer, invocando o que chama de Múmia (*Pour une théorie du pathétique cinématographique*, tese defendida na Universidade de Paris VIII). Ela não recorre a Artaud, mas a Maurice Blanchot, que está perto dele. Artaud já intro-

expressionismo já nos havia acostumado com tudo isso, roubo dos pensamentos, desdobramento de personalidade, petrificação hipnótica, alucinação, esquizofrenia galopante. Porém, também aí, corremos o risco de desconhecer a originalidade de Artaud: não é mais o pensamento que se defronta com o reclaque, com o inconsciente, o sonho, a sexualidade ou a morte, como no expressionismo (e também no surrealismo), são todas estas determinações que se confrontam com o pensamento como "problema" mais importante, ou que entram em conexão com o indeterminável, o inevocável.[21] O ponto central, ou a múmia, não é mais o núcleo irredutível do sonho com o qual o pensamento se choca, é, ao contrário, o núcleo do pensamento, "o avesso dos pensamentos", com o qual até mesmo os sonhos se chocam, ricocheteiam, se quebram. Enquanto o expressionismo impõe à vigília um tratamento noturno, Artaud *impõe ao sonho um tratamento diurno*. Ao sonâmbulo expressionista se opõe o vigilâmbulo de Artaud, em *Os dezoito segundos* ou em *A concha e o clérigo*. *[218]*

Apesar da semelhança superficial das palavras, há, portanto, uma oposição absoluta entre o projeto de Artaud e uma concepção como a de Eisenstein. Trata-se, como diz Artaud, de "fundir o cinema com a realidade íntima do cérebro", mas essa realidade íntima não é o Todo, é, ao contrário, uma fenda, uma rachadura.[22] Enquanto acredita no cinema, o que ele lhe credita não é o poder de fazer pensar o todo, mas, ao contrário, uma "força dissociado-

duzira a Múmia, em trechos do nº 1 de *Bilboquet* (fev. 1923). As análises de Véronique Tacquin abrem todo um desenvolvimento cinematográfico do tema da Múmia.

[21] "A sexualidade, o recalque, o inconsciente nunca me pareceram uma explicação suficiente da inspiração ou do espírito..." (Antonin Artaud, *Oeuvres complètes*, III, p. 47).

[22] Maurice Blanchot, "Artaud", em *Le Livre à venir*, Paris, Gallimard, 1959, p. 59: Artaud inverte "os termos do movimento", põe em primeiro lugar "o despojamento, e não a totalidade imediata, do qual esse despojamento parecia ser, antes, uma simples falta. O que é primeiro não é a plenitude do ser, e a fenda e a fissura..." [ed. bras.: *O livro por vir*, tradução de Leyla Perrone-Moisés, São Paulo, Martins Fontes, 2005].

ra" que introduziria uma "figura do nada", um "buraco nas aparências". Enquanto acredita no cinema, o que ele lhe credita não é o poder de retornar às imagens, e encadeá-las segundo as exigências de um monólogo interior e o ritmo das metáforas, mas sim o poder de "desencadeá-las", segundo vozes múltiplas, diálogos internos, sempre uma voz dentro de outra voz. Em suma, é o conjunto das conexões cinema-pensamento o que Artaud perturba: por um lado não há mais todo pensável pela montagem, por outro, não há mais monólogo interior enunciável mediante imagem. Dir-se-ia que Artaud vira pelo avesso o argumento de Eisenstein: se é verdade que o pensamento depende de um choque que o faz nascer (o nervo, a medula), ele só pode pensar uma única coisa, *o fato de que ainda não pensamos*, a impotência tanto para pensar o todo como para pensar a si mesmo, estando o pensamento sempre petrificado, desfocado, desabado. Um ser do pensamento sempre por vir, é o que Heidegger descobrirá sob uma forma universal, mas é também o que Artaud vive como o problema mais singular, seu próprio problema.[23] De Heidegger a Artaud, Maurice Blanchot sabe ler em Artaud a questão fundamental do que faz pensar, do que força a pensar: o que força a pensar e o "impoder do pensamento", a figura do nada, a inexistência de um todo que pudesse ser pensado. O que Blanchot diagnostica por toda parte na literatura vamos encontrar em lugar de destaque no cinema: por um lado a presença de um impensável no pensamento, e que seria a um só tempo *[219]* como que sua fonte e sua barragem; por outro, a presença ao infinito de outro pensador no pensador, que quebra qualquer monólogo de um eu pensante.

Mas a questão é: em que tudo isso afeta, essencialmente, o cinema? Porque talvez isso seja a questão da literatura, ou da filosofia, ou mesmo da psiquiatria. Mas em que é a questão do cinema, quer dizer, uma questão que o afeta em sua especificidade, em sua diferença das demais disciplinas? Ele não tem, com efeito, a

[23] Cf. Heidegger, *Qu'appele-t-on penser?*, pp. 22-4: "O que mais faz pensar é que ainda não pensamos; ainda não, embora o estado do mundo se torne constantemente o que mais faz pensar. [...] O que mais faz pensar, em nosso tempo que faz pensar, é que ainda não pensamos".

mesma maneira de tratá-la, embora ela apareça em outra parte e com outros meios. Perguntamos qual é o meio do cinema para discutir essa questão do pensamento, de sua impotência essencial e do que dela resulta. É verdade que o cinema ruim (e às vezes o bom) se contenta com um estado de sonho induzido no espectador, ou, como foi muitas vezes analisado, com uma participação imaginária. Mas, a essência do cinema, que não é a generalidade dos filmes, tem por objetivo mais elevado o pensamento, nada mais que o pensamento e como este funciona. A esse respeito, a força do livro de Jean-Louis Schefer está em responder à questão: em que e como o cinema diz respeito a um pensamento que tem por principal propriedade o fato de ainda não ser? Ele diz que a imagem cinematográfica, a partir do momento em que assume sua aberração de movimento, opera uma *suspensão de mundo*, ou afeta o visível com uma *perturbação*, que, longe de tornar o pensamento visível, como queria Eisenstein, se dirigem, ao contrário, àquilo que não se deixa pensar no pensamento, como àquilo que não se deixa ver na visão. Talvez não seja o "crime", como ele acredita, mas apenas a potência do falso. Ele diz que o pensamento, no cinema, é colocado diante de sua própria impossibilidade, da qual extrai, porém, uma potência ou nascimento mais elevados. Acrescenta que o estado de cinema só tem um equivalente: não a participação imaginária, mas a chuva quando saímos de uma sala de exibição, não o sonho, mas o escuro e a insônia. Schefer está perto de Artaud. Sua concepção do cinema hoje encontra plenamente seu lugar na obra de Garrel: esses grãos dançantes que não são feitos para serem vistos, essa poeira luminosa que não é uma prefiguração dos corpos, esses flocos de neve e nuvens de fuligem.[24] Com a condição de *[220]* conseguirmos mostrar, de modo persuasivo, que tais obras, longe de serem tediosas ou abstratas, representam o que se pode fazer de mais divertido, de mais animado, de mais perturbador no cinema. Além da grande cena do moinho e da farinha branca que se acumula, no final de *O vampiro* [*Vampyr — Der Traum des Allan Grey*, 1932], de Dreyer, Schefer pro-

[24] Jean Louis Schefer, *L'Homme ordinaire du cinéma*, Paris, Cahiers du Cinéma/Gallimard, 1980, pp. 113-23.

põe o exemplo do início do *Trono manchado de sangue* [*Kumonosu-jô*, 1957] (Macbeth), de Kurosawa: o cinza, o vapor, a neblina constituem "um aquém da imagem", que não é um véu indistinto colocado na frente das coisas, mas "um pensamento, sem corpo e sem imagem". Era também o caso do *Macbeth, reinado de sangue* [*Macbeth*, 1948], de Welles, onde a indiscernibilidade da terra e das águas, do céu e da terra, do bem e do mal, constituía uma "pré-história da consciência" (Bazin) que fazia nascer o pensamento de sua própria impossibilidade. E já não eram as neblinas de Odessa, apesar das intenções de Eisenstein? Mais que o movimento, é a suspensão de mundo, segundo Schefer, que dá o visível ao pensamento, não como objeto, mas como ato que está sempre nascendo e se escondendo no pensamento: "Não que se trate de pensamento que se tornou visível; o visível é afetado e irremediavelmente infectado pela primeira incoerência do pensamento, essa qualidade incoativa". É a descrição do *homem comum do cinema*: o autômato espiritual, "homem mecânico", "manequim experimental", ludião em nós, corpo desconhecido que temos apenas atrás da cabeça, e cuja idade não é a nossa nem a de nossa infância, mas um pouco de tempo em estado puro.

Se essa experiência do pensamento diz respeito essencialmente (não exclusivamente, no entanto) ao cinema moderno, é, antes de mais nada, em função da mudança que afeta a imagem: esta deixou de ser sensório-motora. Se Artaud é precursor, de um ponto de vista especificamente cinematográfico, é porque invoca "verdadeiras situações psíquicas entre as quais o pensamento encurralado procura uma saída sutil", "*situações puramente visuais*, cujo drama resultaria de um choque feito para os olhos, feito, se ousarmos dizer, da substância mesma do olhar".[25] Ora, essa ruptura sensório-motora encontra sua condição mais acima, e remonta a uma ruptura da ligação entre o homem e o mundo. A ruptura sensório-motora faz do homem um vidente que é *[221]* surpreendido por algo intolerável no mundo, e confrontado com algo impensável no pensamento. Entre os dois, o pensamento sofre uma estranha petrificação, que é como que sua impotência de funcionar, de

[25] Antonin Artaud, *Oeuvres complètes*, III, pp. 22, 76.

ser, como que ser despossuído de si mesmo e do mundo. Pois não é em nome de um mundo melhor ou mais verdadeiro que o pensamento apreende o intolerável nesse mundo, é, ao contrário, porque o mundo é intolerável que ele não pode mais pensar um mundo, nem pensar em si próprio. O intolerável não é mais uma grande injustiça, mas o estado permanente de uma banalidade cotidiana. O homem não é um mundo diferente daquele no qual sente o intolerável e se sente encurralado. O autômato espiritual está na situação psíquica do vidente, que enxerga melhor e mais longe na mesma medida em que não pode reagir, isto é, pensar. Qual é, então, a saída sutil? Acreditar, não mais em outro mundo, mas na ligação do homem e do mundo, no amor ou na vida, acreditar nisso como no impossível, no impensável, que, no entanto, só pode ser pensado: "algo possível, senão sufoco". É essa crença que faz do impensado a potência distintiva do pensamento, por absurdo, em virtude do absurdo. Artaud nunca entendeu a impotência a pensar como uma mera inferioridade em que estaríamos relativamente ao pensamento. Ela pertence ao pensamento, tanto assim que devemos fazer dela nossa maneira de pensar, sem pretender restaurar um pensamento onipotente. Devemos, antes, nos servir dessa impotência para acreditar na vida, e encontrar a identidade do pensamento e da vida: "Penso na vida, todos os sistemas que eu poderia edificar jamais igualarão meus gritos de homem ocupado em refazer sua vida...". Havia em Artaud uma afinidade com Dreyer? Dreyer, um Artaud que teria "recobrado" a razão, mas sempre graças ao absurdo? Drouzy assinalou a grande crise psíquica, a viagem esquizofrênica de Dreyer.[26] Porém, melhor ainda, Véronique Tacquin soube mostrar como a múmia (o autômato espiritual) está presente em seus últimos filmes. Isto já era verdade quanto a *O vampiro*, em que a múmia aparece como a força diabólica do mundo, a própria vampira, mas também como herói incerto, que não sabe o que pensar e que sonha sua própria petrificação. Em *[222] A palavra* [*Ordet*, Carl Theodor Dreyer, 1955],

[26] Maurice Drouzy faz uma interpretação estritamente psicanalítica dos transtornos de Dreyer: *Carl Th. Dreyer né Nilsson*, Paris, Cerf, 1982, pp. 266-71.

a múmia tornou-se o próprio pensamento, a jovem mulher morta, cataléptica: é o louco da família que lhe devolve vida e amor, precisamente porque deixou de ser louco, quer dizer, de *se* acreditar um outro mundo, e agora sabe o que significa acreditar... É *Gertrud* [Carl Theodor Dreyer, 1964], enfim, que desenvolve todas as implicações e a nova conexão do cinema com o pensamento: a situação "psíquica" que substitui qualquer situação sensório-motora; a perpétua ruptura da ligação com o mundo, o perpétuo buraco nas aparências, encarnado no falso-*raccord*, a apreensão do intolerável até mesmo no cotidiano ou no insignificante (a longa cena em *travelling* que Gertrud não poderá suportar, os colegiais vindo com os passos cadenciados, como autômatos, felicitar o poeta por lhes ter ensinado o amor e a liberdade); o encontro com o impensável que não pode sequer ser dito, só cantado, até o limite do desmaio de Gertrud; a petrificação, a "mumificação" da heroína, que toma consciência da crença enquanto pensamento do impensável ("Fui jovem? Não, mas amei. Fui bela? Não, mas amei. Estive viva? Não, mas amei."). Em todos esses sentidos, *Gertrud* inaugura um novo cinema, cuja continuação será *Europa '51*, de Rossellini. Rossellini expressa sua posição a esse respeito: quanto menos o mundo é humano, mais cabe ao artista acreditar e fazer acreditar em uma conexão do homem com o mundo, já que o mundo é feito pelos homens.[27] A heroína de *Europa '51*, múmia irradiando ternura.

Claro, desde o início o cinema teve uma conexão especial com a crença. Há uma catolicidade do cinema (são muitos os diretores confessamente católicos, até mesmo nos Estados Unidos, e os que não o são têm conexões complexas com o catolicismo). Não vemos, no catolicismo, uma grande *mise-en-scène*, assim como no cinema, um culto que substitui as catedrais, como já dizia Élie Faure?[28] O cinema parece caber inteiramente na fórmula de Nietzsche: "em que somos ainda devotos". Ou melhor, desde os pri-

[27] Roberto Rossellini, entrevista, em *La Politique des auteurs*, Paris, Cahiers du Cinéma/Éditions de l'Étoile, 1972, pp. 65-8.

[28] Ver o livro de Henri Agel e Amédée Ayfre, *Le Cinéma et le sacré*, Paris, Cerf, 1953, e os estudos sobre *La Passion du Christ comme thème ciné-*

mórdios, o cristianismo e a revolução, a fé cristã e a fé *[223]* revolucionária, foram os dois polos que atraíram a arte das massas. É que a imagem cinematográfica, diferente do teatro, mostrava-nos a vinculação do homem com o mundo. Por isso ela se desenvolve, seja no sentido da transformação do mundo pelo homem, seja na descoberta do mundo interior e superior que o próprio homem era. Não se pode dizer hoje que estes dois polos do cinema se tenham enfraquecido: uma determinada catolicidade não deixou de inspirar numerosos diretores, e a paixão revolucionária tomou conta do cinema do Terceiro Mundo. O que mudou, entretanto, foi o essencial, e há tanta diferença entre o catolicismo de Rossellini ou Bresson, e o Ford, quanto entre o revolucionarismo de Glauber Rocha ou de Güney, e o de Eisenstein.

O fato moderno é que já não acreditamos nesse mundo. Nem mesmo nos acontecimentos que nos acontecem, o amor, a morte, como se nos dissessem respeito apenas pela metade. Não somos nós que fazemos cinema, é o mundo que nos aparece como um filme ruim. A propósito de *Banda à parte* [*Bande à part*, 1964], Godard dizia: "São as pessoas que são reais, e é o mundo que se isola (*fait bande à part*). É o mundo que se faz cinema. É o mundo que não está sincronizado — elas são justas, verdadeiras, representam a vida. Vivem uma história simples, é o mundo em volta delas que vive um roteiro ruim".[29] É a ligação do homem com o mundo que se rompeu. Por isso, é a ligação que deve se tornar objeto de crença: ele é o impossível, que só pode ser restituído por uma fé. A crença não se dirige mais a outro mundo, ou ao mundo transformado. O homem está no mundo como em uma situação óptica e sonora pura. A reação da qual o homem está privado só pode ser substituída pela crença. Somente a crença no mundo pode religar o homem com o que ele vê e ouve. É preciso que o cinema filme, não o mundo, mas a crença nesse mundo, nossa única ligação. Repetidas vezes já se perguntou qual a natureza da ilusão cinematográfica. Restituir-nos a crença no mundo: é esse o

matographique, col. Études Cinématographiques, vol. 6, nº 10-11, Paris, Minard, 1961.

[29] Cf. Jean Collet, *Jean-Luc Godard*, Paris, Seghers, 1967, pp. 26-7.

poder do cinema moderno (quando deixa de ser ruim). Cristãos ou ateus, em nossa universal esquizofrenia, *precisamos de razões para crer* nesse mundo. É toda uma *[224]* conversão da crença. Já foi uma grande guinada da filosofia, de Pascal a Nietzsche: substituir o modelo do saber pela crença.[30] Mas a crença substitui o saber tão somente quando se faz crença nesse mundo, tal como ele é. É com Dreyer e depois com Rossellini que o cinema dá a mesma guinada. Em suas últimas obras, Rossellini se desinteressa da arte, que critica por ser infantil e chorosa, de se comprazer em abandonar o mundo: quer substituí-lo por uma moral que nos restituísse uma crença capaz de perpetuar a vida. Sem dúvida Rossellini ainda conserva o ideal do saber, jamais abandonará esse ideal socrático. Mas, precisamente, ele precisa assentá-lo em uma crença, em uma simples fé no homem e no mundo. O que fez de *Joana d'Arc* de Rossellini [*Giovanna d'Arco al rogo*, Roberto Rossellini, 1954] uma obra mal compreendida? É que Joana d'Arc precisa estar no céu para crer nos farrapos deste mundo.[31] É do alto da eternidade que ela pode crer nesse mundo. Há em Rossellini uma inversão da crença cristã, que é o seu maior paradoxo. A crença, até mesmo com suas personagens sagradas, Maria, José e o Menino Jesus, está pronta para passar para o lado ateu. Em Godard, o ideal de saber, o ideal socrático, ainda presente em Rossellini, desmorona: o discurso "certo", do militante, do revolucionário, da feminista, do filósofo, do cineasta etc., não é tratado melhor que o ruim.[32] É que se trata de tornar a encontrar, de

[30] Na história da filosofia, a substituição do saber pela crença se faz tanto em alguns autores que ainda são devotos quanto em outros que operam uma conversão ateia. Daí a existência de verdadeiros pares: Pascal-Hume, Kant-Fichte, Kierkegaard-Nietzsche, Lequier-Renouvier. Mas, até nos devotos, a crença não se volta para outro mundo, dirige-se para este mundo: a fé segundo Kierkegaard, ou ainda segundo Pascal, nos restitui o homem e o mundo.

[31] Cf. a excelente análise de Claude Beylie, em *Jeanne d'Arc à l'écran*, col. Études Cinématographiques, vol. 10, nº 18-19, Paris, Minard, 1962.

[32] Serge Daney, p. 80: "Ao que o outro diz, asserção, proclamação, sermão, Godard responde sempre por aquilo que *outro* outro diz. Há sempre

restituir a crença no mundo, aquém ou além das palavras. Basta instalar-se no céu, fosse este o céu da arte e da pintura, para encontrar razões de crer (*Paixão*)? Ou seria preciso inventar uma "altura média" entre terra e *[225]* céu (*Carmen* [*Prénom Carmen*, Jean-Luc Godard, 1983])?[33] O certo é que crer não significa mais crer em outro mundo, nem em um mundo transformado. É apenas, simplesmente, crer no corpo. Restituir o discurso ao corpo, e, para tanto, atingir o corpo antes dos discursos, antes das palavras, antes de as coisas serem nomeadas: o "prenome",* e até mesmo antes do prenome.[34] Artaud não dizia outra coisa: crer na *carne*: "Sou um homem que perdeu a vida e que procura por todos os meios fazer com que ela retome seu lugar". Godard anuncia *Je vous salue Marie* [1985]: o que eles se disseram, José e Maria, o que se disseram *antes*? Restituir as palavras ao corpo, à carne. A esse respeito, entre Godard e Garrel a influência é trocada, ou subvertida. A obra de Garrel nunca teve outro objeto: utilizar Maria, José e o Menino Jesus para crer no corpo. Quando se compara Garrel a Artaud, ou a Rimbaud, há algo verdadeiro que excede uma simples generalidade. Nossa crença não pode ter outro objeto além da "carne" — precisamos de razões muito especiais

uma grande incógnita em sua pedagogia; é que a natureza da relação que ele mantém com seus discursos *corretos* (os que defende, discurso maoista, por exemplo) é indecidível".

[33] Alain Bergala, "Les Ailes d'Icare", *Cahiers du Cinéma*, nº 355, jan. 1984, p. 8.

* A tradução literal do título do filme de Godard seria *Prenome Carmen*. Daí o jogo com a palavra "prenome". (N. da T.)

[34] Daney mostra que, devido ao status do discurso em Godard, o único discurso "correto" é o que podemos devolver ou restituir aos corpos: é essa toda a história de *Aqui e acolá* [*Ici et ailleurs*, 1974]. Daí a necessidade de chegar às coisas e seres "antes de [estes] serem chamados", antes de qualquer discurso, para que possam produzir o seu próprio: cf. entrevista à imprensa em Veneza, sobre *Carmen* de Godard, em *Cinématographe*, nº 95, dez. 1985 (e também os comentários de Louis Audibert, p. 10: "Há nesse filme uma grande liberdade que é a da crença [...]. Os traços do mundo tomados na tela fílmica, oferecidos como outra palavra evangélica [...]. Reencontrar o mundo supõe retornar aquém dos códigos...").

que nos façam crer no corpo ("os Anjos não conhecem, pois todo conhecimento verdadeiro é obscuro..."). Devemos crer no corpo, porém, como germe de vida, grão que faz explodir o calçamento, que se conservou, perpetuou no santo sudário ou nas tiras da múmia, e que atesta a vida, nesse mundo tal como é. Precisamos de uma ética ou de uma fé, o que faz os idiotas rirem; não é uma necessidade de crer em outra coisa, mas uma necessidade de crer neste mundo, do qual fazem parte os idiotas.

3

É esse o primeiro aspecto do novo cinema: a ruptura do liame sensório-motor (imagem-ação), e mais profundamente da ligação do homem e do mundo (grande composição *[226]* orgânica). O segundo aspecto será a renúncia às figuras, metonímia tanto quanto metáfora, e mais profundamente o deslocamento que o monólogo interior sofre como matéria sinalética do cinema. Por exemplo, a propósito da profundidade de campo tal como Renoir e Welles a instauram, pode-se observar que ela abriu uma nova via do cinema, não mais "figurativa", metafórica ou até mesmo metonímica, porém mais exigente, mais coercitiva, de certo modo *teoremática*. É o que diz Astruc: a profundidade de campo tem um efeito físico de limpa-neve, faz a personagem entrar e sair sob a câmera, ou no fundo da cena, e não mais de um lado para o outro; mas também tem um efeito mental de teorema, faz do desenrolar do filme um teorema e não mais uma associação de imagens, torna o pensamento imanente à imagem.[35] O próprio Astruc seguiu a lição de Welles: a *caméra-stylo* desiste da metáfora e da metonímia de montagem, ela escreve com movimentos de câmera, *plongée*, contra-*plongée*, tomadas de costas, opera uma construção (*A cortina carmesim* [*Le Rideau cramoisi*, Alexandre Astruc, 1952]). Não há mais lugar para a metáfora, não há sequer metonímia, pois

[35] Alexandre Astruc, em Pierre L'herminier, *L'Art du cinéma*, Paris, Seghers, 1960, p. 589: "A expressão do pensamento é o problema fundamental do cinema".

a necessidade característica das conexões de pensamento na imagem substituiu a contiguidade das conexões de imagens (campo/contracampo). Se perguntarmos qual foi o autor que mais enveredou por essa via teoremática, mesmo independentemente da profundidade de campo, diremos que esse autor é Pasolini: em toda a sua obra, mas particularmente em *Teorema* [1968] e em *Saló, ou os 120 dias de Sodoma* [*Salò o le 120 giornate di Sodoma*, 1975], que se apresentam como demonstrações geométricas em ato (a inspiração sadiana de *Saló, ou os 120 dias de Sodoma* vem de que, já em Sade, as figuras corporais insuportáveis estão estritamente subordinadas aos progressos de uma demonstração). *Teorema* ou *Saló* pretendem fazer o *[227]* pensamento seguir os caminhos de sua própria necessidade, e levar a imagem ao ponto em que ela se torna dedutiva e automática, substituir por encadeamentos formais do pensamento os encadeamentos representativos ou figurativos sensório-motores. Será possível que o cinema assim atinja um verdadeiro rigor matemático, que já não se refere simplesmente à imagem (como no antigo cinema que já a submetia a conexões métricas ou harmônicas), mas ao pensamento da imagem, ao pensamento na imagem? Cinema da crueldade, do qual Artaud dizia que "não conta uma história, mas desenvolve uma sequência de estados de espírito que se deduzem uns dos outros como o pensamento se deduz do pensamento".[36]

Não é essa, porém, a via que Artaud expressamente rejeitava, a concepção que ele recusava do autômato espiritual como quem encadeia pensamentos e detém sua potência formal, em um modelo do saber? Talvez precisemos compreender outra coisa, tanto na obra de Pasolini quanto nos projetos de Artaud. Com efeito, há duas instâncias matemáticas que estão sempre remetendo uma à outra, uma envolvendo a outra, esta se esgueirando na primeira, mas bem diferentes, apesar de unidas: são o teorema e o problema. Um problema se encontra no teorema, e lhe dá vida, mesmo privando-o de sua potência. A problemática se distingue da teoremática (ou o construtivismo, da axiomática) pelo fato de que o teorema desenvolve conexões internas de princípio a consequências,

[36] Antonin Artaud, *Oeuvres complètes*, III, p. 76.

enquanto o problema faz intervir um acontecimento de fora, ablação, adjunção, seção, que constitui suas próprias condições e determina o "caso" ou os casos: assim a elipse, a hipérbole, a parábola, as retas, o ponto são os casos de projeção do círculo sobre planos secantes, relativamente ao ápice do cone. Esse "fora" do problema não se reduz mais à exterioridade do mundo físico do que à interioridade psicológica de um eu pensante. Já *A cortina carmesim*, de Astruc, faz intervir um problema insondável, mais que um teorema: qual é o caso da menina? O que aconteceu para que a menina silenciosa se entregue, o que não se explica sequer pela doença de coração da qual ela morre? Há uma decisão de que tudo depende — mais profunda do que todas as explicações que possamos dar. (O mesmo sucede com a mulher-traidora em Godard: há em sua decisão algo que extravasa a mera vontade de demonstrar a si mesma que não está apaixonada.) Como diz *[228]* Kierkegaard, "os movimentos profundos da alma desarmam a psicologia", justamente porque não vêm de dentro. A força de um autor pode ser medida pela maneira com que ele sabe impor esse ponto problemático, aleatório, e entretanto não arbitrário: graça ou acaso. É nesse sentido que devemos compreender a dedução de Pasolini em *Teorema*: uma dedução mais problemática que teoremática. O emissário de fora é a instância a partir da qual cada membro da família sente um acontecimento ou afeto decisivos, constituindo um caso do problema, ou a seção de uma figura hiperespacial. Cada caso, cada seção, será considerada como uma múmia, a filha paralisada, a mãe imobilizada em sua busca erótica, o filho com os olhos tapados urinando na tela de pintor, a empregada atormentada pela levitação mística, o pai animalizado, naturalizado. O que lhes dá vida é o fato de serem projeções de um fora que os faz penetrar uns nos outros, como projeções cônicas ou metamorfoses. Em contrapartida, em *Saló*, não há mais problema, porque não há mais fora: Pasolini encena, não o fascismo *in vivo*, mas o fascismo encurralado, fechado na cidadezinha, reduzido a uma interioridade pura, coincidindo com as condições de fechamento em que se desenvolviam as demonstrações de Sade. *Saló, ou os 120 dias de Sodoma* é um puro teorema morto, um teorema da morte, como o queria Pasolini, enquanto *Teorema* é um problema vivo. Daí a insistência de Pasolini, em *Teorema*, em invocar um problema para o qual tudo converge, como para o ponto sempre extrínseco do pensamento, o ponto aleatório, o *leitmotiv* do filme: "Estou obcecado por uma questão a que não posso responder". Longe de restituir ao pensamento o saber, ou a certeza interior que lhe falta, a dedução problemática põe o impensado no pensamento, pois o destitui de qualquer interioridade para abrir nele um fora, um avesso irredutível, que devora sua substância.[37] O pensamento é arrebatado pela exterioridade de uma "crença", para fora de qualquer interioridade *[229]* de um saber. Seria essa a maneira de Pasolini ser, ainda, católico? Seria, ao contrário, sua maneira de ser ateu radical? Arrancar, como fez Nietzsche, a crença da fé não quer dizer restituí-la a um pensamento rigoroso?

Se o problema se define por um ponto de fora, compreendem-se melhor os dois valores que o plano-sequência pode tomar, profundidade (Welles, Mizoguchi) ou planeza (Dreyer e frequentemente Kurosawa). É o caso do ápice do cone: quando está ocupado pelo olho, encontramo-nos diante de projeções planas ou de contornos nítidos que subordinam a luz a si próprios; mas quando está ocupado pela própria fonte luminosa, estamos em presença de volumes, relevos, claros-obscuros, concavidades e convexidades a que se subordina o ponto de vista em um *plongée* ou contra-*plongée*. É nesse sentido que as regiões de sombra de Welles se opõem às perspectivas frontais de Dreyer (ainda que Dreyer, em *Gertrud*, ou Rohmer, em *Perceval, o gaulês* [*Perceval le Gallois*, 1978], consigam dar uma curvatura ao espaço aplainado). Porém, o que é

[37] O tema do Fora (*Dehors*), e de sua conexão com o pensamento, é um dos temas mais constantes de Blanchot (especialmente em *L'Entretien infini*, Paris, Gallimard, 1969 [ed. bras.: *A conversa infinita*, tradução de Aurélio Guerra Neto (vol. 1) e João Moura Jr. (vols. 2 e 3), São Paulo, Escuta, 2001, 2007 e 2010]). Em uma homenagem a Blanchot, Michel Foucault retoma esse "Pensamento do fora", dando-lhe status mais profundo que qualquer fundamento ou princípio internos: cf. *Critique*, jun. 1966. Em *Les Mots et les choses* (Paris, Gallimard, 1966), Foucault analisa a seu modo a conexão do pensamento com um "impensado", que lhe é essencial: pp. 333-9 [ed. bras.: *As palavras e as coisas*, tradução de Salma Tannus Muchail, São Paulo, Martins Fontes, 2000].

comum a ambos os casos, é a posição de um fora como instância que cria problema: a profundidade da imagem tornou-se puramente óptica em Welles, assim como o centro da imagem plana passou para o puro ponto de vista em Dreyer. Nos dois casos, a "focalização" saltou para fora da imagem. Foi o espaço sensório-motor, que possuía seus próprios focos e traçava entre eles caminhos e obstáculos, que se rompeu.[38] Um problema não é um obstáculo. Quando Kurosawa retoma o método de Dostoiévski, ele nos mostra personagens que sempre estão procurando quais são os dados de um "problema" ainda mais profundo que a situação em que se encontram presos: ele assim ultrapassa os limites do *[230]* saber, mas também as condições da ação. Atinge um mundo óptico puro, onde está em questão o ser vidente, um perfeito "Idiota". A profundidade de Welles é do mesmo tipo, e não se situa relativamente a obstáculos ou a coisas escondidas, mas a uma luz que nos faz ver os seres e objetos em função de sua própria opacidade. Exatamente como a vidência substitui a vista, "*lux*" substitui "*lumen*". Em um texto que não vale só para a imagem plana de Dreyer, mas também para a profundidade em Welles, Daney diz: "A questão dessa cenografia não é mais: o que há para ver atrás? E sim: será que posso sustentar com o olhar aquilo que, de qualquer modo, vejo? E que se desenrola em um único plano?".[39] Aquilo que de

[38] Inspirando-se na concepção literária que Genette tem da "focalização", François Jost distingue três tipos possíveis de *ocularização*: interna, quando a câmera parece estar no lugar do olho de uma personagem; externo, quando parece vir de fora ou ser autônoma; e "zero", quando parece desaparecer em prol do que mostra (*Communications*, nº 38). Retomando a questão, Véronique Tacquin dá muita importância à ocularização zero; esta caracterizaria os últimos filmes do Dreyer, na medida em que encarnam a instância do Neutro. Pessoalmente, parece-nos que a focalização interna não se refere apenas a uma personagem, mas a qualquer centro que exista na imagem; por isso, é o caso da imagem-ação em geral. Os dois outros casos não se definem exatamente pelo externo e pelo zero, mas quando o centro se tornou puramente óptico, seja porque passa para a fonte luminosa (profundidade do Welles), seja porque passa para o ponto de vista (planeza de Dreyer).

[39] Daney, p. 174. A importância do livro de Serge Daney vem do fato de ser ele um dos raros a retomar a questão das conexões cinema-pensamen-

qualquer modo vejo: é esta a fórmula do intolerável. Ela exprime uma nova conexão do pensamento com o ver, ou com a fonte luminosa, que está sempre colocando o pensamento para fora de si mesmo, para fora do saber, fora da ação.

O que caracteriza o problema é que ele é inseparável de uma escolha. Em matemática, cortar uma linha reta em duas partes iguais é um problema, pois é possível cortá-la em partes desiguais; colocar um triângulo equilátero em um círculo é um problema, enquanto colocar um ângulo reto, em um semicírculo é um teorema, porque qualquer ângulo no semicírculo é reto. Ora, quando o problema tem por objeto determinações existenciais e não coisas matemáticas, bem se vê que a escolha se identifica cada vez mais com o pensamento vivo, com uma decisão insondável. A escolha não recai mais sobre este ou aquele termo, mas sobre o modo de existência daquele que escolhe. Já era esse o sentido de aposta de Pascal: o problema não estava em escolher entre a existência ou não existência de Deus, mas entre o modo de existência daquele que crê em Deus e o modo de existência daquele que não crê nele. E então estava em jogo um número ainda maior de modos de existência: havia o que considerava a existência de Deus como um teorema (o devoto); o que não sabia ou não podia escolher (o incerto, o cético)... *[231]* Em suma, a escolha cobria um campo tão grande quanto o pensamento, já que ia da não escolha à escolha, e ela própria se fazia entre escolher e não escolher. Kierkegaard tirará daí todas as consequências: a escolha, repousando entre a escolha e a não escolha (e todas as suas variantes), nos remete a uma conexão absoluta com o fora, para além da consciência psicológica íntima, mas também para além do mundo exterior relativo, e é a única capaz de nos restituir tanto o mundo quanto o eu. Vimos, antes, como um cinema de inspiração cristã não se contentava em aplicar essas concepções, mas as descobria como o principal tema do filme, em Dreyer, Bresson ou Rohmer: a identidade do pensamento com a escolha como determinação do indeterminável. A

to, tão frequente no início da reflexão sobre o cinema, mas depois abandonada, por desencanto. Daney lhe restitui todo o seu alcance, a propósito do cinema contemporâneo. Assim como Jean-Louis Schefer.

própria *Gertrud* passa por todos os estados, entre seu pai que dizia que não se escolhe na vida, e seu amigo que escreve um livro sobre a escolha. O temível homem de bem ou o devoto (aquele para quem não há escolher), o incerto ou o indiferente (aquele que não sabe ou não pode escolher), o terrível homem do mal (aquele que escolhe uma primeira vez, mas que depois não pode mais escolher, nem mesmo repetir sua própria escolha), enfim o homem da escolha ou da crença (aquele que escolhe a escolha ou a reitera): é um cinema dos modos de existência, do afrontamento desses modos, e de sua conexão com um fora do qual dependem a um só tempo o mundo e o eu. Seria esse ponto de fora a graça, ou o acaso? Rohmer retoma a seu modo os estágios kierkegaardianos "no caminho da vida"; o estágio estético de *A colecionadora* [*La Collectionneuse*, 1967], o estágio ético de *O casamento perfeito* [*Le Beau mariage*, 1983], por exemplo, e o estágio religioso de *Minha noite com ela* [*Ma nuit chez Maud*, 1969] ou, sobretudo, de *Perceval, o gaulês*.[40] Dreyer já havia *[232]* percorrido os diferentes estágios, da certeza excessiva do devoto, da certeza louca do místico, da incerteza do esteta, até a simples crença daquele que escolhe escolher (e restitui o mundo e a vida). Bresson recupera os tons de Pascal para expor o homem de bem, o homem do mal, o incerto, mas também o homem da graça ou da consciência da escolha

[40] Em toda a obra de Éric Rohmer, como na de Kierkegaard, a escolha se coloca em função do "casamento", que define o estágio ético (*Contos morais*). Mas, aquém, há a estágio estético e, além, o estágio religioso. Este atesta uma graça, mas que está sempre resvalando para o acaso, como ponto aleatório. Já tínhamos isso em Bresson. O número especial de *Cinématographe* sobre Rohmer (nº 44, fev. 1979) analisa bem essa interpenetração acaso-graça: cf. artigos de Carcassone, Jacques Fieschi, Hélène Bokanovski, e principalmente Devilliers ("talvez seja também o acaso o assunto secreto de *Minha noite com ela* [*Ma nuit chez Maud*, Éric Rohmer, 1969]: o acaso metafísico tece aqui seu enigma ao longo da narração que passa pela aposta de Pascal, tema já esboçado pelo plano sobre uma obra que trata das probabilidades matemáticas. [...] Somente Maud, que joga o jogo do acaso, isto é, o da verdadeira escolha, exila-se em uma altiva má sorte"). Sobre a diferença entre a série acabada dos *Contos morais* e a série *Comédias e provérbios*, parece-nos que os contos ainda tinham uma estrutura de teoremas curtos, enquanto os provérbios cada vez mais se assemelham a problemas.

(a conexão com o fora, "o vento sopra onde quer"). E nos três casos não se trata simplesmente de um conteúdo de filme: é a forma-cinema, segundo esses autores, que é capaz de nos revelar a mais alta determinação do pensamento, a escolha, esse ponto mais profundo que qualquer ligação com o mundo. Por isso, se Dreyer afirma o reino da imagem plana e apartada do mundo, Bresson o reino da imagem desconectada e fragmentada, Rohmer o de uma imagem cristalina ou miniaturizada, é somente para atingir a quarta ou quinta dimensão, o Espírito, aquele que sopra onde quer. Em Dreyer, Bresson e Rohmer, de três maneiras diferentes, é um cinema do espírito que não deixa de ser mais concreto, mais fascinante, mais divertido que qualquer outro (cf. o cômico de Dreyer).

É o caráter automático do cinema que lhe confere essa capacidade diferentemente do teatro. A imagem automática exige uma nova concepção do papel ou do ator, mas também do próprio pensamento. Só escolhe bem, só escolhe efetivamente aquele que é escolhido: este poderia ser um provérbio de Rohmer, como também um subtítulo de Bresson, uma epígrafe de Dreyer. O que constitui o conjunto é a conexão entre o automatismo, o impensado e o pensamento. A múmia de Dreyer estava separada de um mundo exterior rígido, pesado ou superficial demais: mas isso não a privava de sentimentos, de uma enorme carga de sentimento, que ela não podia nem devia expressar no exterior, mas que seria revelada a partir do fora mais profundo.[41] Em Rohmer, *[233]* a múmia dá lugar à marionete, ao mesmo tempo que os sentimentos dão lugar a uma "ideia" obsedante, que vai inspirá-la de fora, podendo até abandoná-la para restituí-la ao vazio. Com Bresson aparece um terceiro estado, no qual o autômato é puro, privado tanto de ideias quanto de sentimentos, reduzido ao automatismo de gestos coti-

[41] Cf. precisamente os comentários de Éric Rohmer, a propósito de *A palavra*, de Carl Theodor Dreyer: *Cahiers du Cinéma*, nº 55, jan. 1956. Véronique Tacquin escreve: "Dreyer reprime as manifestações exteriores do vivido interior do papel... Até nas afecções corporais mais graves das personagens, não se observa nem vertigem, nem paroxismo [...], a personagem que recebeu os golpes sem acusá-los perde repentinamente a consistência e desaba como uma massa".

dianos segmentarizados, mas dotado de autonomia: é o que Bresson chama de "modelo" distintivo do cinema, autêntico Vigilâmbulo, em oposição ao ator de teatro. E é justamente do autômato assim purificado que o pensamento de fora se apossa, como o impensável no pensamento.[42] A questão não se confunde, em absoluto, com a do distanciamento: é a do automatismo propriamente cinematográfico, e de suas consequências. É o automatismo material das imagens que faz surgir, de fora, um pensamento que ele impõe, como o impensável para nosso automatismo intelectual.

O autômato está separado do mundo externo, porém há um fora mais profundo que vem animá-lo. A primeira consequência é um novo status do Todo no cinema moderno. Entretanto, não parece haver grande diferença entre o que agora dizemos, *o todo é o fora*, e o que dizíamos do cinema clássico, *o todo era o aberto*. Mas o aberto se confundia com a representação indireta do tempo: em toda a parte onde havia movimento, havia, aberto em alguma parte, no tempo, um todo que mudava. Por isso a imagem cinematográfica tinha essencialmente um fora de campo que por um lado remetia a um mundo exterior atuatizável em outras imagens, e por outro a um todo mutável que se expressava no conjunto das imagens associadas. Até mesmo o falso-*raccord* já podia aparecer, e prefigurar o cinema moderno; mas parecia constituir tão só uma anomalia de movimento ou um transtorno de associação, que atestavam o caráter indireto da ação do todo sobre as partes do conjunto. Já vimos esses aspectos. O todo não parava, portanto, de se fazer, no cinema, *[234]* interiorizando as imagens e se exteriorizando nas imagens, conforme uma dupla atração. Era esse um processo de totalização sempre aberta, que definia a montagem ou a potência do pensamento. Quando se diz "o todo é o

[42] "O automatismo da vida real", excluindo o pensamento, a intenção, o sentimento, é um dos temas constantes das *Notes sur le cinématographe* (Paris, Gallimard, 1975), de Robert Bresson, pp. 22, 29, 70, 114 [ed. bras.: *Notas sobre o cinematógrafo*, tradução de Evaldo Mocarzel, São Paulo, Iluminuras, 2005]. Para ver como esse automatismo está em conexão essencial com um fora, cf. p. 30 ("modelos automáticos inspirados, inventivos"), p. 64 ("as causas não estão nos modelos"), p. 69 ("uma mecânica faz surgir o desconhecido").

fora", procede-se de modo bem diferente. Pois, primeiro, a questão não é mais a da associação ou da atração das imagens. O que conta é, ao contrário, o *interstício* entre imagens, entre duas imagens: um espaçamento que faz com que cada imagem se arranque ao vazio e nele recaia.[43] A força de Godard não está apenas em utilizar esse modo de construção em toda a sua obra (construtivismo), mas em fazer dele um método a respeito do qual o cinema deve se interrogar ao mesmo tempo que o utiliza. *Aqui e acolá* [*Ici et ailleurs*, Jean-Luc Godard, Anne-Marie Miéville e Jean-Pierre Gorin, 1974] marca um primeiro ápice dessa reflexão, que depois se transporta para a televisão em *Seis vezes dois: sobre e sob a comunicação* [*Six fois deux: sur et sous la communication*, Jean-Luc Godard, 1976]. Sempre podemos objetar, com efeito, que interstício só existe entre imagens associadas. Desse ponto de vista, imagens como as que aproximam Golda Meir de Hitler em *Aqui e acolá* não seriam suportáveis. Porém, talvez seja esta a prova de que ainda não estamos maduros para uma verdadeira "leitura" da imagem visual. Pois, no método de Godard, não se trata de associação. Dada uma imagem, trata-se de escolher outra imagem que induzirá um interstício *entre* as duas. Não é uma operação de associação, mas de diferenciação, como dizem os matemáticos, ou de disparação, como dizem os físicos: dado um potencial, é preciso escolher outro, não qualquer outro, mas de tal modo que uma diferença de potencial se estabeleça entre ambos, que venha produzir um terceiro ou algo novo. *Aqui e acolá* escolhe o casal francês que entra em disparidade com o grupo de *fedayin*. Em outros

[43] Antes da *nouvelle vague* foi Bresson quem levou à perfeição essa nova maneira. Marie-Claire Ropars vê sua expressão mais desenvolvida em *A grande testemunha* [*Au hasard Balthazar*, 1966]: "Escolhido como imagem do acaso, o fio picaresco não basta, no entanto, para fundar o retalhamento extremo da narrativa; cada parada de Balthasar junto a um dono aparece estilhaçada em fragmentos, parecendo cada um deles, em sua brevidade, arrancar-se do vazio para logo tornar a mergulhar nele [...]. [O estilo fragmentante] tem por função colocar entre o espectador e o mundo uma barreira, que transmite as percepções, mas filtra os planos de fundo delas". É a ruptura com o mundo, distintiva do cinema moderno. Cf. *L'Écran de la mémoire*, Paris, Seuil, 1970, pp. 178-80.

termos, é o interstício que é primeiro relativamente à associação, ou é a diferença irredutível que permite escalonar as semelhanças. A *[235]* fissura tornou-se primeira, e, a esse título, se ampliou. Já não se trata de seguir uma cadeia de imagens, mesmo por cima dos vazios, mas de sair da cadeia ou da associação. O filme deixa de ser "imagens em cadeia... uma cadeia ininterrupta de imagens, escravas umas das outras", e das quais somos escravos (*Aqui e acolá*). É o método do ENTRE, "entre duas imagens", que conjura todo cinema do Um. É o método do E, "isto e mais aquilo", que conjura todo cinema do Ser = é. Entre duas ações, entre duas afecções, entre duas percepções, entre duas imagens visuais, entre duas imagens sonoras, entre o sonoro e o visual: fazer ver o indiscernível, ou seja, a fronteira (*Seis vezes dois*). O todo sofre uma mutação, pois deixou de ser o Um-Ser, para se tornar o "e" constitutivo das coisas, o entre-dois constitutivo das imagens. O todo se confunde então com o que Blanchot chama de força de "dispersão do de-Fora" ou "a vertigem do espaçamento": esse vazio que não é mais uma parte motora da imagem, e que ela transporia para continuar, mas é o questionamento radical da imagem (exatamente como há um silêncio que não é mais a parte motora ou a respiração do discurso, mas seu radical questionamento).[44] O falso-*raccord*, então, adquire um novo sentido, ao mesmo tempo que se torna lei.

Na medida em que a própria imagem está separada do mundo exterior, o fora de campo sofre, por sua vez, uma mutação. Assim que o cinema se tornou falado, o fora de campo parece ter encontrado, em primeiro lugar, uma confirmação de seus dois aspectos: por um lado os ruídos e as vozes podiam ter uma fonte exterior à imagem visual; por outro, uma voz ou uma música podiam apontar o todo mutável, atrás ou além da imagem visual. Daí a noção de "voz *off*" como expressão sonora do fora de campo. Mas, se perguntarmos em que condições o cinema tira as consequências do cinema falado, e torna-se, portanto, realmente falado, tudo é subvertido: é quando o próprio sonoro se torna objeto de um enquadramento específico que *impõe um interstício*, com o en-

[44] Maurice Blanchot, *L'Entretien infini*, pp. 65, 107-9.

quadramento visual. A noção de voz *off* tende a desaparecer em prol de uma diferença entre o que é visto e o que é ouvido, e essa diferença é constitutiva da imagem. Já não há fora de campo. *[236]* O exterior da imagem é substituído pelo interstício entre os dois enquadramentos na imagem (ainda nisso Bresson foi pioneiro).[45] Godard tira disso todas as consequências quando declara que a mixagem destrona a montagem, entendendo-se que a mixagem não comporta apenas uma distribuição dos diferentes elementos sonoros, mas a atribuição de suas conexões diferenciais com os elementos visuais. Logo, os interstícios proliferam por toda parte, na imagem visual, na imagem sonora, entre as duas. Não quer dizer que o descontínuo prevalece sobre o contínuo. Ao contrário, os cortes ou as rupturas, no cinema, sempre formaram a potência do contínuo. O mesmo acontece, porém, no cinema e na matemática: ora o corte, dito *racional*, faz parte de um dos dois conjuntos que ele separa (fim de um ou começo do outro), é o caso do cinema "clássico". Ora, como no cinema moderno, o corte tornou-se interstício, *é irracional e não faz parte de nenhum dos dois conjuntos, sendo que um não tem fim, nem o outro começo*: o falso-*raccord* é um corte irracional.[46] Assim, em Godard, a interação de duas imagens engendra ou traça uma fronteira que não pertence a uma nem a outra.

Nunca o contínuo e o descontínuo se opuseram no cinema, como Epstein já mostrava. O que se opõe, ou pelo menos se dis-

[45] Sobre a crítica da noção de "voz *off*" cf. Dominique Chateau e François Jost, *Nouveau cinéma, nouvelle sémiologie* (Paris, Minuit, 1979), pp. 31 ss. Sobre a noção de "quadro (*cadre*) sonoro", cf. Dominique Vilain, *L'Oeil à la caméra*, Paris, Cahiers du Cinéma/Éditions de l'Étoile, 1984, cap. IV.

[46] Albert Spaier distinguiu bem os dois tipos de corte aritmético na teoria do contínuo: "O que caracteriza todo corte aritmético é a repartição do conjunto dos números racionais em uma classe inferior e em uma classe superior, isto é, em duas coleções tais que qualquer termo da primeira seja menor que qualquer termo da segunda. Ora, todo membro determina igualmente tal repartição. A única diferença é que o *número racional* deve sempre estar compreendido seja na classe inferior, seja na classe do corte, enquanto nenhum *número irracional* faz parte desta ou daquela classe que ele separa" (*La Pensée et la quantité*, Paris, Alcan, 1927, p. 158).

tingue, são antes duas maneiras de conciliá-los, conforme a mutação do Todo. É aí que a montagem retoma seus direitos. Enquanto o todo é a representação indireta do tempo, o contínuo concilia-se com o descontínuo na forma de pontos racionais e conforme conexões comensuráveis (Eisenstein lia a explicitação da teoria matemática dessa conexão na seção áurea). Porém, quando o todo se torna a *[237]* potência do fora que passa no interstício, ele é a apresentação direta do tempo, ou a continuidade que se concilia com a sequência de pontos irracionais, segundo conexões de tempo não cronológicas. É nesse sentido que, já em Welles, depois em Resnais, e também em Godard, a montagem ganha novo sentido, determinando conexões na imagem-tempo direta, e conciliando a montagem quebrada como o plano-sequência. Vimos que a potência do pensamento dava lugar, pois, a um impensado no pensamento, a um irracional distintivo do pensamento, ponto de fora e para além do mundo exterior, mas capaz de nos devolver a crença no mundo. A questão não é mais: o cinema nos dá a ilusão do mundo?, mas: como o cinema nos restitui a crença no mundo? Esse ponto irracional é o *inevocável* de Welles, o *inexplicável* de Robbe-Grillet, o *indecidível* de Resnais, o *impossível* de Marguerite Duras, ou ainda o que se poderia chamar o *incomensurável* de Godard (entre duas coisas).

Há outra consequência, correlativa à mudança de status do todo. Um deslocamento do monólogo interior se produz, correlativamente. Conforme a concepção musical de Eisenstein, o monólogo interior constituía uma matéria sinalética carregada de traços de expressão visuais e sonoros que se associavam ou se encadeavam uns com os outros: cada imagem tinha uma tonalidade dominante, mas também harmônicos que definiam suas possibilidades de acorde e de metáfora (havia metáfora quando duas imagens tinham os mesmos harmônicos). Havia, portanto, um todo do filme que englobava tanto o autor, quanto o mundo e as personagens, quaisquer que fossem as diferenças ou oposições. A maneira de ver do autor, a dos personagens, e a maneira pela qual o mundo era visto formavam uma unidade significante, operando por figuras significativas em si mesmas. Foi dado um primeiro golpe contra essa concepção quando o monólogo interior perdeu sua unidade pessoal ou coletiva, e se despedaçou em resquícios anônimos: os estereótipos, os clichês, as visões e fórmulas prontas arrastavam em uma mesma decomposição o mundo exterior e a interioridade das personagens. A "*mulher casada*" confundia-se com as páginas da revista que folheava, com um catálogo de "peças soltas". O monólogo interior estourava, sob *[238]* o peso de uma mesma miséria no interior e no exterior: era a transformação que Dos Passos introduzira no romance, já invocando meios cinematográficos, que Godard devia levar ao ponto máximo em *Uma mulher casada* [*Une femme mariée*, 1964]. Mas isso era apenas o aspecto negativo ou crítico de uma transformação positiva mais profunda e mais importante. Desse outro ponto de vista, o monólogo interior dá lugar a sequências de imagens, sendo cada sequência independente, e cada imagem em uma sequência valendo por si mesma relativamente à anterior e à seguinte: outra matéria sinalética. Não há mais acorde perfeito e "resolvido", apenas acordes dissonantes ou cortes irracionais, pois já não há harmônicos da imagem, mas somente tons "desencadeados" que formam a série. Desaparece toda metáfora ou figura. A expressão em *Weekend à francesa* [*Week-end*, Jean-Luc Godard, 1967] ("não é sangue, é vermelho") significa que o sangue deixou de ser um harmônico do vermelho, e que esse vermelho é o único tom do sangue. É preciso falar e mostrar literalmente, ou então não mostrar, não falar nada. Se, de acordo com fórmulas prontas, os revolucionários estão às nossas portas, e nos cercam como canibais, precisamos mostrá-los nas matas de Seine-et-Oise, comendo carne humana. Se os banqueiros são assassinos, os escolares, presidiários, os fotógrafos, proxenetas, se os operários são enrabados pelo patrão, é preciso mostrar isso, não o metaforizar, e é preciso constituir séries em consequência. Se dissermos que uma revista não "se sustenta" sem as páginas publicitárias, precisamos mostrar isso literalmente, arrancando-as de modo a fazer ver que a revista não fica de pé: não é mais uma metáfora, é uma demonstração (*Seis vezes dois*).

Com Godard, a imagem "desencadeada" (era a palavra de Artaud) torna-se serial e atonal, em um sentido preciso.[47] O pro-

[47] Dominique Chateau e François Jost fizeram uma análise do cinema

blema da conexão entre imagens não está mais em saber se vai tudo bem ou não de acordo com as exigências dos harmônicos ou acordes resolvidos, mas em saber *Como vai?* [*Comment ça va?*, Jean-Luc Godard, 1975]. *[239]* De um jeito ou de outro, "como vai" é a constituição das séries, de seus cortes irracionais, seus acordes dissonantes, seus termos desencadeados. Cada série remete a uma maneira de ver ou de dizer, que pode ser a da opinião corrente operando por *slogans*, mas também a de uma classe, de um gênero, de uma personagem típica operando por tese, hipótese, paradoxo, ou até artimanha, despropósito. Cada série será a maneira pela qual o autor se exprime indiretamente em uma sequência de imagens atribuíveis a outro, ou, inversamente, a maneira pela qual alguma coisa ou alguém se exprime indiretamente na visão do autor considerado como outro. De qualquer modo, não há mais unidade do autor, das personagens e do mundo, tal como o monólogo interior garantia. Há formação de um "discurso indireto livre", de uma *visão indireta livre*, que vai de uns aos outros, quer o autor se expresse pela intercessão de uma personagem autônoma, independente, diferente do autor e de qualquer papel fixado por ele, quer a própria personagem aja e fale como se seus próprios gestos e palavras já fossem reportados por um terceiro. O primeiro caso é o do cinema dito impropriamente "direto", em Rouch, Perrault; o segundo, o de um cinema atonal, em Bresson, Rohmer.[48] Em suma, Pasolini tinha uma profunda intuição do ci-

de Robbe-Grillet como *serial*, com critérios diferentes dos que propomos: cap. VII. Já de um ponto de vista romanesco, Robbe-Grillet fez uma crítica da metáfora, denunciando a pseudounidade do homem e da Natureza, ou a pseudoligação do homem e do mundo: "Nature, humanisme, tragédie", em *Pour un nouveau roman*, Paris, Minuit, 1963 [ed. port.: *Por um novo romance*, tradução de Cristóvão Santos, Lisboa, Europa-América, 1965].

[48] Os autômatos ou "modelos", segundo Robert Bresson, não são de modo algum uma criação do autor: em oposição ao papel do ator, eles têm uma "natureza", um "eu", que reage sobre o autor ("eles o deixando agir neles, e você deixando-os agir em você", p. 23). O cinema de Bresson, ou, de outro modo, o de Rohmer, é, sem dúvida, o contrário do cinema direto; mas é uma *alternativa* para este.

nema moderno quando o caracterizava por um deslizamento de terreno, quebrando a uniformidade do monólogo interior para substituí-lo pela diversidade, deformidade e alteridade de um discurso indireto livre.[49]

Godard utilizou todos os métodos de visão indireta livre. Não que tenha se contentado em tomar emprestado e em renovar; ao contrário, criou o método original que lhe permitia fazer uma nova síntese, e assim se identificar com o cinema moderno. Se procurarmos a fórmula mais *[240]* geral de série em Godard, chamaremos de série qualquer sucessão de imagens *enquanto refletida em um gênero*. Um filme inteiro pode corresponder a um gênero dominante, como *Uma mulher é uma mulher* [*Une Femme est une femme*, Jean-Luc Godard, 1961] corresponde à comédia musical, ou *Made in U.S.A.* à história em quadrinhos. Porém, mesmo nesse caso o filme passa por subgêneros, e a regra geral é que haja vários gêneros, portanto, várias séries. De um a outro gênero, podemos passar por descontinuidades bruscas, ou então de maneira insensível e contínua com "gêneros intercalares", ou ainda por recorrência e *feedback*, com procedimentos eletrônicos (em toda parte novas possibilidades se abrem na montagem). Esse status reflexivo do gênero tem grandes consequências: em vez de o gênero subsumir imagens que lhe pertencem por natureza, ele constitui o limite de imagens que não lhe pertencem, mas se refletem nele.[50] Amengual mostrou bem isso para o caso de *Uma mulher é uma mulher*:

[49] Em duas páginas fundamentais de *L'Expérience hérétique* (Paris, Payot, 1976), pp. 146-7, Pier Paolo Pasolini passa, com muita precaução, da ideia de monólogo interior à de discurso indireto livre. Vimos no tomo anterior que o discurso indireto livre era um tema constante de Pasolini, em sua reflexão literária, mas também cinematográfica: o que ele chama de "subjetividade indireta livre".

[50] Isso vale para o próprio gênero do cinema. A propósito de *Número dois* [*Numéro deux*, 1975]; Daney afirma: "O cinema não tem mais nenhuma especificidade a não ser a de acolher imagens que já não são feitas para ele", foto ou televisão (*La Rampe*, Paris, Cahiers du Cinéma/Gallimard, 1983, p. 83) [ed. bras.: *A rampa*, tradução de Marcelo Rezende, São Paulo, Cosac Naify, 2007].

enquanto a dança, na comédia musical clássica, informa todas as imagens, até mesmo as preparatórias ou intercalares, aqui ela surge, ao contrário, como um "momento" no comportamento dos heróis, como o limite rumo ao qual tende uma sucessão de imagens, limite que só será efetuado formando outra sucessão que tenda para outro limite.[51] É o caso da dança não apenas em *Uma mulher...*, mas na cena do bar em *Banda à parte*, ou na do pinheiral em *O demônio das onze horas*, passagem do gênero perambulação ao gênero balada. São três grandes momentos na obra de Godard. Perdendo suas capacidades de subsunção ou de constituição em prol de uma livre potência de reflexão, podemos dizer que o gênero é tanto mais puro quanto marca a tendência das imagens preexistentes, mais que o caráter das imagens presentes (Amengual mostra que o cenário de *Uma mulher...*, a grande pilastra quadrada no meio do quarto e o pedaço branco de parede *[241]* entre duas portas, serve tão bem à dança porque "demole o que é dançado", em uma espécie de reflexão pura e vazia que confere ao virtual uma realidade própria: as virtualidades da heroína).

Os gêneros reflexivos de Godard, nesse sentido, são verdadeiras *categorias* pelas quais passa o filme. E a mesa de montagem é concebida como tábua das categorias.* Há alguma coisa de aristotélico em Godard. Os filmes de Godard são silogismos, que a um só tempo integram os graus de verossimilhança e os paradoxos de lógica. Não se trata de uma operação de catálogo, ou até de "colagem", como sugeria Aragon, mas de um método de constituição de séries, cada uma marcada por uma categoria (os tipos de séries podem ser bastante diversos). É como se Godard refizesse o cami-

[51] Barthélemy Amengual, em *Jean-Luc Godard*, col. Études Cinématographiques, vol. 27, Paris, Minard, 1967, pp. 117-8: "Aí, a dança já não passa de um acidente, ou, se preferirmos, de um momento do comportamento do herói. [...] *Les Girls* [de Cukor] dançam para o espectador. Angelo, Emile, Alfred dançam para si próprios, o tempo preciso para suas intrigas. [...] Enquanto o ritmo da dança visa a instalar na cena uma temporalidade imaginária, a decupagem de Godard nem por um instante arranca a personagem do tempo concreto. Daí o lado sempre derrisório de sua agitação".

* Em francês *table de montage* e *table de categories*. (N. da T.)

nho inverso àquele que tomávamos há pouco, e reencontrasse os "teoremas" no limite dos "problemas". O matemático Bouligand distinguia, como duas instâncias inseparáveis, por um lado, os problemas, por outro, os teoremas ou a síntese global: enquanto os problemas impõem a elementos desconhecidos condições de série, a síntese global fixa categorias de onde esses elementos são extraídos (pontos, retas, curvas, planos, esferas etc.).[52] Godard está sempre criando categorias: daí o papel tão particular do discurso em muitos de seus filmes, nos quais, como notava Daney, um gênero de discurso sempre remete a um discurso de outro gênero. Godard vai dos problemas às categorias, com a possibilidade de as categorias criarem novos problemas. Por exemplo, veja-se a estrutura de *Salve-se quem puder (a vida)*: as quatro grandes categorias, "o Imaginário", "o Medo", "o Comércio", "a Música", remetem a um novo problema, "o que é a paixão?", "a paixão não é isso...", que será objeto do próximo filme.

É que as categorias, segundo Godard, não são fixadas de uma vez por todas. São redistribuídas, remanejadas, reinventadas para cada filme. À decupagem das séries corresponde uma montagem de categorias, nova a cada vez. É preciso, a cada vez, que as categorias nos surpreendam, e não sejam, entretanto, arbitrárias, sejam bem fundamentadas, e *[242]* tenham entre si fortes relações indiretas: com efeito, não devem derivar umas das outras, tanto assim que a relação delas é do tipo "e...", mas este "e" deve aceder à necessidade. Costuma acontecer de a palavra escrita indicar a categoria, enquanto as imagens visuais constituem séries: daí a primazia muito especial da palavra sobre a imagem, e a apresentação da tela como quadro-negro. E, na frase escrita, a conjunção "e" pode tomar um valor isolado e exaltado (*Aqui e acolá*). Essa recriação do interstício não marca forçosamente uma descontinuidade entre as séries de imagens: podemos passar continuamente de uma série a outra, ao mesmo tempo que a correlação de uma categoria com outra se torna ilocalizável, assim como se passa da perambulação à balada em *O demônio das onze horas*, ou da vida cotidiana ao

[52] Georges Bouligand e Jean Desgranges, *Le Déclin des absolus mathématico-logiques*, Paris, Éditions de l'Enseignement Supérieur, 1949.

teatro em *Uma mulher é uma mulher*, ou da cena doméstica à epopeia em *O desprezo*. Ou é ainda a palavra escrita que pode ser objeto de um tratamento eletrônico que introduz mutação, recorrência e retroação (como, no caderno de *O demônio das onze horas*, "*a ...te*" transformava-se em "*a morte*").[53] As categorias, portanto, nunca são respostas últimas, mas categorias de problemas que introduzem a reflexão na própria imagem. São funções problemáticas ou proposicionais. Daí, para cada filme a questão é: o que desempenha a função de categorias ou de gêneros reflexivos? No caso mais simples, talvez sejam gêneros estéticos, a epopeia, o teatro, o romance, a dança, e o próprio cinema. Cabe ao próprio cinema fazer sua reflexão, e a dos outros gêneros, na medida em que as imagens visuais não remetem a uma dança, um romance, um teatro, um filme preestabelecido, mas começam a "ser" cinema, dança, romance ou teatro, ao longo de uma série, em um episódio.[54] As *[243]* categorias ou gêneros podem ser também faculdades psíquicas (imaginação, memória, esquecimento...). Porém, acontece de a categoria ou o gênero tomar aspectos muito mais insólitos, por exemplo, nas célebres intervenções de tipos reflexivos, ou seja, de indivíduos originais que expõem, enquanto tal e em sua singularidade, o limite para o qual tendia ou tenderá determinada série de imagens visuais: são pensadores, como Jean-Pierre Melville, em *Acossado*, Brice Parain em *Viver a vida* [*Vivre sa vie*, 1962], Jeanson em *A chinesa* [*La Chinoise*, 1967], são burlescos como Devos ou a rainha do Líbano em *O demônio das onze horas*, são amostras como os figurantes de *Duas ou três coisas*

[53] Sobre as formas gráficas, em Godard, cf. Jacques Fieschi, "Mots en images", *Cinématographe*, nº 21, out. 1976: "No grande mistério mudo, a palavra do intertítulo vem escorar o sentido. Em Godard esse sentido escrito se põe em questão e introduz um novo embaralhamento".

[54] Cf. Jean-Claude Bonnet, "Le Petit théâtre de Jean-Luc Godard", *Cinématographe*, nº 41, nov. 1978. Para Godard não se trata de introduzir no filme uma peça ou seus ensaios (Rivette); o teatro para ele é inseparável de uma improvisação, de uma "encenação espontânea" ou de uma "teatralização do cotidiano". O mesmo sucede com a dança, cf. as observações precedentes de Amengual.

que sei dela (Eu me chamo assim, faço isso, gosto daquilo...). Todos eles intercessores que desempenham a função de categoria, dando-lhe uma individuação completa: o exemplo mais emocionante talvez seja a intervenção de Brice Parain que expõe e singulariza a categoria da linguagem, como o limite para o qual tendia a heroína, com todas as suas forças, através das séries de imagens (o problema de Nana).

Em suma, as categorias podem ser palavras, coisas, atos, pessoas. *Tempo de guerra* não é mais um filme *sobre* a guerra, para enaltecê-la ou denunciá-la. O que é bem diferente, filma as categorias da guerra. Ora, como diz Godard, talvez sejam coisas precisas, tropas do mar, da terra e do ar, ou então "ideias precisas", ocupação, luta, resistência, ou então, "sentimentos precisos", violência, debandada, ausência de paixão, irrisão, desordem, surpresa, vazio, ou então, "fenômenos precisos", barulho, silêncio.[55] Constataremos que as próprias cores podem desempenhar função de categorias. Não somente afetam as coisas e as pessoas, e até mesmo as palavras escritas; mas formam categorias: o vermelho é uma delas em *Weekend à francesa*. Se Godard é um grande colorista, é porque se serve das cores como grandes gêneros individualizados, nos quais a imagem se reflete. É esse o método constante de Godard nos filmes em cores (a menos que — melhor dizendo — haja reflexão na música, ou a um só tempo nos dois). *Carta a Freddy Buache: sobre um curta-metragem a respeito da cidade de Lausanne* [*Lettre à Freddy Buache: à propos d'un court-métrage sur la ville de Lausanne*, Jean-Luc Godard, 1982] ressalta o processo cromático em estado puro: há o alto e o baixo, a *[244]* Lausanne azul, celeste, e a Lausanne verde, terrestre e aquática. Duas curvas ou periferias, e, entre as duas, há o cinza, o centro, as linhas retas. As cores se tornaram categorias quase matemáticas, nas quais a cidade reflete suas imagens e as problematiza. Três séries, três estados da matéria, o problema de Lausanne. Toda a técnica do filme, seus *plongées*, contra-*plongées*, congelamento da imagem, estão a serviço dessa reflexão. Godard será cri-

[55] Jean-Luc Godard, *Cahiers du Cinéma*, nº 146, ago. 1963.

ticado por não ter satisfeito a encomenda de um filme "sobre" Lausanne: é que ele subverteu a conexão de Lausanne e das cores, fez Lausanne entrar nas cores como em uma tábua de categorias que, no entanto, só convinha a Lausanne. Isto é construtivismo: ele reconstruiu Lausanne com cores, o discurso de Lausanne, sua visão indireta.

O cinema deixa de ser narrativo, mas é com Godard que ele se torna mais "romanesco". Como é dito em *O demônio das onze horas*, "Próximo capítulo. Desespero. Próximo capítulo. Liberdade. Amargura". Bakhtin definia o romance, em oposição à epopeia ou à tragédia, como não tendo mais a unidade coletiva ou distributiva graças à qual as personagens falavam ainda uma única e mesma linguagem. Ao contrário, o romance necessariamente adota ora a língua corrente anônima, ora a língua de uma classe, de um grupo, de uma profissão, ora a língua distintiva de uma personagem. De tal modo que as personagens, as classes, os gêneros formam o discurso indireto livre do autor, tanto quanto o autor forma a visão indireta livre deles (o que veem, o que sabem ou não). Ou melhor, as personagens se expressam livremente no discurso--visão do autor, e o autor, indiretamente, no das personagens. Em suma, é a reflexão nos gêneros, anônimos ou personificados, que constitui o romance, seu "plurilinguismo", seu discurso e visão.[56] Godard confere ao cinema as potências próprias do romance. Ele dá a si mesmo tipos reflexivos como se fossem, estes, intercessores através dos quais EU é sempre outro. É uma linha quebrada, uma linha em zigue-zague, *[245]* que reúne o autor, suas personagens e o mundo, e passa entre eles. O cinema moderno desenvolve assim, de três pontos de vista, novas conexões com o pensamento: a su-

[56] Mikhail Bakhtin, antes de Pier Paolo Pasolini, é o melhor teórico do discurso indireto livre: *Le Marxisme et la philosophie du langage*, Paris, Minuit, 1977 [ed. bras.: Valentin Volóchinov (Círculo de Bakhtin), *Marxismo e filosofia da linguagem*, tradução de Sheila Grillo e Ekaterina Vólkova Américo, São Paulo, Editora 34, 2017]. Sobre o "plurilinguismo" e o papel dos gêneros do romance, cf. *Ésthétique et théorie du roman*, Paris, Gallimard, 1978, pp. 112 ss. [ed. bras.: *Teoria do romance I: a estilística*, tradução de Paulo Bezerra, São Paulo, Editora 34, 2015].

pressão de um todo ou de uma totalização das imagens, em prol de um fora que se insere entre elas; a supressão do monólogo interior como todo do filme, em prol de um discurso e de uma visão indiretos livres; a supressão da unidade do homem e do mundo, em prol de uma ruptura que nada mais nos deixa que uma crença neste mundo.

Capítulo 8
CINEMA, CORPO E CÉREBRO, PENSAMENTO
[246]

1

"Dê-me, portanto, um corpo": esta é a fórmula da subversão filosófica. O corpo não é mais o obstáculo que separa o pensamento de si mesmo, aquilo que deve superar para conseguir pensar. É, ao contrário, aquilo em que ele mergulha ou deve mergulhar, para atingir o impensado, isto é, a vida. Não que o corpo pense, porém, obstinado, teimoso, ele força a pensar, e força a pensar o que escapa ao pensamento, a vida. Não mais se fará a vida comparecer diante das categorias do pensamento, se lançará o pensamento nas categorias da vida. As categorias da vida são precisamente as atitudes do corpo, suas posturas. "Não sabemos sequer o que um corpo pode": no sono, na embriaguez, nos esforços e resistências. Pensar é aprender o que pode um corpo não pensante, sua capacidade, suas atitudes ou posturas. É pelo corpo (e não mais por intermédio do corpo) que o cinema se une com o espírito, com o pensamento. "Dê-me, portanto, um corpo" é, antes de mais nada, montar a câmera sobre um corpo cotidiano. O corpo nunca está no presente, ele contém o antes e o depois, o cansaço, a espera. O cansaço, a espera, e até mesmo o desespero são atitudes do corpo. Ninguém foi mais longe nessa direção do que Antonioni. Seu método: o interior *pelo* comportamento, não mais a experiência, mas "o que resta das experiências passadas", "o que vem depois, quando tudo foi dito", esse método passa, necessariamente, pelas atitudes ou posturas do corpo.[1] É uma imagem-tempo, *[247]* a série

[1] É o neorrealismo "sem bicicleta", que Antonioni inventa: cf. os textos citados por Pierre Leprohon, *Michelangelo Antonioni*, Paris, Seghers,

do tempo. A atitude cotidiana é o que põe o antes e o depois no corpo, o tempo no corpo, o corpo como revelador do termo. A atitude do corpo põe o pensamento em conexão com o tempo como se esse fora infinitamente mais longínquo que o mundo exterior. Talvez seja o cansaço a atitude primeira e derradeira, pois a um só tempo contém o antes e o depois: o que Blanchot diz é também o que Antonioni mostra, de modo algum o drama da comunicação, mas o imenso cansaço do corpo, o cansaço que há sob *O grito*, e que propõe ao pensamento "algo a incomunicar", o "impensado", a vida.

Mas há outro polo do corpo, outro liame cinema-corpo-pensamento. "Dar" um corpo, montar uma câmera no corpo, adquire outro sentido: já não se trata de acuar o corpo cotidiano, mas de fazê-lo passar por uma cerimônia, introduzi-lo em uma gaiola de vidro ou em um cristal, impor-lhe um carnaval, um disfarce que faça dele um corpo grotesco, mas também extraia dele um corpo gracioso ou glorioso, para atingir, finalmente, o desaparecimento do corpo visível. Carmelo Bene é um dos maiores construtores de imagens-cristal: o palácio de *Nossa Senhora dos Turcos* [*Nostra Signora dei Turchi*, 1968] flutua na imagem, ou melhor, é a imagem inteira que se mexe ou palpita, os reflexos se colorem violentamente, as próprias cores se cristalizam, em *Don Giovanni*, na dança dos véus de *Capricci* [Carmelo Bene, 1969], em que panos se interpõem entre a dançarina e a câmera. Olhos obsedam o cristal, como o olho no ostensório, mas o que primeiro é dado a ver são os esqueletos de *Nossa Senhora dos Turcos*, os velhos de *Capricci*, o velho santo decrépito de *Salomé* [Carmelo Bene, 1972], que se esgotam em gestos inúteis, sempre recomeçados, em atitudes sempre impedidas e recomeçadas, até a postura impossível (o Cristo de *Salomé*, que não consegue se crucificar sozinho: como a segunda mão poderia se pregar a si mesma?). Em Bene a cerimônia começa pela paródia, que afeta tanto os sons quanto os gestos, pois os gestos também são vocais, e a apraxia e a afasia são

1961, pp. 103, 105, 110. Tudo o que Maurice Blanchot diz sobre o cansaço, a espera convém, particularmente, a Antonioni (*L'Entretien infini*, Paris, Gallimard, 1969, prólogo).

as duas faces de uma mesma postura. Mas o que sai do grotesco, o que dele se arranca, é o corpo gracioso da mulher como uma mecânica superior, seja dançando entre os velhos, seja passando por atitudes estilizadas de um querer secreto, seja imobilizando-se em uma postura de êxtase. Não seria para liberar enfim o terceiro corpo, o do *[248]* "protagonista" ou do mestre de cerimônias, que passa por todos os outros corpos? Já era dele o olho que penetrava no cristal, já é ele quem comunica com o meio cristalino, como em *Nossa Senhora dos Turcos*, filme no qual a história do palácio torna-se autobiografia do protagonista. É ele que retoma os gestos impedidos, fracassados, como em *Nossa Senhora dos Turcos*, onde está sempre malogrando a própria morte, múmia inteiramente enfaixada que não consegue mais se dar uma injeção, a postura impossível. É ele que deve profanar o corpo grácil, ou se servir dele de algum modo, para finalmente adquirir o poder de desaparecer, como o poeta de *Capricci*, que procura a melhor posição para morrer. Desaparecer já era o querer obscuro de Salomé, quando ela se afastava, de costas, em direção da lua. Mas, quando assim o protagonista retoma tudo, é porque chega ao ponto do não querer que agora define o patético, o ponto schopenhaueriano, o ponto de Hamlet em *Um Hamlet a menos* [*Un Amleto di meno*, 1973], lá onde desaparece o corpo visível. O que se liberta no não querer são a música e a palavra, seu entrelaçamento em um corpo reduzido apenas ao sonoro, um corpo de ópera novo. Até a afasia torna-se, então, a língua nobre e musical. Não são mais as personagens que têm voz, são as vozes, ou melhor, os modos vocais do protagonista (murmúrio, respiração, grito, arrotos...) que se tornam as únicas e verdadeiras personagens da cerimônia, no meio que se tornou música: como os prodigiosos monólogos de Herodes Antipas em *Salomé*, que se elevam de seu corpo recoberto pela lepra, e efetivam as potências sonoras do cinema.[2] E não há dúvida de que, nisso, Carmelo Bene é o autor mais próximo de Artaud. Ele conhece a mesma aventura: "acredita" no cinema, acredita que o cinema pode efetuar uma teatralização mais profunda que o pró-

[2] Sobre todos esses aspectos do cinema de Carmelo Bene, cf. a análise de Jean-Paul Manganaro em *Lumière du Cinéma*, nº 9, nov. 1977.

prio teatro, mas acredita nisso por pouco tempo. Logo vai pensar que o teatro tem mais condições de se renovar, e de liberar as potências sonoras, que o cinema, visual demais, ainda restringe, ainda que a teatralização integre suportes eletrônicos em vez de cinematográficos. Resta que ele acreditou por um momento, pelo tempo de uma obra interrompida cedo demais, voluntariamente interrompida: a capacidade que o cinema teria *[249]* de *dar* um corpo, isto é, de fazê-lo, de fazê-lo nascer e desaparecer em uma cerimônia, em uma liturgia. Talvez tenhamos aqui um ponto de entrada para apreender a conexão teatro-cinema.

Esses dois polos, o corpo cotidiano, o corpo cerimonial, são encontrados ou reencontrados no cinema experimental. Este não está necessariamente na frente, acontece mesmo de ele chegar depois. A diferença entre o cinema experimental e o outro cinema é que o primeiro experimenta, enquanto o outro encontra, em virtude de uma necessidade *diferente* da do procedimento fílmico. No cinema experimental, ora o procedimento monta a câmera sobre o corpo cotidiano; são os célebres ensaios de Warhol, seis horas e meia com o homem que dorme em plano fixo, quarenta e cinco minutos com o homem comendo um cogumelo (*Dormir* [*Sleep*, 1963], (*Comer* [*Eat*, 1963]).[3] Ora, ao contrário, esse cinema do corpo monta uma cerimônia, assume um aspecto iniciático e litúrgico, e tenta convocar todas as potências metálicas e líquidas de um corpo sagrado, até o horror ou a revulsão, como nos ensaios da escola de Viena, Brus, Müehl e Nitsch.[4] Mas será que podemos falar em polos contrários, a não ser nos casos extremos que não são, forçosamente, os de mais êxito? No melhor dos casos, diríamos antes que o corpo cotidiano apresta-se para uma cerimônia que, talvez, nunca ocorra; prepara-se para uma cerimônia que talvez consista em esperar: como a longa preparação do casal, em *A mecânica do amor* [*The Mechanics of Love*, 1955], de Maas e

[3] Dominique Noquez insiste no tempo real e na eliminação da narratividade ("espelho do tempo... relação com o tempo que excede a narrativa"): em *Le Cinéma en l'an 2000*, *Revue d'Esthétique*, nº 6, 1984, p. 15.

[4] Sobre o polo cerimonial do cinema experimental, cf. Paolo Bertetto, "L'Éidétique et le cérémonial", *Le Cinéma en l'an 2000*, pp. 59-61.

Moore, ou a do michê, em *Carne* [*Flesh*, 1968], de Morrissey e Warhol. Fazendo dos marginais as personagens de seu cinema, o *Underground* concedia-se os meios para uma cotidianidade que não cessava de transcorrer, nos preparativos de uma cerimônia estereotipada, droga, prostituição, travestis. As atitudes e posturas entram nessa lenta teatralização cotidiana do corpo, como em *Carne*, um dos mais belos desses filmes, com seus cansaços e esperas, mas também com o momento de calma, o jogo dos três corpos fundamentais, o homem, a mulher e o filho. *[250]*

O que conta é menos a diferença entre os polos que a passagem de um a outro, a passagem insensível das atitudes ou posturas aos "gestus". Foi Brecht quem criou a noção de gestus, fazendo dela a essência do teatro, irredutível à intriga ou ao "tema": para ele, o gestus deve ser social, embora reconheça que haja outras espécies de gestus.[5] O que chamamos de gestus em geral é o liame ou o enlace das atitudes entre si, a coordenação de umas com as outras, mas isso só na medida em que não depende de uma história prévia, de uma intriga preexistente ou de uma imagem-ação. Pelo contrário, o gestus é o desenvolvimento das atitudes nelas próprias, e, nessa qualidade, efetua uma teatralização direta dos corpos, frequentemente bem discreta, já que se faz independentemente de qualquer papel. E a grandeza da obra de Cassavetes consiste em desfazer não só a história, a intriga ou ação, mas até mes-

[5] Bertolt Brecht, "Musique et gestus", em *Écrits sur le théâtre*, Paris, Arche, 1963 [ed. bras.: "Acerca da música-gesto", em *Estudos sobre teatro*, tradução de Fiana Pais Brandão, Rio de Janeiro, Nova Fronteira, 2005]. Roland Barthes fez um excelente comentário desse texto ("Diderot, Brecht, Eisenstein", em *L'Obvie et l'obtus*, Paris, Seuil, 1982 [ed. bras.: *O óbvio e o obtuso: ensaios críticos III*, tradução de Léa Novaes, Rio de Janeiro, Nova Fronteira, 2004]): o tema de Mãe Coragem pode ser a Guerra dos Trinta Anos, ou até mesmo a denúncia da guerra em geral, mas "seu gestus não está aí", "está na cegueira da comerciante que acredita viver da guerra e morre por causa dela", reside na "demonstração crítica do gesto" ou "na coordenação dos gestos". Não é uma cerimônia (gestus vazio), dizia Brecht, mas antes um cerimoniar das atitudes mais "correntes, mais vulgares, mais banais". Barthes precisa: é o gesto exagerado pelo qual a vendedora verifica o troco, em Brecht, ou, em Eisenstein, "o grafismo excessivo com que o burocrata de *O velho e o novo* assina a papelada".

mo o espaço, para chegar às atitudes como às categorias que introduzem o tempo no corpo, tal como o pensamento na vida. Quando Cassavetes diz que as personagens não devem vir da história ou da intriga, mas é a história que deve ser secretada pelas personagens, ele resume a exigência de um cinema dos corpos: a personagem fica reduzida às suas próprias atitudes corporais, e o que deve sair disso é o gestus, ou seja, um "espetáculo", uma teatralização ou dramatização que vale para toda intriga. *Faces* se constrói sobre as atitudes do corpo, apresentadas como rostos indo até a caretas, exprimindo a espera, o cansaço, a vertigem, a depressão. E, partindo das atitudes dos negros, das atitudes dos brancos, *Sombras* destaca o gestus social que se ata em torno da atitude do negro-branco, colocado na impossibilidade de escolher, solitário, no limite da evanescência. Comolli fala em um cinema de *revelação*, no qual a única obrigação *[251]* é a dos corpos, a única lógica a dos encadeamentos de atitudes: as personagens "constituem-se gesto a gesto e palavra por palavra, à medida que o filme avança, fabricam-se a si próprias, com a filmagem agindo sobre elas como um revelador, cada progresso do filme permitindo um novo desenvolvimento de seu comportamento, a própria duração delas coincidindo exatamente com a do filme".[6] E, nos filmes subsequentes, o espetáculo pode passar por um roteiro: este menos conta uma história do que desenvolve e transforma atitudes corporais, como em *Mulher sob influência* [*A Woman Under the Influence*, John Cassavetes, 1974], ou então em *Glória* [John Cassavetes, 1980], onde a criança abandonada se gruda ao corpo da mulher que inicialmente procura repeli-la. Em *Amantes* [*Love Streams*, John Cassavetes, 1984], há o irmão e a irmã: ele só pode se sentir existindo em um amontoado de corpos femininos, ela, só em um amontoado de bagagens, ou de animais, que oferece ao irmão. Como existir, pessoalmente, se não se pode fazê-lo sozinho? Como fazer passar alguma coisa através dessas pilhas de corpos,

[6] Jean-Louis Comolli, *Cahiers du Cinéma*, nº 205, out. 1968 (cf. também o comentário de Sylvie Pierre). O próprio Cassavetes diz que a vida não basta: é preciso um "espetáculo", pois somente o espetáculo é criação; mas o espetáculo deve emanar das personagens vivas, e não o contrário.

que são a um só tempo obstáculo e meio? Cada vez o espaço é constituído por essas excrescências de corpos, garotas, bagagens, animais, à procura de uma "corrente" que passasse de um corpo a outro. A irmã solitária, porém, partirá para um sonho, e o irmão ficará sob uma alucinação: uma história desesperada. Em regra geral, Cassavetes só conserva do espaço o que se liga aos corpos, compõe o espaço com pedaços desconectados que apenas um gestus religa. É o encadeamento formal das atitudes que substitui a associação das imagens.

A *nouvelle vague*, na França, levou bem longe esse cinema das atitudes e posturas (do qual Jean-Pierre Léaud seria o ator exemplar). Os cenários costumam ser feitos em função das atitudes do corpo que eles comandam e dos graus de liberdade que lhes deixam, como o apartamento de *O desprezo* ou o quarto de *Viver a vida*, em Godard. Os corpos que se abraçam e se batem, se enlaçam e se espancam, animam grandes cenas como em *Carmen* de Godard, onde os dois amantes tentam se agarrar nas portas ou nas *[252]* janelas.[7] Não apenas os corpos se golpeiam, mas a câmera se golpeia contra os corpos. Em *Paixão*, cada corpo tem não só o seu espaço, como também sua luz. O corpo é sonoro tanto quanto visível. Todos os componentes da imagem reagrupam-se por sobre o corpo. A fórmula de Daney para definir *Aqui e acolá* — restituir as imagens aos corpos sobre os quais foram tomadas — vale para todo o cinema de Godard e para a *nouvelle vague*. *Aqui e acolá* faz isso politicamente, mas os outros filmes têm ao menos uma política da imagem — restituir a imagem às atitudes e posturas do corpo. Uma imagem característica é a de um corpo, apoiado em um muro, que relaxa e cai sentado no chão, em um deslizamento de posturas. Ao longo de toda a sua obra, Rivette elabora uma

[7] Yann Lardeau mostrou a conexão da *nouvelle vague* com o burlesco: "A relação do corpo com os objetos que o rodeiam na cena produz uma série de obstáculos com a qual se choca sucessivamente a ação do ator", e "torna-se matéria-prima de linguagem cinematográfica". A propósito da *Carmen* de Godard, ele diz: "Os repetidos choques de dois corpos assincrônicos propelidos um contra o outro, como bólides" (*Cahiers du Cinéma*, nº 355, jan. 1984).

fórmula em que se defrontam o cinema, o teatro e a teatralidade própria do cinema: *O amor por terra* [*L'Amour par terre*, 1984] é sua expressão mais perfeita, que se torna pesada assim que exposta teoricamente, quando inspira as combinações mais flexíveis. As personagens ensaiam uma peça; mas o ensaio implica que ainda não atingiram atitudes teatrais que correspondem a seus papéis e à intriga da peça, que as ultrapassa; em compensação, são remetidas a atitudes parateatrais que tomam relativamente à peça, a seu papel, umas relativamente às outras, e essas atitudes secundárias são mais puras e independentes justamente por não comportarem nenhuma intriga preexistente, esta só existindo na peça. Vão, pois, secretar um gestus que não é nem real nem imaginário, nem cotidiano nem cerimonial, mas situa-se na fronteira dos dois e, por sua vez, remeterá ao exercício de um sentido verdadeiramente visionário ou alucinatório (a bala mágica de *Céline e Julie vão de barco* [*Céline et Julie vont en bateau*, Jacques Rivette, 1974], as projeções do prestidigitador em *O amor por terra*). Parece que as personagens ricocheteiam na parede do teatro, e descobrem atitudes puras, tão independentes do papel teatral quanto de uma ação real, embora em ressonância com ambos. Um dos casos mais belos do que dizemos, *[253]* em Rivette, está em *Amor louco*, quando o casal fechado no quarto abraça e atravessa todas as posturas, postura asilar, postura agressiva, postura amorosa... É uma esplêndida demonstração de posturas. Nesse sentido, Rivette inventa uma teatralidade do cinema completamente diferente da teatralidade do teatro (até mesmo quando o cinema se serve deste como referência).

A solução de Godard é diferente, e à primeira vista parece mais simples: é que, vimos, as personagens começam a representar por conta própria, a dançar, a arremedar por si mesmas, em uma teatralização que prolonga diretamente suas atitudes cotidianas: a personagem faz para si mesma um teatro. Em *O demônio das onze horas* passamos constantemente da atitude do corpo ao gestus teatral que religa as atitudes e cria novas, até o suicídio final que as absorve todas. Em Godard, as atitudes de corpo são as categorias do próprio espírito, e o gestus é o fio que vai de uma a outra categoria. *Tempo de guerra* é a Gesta da guerra. O gestus é necessariamente social e político, segundo a exigência de Brecht, mas é também necessariamente outra coisa (tanto para Rivette quanto para Godard). É biovital, metafísico, estético.[8] Em *Paixão*, de Godard, as posturas do patrão, da proprietária e da operária remetem a um gestus pictórico ou parapictórico. E em *Carmen*, as atitudes de corpo jamais param de remeter a um gestus musical que as coordena independentemente da intriga, que as retoma, submete a um encadeamento superior, mas também liberta todos os seus potenciais: os ensaios do quarteto não se contentam em desenvolver e dirigir as qualidades sonoras da imagem, mas também as qualidades visuais, no sentido em que a curva do braço da violinista ajusta o movimento dos corpos que se enlaçam. É que, em Godard, os sons, as cores são atitudes do corpo, ou seja, categorias: encontram, portanto, seu fio na composição estética que os atravessa, não menos que na organização social e política que os sustenta. *Carmen*, desde o início, faz *[254]* os sons dependerem de um corpo que vai de encontro às coisas, e a si mesmo, que se bate na cabeça. O cinema de Godard vai das atitudes do corpo, visuais e sonoras, ao gestus pluridimensional, pictórico, musical, que constitui a cerimônia, a liturgia, a ordenação estética delas. Já era o que acontecia em *Salve-se quem puder (a vida)*, onde a música constituía o fio condutor virtual indo de uma atitude a outra, "que música é esta?", antes de se manifestar por si mesma, no final do filme. A atitude do corpo é como uma imagem-tempo, que introduz o antes e o depois, no corpo, série do tempo; o gestus, porém, já é outra imagem-tempo, ordem ou ordenação do tempo, simultaneidade de suas pontas, coexistência de seus lençóis. Na passagem de uma a outra, Godard atinge, portanto, uma grande complexidade. Ainda mais que ele pode proceder de modo inverso, e partir de um gestus contínuo, dado em primeiro lugar, para decompô-lo em atitudes ou categorias: como os congelamentos da imagem em *Salve-se quem puder*... (onde termina o carinho, onde começa o tapa?,

[8] O próprio título do texto de Brecht, "Música e gestus", indica o bastante que o gestus não deve ser apenas social: sendo o elemento principal da teatralização, implica todos os componentes estéticos, especialmente os musicais.

onde termina o abraço, onde começa a luta?).[9] Não há apenas o gestus "entre" duas atitudes, há também o sonoro e o visual nas atitudes e no gestus, e "entre" as atitudes e o próprio gestus, e inversamente: como, ainda, a decomposição visual e sonora das posturas pornográficas.

O pós-*nouvelle vague* estará sempre trabalhando e inventando nessas direções: as atitudes e posturas do corpo, a valorização do que se passa no chão ou deitado, a velocidade e a violência da coordenação, a cerimônia ou o teatro de cinema que daí decorre (já *A carne da orquídea* [*La Chair de l'orchidée*, 1974], e acima de tudo, mais tarde, *O homem ferido* [*L'Homme blessé*, 1983], de Patrice Chéreau, demonstram muita força nesse aspecto). Certamente, o cinema dos corpos não está isento de perigo: uma exaltação das personagens marginais, que fazem *[255]* da vida cotidiana uma cerimônia insípida; um culto à violência gratuita no encadeamento das posturas; uma cultura das atitudes catatônicas, histéricas ou simplesmente asilares, do que Godard faz uma espécie de paródia no início de *Carmen*. E acabamos nos cansando de todos esses corpos que deslizam ao longo do muro e acabam agachados. Desde a *nouvelle vague*, porém, cada vez que tínhamos um filme belo e forte, nele encontrávamos uma nova exploração do corpo. Desde *Jeanne Dielman, 23, Quai du Commerce, 1080 Bruxelles* [1975], Chantal Akerman quer mostrar "gestos em sua plenitude". Fechada no quarto, a heroína de *Eu, tu, ele, ela* [*Je, tu, il, elle*, Chantal Akerman, 1974] encadeia as posturas asilares e infantis, involutivas, conforme o modo da espera, contando os dias: uma cerimônia da anorexia. A novidade de Chantal Akerman está em mostrar assim as atitudes corporais como signo de estados

[9] Cf. dois importantes artigos de Jean-Pierre Bamberger, um sobre *Salve-se quem puder (a vida)*, o outro sobre a *Carmen* de Godard (*Libération*, 7-8/11/1980 e 19/1/1984). No primeiro, Bamberger analisa a decomposição do movimento segundo as atitudes, mas também a composição de linhas melódicas conforme as personagens, e o papel correspondente da música. No segundo, analisa a conexão do corpo e do som, mas também do gesto musical e da atitude de corpo: "Como fazer existir a relação entre o dedilhar das cordas dos violinos e as vibrações de corpos que se abraçam, entre o torneado do movimento do arco que ataca a corda e o abraço que enlaça o pescoço?".

de corpos próprios à personagem feminina, enquanto os homens apontam para a sociedade, o entorno, a parte que lhes cabe, o pedaço de história que arrastam consigo (*Os encontros de Ana* [*Les Rendez-vous d'Anna*, Chantal Akerman, 1978]). Mas a cadeia dos estados de corpos femininos não é fechada: descendo da mãe ou remontando até ela, ela serve de revelador aos homens que não fazem mais que se relatar, e mais profundamente ao entorno, que nada mais faz além de se mostrar ou ser ouvido pela janela de um quarto, pelo vidro de um trem, toda uma arte do som. Parado ou no espaço, o corpo de uma mulher conquista um estranho nomadismo que lhe faz atravessar idades, situações, lugares (era esse o segredo de Virginia Woolf, na literatura). Os estados do corpo segregam a lenta cerimônia que religa as atitudes correspondentes, e desenvolvem um gestus feminino que capta a história dos homens e a crise do mundo. É esse gestus que reage sobre o corpo dando-lhe um hieratismo que lembra uma austera teatralização, ou antes, uma "estilização". O problema que a própria Chantal Akerman se coloca está em saber se é possível evitar o excesso de estilização que tende, apesar de tudo, a encerrar filme e personagem.[10] O gestus pode tornar-se mais *[256]* burlesco, sem nada abandonar, e transmite ao filme uma leveza, uma irresistível alegria: isso já em *Toda uma noite* [*Toute une nuit*, Chantal Akerman, 1982], mas sobretudo no episódio de *Paris vista por... vinte anos depois* [*Paris vu par... 20 ans après*, 1984], cujo título relança inclusive toda a obra de Akerman, "sinto fome, sinto frio", estados de corpo que se tornaram burlescos, motores de uma balada.

As autoras, as diretoras, não devem sua importância a um feminismo militante. O que mais conta é a maneira como inovaram no cinema dos corpos, como se as mulheres tivessem de conquistar

[10] Ou melhor, e Alain Philippon que propõe a questão a Chantal Akerman: o limite da estilização dos corpos e posturas. A isso, ela responde que desde o início teve um controle técnico perfeito até demais, em especial no enquadramento. Ora, esse controle não é forçosamente bom: como escapar à "gravidade" da estilização? Philippon analisa a evolução de Akerman em *Uma noite inteira* [*Toute une nuit*, 1982]: cf. *Cahiers du Cinéma*, nº 341, nov. 1982, pp. 19-26.

a fonte de suas próprias atitudes e a temporalidade que lhes corresponde como gestus individual ou comum (*Cléo de 5 à 7* [*Cleo de 5 às 7*, 1962], e *Uma canta, a outra não* [*L'Une chante, l'autre pas*, 1977], de Agnès Varda, *Meu coração é vermelho* [*Mon coeur est rouge*, 1976], de Michèle Rosier). Com *Muros e murmúrios* [*Mur murs*, 1981] e *Documentiroso*, Varda constitui um díptico, cuja segunda parte apresenta as atitudes e os gestos cotidianos de uma mulher perdida em Los Angeles, enquanto a primeira parte mostra, ante os olhos de outra mulher passeando na mesma cidade, o gestus histórico e político de uma comunidade minoritária, afrescos murais de *chicanos* com formas e cores berrantes.

Em Eustache, o cinema do corpo ou das atitudes também tomou caminhos novos. Desde *O porco* [*Le Cochon*, 1970] e *A virgem de Pessac* [*La Rosière de Pessac*, 1970], Eustache filmou festas cíclicas que integram atitudes coletivas e constituem um gestus social. E sem dúvida houve todo um contexto, uma organização de poder, finalidades políticas, toda uma história em torno dessas cerimônias, nessas cerimônias. Mas, de acordo com a lição do cinema-verdade, esta história não será contada: será mais bem revelada quanto menos se mostrar, mostrando-se apenas a maneira pela qual as atitudes do corpo se coordenam na cerimônia, de modo a revelar o que não se deixava mostrar.[11] O cinema de Eustache a partir disso *[257]* se desenvolveu em várias direções: a atitude do corpo não era menos vocal que gestual, sendo um dos principais objetivos do cinema *filmar a fala*, como diz Philippon; as atitudes e posturas engendravam seu gestus graças a uma potência do falso, à qual ora os corpos se furtavam, ora se entregavam plenamente, mas se confrontando sempre, assim, como o ato puro do cinema; se a atitude era feita para ser vista e ouvida, remetia, necessariamente, a um *voyeur* e a um ouvinte que também eram posturas

[11] Serge Daney, *Cahiers du Cinéma*, nº 306, dez. 1979, p. 40: "Bem se vê que um procedimento puramente crítico, desmistificador, teria fracassado, reduzindo a festa ao que ela significa ou àquela a quem ela serve, a seu sentido ou a sua função [...]. [Era preciso] criticar a festa sem deixar de mostrá-la inteiramente, em sua opacidade". E o texto do próprio Eustache, "Pourquoi j'ai refait la Rosière".

do corpo, atitudes, tanto assim que o gestus era composto da atitude e de seu *voyeur*, e inversamente, o mesmo valendo para a fala; enfim, o díptico tornou-se a forma fundamental do cinema, sob aspectos muito diversos, tendo, porém, sempre o efeito de pôr o tempo nos corpos. Eustache faria uma segunda *A virgem de Pessac*, dez anos depois, para as confrontar e coordenar a partir da segunda: "É a ideia do tempo que me interessa". *Meus pequenos amores* [*Mes petites amoureuses*, Jean Eustache, 1974] organizou-se em díptico, com a primeira parte mostrando as atitudes de corpos infantis, no campo, mas na segunda vemos as "falsas" atitudes adolescentes, das quais a criança, na cidade, já não passava de *voyeur* e ouvinte, até que volta ao campo, tendo crescido graças a seu novo saber. *Uma história suja* [*Une sale histoire*, Jean Eustache, 1977] constituiu os dois graus em que se ataram, lado a lado, a atitude e a palavra, o ouvinte e o *voyeur*. Todos esses aspectos fizeram de *A mãe e a puta* [*La Maman et la putain*, Jean Eustache, 1973] uma obra-prima do cinema dos corpos, de suas atitudes gestuais e vocais.

Se é verdade que o cinema moderno se construiu sobre a ruína do esquema sensório-motor ou da imagem-ação, ele encontra na dupla "postura-voyeurismo" um novo elemento que funciona melhor na medida em que as posturas são inocentes. A riqueza desse cinema não se deixa esgotar por um(a) diretor(a), Akerman ou Eustache. É uma abundância, na qual só podemos indicar estilos diversos, e o que funde a unidade de uma categoria (o "pós-*nouvelle vague*") através de autores bem diferentes. Citaremos *Falsos fugitivos*, de Bergala e Limosin, montando uma estranha cerimônia que consiste, para um adulto (o homem da câmera?), em inspirar e coordenar unicamente atitudes de corpos em rapazes, de quem ele se torna *voyeur*, constituindo um gestus que encadeia todos os delitos de fuga inopinados, e *[258]* que substitui a narração, de um crime a outro.[12] Com *A garota* [*La Drôlesse*,

[12] Jean Narboni compara *Faux fuyants* ao romance de Witold Gombrowicz, *La Pornographie* (*Cahiers du Cinéma*, nº 353, nov. 1983, p. 53). É que o romance, como o filme, apresenta um protagonista adulto que faz questão de ver atitudes de jovens, atitudes a um só tempo inocentes e impostas,

1979], Jacques Doillon fez um grande filme de posturas: um débil mental leva embora uma menina selvagem e a submete às atitudes inocentes impostas pelo cenário de uma água-furtada — se deitar, sentar, comer, dormir — sob a vigilância de um pseudoaparelho óptico construído de qualquer jeito (caberia à polícia não acreditar nisso, e inventar uma história inexistente, isto é, um filme de ação com rapto e estupro). E, na maior parte de seus filmes, de *Les Doigts dans la tête* [Jacques Doillon, 1974], que retoma um tema parecido com o de *A mãe e a puta*, até *A plagiária*, que leva ao frenesi as atitudes de corpo sob o olhar da menina *voyeur* e severa, Doillon utiliza uma forma díptica bem flexível, capaz de marcar os polos posturais entre os quais o corpo oscila. A cada vez, a estilização das atitudes forma uma teatralização de cinema bem diferente do teatro. Mas é Philippe Garrel quem vai mais longe nessa direção, porque se proporciona uma verdadeira liturgia dos corpos, porque devolve a estes uma cerimônia secreta que agora só tem como personagens Maria, José e o filho, ou seus equivalentes (*O leito da virgem* [*Le Lit de la vierge*, 1969], *Maria como lembrança* [*Marie pour mémoire*, 1968], *O revelador* [*Le Révélateur*, 1968], *A criança secreta* [*L'Enfant secret*, 1979]). Entretanto, seu cinema tem pouco de devoto, embora seja um cinema de revelação. Se a cerimônia é secreta, é precisamente porque Garrel toma as três personagens "antes" da lenda, antes de terem se tornado lenda ou constituído uma história sagrada: a questão proposta por Godard ("o que Maria e José se disseram, antes de ter o filho?") não só anuncia um projeto de Godard, como também resume as realizações de Garrel. O hieratismo teatral das personagens, sensível em seus primeiros filmes, cada vez mais vai levar a uma física dos corpos fundamentais. É o problema dos três corpos, que Gar-

por isso mesmo ainda mais "pornográficas" e que provocam uma catástrofe: "As suas mãos, acima de suas cabeças, se interpenetraram 'involuntariamente'. E no mesmo instante baixaram, com violência. Durante algum tempo, os dois contemplaram com atenção suas mãos. E bruscamente eles caíram; não se sabia bem qual dos dois fizera o outro perder o equilíbrio, parecia que eram as mãos que os tinham derrubado" (*La Pornographie*, Paris, Julliard, 1962, p. 157) [ed. bras.: *Pornografia*, tradução de Tomasz Barcinski, São Paulo, Companhia das Letras, 2009].

rel expressa no cinema: *[259]* o homem, a mulher e o filho. A história sagrada como Gesta. O belo início de *O revelador* deixa transparecer no escuro o filho empoleirado em cima do armário, depois mostra a porta que se abre sobre a silhueta superexposta do pai, e revela enfim, diante dele, a mãe ajoelhada. Cada um abraçará um dos outros dois, conforme três combinações, na cama de casal que parece uma nuvem sobre o chão. Acontece de o filho, constantemente invocado, faltar (*Marie como lembrança*), ou que seja outro, diferente do que vemos (*A criança secreta*): é o sinal de que o problema dos três corpos no cinema continua insolúvel tanto cinematográfica quanto fisicamente. O próprio filho é o ponto problemático. É em torno dele que o gestus se compõe, como no episódio de *Paris vista por... 20 anos depois* ("Rue Fontaine"): a primeira atitude é a do homem contando a história de uma mulher que dizia "quero um filho" e desaparecia; a segunda, a do mesmo homem sentado na casa de uma mulher e esperando; na terceira, eles se tornam amantes, atitudes e posturas; na quarta, separaram-se, ele quer revê-la, ela, porém, lhe anuncia que tinha um filho que morreu; e na quinta, ele fica sabendo que ela foi encontrada morta, e então se mata, seu corpo caindo lentamente ao longo de uma imagem que se recobre de neve, como uma postura que nunca termina. O filho aparece assim como o ponto indecidível, em função do qual se distribuem as atitudes de um homem e de uma mulher. Em Garrel, também, a forma díptica se impõe, portanto, em torno de uma dobradiça vazia, limite inatingível ou corte irracional. Ela não distribui apenas as atitudes, mas também o branco e o preto, o frio e o quente, como condições das quais dependem as atitudes ou os elementos de que os corpos são feitos. São os dois quartos coloridos, dos dois lados da cama, quarto frio e quarto quente, em *A concentração* [*La Concentration*, 1968]. São as duas grandes paisagens de *O leito da virgem*, o branco vilarejo árabe e a escura fortaleza da Bretanha, o mistério do Cristo e a busca do Graal. São as duas partes bem distintas de *Liberdade, à noite* [*Liberté, la nuit*, 1983], a imagem escura do casal, cujo homem traiu a mulher (a mulher abandonada que tricota chorando no teatro escuro e vazio), a imagem branca do casal, cuja mulher traiu o homem (as duas personagens se abraçam em um campo onde seca a roupa, e um lençol agitado pelo vento vem cobri-los e *[260]* cobrir a tela). São as alternâncias de quente e frio, o quente de uma fogueira ou de uma luz na noite, mas também o frio da droga branca captado em um espelho (como em *A criança secreta*, onde vemos, por trás da vidraça de um bar, o homem de costas, e, na vidraça, a imagem da mulher também de costas que atravessa a rua, e vai ao encontro do traficante). Em Garrel, o superexposto e o subexposto, o branco e o preto, o frio e o quente tornam-se os componentes do corpo e os elementos de suas posturas.[13] São as categorias que "dão" um corpo.

"A ausência de imagem", a tela preta ou a tela branca, têm uma importância decisiva no cinema contemporâneo. Como Noël Burch mostrou, elas já não têm uma mera função de pontuação, ao modo da fusão, mas entram em uma conexão dialética entre a imagem e sua ausência, e adquirem valor propriamente estrutural (é o caso, no cinema experimental, de *Reflexões sobre o preto* [*Reflexions on Black*, 1955, de Brakhage).[14] Esse novo valor da tela preta ou branca parece corresponder às características analisadas anteriormente: por um lado, o que conta já não é a associação das imagens, a maneira pela qual se associam, mas o interstício entre duas imagens; por outro, o corte em uma sequência de imagens já não é um corte racional que marca o fim de uma *ou* o começo de outra, mas um corte dito irracional que não pertence nem a uma nem a outra, e começa a valer por si mesmo. Garrel soube dar extraordinária intensidade a esses cortes irracionais, tanto assim que a série das imagens anteriores não tem fim, tal como a série das imagens seguintes não possui começo; as duas séries convergem

[13] Jean Douchet ("Le Cinéma autophagique de Philippe Garrel", em *Garrel composé par Gérard Courant*, Paris, Studio 43, 1983): "Duas sensações pelas quais se manifestam a solidão, o frio e o ardente. *Athanor* [1972], por exemplo, é um filme sobre o fogo. *A cicatriz interior* [*La Cicatrice intérieure*, Philippe Garrel, 1972] é um filme sobre o fogo e o gelo. [...] A ideia do quente, do ardente, do febril, do intenso, reforça a característica básica de um universo gelado".

[14] Noël Burch, *Praxis du cinéma*, Paris, Gallimard, 1969, pp. 85-6 [ed. bras.: *Práxis do cinema*, tradução de Marcelle Pithon e Regina Machado, São Paulo, Perspectiva, 1992].

para a tela branca ou preta como seu limite comum. Ainda melhor, a tela assim utilizada torna-se o suporte de variações: a tela preta e a imagem subexposta, o preto profundo que deixa adivinhar volumes escuros em via de constituição, ou então o preto marcado por um ponto luminoso *[261]* fixo ou móvel, e todas as alianças do preto e do fogo; a tela branca e a imagem superexposta, a imagem leitosa, ou então a imagem nevada cujos grãos dançantes vão se encorpar... E, em *A criança secreta*, é muitas vezes o *flash* que faz nascer as imagens, e congrega as potências do preto e do branco. Em todos os filmes de Garrel a tela preta ou branca não tem valor apenas estrutural, mas também genético: com variações ou tonalidades ela adquire a potência de uma constituição dos corpos (corpos, portanto, primordiais, o Homem, a Mulher e o Menino), a potência de uma gênese das posturas.[15] Talvez seja este o primeiro caso de um cinema de constituição, verdadeiramente constituinte: constituir os corpos, e com isso devolver-nos a crença no mundo, restituir a razão... É duvidoso que o cinema baste para tanto; mas, se o mundo se tornou um cinema ruim, no qual já não acreditamos, um verdadeiro cinema não poderia contribuir para nos restituir razões de crer no mundo e nos corpos desfalecidos? O preço a pagar, tanto no cinema quanto noutra parte, sempre foi um afrontamento com a loucura.[16]

[15] Cf. Alain Philippon (em *Garrel composé par Gérard Courant*): "De que trata *A cicatriz interior*, senão de nascimento e criação? Nesse filme estamos no mundo de antes do mundo, em um passado ou futuro, pouco importa, sem data. [...] Acabamos de assistir a um nascimento, e o Menino, sob diversas aparências, será posteriormente o vetor da ficção do filme. [...] Se o fogo, a terra e a água são convocados em *A cicatriz interior* como que nos primeiros tempos do universo, é enquanto elementos primeiros de um mundo por nascer, a quem a palavra dará vida". E Philippe Carcassone, em um artigo mais reticente (*Cinématographe*, nº 87, mar. 1983), evoca *O azul das origens* [*Le Bleu des origines*, Philippe Garrel, 1979] (em preto e branco): "É a cor da gênese, o que precede a história e certamente sobreviverá a ela, é o invólucro escatológico, não apenas do cinema, mas de qualquer representação na qual as personagens vão beber".

[16] Garrel evoca por vezes sua história pessoal, que se confunde com sua obra: "No final de *Berceau de cristal* há a moça que se suicida, e de algum

Em que sentido Garrel é um dos maiores autores modernos, cuja obra, infelizmente, corre o risco de só desenvolver seus efeitos a longo prazo, dotando o cinema de potências ainda mal conhecidas? É preciso voltar a um velho problema, que já opunha o teatro ao cinema. Aqueles que amavam profundamente o teatro objetavam que sempre faltaria alguma coisa ao cinema, a *presença*, a presença dos corpos, apanágio do teatro: o cinema só nos *[262]* mostrava ondas e corpúsculos dançantes com os quais simulava corpos. Quando André Bazin retoma o problema, pergunta em que sentido há outra modalidade de presença, cinematográfica, que rivaliza com a do teatro e pode até mesmo ir além desta, com outros meios?[17] Mas, se o cinema não nos dá a presença do corpo, e não pode dar, talvez seja também porque se propõe outro objetivo: estende sobre nós uma "noite experimental" ou um espaço branco, opera com "grãos dançantes" e "poeira luminosa", afeta o visível com uma perturbação fundamental, e o mundo com um suspense, que contradizem toda percepção natural. Produz assim a gênese de um "corpo desconhecido" que temos atrás da cabeça, como o impensado no pensamento, nascimento do visível que ainda se furta à vista. Essas respostas, que mudam o problema, são as de Jean-Louis Schefer em *L'Homme ordinaire du cinéma*. Consistem em dizer que o cinema não tem por objeto reconstituir uma presença dos corpos, em percepção e ação, mas efetuar uma gênese primordial dos corpos em função de um branco, preto ou cinza (ou até mesmo em função das cores), em função de um "começo de visível que ainda não é figura, ainda não é ação". Seria este o projeto de Bresson, *Gênese* [*Genèse*]? Ora, aquilo que Schefer procura através de exemplos esparsos pela história do cinema, em Dreyer, em Kurosawa, pensamos que é Garrel quem extrai deles, não uma recapitulação sistemática, mas uma inspiração renovadora que faz

modo é como eu dissera em *Maria como lembrança*. Que a loucura chegue logo [...], até o dia em que ela tomou conta de mim. Até eu recuperar a razão pelo cinema" (*Cahiers du Cinéma*, nº 287, abr. 1978).

[17] André Bazin, *Qu'est-ce que le cinéma?*, Paris, Cerf, 1976, "Théâtre et cinéma II", pp. 150 ss. [ed. bras.: *O que é o cinema?*, tradução de Eloisa Araújo Ribeiro, São Paulo, Cosac Naify, 2014].

então o cinema coincidir com sua própria essência, ou pelo menos com uma de suas essências: um processo, um procedimento da constituição dos corpos a partir da imagem neutra, branca ou preta, nevada ou com *flash*. Certamente o problema não é o da presença dos corpos, mas o de uma crença capaz de nos restituir o mundo e o corpo a partir do que significa a ausência destes. É preciso que a câmera invente os movimentos ou posições que correspondem à gênese dos corpos, e que sejam o encadeamento formal de suas posturas primordiais. Esse lugar que é só de Garrel, no cinema dos *[263]* corpos, nós o encontraremos em uma geometria que compõe o mundo, agora com pontos, círculos e semicírculos. Um pouco como em Cézanne, a aurora do mundo está ligada ao ponto, ao plano, ao volume, à seção, não como figuras abstratas, mas como gênese e nascimento. Em *O revelador*, a mulher é muitas vezes um ponto fixo, imóvel e negador, enquanto a criança gira em torno da mulher, da cama, das árvores, e o homem traça semicírculos que mantém sua relação com a mulher e com o filho. Em *Os jovens desajustados* [*Les Enfants désaccordés*, Philippe Garrel, 1964], a câmera, inicialmente ponto fixo na dança, começa a girar em torno dos dois dançarinos, se aproximando e se afastando de acordo com a cadência deles, e com luz mutante; no início de *A cicatriz interior* [*La Cicatrice intérieure*, Philippe Garrel, 1970], o *travelling* circular permite à personagem dar uma volta completa, permanecendo a câmera fixada nela, como se ela se deslocasse lateralmente para, entretanto, reencontrar o mesmo interlocutor; e, em *Maria como lembrança*, enquanto Maria é aprisionada na clínica, José gira olhando a câmera, que muda de posição como se estivesse sucessivamente em diferentes carros em um estacionamento rodoviário. A cada vez há uma construção do espaço na medida em que ele se liga aos corpos. E o que vale para os três corpos fundamentais vale também para a outra trindade, a das personagens, cineasta e câmera: colocá-los "na melhor postura possível, no sentido em que se diz, de uma configuração estelar, que ela está em uma posição astrologicamente favorável".[18]

[18] Alain Philippon, "L'Enfant-cinéma", *Cahiers du Cinéma*, nº 344, fev.

O que é característico de Doillon é a situação do corpo tomado entre dois conjuntos, tornado simultaneamente em dois conjuntos exclusivos. Truffaut tinha aberto a via (*Jules e Jim — Uma mulher para dois* [*Jules et Jim*, 1962], *As duas inglesas e o amor* [*Les Deux Anglaises*, 1971]), e Eustache, em *A mãe e a puta*, soubera construir o espaço próprio da não escolha. Doillon, porém, renova e explora esse espaço ambíguo. A personagem-corpo, o aprendiz de padeiro de *Les Doigts dans la tête*, o marido de *A mulher que chora* [*La Femme qui pleure*, Jacques Doillon, 1978], a moça de *La Pirate*, oscilam entre duas mulheres, ou entre uma *[264]* mulher e um homem, mas sobretudo entre dois agrupamentos, dois modos de vida, dois conjuntos que requerem atitudes diferentes. Pode-se sempre dizer que um dos dois conjuntos prevalece: a garota passageira faz o padeiro voltar à mulher constante; a mulher alegre faz o homem voltar à mulher que chora, a partir do momento em que ela compreende ser apenas um motivo ou um pretexto. E, em *La Pirate*, se a prevalência não parece previamente fixada, ela é, segundo as próprias declarações de Doillon, o que está em jogo em um leilão que deveria decidir a vida ou a venda da heroína. No entanto, há outra coisa. Não é, tampouco, que a personagem esteja indecisa. Parece, antes, que os dois conjuntos são realmente distintos, mas que a personagem, ou melhor, o corpo na personagem, não tem meio algum de escolher entre eles. Está em uma postura impossível. A personagem em Doillon está na situação de não poder discernir o distinto: não é psicologicamente indecisa, seria até mesmo o contrário. Mas a prevalência de nada lhe serve, pois habita seu corpo como uma zona de indiscernibilidade. Quem é a mamãe, quem é a puta? Mesmo se decidirmos por ele, isso não muda nada. Seu corpo sempre conservará a marca de uma indecidibilidade que era, apenas, a passagem da vida. Talvez seja aí que o cinema do corpo se oponha essencialmente ao cinema de ação. A imagem-ação supõe um espaço no qual se distribuem os fins, os obstáculos, os meios, as subordinações, o principal e o secundário, as prevalências e repugnâncias: todo um espaço que

1983, p. 29. E, sobre o movimento e o corpo em Garrel, cf. Jean Narboni, "Le Lieu dit", *Cahiers du Cinéma*, nº 204, set. 1968.

chamamos de hodológico. O corpo, porém, é inicialmente apreendido em um espaço bem diferente, no qual os conjuntos disparatados se recobrem e rivalizam, sem poder se organizar conforme esquemas sensório-motores. Aplicam-se um sobre o outro, em uma imbricação de perspectivas que faz que não haja meio de discerni-los, embora sejam distintos e até mesmo incompatíveis. É o espaço de antes da ação, sempre habitado por uma criança, ou por um palhaço, ou por ambos ao mesmo tempo. E um espaço pré-hodológico, como uma *fluctuatio animi* que não remete a uma indecisão do espírito, mas a uma indecidibilidade do corpo. O obstáculo não se deixa determinar, como na imagem-ação, relativamente a objetivos e meios que unificariam o conjunto, mas se dispersa em uma "pluralidade de maneiras de estar presente no mundo", de pertencer a *[265]* conjuntos, todos incompatíveis e entretanto coexistentes.[19] A força de Doillon está em ter feito desse espaço pré-hodológico, desse espaço de imbricações, o próprio objeto de um cinema dos corpos. Ele leva suas personagens para lá, e cria esse espaço no qual a regressão se torna descoberta (*A filha pródiga* [*La Fille prodigue*, 1981]). Não apenas desfaz assim a imagem-ação do cinema clássico, como também descobre uma não escolha do corpo como o impensado, o avesso ou a reviravolta da escolha espiritual. Como esse diálogo de *Salve-se quem puder (a vida)*, de Godard: "Você escolhe... Não, não escolho... Você escolhe... Não escolho...".

2

"Dê-me um cérebro" seria a outra figura do cinema moderno. É um cinema intelectual, diferentemente do cinema físico. O cinema experimental divide-se entre esses dois campos: a física dos corpos, cotidiano ou cerimonial; a "eidética" do espírito (conforme a fórmula de Bertetto), formal ou informal. Mas o cinema ex-

[19] Sobre esse espaço pré-hodológico, espaço de antes da ação, amontoamento de perspectivas e flutuação da alma, cf. Gilbert Simondon, *L'Individu et sa génèse physico-biologique*, Paris, PUF, 1964, pp. 233-4.

perimental desenvolve a distinção por dois processos, um concretivo, o outro abstrativo. O abstrato e o concreto não são, entretanto, o critério certo, em um cinema que mais cria que experimenta. Vimos que Eisenstein já se referia a um cinema intelectual ou cerebral, que estimava mais concreto que a física dos corpos em Pudóvkin, ou o formalismo físico em Viértov. Há concreto e abstrato tanto de um lado quanto de outro: tanto sentimento ou intensidade, paixão, em um cinema de cérebro quanto em um cinema de corpo. Godard funda um cinema do corpo, Resnais, um cinema do cérebro, mas um não é mais abstrato nem mais concreto que o outro. Corpo ou cérebro, é o que o cinema pede para lhe darmos, o que ele mesmo se dá, o que inventa, para construir sua obra conforme duas direções, cada uma delas sendo, a um tempo, abstrata e concreta. A distinção não é, pois, entre o concreto e o abstrato (a não ser nos casos experimentais, *[266]* e mesmo ali, ela se turva com bastante frequência). O cinema intelectual do cérebro e o cinema físico do corpo encontrarão a fonte de sua distinção noutra parte, fonte bem variável, seja em autores atraídos por um dos dois polos, seja naqueles que compõem com ambos.

Antonioni seria o exemplo perfeito de dupla composição. Repetidas vezes quiseram encontrar a unidade de sua obra nos temas prontos da solidão e da incomunicabilidade, como característicos da miséria do mundo moderno. No entanto, segundo ele, andamos com dois passos bem diferentes, um para o corpo, outro para o cérebro. Em um belo texto ele explica que nosso conhecimento não hesita em se renovar, em enfrentar grandes mutações, enquanto nossa moral e nossos sentimentos permanecem prisioneiros de valores inadaptados, de mitos nos quais ninguém mais acredita, e só encontram, para se libertar, pobres expedientes, cínicos, eróticos ou neuróticos. Antonioni não critica o mundo moderno, em cujas possibilidades "acredita" profundamente: critica no mundo a coexistência de um cérebro moderno e de um corpo cansado, estragado, neurótico. Tanto assim que sua obra passa fundamentalmente por um dualismo que corresponde aos dois aspectos da imagem-tempo: um cinema do corpo, que põe todo o peso do passado no corpo, todos os cansaços do mundo e a neurose moderna; mas também um cinema do cérebro, que descobre a criatividade do mundo, suas cores suscitadas por um novo espaço-tempo, suas potências multiplicadas pelos cérebros artificiais.[20] Se Antonioni é um grande colorista, é porque sempre acreditou nas cores do mundo, na possibilidade de criá-las e de renovar todo o nosso conhecimento cerebral. Não é um autor que lastima *[267]* a impossibilidade de comunicar no mundo. Simplesmente, o mundo é pintado com cores esplêndidas, enquanto os corpos que o povoam são ainda insípidos e incolores. O mundo espera por seus habitantes, que ainda estão perdidos na neurose. Mais uma razão, porém, para prestar atenção nos corpos, para escrutar os cansaços e as neuroses, tirar matizes deles. A unidade da obra de Antonioni é o confronto do corpo-personagem com seu cansaço e passado, e do cérebro-cor com todas as suas possibilidades futuras, mas ambos compondo um único e mesmo mundo, o nosso, com suas esperanças e desespero.

A fórmula de Antonioni só vale para ele — é ele que a inventa. Os corpos não estão destinados ao desgaste, tampouco o cérebro à novidade. Mas o que conta é a possibilidade de um cinema do cérebro que reúna todas as potências, tanto quanto o cinema do corpo também as reunia: são então dois estilos diferentes, cuja diferença está sempre variando, cinema do corpo em Godard e cinema do cérebro em Resnais, cinema do corpo em Cassavetes e cinema do cérebro em Kubrick. Não há menos pensamento no

[20] A neurose não é, portanto, consequência do mundo moderno, mas antes de nossa separação desse mundo, de nossa inadaptação a esse mundo (cf. Pierre Leprohon, *Michelangelo Antonioni*, Paris, Seghers, 1961, pp. 104-6). O cérebro, ao contrário, é adequado ao mundo moderno, inclusive em suas possibilidades de multiplicar cérebros eletrônicos ou químicos: um encontro ocorre entre o cérebro e a cor, não que baste pintar o mundo, mas porque o tratamento da cor é um elemento importante na tomada de consciência do "novo mundo" (o corretor de cores, a imagem eletrônica...). Em todos esses sentidos, Antonioni marca *O deserto vermelho* [*Il deserto rosso*, 1964] como uma virada de sua obra: cf. "Entretien avec Antonioni par Jean-Luc Godard", em *La Politique des auteurs*, Paris, Cahiers du Cinéma/Éditions de L'Étoile, 1972. Um projeto de Antonioni, *Techniquement douce*, mostra um homem cansado que morre de dorso, olhando "para o céu que se torna cada vez mais azul e cujo azul se torna rosa" (Paris, Albatros, 1978).

corpo do que choque e violência no cérebro. Não há menos sentimento em um e no outro. O cérebro comanda o corpo, que é apenas uma excrescência sua, mas também o corpo comanda o cérebro, que não é mais que uma parte dele: em ambos os casos não serão as mesmas atitudes corporais nem o mesmo gestus cerebral. Daí a especificidade de um cinema do cérebro, relativamente à do cinema do corpo. Se considerarmos a obra de Kubrick, vemos a que ponto é o cérebro que é encenado. As atitudes corporais atingem um máximo de violência, mas dependem do cérebro. É que, em Kubrick, o próprio mundo é um cérebro, há identidade do cérebro e do mundo, como a grande mesa circular e luminosa de *Doutor Fantástico* [*Dr. Strangelove or: How I Learned to Stop Worrying and Love the Bomb*, 1964], o computador gigante de *2001 — Uma odisseia no espaço* [*2001: A Space Odyssey*, 1968], o hotel Overlook de *O iluminado* [*The Shining*, 1980]. A pedra preta de *2001* preside tanto os estados cósmicos quanto os estágios cerebrais: é a alma dos três corpos, terra, sol e lua, mas também germe dos três cérebros, animal, humano, maquinal. Se Kubrick renova o tema da viagem de iniciação, é porque qualquer viagem no mundo é uma exploração do cérebro. O mundo-cérebro é *Laranja mecânica* [*A Clockwork Orange*, 1971], *[268]* ou ainda um jogo de xadrez esférico em que o general pode calcular suas chances de promoção de acordo com a relação dos soldados mortos e posições conquistadas (*Glória feita de sangue* [*Paths of Glory*, 1957]). Mas, se o cálculo falha, se o computador dá defeito, é porque o cérebro não é um sistema razoável, tampouco o mundo um sistema racional. A identidade do mundo e do cérebro, o autômato, não forma um todo, mas, antes, um limite, uma membrana que põe em contato o fora e o dentro, torna-os presente um ao outro, os confronta ou enfrenta. O dentro é a psicologia, o passado, a involução, toda uma psicologia das profundezas que mina o cérebro. O fora é a cosmologia das galáxias, o futuro, a evolução, todo um sobrenatural que faz o mundo explodir. As duas forças são forças de morte que se enlaçam, se trocam, e, em última análise, se tornam indiscerníveis. A violência louca de Alex, em *Laranja mecânica*, é a força do fora antes de entrar a serviço de uma ordem interior demente. Em *2001 — Uma odisseia no espa-*

ço, o autômato se estraga de dentro, antes de ser lobotomizado pelo astronauta que penetra de fora. E, em *O iluminado*, como decidir o que vem de dentro e o que vem de fora, percepções extrassensoriais ou projeções alucinatórias?[21] O mundo-cérebro é estritamente inseparável das forças de morte que furam a membrana nos dois sentidos. A menos que se opere uma reconciliação em outra dimensão, uma regeneração da membrana que apaziguasse o fora e o dentro, e recriasse um mundo-cérebro como um todo na harmonia das esferas. No final de *2001 — Uma odisseia no espaço*, é conforme uma quarta dimensão que a esfera do feto e a esfera da terra têm chance de entrar em uma nova conexão incomensurável, desconhecida, que converteria a morte em uma nova vida.

Na França, ao mesmo tempo que a *nouvelle vague* lançava um cinema dos corpos que mobilizava todo o pensamento, Resnais criava um cinema do cérebro que investia os corpos. Vimos como os estados do mundo e do cérebro encontravam uma expressão comum nos estágios biopsíquicos de *Meu tio da América* (os três cérebros), ou nas *[269]* idades históricas de *A vida é um romance* [*La Vie est un roman*, Alain Resnais, 1983] (as três idades). As paisagens são estados mentais, tanto quanto os estados mentais, cartografias, cristalizados uns nos outros, geometrizados, mineralizados (a torrente de *Morrer de amor* [*L'Amour à mort*, Alain Resnais, 1984]). A identidade do cérebro e do mundo é a nooesfera de *Eu te amo, eu te amo*, pode ser a infernal organização dos campos de extermínio, mas também a estrutura cósmico-espiritual da Biblioteca Nacional.[22] E já em Resnais essa identidade aparece menos em um todo do que no plano de uma membrana polariza-

[21] Ver as análises fundamentais de Michel Ciment, especialmente sobre *2001 — Uma odisseia no espaço* e sobre *O iluminado*, em seu livro *Kubrick* (Paris, Calmann-Lévy, 1987).

[22] Gaston Bounoure, *Alain Resnais*, Paris, Seghers, 1962, p. 67 (a propósito de *Toda a memória do mundo* [*Toute la mémoire du monde*, 1956]: "Resnais ativa um universo à imagem de nosso cérebro. O que se passa diante da objetiva se transmuta repentinamente, e da realidade documentária, passamos insensivelmente para outra realidade [...], cenário revirado que nos devolve nossa própria imagem. Assim o bibliotecário [...] ganha um rosto de mensageiro nervoso, neurótico".

da que nunca cessa de pôr em contato ou trocar foras e dentros relativos, relacionando-os uns com os outros, prolongando-os e remetendo uns aos outros. Não é um todo, são antes como duas zonas que se comunicam mais, ou estão mais em contato na mesma medida em que deixam de ser simétricas e sincrônicas, como as metades do cérebro do "Stavisky".[23] Em *Providence*, a bomba está no estado do corpo do velho romancista alcoólatra, que crepita em todos os sentidos, mas também no estado do cosmos com raios e trovões, e no estado social com metralhadoras e rajadas. Essa membrana que torna o fora e o dentro presentes um ao outro chama-se Memória. Se a memória é o tema manifesto da obra de Resnais, não há lugar para procurar um conteúdo latente que seria mais sutil, é preferível avaliar a transformação que Resnais impõe à noção de memória (transformação tão importante quanto as efetuadas por Proust ou Bergson). Pois a memória já não é, certamente, a faculdade de ter lembranças: é a membrana que, conforme os mais diversos modos (continuidade, mas também descontinuidade, envolvimento etc.), faz corresponder os lençóis de passado e as camadas de realidade, aqueles emanando de um dentro que já estava sempre aí, estas sobrevindo de um fora sempre por vir, e ambos carcomendo o presente, que nada mais é que o *[270]* encontro dos dois. Esses temas foram analisados anteriormente; e, se o cinema dos corpos remetia sobretudo a um aspecto da imagem-tempo direta, série do tempo conforme o antes e o depois, o cinema do cérebro desenvolve o outro aspecto, a ordem do tempo conforme a coexistência de suas próprias conexões.

Mas, se a memória põe em comunicação dentros e foras relativos como interiores e exteriores, é realmente preciso que um fora e um dentro absolutos se defrontem e sejam copresentes. René Prédal mostrou como Auschwitz e Hiroshima continuavam a ser o horizonte de toda a obra de Resnais, como o herói em Resnais está próximo do "herói lazariano", de quem Cayrol dizia ser a alma do *nouveau roman*, em uma conexão essencial com os cam-

[23] Cf. entrevista citada por Robert Benayoun em *Alain Resnais, arpenteur de l'imaginaire*, Paris, Stock, 1980, p. 177.

pos de extermínio.[24] A personagem no cinema de Resnais é precisamente lazariana porque retorna da morte, do país dos mortos; passou pela morte e nasce da morte, cujas perturbações sensório-motoras ela conserva. Mesmo se não esteve em pessoa em Auschwitz, mesmo se não esteve em pessoa em Hiroshima... Passou por uma morte clínica, nasceu de uma morte aparente, retorna dos mortos, Auschwitz, Hiroshima, Guernica ou Guerra da Argélia. O herói de *Eu te amo, eu te amo* não apenas se suicidou; também invoca Catrine, a mulher amada, como um brejo, uma maré baixa, noite, lama, que faz os mortos serem sempre afogados. É o que diz uma personagem de *Stavisky ou o Império de Alexandre* [*Stavisky*, Alain Resnais, 1974]. Compreendamos que, para além de todos os lençóis da memória, há esse marulho que os agita, essa morte de dentro que forma um absoluto, e da qual renasce aquele que pôde escapar a ela. E aquele que escapa, que pode renascer, vai inexoravelmente rumo a uma morte de fora, que chega a ele como a outra face do absoluto. *Eu te amo, eu te amo* fará coincidir as duas mortes, a morte de dentro, de onde ele retorna, a morte de fora, que lhe advém. *Morrer de amor*, que nos parece ser um dos filmes mais ambiciosos da história do cinema, vai da morte clínica, da qual o herói ressuscita, à morte definitiva, na qual ele recai, com "um riacho pouco profundo" separando uma e outra (é evidente que o médico não se enganou da primeira vez, não houve ilusão, houve morte aparente ou *[271]* clínica, morte cerebral). De uma morte a outra são o dentro e o fora absolutos que entram em contato, um dentro mais profundo que todos os lençóis de passado, um fora mais longínquo que todas as camadas de realidade externa. Entre os dois, no entre-dois, dir-se-ia haver zumbis que povoam um instante o cérebro-mundo: Resnais "faz questão de manter o caráter fantasmagórico dos seres que mostra, e de conservá-los em um meio-mundo de espectros destinados a se inscrever um momento em nosso universo mental; esses heróis friorentos

[24] René Prédal, *Alain Resnais*, col. Études Cinématographiques, vol. 29, nº 64-68, Paris, Minard, 1968, cap. VIII. Cf. Jean Cayrol, "Pour un romanesque lazaréen", em *Corps étrangers*, col. 10-18, Paris, Union Générale d'Éditions, 1964.

[...] usam roupas quentes e fora do tempo".[25] As personagens de Resnais não retornam apenas de Auschwitz ou de Hiroshima, são também, além disso, filósofos, pensadores, seres de pensamento. Pois os filósofos são seres que passaram por uma morte, dela nasceram, e vão rumo a outra morte, talvez a mesma. Em um conto bem alegre, Pauline Harvey diz que não entende nada de filosofia, mas que gosta muito dos filósofos, pois lhe causam uma dupla impressão: acreditam que estão mortos, que passaram pela morte; e acreditam também que, embora mortos, continuam a viver, mas com muito frio, cansaço e precaução.[26] Segundo Pauline Harvey seria esse um erro duplo, que a faz rir. Pensamos, porém, que é uma dupla verdade, embora também faça rir: o filósofo é alguém que pensa ter retornado dos mortos, com razão ou sem ela, e que retorna aos mortos, com toda a razão. O filósofo retornou dos mortos e volta para eles. Foi essa a fórmula viva da filosofia desde Platão. Quando dizemos que as personagens de Resnais são filósofos, certamente não queremos dizer que elas falam de filosofia, nem que Resnais "aplica" ao cinema ideias filosóficas, mas que ele inventa um cinema de filosofia, um cinema do pensamento, coisa inteiramente nova na história do cinema, inteiramente viva *[272]* na história da filosofia, constituindo com seus colaboradores insubstituíveis um casamento raro entre a filosofia e o cinema. Que o pensamento tenha algo a ver com Auschwitz e Hiroshima é o que mostravam os grandes filósofos e os grandes escritores do pós-guerra, mas também os grandes diretores de cinema, de Welles a Resnais: e, desta vez, da maneira mais séria.

[25] Jean-Claude Bonnet, a propósito de *Morrer de amor*, *Cinématographe*, nº 103, out. 1984, p. 40. Bonnet insiste na profissão do homem e na da mulher: arqueólogo do passado, botânico de futuro; se o homem passou pela morte do dentro, a mulher é chamada pela morte do fora. Youssef Ishaghpour dizia, a propósito de Stavisky: "Interpenetram-se a um só tempo um passado que abocanha uma personagem, e um futuro concebido como constituição de sua personagem e maquinação que a destrói" (*D'une image a une autre*, Paris, Denöel/Médiations, 1981, p. 205).

[26] Pauline Harvey, "La Danse des atomes et des nebuleuses", em *Dix nouvelles humoristiques par dix auteurs québécois*, Montreal, Quinze, 1984.

Só que isso é o contrário de um culto da morte. Entre as duas faces do absoluto, entre as duas mortes, morte do dentro ou passado, morte do fora ou futuro, os lençóis interiores da memória e as camadas exteriores de realidade vão se misturar, prolongar, entrar em curto-circuito, formar toda uma vida movente, que é a um só tempo a do cosmos e a do cérebro, e que lançam clarões de um polo a outro. Os zumbis entoam um canto, só que é o da vida. O *Van Gogh*, de Resnais, é uma obra-prima, pois mostra que entre a morte aparente do dentro, o ataque de loucura, e a morte definitiva do fora, enquanto suicídio, os lençóis de vida interna e as camadas de mundo externo se precipitam, se prolongam, se entrecortam, com velocidade crescente, até a tela preta final.[27] Entre os dois, porém, que clarões terão surgido que eram a própria vida? De um polo a outro, uma criação se construirá, verdadeira criação somente porque se terá feito entre duas mortes, a aparente e a real, e mais intensa na medida mesma em que ilumina esse interstício. Os lençóis de passado descem, as camadas de realidade sobem, em enlaces mútuos que são clarões de vida: o que Resnais chama de "sentimento" ou "amor", como função mental.

Resnais sempre disse que o que lhe interessava era o mecanismo cerebral, o funcionamento mental, o processo do pensamento, e que era isso o verdadeiro elemento do cinema. Cinema cerebral ou intelectual, mas não abstrato, já que vemos a que ponto o sentimento, o afeto ou a paixão são as principais personagens do cérebro-mundo. A questão está mais em saber que diferença há entre o cinema intelectual "clássico", por exemplo em Eisenstein, e o moderno, digamos em Resnais. Pois Eisenstein já identificava o cinema com o processo do pensamento tal como necessariamente se desenvolve *[273]* no cérebro, como envolve, necessariamente, o sentimento ou a paixão. O cinema intelectual já era o todo cerebral que reunia o *páthos* e o orgânico. As declarações de Resnais podem se somar às de Eisenstein: o processo cerebral enquanto objeto e motor do cinema.[28] No entanto, algo que sem dúvida es-

[27] René Prédal, pp. 22-3.

[28] Cf. a aproximação Resnais-Eisenstein efetuada por Youssef Ishaghpour em *D'une image à l'autre*, pp. 190-1.

tá ligado ao conhecimento científico do cérebro, mas ainda mais à nossa conexão pessoal com o cérebro, mudou. Tanto assim que o cinema intelectual mudou, não porque se teria tornado mais concreto (já o era desde o início), mas porque, a um só tempo, nossa concepção do cérebro e nossa conexão com ele mudaram. A concepção "clássica" desenvolvia-se conforme dois eixos: por um lado integração e diferenciação, por outro, associação, por contiguidade ou similitude. O primeiro eixo é a lei do conceito: constitui o movimento como se integrando sem cessar em um todo cuja mudança ele exprime, e como se diferenciando sem cessar conforme os objetos entre os quais se estabelece. Essa integração-diferenciação define, pois, o movimento como movimento do conceito. O segundo eixo é a lei da imagem: a similitude e a contiguidade determinam a maneira pela qual se passa de uma imagem a outra. Os dois eixos se rebatem um no outro, segundo um princípio de atração, para atingir a identidade da imagem e do conceito: com efeito, o conceito como todo não se diferencia sem se exteriorizar em uma sequência de imagens associadas, e as imagens não se associam sem se interiorizar em um conceito como todo que as integra. Daí o ideal do Saber como totalidade harmoniosa, que inspira essa representação clássica. Nem mesmo o caráter essencialmente aberto do todo vem comprometer esse modelo — ao contrário, já que o fora de campo atesta uma associabilidade que prolonga e ultrapassa as imagens dadas, mas também exprime o todo mutável que integra as sequências prolongáveis de imagens (os dois aspectos do fora de campo). Vimos como Eisenstein, feito um Hegel cinematográfico, apresentava a grande síntese dessa concepção: a espiral aberta, com suas comensurabilidades e atrações. O próprio Eisenstein não escondia o modelo cerebral que inspirava toda a síntese, fazendo do cinema a arte cerebral por excelência, o *[274]* monólogo interior do cérebro-mundo: "A forma da montagem é uma restituição das leis do processo do pensamento, o qual, por sua vez, restitui a realidade movente enquanto se desenrola". É que o cérebro era a um só tempo a organização vertical da integração-diferenciação, e a organização horizontal da associação. Nossa conexão com o cérebro seguiu por muito tempo esses dois eixos. Sem dúvida Bergson (que foi, com Schopenhauer, um dos raros filósofos a propor uma nova concepção do cérebro) introduziu um elemento profundo de transformação: o cérebro já não passava de uma brecha, de um vazio, nada além de um vazio, entre uma excitação e uma resposta. Mas, qualquer que tenha sido a importância da descoberta, essa brecha permanecia submetida a um todo integrador que se encarnava nela, bem como a associações que a transpunham.[29] Ainda em outro campo, pode-se dizer que a linguística mantinha o modelo cerebral clássico, tanto do ponto de vista da metáfora e da metonímia (similitude-contiguidade) quanto do ponto de vista do sintagma e do paradigma (integração-diferenciação).[30]

O conhecimento científico do cérebro evoluiu, e efetuou uma redistribuição geral. As coisas se complicaram tanto que não se falará em ruptura, mas, antes, em novas orientações que só produzem em última análise um efeito de ruptura com a imagem clássica. Mas talvez nossa conexão com cérebro estivesse mudando ao mesmo tempo, e por sua conta, fora de qualquer ciência, consumasse a ruptura com a antiga conexão. Por um lado, o processo orgânico da integração e diferenciação remetia cada vez mais a níveis de interioridade e de exterioridade relativas, e por intermédio destes, a um fora e um dentro absolutos, topologicamente em contato: era a descoberta de um espaço cerebral topológico, que passava por meios relativos a fim de *[275]* atingir a copresença de um dentro mais profundo que qualquer meio interior e de um fora

[29] Henri Bergson, *Matière et mémoire* [*MM*], cap. III [ed. bras.: *Matéria e memória*, tradução de Paulo Neves, São Paulo, Martins Fontes, 2011].

[30] Vemos bem isso em Roman Jakobson (*Langage infantin et aphasie*, Paris, Minuit, 1969), que reconhece os dois eixos, embora privilegiando o eixo associativo. Seria preciso estudar também a persistência do modelo cerebral em Chomsky. Para a compreensão do cinema, a questão se coloca evidentemente na semiologia de inspiração linguística: qual é o modelo cerebral implícito que fundamenta a conexão cinema-linguagem, por exemplo, em Christian Metz? No desenvolvimento dessa semiologia, François Jost parece ser quem possui a melhor consciência do problema: suas análises implicam *outro* modelo cerebral, embora, a nosso conhecimento, não tenha tratado diretamente a questão.

mais longínquo que qualquer meio exterior.[31] Por outro lado, o processo de associação chocava-se cada vez mais com cortes na rede contínua do cérebro, por toda a parte microfendas que não eram apenas vazios a transpor, mas mecanismos aleatórios introduzindo-se a cada instante entre a emissão e a recepção de uma mensagem associativa: era a descoberta de um espaço cerebral probabilitário ou semifortuito, "*an uncertain system*".[32] Talvez seja sob esses dois aspectos que se possa definir o cérebro como sistema acentrado.[33] E certamente não foi por influência da ciência que mudou nossa conexão com o cérebro; talvez tenha sido o inverso, e nossa conexão com o cérebro tenha mudado antes, guiando, obscuramente, a ciência. A psicologia fala muito de uma conexão vivida com o corpo, de um corpo vivido, mas fala menos de um

[31] Simondon analisou esses diferentes pontos: como o processo de integração-diferenciação remete a uma distribuição relativa dos meios interiores e exteriores orgânicos; como estes, por sua vez, remetem a "uma interioridade e uma exterioridade absolutas", que se manifestam na estrutura topológica do cérebro (*L'Individu et sa génèse physico-biologique*, pp. 260-5: "O córtex não pode ser adequadamente representado de maneira euclidiana").

[32] É o problema das sinapses, o da transmissão elétrica, ou química, de um neurônio a outro: cf. Jean-Pierre Changeux, *L'Homme neuronal*, Paris, Fayard, 1983, pp. 108 ss. [ed. port.: *O homem neuronal*, tradução de Arthur J. P. Monteiro, Lisboa, Dom Quixote, 1991]. A própria descoberta das sinapses já era suficiente para quebrar a ideia de uma rede cerebral contínua, já que impunha pontos ou cortes irredutíveis. Mas, no caso das sinapses com transmissão elétrica, parece-nos que o corte ou o ponto podem ser ditos "racionais", conforme a analogia matemática. Ao contrário, no caso das sinapses químicas, o ponto é "irracional", o corte vale por si próprio e já não pertence a nenhum dos dois conjuntos que separa (com efeito, na fenda sináptica, vesículas vão soltar quantidades descontínuas de mediador químico, ou "quanta"). Daí a importância cada vez maior de um fator aleatório, ou melhor, semialeatório, na transmissão neuronal. Steven Rose insistiu nesse aspecto do problema: *Le Cerveau conscient*, Paris, Seuil, 1975, pp. 84-9 [ed. bras.: *O cérebro consciente*, tradução de Raul Fiker, São Paulo, Alfa Omega, 1984].

[33] Cf. Pierre Rosenstiehl e Jean Petitot, "Automate asocial et systèmes acentrés", *Communications*, nº 22, 1974.

cérebro vivido. Nossa conexão vivida com o cérebro torna-se cada vez mais frágil, cada vez menos "euclidiana", e passa por pequenas mortes cerebrais. O cérebro torna-se nosso problema, nossa doença, nossa paixão, mais que nosso controle, solução ou decisão. Não imitamos Artaud, mas Artaud viveu e disse, sobre o cérebro, algo que afeta todos nós: "suas antenas voltadas para *[276]* o invisível", sua capacidade de "recomeçar uma ressurreição da morte".

Já não acreditamos em um todo como interioridade do pensamento, nem mesmo aberto; acreditamos em uma força de fora que se aprofunda, nos fisga e atrai o de dentro. Já não acreditamos em uma associação das imagens, nem mesmo transpondo vazios, acreditamos em cortes que adquirem valor absoluto e subordinam qualquer associação. Não é a abstração, são esses dois aspectos que definem o novo cinema "intelectual". Podemos encontrar exemplos disso especialmente em Téchiné, em Benoît Jacquot. Ambos podem considerar como já estando adquirido o desmoronamento sensório-motor sobre o qual o cinema moderno se constituiu. Mas eles se distinguem do cinema dos corpos, pois para eles (como para Resnais) é o cérebro que primeiro comanda as atitudes. O cérebro corta ou faz fugir todas as associações interiores, chama um fora para além de qualquer mundo exterior. Em Téchiné, as imagens associadas deslizam e fogem sobre vitrines, segundo correntes que a personagem deve remontar a fim de encaminhar-se para um fora que a chama, mas que ela talvez não possa encontrar (o barco de *Barocco* [André Téchiné, 1976], e *Hotel das Américas* [*L'Hôtel des Amériques*, André Téchiné, 1981]).[34] Em Jacquot, ao contrário, é uma função de literalidade da imagem (achatamento, redundância e tautologias) que vai romper as associações, para substituí-las por um infinito da interpretação cujo único limite é

[34] Sobre a fuga das associações, os efeitos de vitrina e de transparência, e os esforços da personagem principal que anda contra a corrente, cf. André Téchiné, entrevistas com Guy-Patrick Sainderichin e Charles Tesson, *Cahiers du Cinéma*, nº 333, mar. 1982: nessa mesma perspectiva, o cenário tem função mais cerebral que física.

um fora absoluto (*O músico assassino* [*L'Assassin musicien*, Benoît Jacquot, 1975], *As crianças do armário* [*Les Enfants du placard*, Benoît Jacquot, 1977]).[35] Nos dois casos é um cinema de inspiração neopsicanalítica: dê-me um lapso, um ato falho, e reconstituirei o cérebro. É uma estrutura *[277]* topológica do fora e do dentro, um caráter fortuito a cada estágio dos encadeamentos ou mediações, que define a nova imagem cerebral.

O grande romance correspondente é *Petersburgo*, de Andrei Biéli. Essa obra-prima evolui em uma noosfera, onde um corredor se abre no interior do cérebro para se comunicar com o vazio cósmico. Ele já não procede por totalização, mas por aplicação do dentro sobre o fora, dos dois lados de uma membrana (a bomba de dentro e do fora, no ventre e na casa). Já não opera por encadeamento de imagens, mas por retalhamentos perpetuamente reencadeados (as aparições demoníacas do dominó vermelho). Assim é o romance construtivista, como "jogo cerebral".[36] Se Resnais nos

[35] Cf. entrevista com Jacques Fieschi em *Cinématographe*, nº 31, out. 1977: "Acho que o cinema é uma arte da literatura [...]. Minha intenção era literalizar tudo o que tem um destino metafórico no filme", como a bengala que circula em *As crianças do armário*. Isto equivale a dizer que "a interpretação infinita" não é obtida por metáfora ou até encadeamento associativo, mas, como veremos, por ruptura e associação, e reencadeamento em torno da imagem literal. É esse método que aproxima Jacquot de Kafka, e lhe permite a bela adaptação de um episódio de *América*. Na história do cinema, os primeiros filmes inspirados na psicanálise operavam, ao contrário, por metáfora e associação.

[36] Andrei Biéli, *Petersbourg* (e o posfácio de Georges Nivat, que analisa a concepção do "jogo cerebral" em Biéli [Lausanne, L'Âge d'Homme, 1967] [ed. bras.: *Petersburgo*, tradução de Konstantin Asryantz e Svetlana Kardash, São Paulo, Ars Poetica, 1992]. Tomamos de Raymond Ruyer a expressão "retalhamento reencadeado", que ele utiliza para caracterizar as célebres *cadeias de Markov*: estas se distinguem a um só tempo dos encadeamentos determinados e das distribuições ao acaso, para se referir a fenômenos semifortuitos ou mistos de dependência e de aleatório (*La Genèse des formes vivantes*, Paris, Flammarion, 1958, cap. VII). Ruyer mostra como as cadeias de Markov intervêm na vida, na linguagem, na sociedade, na história, na literatura. O caso de Biéli seria, a esse respeito, um exemplo privilegiado. De modo mais geral, as cadeias neuronais, que acabamos de definir, com

pareceu estar próximo a Biéli foi porque faz do cinema o jogo cerebral por excelência: é o caso da bomba orgânico-cósmica de *Providence*; ou das fragmentações, por transformação de lençóis, em *Eu te amo, eu te amo*. O herói é remetido a um minuto de seu passado, mas esse minuto é perpetuamente reencadeado em sequências variáveis, por tiragens sucessivas. Ou ainda a cidade fantasmal, como mundo e cérebro, Boulogne tanto quanto Petersburgo. É um espaço a um só tempo topológico e probabilitário. Retornemos, a esse respeito, à grande diferença entre cinema clássico e cinema moderno. O cinema dito clássico age antes de mais nada por encadeamento de imagens, e subordina os cortes a esse encadeamento. Segundo a analogia matemática, os cortes que repartem duas séries de imagens são racionais, no sentido em que constituem ora a última imagem da primeira série, ora a primeira imagem da segunda. É *[278]* o caso da "fusão", em suas diversas formas. Mas, mesmo quando há corte óptico puro, e mesmo quando há falso-*raccord*, o corte óptico e o falso-*raccord* funcionam como meras lacunas, isto é, como vazios ainda motores que as imagens encadeadas devem transpor. Em suma, os cortes racionais sempre determinam conexões comensuráveis entre séries de imagens, e constituem com isso toda a rítmica e a harmonia do cinema clássico, ao mesmo tempo que integram as imagens associadas em uma totalidade sempre aberta. Logo, aqui o tempo é, essencialmente, objeto de uma representação indireta, conforme as conexões comensuráveis e os cortes racionais que organizem a sequência ou o encadeamento das imagens movimento. É essa concepção grandiosa que encontra seu apogeu na prática e teoria de Eisenstein.[37] Ora,

suas sinapses, e seus pontos irracionais, correspondem ao esquema de Markov: são tiragens sucessivas "parcialmente dependentes", encadeamentos semifortuitos, isto é, reencadeamentos. O cérebro nos parece particularmente passível de uma interpretação markoviana (entre o emissor e o receptor neuronais, há tiragens sucessivas, mas não independentes).

[37] O grande texto de Eisenstein comentando *O encouraçado Potemkin* não é teoria aplicada, e sim o ponto em que prática e teoria se impulsionam reciprocamente, e encontram sua unidade concreta. Ver do autor "L'Organique et le pathétique", em *La Non-indifférente Nature*, vol. I, Paris, Union

o cinema moderno pode entrar em contato com o antigo, e a distinção dos dois ser bem relativa. Entretanto, ele se definirá idealmente por uma subversão que desencadeia a imagem, e faz o corte começar a valer por si mesmo. O corte, ou interstício entre duas séries de imagens, já não faz parte de uma série nem da outra: é o equivalente de um corte irracional, que determina as conexões não comensuráveis entre imagens. Também não é, portanto, uma lacuna que as imagens associadas devessem transpor; as imagens certamente não são entregues ao acaso, mas só há reencadeamentos submetidos ao corte, em vez de cortes submetidos ao encadeamento. Como em *Eu te amo, eu te amo*, há volta à mesma imagem, mas tomada *[279]* em uma série nova. Em última análise, já não há cortes racionais, apenas irracionais. Já não há, portanto, associação por metáfora ou metonímia, mas reencadeamento sobre a imagem literal; já não há encadeamento de imagens associadas, apenas reencadeamentos de imagens independentes. Em vez de uma imagem depois da outra, há uma imagem *mais* outra, e cada plano é desenquadrado relativamente ao enquadramento do plano seguinte.[38] Nós o vimos minuciosamente no caso do méto-

Générale d'Éditions, 1974, pp. 54-72. Ora, o texto insiste em dois aspectos: a necessidade de conexões comensuráveis entre o todo e as partes:

$$\frac{OA}{OB} = \frac{OB}{OC} \cdots = n$$

como fórmula da espiral; a necessidade de que os pontos de repartição sejam "racionais", e respondam a uma fórmula vizinha da seção áurea, sendo o corte ou cesura o fim de uma parte ou o início da outra, conforme se parta "de uma ponta ou de outra do filme" (n = 0,618). Conservamos aqui somente o aspecto mais abstrato do comentário de Eisenstein, que só vale, porém, por tratar, bem concretamente, das imagens do *Encouraçado*. E a prática dos falsos-*raccords* nos filmes posteriores, em *Ivan, o terrível*, por exemplo, não põe em questão essa estrutura.

[38] Jean-Pierre Bamberger diz, a propósito de *Salve-se quem puder (a vida)*, de Godard: "No enquadramento há os diferentes momentos da filmagem; a filmagem de um plano é o enquadramento, a filmagem do outro plano é o desenquadrarnento de um plano em relação ao enquadramento seguinte, e a montagem é o reenquadramento final. [...] O enquadramento já não é *definir um espaço*, mas imprimir um tempo" (*Libération*, 8/11/1980).

do intersticial de Godard, e, mais geralmente, temos o retalhamento reencadeado que encontramos em Bresson, Resnais, Jacquot e Téchiné. É toda uma nova rítmica, e um cinema serial ou atonal, uma nova concepção da montagem. O corte pode então se ampliar e se manifestar em si, como a tela preta, a branca e suas derivadas, suas combinações: como a grande imagem azul-noite, na qual esvoaçam pluminhas ou corpúsculos com velocidade e repartição variáveis, que sempre retorna em *Morrer de amor*, de Resnais. Por um lado, a imagem cinematográfica torna-se uma apresentação direta do tempo, conforme conexões não comensuráveis e cortes irracionais. Por outro, essa imagem-tempo põe o pensamento em conexão com um impensado, o inevocável, o inexplicável, o indicidível, o incomensurável. O fora ou o avesso das imagens substituíram o todo, ao mesmo tempo que o interstício ou o corte substituíram a associação.

Até mesmo o cinema abstrato ou "eidético" atestaria uma evolução análoga. Segundo uma periodização sumária, a primeira idade é a das figuras geométricas, tomadas no cruzamento de dois eixos, um vertical, que se refere à integração e diferenciação de seus elementos inteligíveis, um horizontal, que se refere a seus encadeamentos e transformações em uma matéria-movimento. É uma potente vida orgânica que anima assim a figura, de um eixo a outro, e ora lhe transmite uma "tensão" linear próxima de Kandinski (*A sinfonia diagonal* [*Symphonie diagonale*, 1924], de Eggeling), *[280]* ora uma expansão puntiforme mais próxima de Paul Klee (*Rhythmus 23* [1923], de Richter). Em um segundo período, a linha e o ponto libertam-se da figura, ao mesmo tempo que a vida se liberta dos eixos da representação orgânica: a potência passou para uma vida não orgânica, que ora traça diretamente sobre a película um arabesco contínuo do qual vai tirar imagens por pontos-cortes, ora vai engendrar a imagem fazendo o ponto piscar sobre o vazio de uma película escura. É o cinema sem câmera de McLaren, que implica uma nova conexão com o som, seja em *Fantasia a cores* [*Begone Dull Care*, Evelyn Lambart e Norman McLaren, 1949] ou *Experimento de oficina com som animado* [*Workshop Experiment in Animated Sound*, Norman McLaren, 1957], seja em *Blinkity Blank* [Norman McLaren, 1955]. Mas, embora esses elementos já tivessem um papel importante, uma terceira idade aparece quando a tela preta ou branca vale para o fora de todas as imagens, quando os pisca-piscas multiplicam os interstícios enquanto cortes irracionais (*The Flicker* [1966], de Tony Conrad), quando o procedimento em anel efetua reencadeamentos (*O filme que surge na superfície da manteiga clarificada* [*The Film that Rises to the Surface of Clarified Butter*, 1968], de Owen Land). O filme não registra assim o processo fílmico sem projetar um processo cerebral. Um cérebro que pisca, e reencadeia ou faz anéis, assim é o cinema. O letrismo já tinha ido bem longe nesse sentido, e, depois da idade geométrica e da idade "polida", anunciava um cinema de expansão sem câmera, mas também sem tela ou película. Tudo pode servir de tela, o corpo do protagonista ou até mesmo os corpos dos espectadores; tudo pode substituir a película, em um filme virtual que se passa apenas na cabeça, atrás das pálpebras, com fontes sonoras tomadas, em caso de necessidade, na sala. Morte cerebral agitada, ou novo cérebro que seria a um só tempo tela, película e câmera, a cada vez membrana do fora e do dentro?[39] *[281]*

Em suma, os três componentes cerebrais são o ponto-corte, o reencadeamento, a tela branca ou preta. Se o corte já não faz parte de nenhuma das duas séries de imagens que ele determina, por toda parte só há reencadeamentos. E, se ele cresce, se absorve todas as imagens, torna-se então a tela, como contato independen-

[39] Nossa análise é tão sumária que só poderemos indicar poucas referências bibliográficas: 1) Sobre os dois primeiros períodos (ou idades), Jean Mitry, *Le Cinéma expérimental*, Paris, Seghers, 1974, caps. V e IX; 2) Sobre o período mais recente, Dominique Noguez, *Éloge du cinéma expérimental*, Paris, Centre Georges Pompidou, 1979 (onde encontramos sobretudo estudos sobre McLaren como precursor, e sobre o *underground* americano); *Trente ans de cinéma experimental en France*, Paris, ARCEF, 1982 (especialmente sobre o letrismo, o "cinema expandido" e Maurice Lemaître); *Une renaissance du cinéma*, Paris, Klincksieck, 1985. Cf. também o artigo já citado de Bertetto, "L'Éidetique et le cérémonial". Sobre os procedimentos de pisca-pisca e de anéis no *underground* americano, cf. P. Adams Sitney, "Le Film structurel", em *Cinéma: théorie, lectures*, Paris, Klincksieck, 1973.

temente da distância, copresença ou aplicação do preto e do branco, do negativo e do positivo, do direito e do avesso, do pleno e do vazio, do passado e do futuro, do cérebro e do cosmos, do dentro e do fora. São esses três aspectos, topológico, probabilitário e irracional, que constituem a nova imagem do pensamento. Cada um se deduz facilmente dos outros, e forma com eles uma circulação: a noosfera.

3

Resnais e os Straub certamente são os maiores cineastas políticos do Ocidente, no cinema moderno. Mas, estranhamente, não é pela presença do povo, é, ao contrário, porque sabem mostrar como o povo é o que está faltando, o que não está presente. É o que mostra Resnais em *A guerra acabou*, a respeito de uma Espanha que não veremos: o povo está no velho comitê central, do lado dos jovens terroristas ou na casa do militante cansado? E o povo alemão em *Não reconciliados ou só a violência ajuda onde a violência reina* [*Nicht versöhnt oder Es hilft nur Gewalt wo Gewalt herrscht*, 1965], dos Straub: houve algum dia povo alemão, nesse país que fracassou em suas revoluções e se constituiu sob Bismarck e Hitler, para ser novamente dividido? É a primeira grande diferença entre o cinema clássico e o moderno. Pois, no cinema clássico, o povo está presente, embora oprimido, enganado, submetido, ainda que cego ou inconsciente. Citaremos o cinema soviético: o povo já está ali, em Eisenstein, que o mostra dando um salto qualitativo em *O velho e o novo*, ou que o faz ser, em *Ivan, o terrível*, a ponta avançada que o tsar detém; e, em Pudóvkin, sempre vemos o avançar de uma conscientização que faz o povo já possuir uma existência virtual, que se atualiza; e em Viértov e Dovjenko, de duas maneiras, assistimos a um unanimismo que convoca os povos diferentes para um mesmo cadinho do qual sairá o futuro. Mas o unanimismo é também a *[282]* característica política do cinema americano, antes e durante a guerra: dessa vez não são os desvios da luta de classes e o afrontamento das ideologias, são a crise econômica, a luta contra os preconceitos morais, os aproveitadores e os demagogos, que marcam a tomada de consciência de um povo, tanto no ponto mais baixo de sua infelicidade quanto no mais alto de sua esperança (o unanimismo de King Vidor, de Capra, ou Ford, pois o problema passa tanto pelo *western* quanto pelo drama social, ambos atestando a existência de um povo, tanto nas provas que enfrenta, como nas maneiras de se reerguer, de se reencontrar).[40] No cinema americano, no cinema soviético, o povo está dado em sua presença, real antes de ser atual, ideal sem ser abstrato. Daí a ideia de que o cinema como arte das massas possa ser, por excelência, a arte revolucionária, ou democrática, que faz das massas um verdadeiro sujeito. Mas vários fatores iriam comprometer essa crença: o surgimento de Hitler, que dava como objeto ao cinema não mais as massas que se tornaram sujeito, mas as massas assujeitadas; o stalinismo, que substituía o unanimismo dos povos pela unidade tirânica de um partido; a decomposição do povo americano, que já não podia acreditar ser o cadinho de povos passados, nem o germe de um povo por vir (até o *neowestern* foi o primeiro a manifestar essa decomposição). Em suma, se houvesse um cinema político moderno, seria sobre a seguinte base: o povo já não existe, ou ainda não existe... *o povo está faltando.*

Sem dúvida essa verdade também valia para o Ocidente, mas eram raros os autores que a descobriam, pois estava escondida por mecanismos de poder e pelos sistemas de maioria. Em compensação, ela eclodia no Terceiro Mundo, onde as nações oprimidas, exploradas, permaneciam no estado de perpétuas minorias, em crise de identidade coletiva. Terceiro Mundo e minorias faziam surgir autores que teriam condições de dizer, relativamente à sua nação e à sua situação pessoal nessa nação: o povo é o que está faltando. Kafka e Klee foram os primeiros a declarar isso explicitamente. Um dizia que as literaturas menores, "nas *[283]* pequenas nações", deviam suprir uma "consciência nacional muitas ve-

[40] Por exemplo, sobre a democracia, a comunidade e a necessidade de um "chefe" na obra de King Vidor, cf. *Positif*, nº 163, nov. 1974, artigos de Michel Ciment e de Michel Henry.

zes inativa e sempre em via de desagregação", e cumprir tarefas coletivas, na falta de um povo; o outro dizia que a pintura, para reunir todas as partes de sua "grande obra", precisava de uma "última força", o povo que ainda faltava.[41] Com mais razão, ainda, no caso do cinema como arte de massa. Ora o cineasta do Terceiro Mundo encontra-se diante de um público muitas vezes analfabeto, saturado de séries americanas, egípcias ou indianas, filmes de caratê, e é por aí que ele deve passar, é essa matéria que ele precisa trabalhar, para dela extrair os elementos de um povo que ainda falta (Lino Brocka). Ora o cineasta de minoria encontra-se no impasse descrito por Kafka: impossibilidade de não "escrever", impossibilidade de escrever na língua dominante, impossibilidade de escrever de outro modo (Pierre Perrault se defronta com essa situação em *Um país sem bom senso* [*Un pays sans bon sens!*, 1970], impossibilidade de não falar, impossibilidade de falar de outro modo que não inglês, impossibilidade de falar inglês, impossibilidade de se fixar na França para falar francês...), e é preciso passar por esse estado de crise, é ele que precisa ser resolvido. Essa constatação de um povo que falta não é uma renúncia ao cinema político, mas, ao contrário, a nova base sobre a qual ele se funda, no Terceiro Mundo e nas minorias. É preciso que a arte, particularmente a arte cinematográfica, participe dessa tarefa: não se dirigir a um povo suposto, já presente, mas contribuir para a invenção de um povo. No momento em que o senhor, o colonizador proclamam "nunca houve povo aqui", o povo que falta é um devir, ele se inventa, nas favelas e nos campos, ou nos guetos, com novas condições de luta, para as quais uma arte necessariamente política tem de contribuir.

[41] Cf. Franz Kafka, *Journal* [*Diário*], 25/12/1911 (e carta a Max Brod, junho de 1921); Paul Klee, *Théorie de l'art moderne*, Paris, Denöel/Médiations, 1971, p. 33 ("Encontramos as partes, mas ainda não o conjunto. Falta-nos essa última força. Na falta de um povo que nos arrebate. Procuramos esse apoio popular; começamos, na Bauhaus, com uma comunidade à qual damos tudo o que temos. Não podemos fazer mais"). Carmelo Bene também dirá: "Faço teatro popular. Étnico. Mas é o povo que falta" (*Dramaturgie*, Paris, Centre National de Dramaturgie, 1977, p. 113).

Há uma segunda grande diferença entre o cinema político clássico e o moderno, que se refere à conexão *[284]* político-privado. Kafka sugeria que as literaturas "maiores" sempre mantinham uma fronteira entre o político e o privado, por mais móvel que fosse, enquanto, na menor, o assunto privado era imediatamente político e "implicava um veredicto de vida ou morte". E é verdade que, nas grandes nações, a família, o casal, o próprio indivíduo cuidam de seus próprios assuntos, embora esse assunto necessariamente expresse as contradições e os problemas sociais, ou sofra diretamente o efeito destes. O elemento privado pode, pois, tornar-se o lugar de uma tomada de consciência, na medida em que remonta às causas, ou descobre o "objeto" que expressa. Nesse sentido, o cinema clássico sempre manteve a fronteira que marcava a correlação do político e do privado, e que permitia, por intermédio da conscientização, passar de uma força social a outra, de uma posição política a outra: *A mãe* [*Mat*, 1926], de Pudóvkin, descobre o verdadeiro objeto da luta do filho e toma o seu lugar; em *As vinhas da ira* [*The Grapes of Wrath*, 1940], de Ford, é a mãe que vê claro até determinado momento, e que é substituída pelo filho quando mudam as condições. Já não é assim no cinema político moderno, no qual nenhuma fronteira subsiste para assegurar o mínimo de distância ou de evolução: o assunto privado confunde-se com o imediato-social ou político. Em *O caminho* [*Yol*, 1982], de Güney, os clãs familiares formam uma rede de alianças, um tecido de correlações tão estreitas que um homem deve se casar com a mulher de seu irmão morto, e outro ir procurar ao longe a esposa culpada, atravessando um deserto de neve, para castigá-la lá onde deve ser castigada; e em *O rebanho* [*Sürü*, Yilmaz Güney, 1978], como em *O caminho*, o herói mais progressista é de antemão condenado à morte. Dir-se-ia que se trata de famílias pastorais arcaicas. Mas o que conta é que já não há "linha geral",*

* Referência ao filme de Serguei Eisenstein, *O velho e o novo*, cujo título, quando se inicia a filmagem em 1926, é *A linha geral*. Após uma interrupção para se dedicar a outros projetos, Eisenstein retoma o filme em 1929, e, com as mudanças políticas ocorridas na Rússia, o longa é remontado e o título muda para *O velho e o novo*. (N. da T.)

quer dizer, evolução do velho ao novo, ou revolução que salte de um a outro. Há antes, como no cinema da América do Sul, uma justaposição ou uma compenetração do velho e do novo que "compõe um absurdo", toma "a forma da aberração".[42] O que substitui a correlação do político e do privado é a *[285]* coexistência, até o absurdo, de etapas sociais bem diferentes. E desse modo que, na obra de Glauber Rocha, os mitos do povo, o profetismo e o banditismo são o avesso arcaico da violência capitalista, como se o povo voltasse e duplicasse contra si mesmo, em uma necessidade de adoração, a violência que sofre de outra parte (*Deus e o diabo na terra do sol* [Glauber Rocha, 1964]). A tomada de consciência é desqualificada, seja porque se dá em um vazio, como no caso do intelectual, seja porque está comprimida em um vão, como em *O dragão da maldade contra o santo guerreiro* [Glauber Rocha, 1969], capaz tão somente de captar a justaposição das duas violências e a continuação de uma na outra.

O que resta, então? O maior cinema de "agitação" que se fez um dia: a agitação já não decorre de uma tomada de consciência, mas consiste em fazer tudo *entrar em transe*, o povo e seus senhores, e a própria câmera, em levar tudo à aberração, tanto para pôr em contato as violências quanto para fazer o negócio privado entrar no político, e o político no privado (*Terra em transe* [Glauber Rocha, 1967]). Daí o aspecto tão particular que a crítica do mito assume em Glauber Rocha: não se trata de analisar o mito para descobrir seu sentido ou estrutura arcaica, mas sim referir o mito arcaico ao estado das pulsões em uma sociedade perfeitamente atual, fome, sede, sexualidade, potência, morte, adoração. Na Ásia, na obra de Brocka, também encontraremos sob o mito a imediatez da pulsão bruta e da violência social, pois tanto uma não é "natural" quanto a outra não é "cultural".[43] Extrair do mito um

[42] Cf. Roberto Schwarz e sua noção de "tropicalismo", *Les Temps Modernes*, nº 288, jul. 1970 [ed. bras.: "Cultura e política, 1964-1969", em *O pai de família e outros estudos*, São Paulo, Companhia das Letras, 2008].

[43] Sobre Lino Brocka, seu uso do mito e seu cinema de pulsões, cf. *Cinématographe*, nº 77, abr. 1982 (especialmente o artigo de Jacques Fieschi, "Violences").

atual vivido, que designa ao mesmo tempo a impossibilidade de viver, pode fazer-se de outras maneiras, mas não deixa de constituir o novo objeto do cinema político: fazer entrar em transe, em crise. Em Pierre Perrault, o que temos é estado de crise, não de transe. São buscas obstinadas, mais que pulsões brutais. E, no entanto, a aberrante procura dos ancestrais franceses (*O reino do dia* [*Le Règne du jour*, 1966], *Um país sem bom senso*, *Era um quebequense na Bretanha, minha senhora!* [*C'était un Québécois en Bretagne, madame!* 1977]) vem ainda atestar, sob o mito das origens, a inexistência de fronteira entre o privado e o político, mas também a impossibilidade de viver nessas condições, para o colonizado que esbarra em um impasse a *[286]* cada direção que toma.[44] Tudo se passa como se o cinema político moderno não se constituísse mais sobre uma possibilidade de evolução e de revolução, como o cinema clássico, mas sobre impossibilidades, à maneira de Kafka: *o intolerável*. Os autores ocidentais não podem poupar-se desse impasse, a não ser caindo em um povo fictício e em revolucionários de papel: é a condição que faz de Comolli um verdadeiro cineasta político, quando toma por objeto uma dupla impossibilidade, a de ser grupo *e* a de não ser grupo, "a impossibilidade de escapar ao grupo e a impossibilidade de se satisfazer com ele" (*A sombra vermelha* [*L'Ombre rouge*, 1981]).[45]

Se o povo falta, se já não há consciência, evolução, revolução, é o próprio esquema da subversão que se revela impossível. Não haverá mais conquista do poder pelo proletariado, ou por um povo unido ou unificado. Os melhores cineastas do Terceiro Mundo puderam acreditar nisso por um momento: o guevarismo de Glauber Rocha, o nasserismo de Chahine, o black-powerismo do cinema negro americano. Mas é por esse aspecto que esses diretores

[44] Sobre a crítica do mito em Perrault, cf. Guy Gauthier, "Une Écriture du réel", e Suzanne Trudel, "La Quête du royaume, trois hommes, trois paroles, un langage", em *Écritures de Pierre Perrault*, Paris/Montreal, Edilig/Cinémathèque Québécoise/Musée du Cinéma, 1983. Suzanne Trudel distingue três impasses, genealógico, étnico e político (p. 63).

[45] Jean-Louis Comolli, entrevista em *Cahiers du Cinéma*, nº 333, mar. 1982.

ainda participavam da concepção clássica, visto que as transições são lentas, imperceptíveis, difíceis de se situar precisamente. O que soou a morte da conscientização foi a tomada de consciência de que não havia povo, mas sempre vários povos, uma infinidade de povos, que faltava unir, ou que não se devia unir, para que o problema mudasse. É por aí que o cinema do Terceiro Mundo é um cinema de minorias, pois o povo só existe como minoria, por isso ele falta. É nas minorias que o assunto privado é, imediatamente, político. Constatando o fracasso das tentativas de fusão ou de unificação, que não reconstituiriam uma unidade tirânica e não se voltariam novamente contra o povo, o cinema político moderno constitui-se com base nessa fragmentação, nesse estilhaçamento. É sua terceira diferença. Depois dos anos 1970, o cinema negro americano volta aos guetos, remonta para antes da tomada de consciência e, em vez de substituir a imagem negativa do negro por uma positiva, *[287]* multiplica os tipos e "*characters*", cada vez apenas cria ou recria uma pequena parte da imagem que já não corresponde a um encadeamento de ações, mas a estados emocionais ou pulsionais partidos, que possam se exprimir em visões e sons puros: a especificidade do cinema negro define-se então por uma nova forma, "devendo a luta incidir no próprio meio de comunicação" (Charles Burnett, Robert Gardner, Haile Gerima, Charles Lane).[46] A seu modo, é essa a maneira de composição de Chahine, no cinema árabe: *Alexandria por quê?* [*Iskandariyah... lih?*, 1979] expõe uma pluralidade de linhas entrelaçadas, encaminhadas desde o início, sendo uma delas a principal (a história do garoto), enquanto as outras devem ser levadas até cruzarem a principal; e *A memória* [*Hadduta misrija*, 1982] já não deixa subsistir linha principal, e persegue os fios múltiplos que terminam na crise cardíaca do autor concebida como tribunal e veredicto internos, em uma espécie de *Eu por quê?*, mas onde as artérias do dentro estão em contato imediato com as linhas do fora. Na obra de Chahine, a questão "por quê?" adquire valor propriamente cine-

[46] Yann Lardeau, "Cinéma des racines, histoires du ghetto", *Cahiers du Cinéma*, nº 340, out. 1982.

matográfico, tanto quanto a pergunta "como?", em Godard. Por quê? é a questão do dentro, a questão do eu: pois, se o povo falta, se se estilhaça em minorias, sou eu que sou primeiro um povo, o povo de meus átomos, como dizia Carmelo Bene, o povo de minhas artérias, como diria Chahine (já Gerima diz que, se há uma pluralidade de "movimentos" negros, cada cineasta é em si um movimento). Mas "por quê?" é também a questão de fora, a questão do mundo, a questão do povo que se inventa faltando, que tem uma chance de se inventar propondo ao eu a pergunta que este lhe propunha: Alexandria-eu, eu-Alexandria. Muitos filmes do Terceiro Mundo invocam a memória, implicitamente ou até nos títulos, *Para que o mundo prossiga* [*Pour la suite du monde*, 1963], de Perrault, *A memória*, de Chahine, *A memória fértil* [*Al Dhakira al Khasba*, 1980], de Khleifi. Não é uma memória psicológica como faculdade de evocar lembranças, nem mesmo uma memória coletiva como a de um povo existente. É, vimos, a estranha faculdade que põe em contato imediato o fora e o dentro, *[288]* o assunto do povo e o assunto privado, o povo que falta e o eu que se ausenta, uma membrana, um duplo devir. Kafka falava dessa potência que a memória adquire nas pequenas nações: "A memória de uma pequena nação não é mais curta que a de uma grande nação, por isso ela trabalha mais a fundo o material existente". Ganha em profundidade e em distância o que não tem em extensão. Não é mais psicológica nem coletiva, pois cada um só herda, "em um pequeno país", a parte que lhe cabe, mas não tem outro objeto além dessa parte, mesmo se não a conhece nem a sustenta. Comunicação do mundo e do eu, em um mundo parcelar e em um eu rompido que estão sempre se trocando. Dir-se-ia que toda a memória do mundo se deposita em cada povo oprimido, e toda a memória do eu se joga em uma crise orgânica. As artérias do povo ao qual pertenço, ou o povo de minhas artérias...

Esse eu, no entanto, não é o eu do intelectual do Terceiro Mundo, muitas vezes retratado por Glauber Rocha, Chahine entre outros, e que deve romper com o papel de colonizado, mas será que só pode fazê-lo passando para o lado do colonizador, ainda que apenas esteticamente, devido a influências artísticas? Kafka indicava outra via, uma via estreita entre os dois riscos: precisamente porque os "grandes talentos" ou as individualidades superiores não são abundantes nas literaturas menores, o autor não tem condições de produzir enunciados individuais, que seriam como que histórias inventadas; mas também, porque falta o povo, o autor já está em condição de produzir enunciados coletivos, que são como que os germes do povo por vir, e cujo alcance político é imediato e inevitável. Por mais que o autor esteja à margem ou separado de sua comunidade, mais ou menos analfabeta, essa condição o capacita ainda mais para exprimir forças potenciais e, em sua própria solidão, ser um autêntico agente coletivo, um fermento coletivo, um catalisador. O que Kafka assim sugere para a literatura vale ainda mais para o cinema, na medida em que este reúne, enquanto tal, condições coletivas. E, com efeito, é essa a última característica do cinema político moderno. O diretor de cinema se vê diante de um povo duplamente colonizado, do ponto de vista da cultura: colonizado por histórias vindas de outros lugares, mas também por seus próprios mitos, que se tornaram entidades impessoais *[289]* a serviço do colonizador. O autor não deve, portanto, fazer-se etnólogo de seu povo, tampouco inventar ele próprio uma ficção que ainda seria história privada: pois qualquer ficção pessoal, como qualquer mito impessoal, está do lado dos "senhores". É assim que vemos Glauber Rocha destruir de dentro os mitos, e Perrault denunciar toda ficção que um autor possa criar. Resta ao autor a possibilidade de se dar "intercessores", ou seja, de tomar personagens reais e não fictícias, mas colocando-as em condição de "ficcionar" por si próprias, de "criar lendas", "fabular". O autor dá um passo rumo a suas personagens, mas as personagens dão um passo rumo ao autor: duplo devir. A fabulação não é um mito impessoal, mas também não é ficção pessoal: é uma palavra em ato, um ato de fala pelo qual a personagem nunca para de atravessar a fronteira que separaria seu assunto privado da política, e *produz, ela própria, enunciados coletivos.*

Daney observa que o cinema africano (mas isso vale para todo o Terceiro Mundo) não é, como o Ocidente gostaria que fosse, um cinema que dança, e sim um cinema que fala, um cinema do ato de fala. É por aí que ele escapa tanto da ficção quando da etnologia. Em *Ceddo* [1977], Ousmane Sembène ressalta a fabulação que serve de base à fala viva, que garante sua liberdade e circulação, e lhe dá valor de enunciado coletivo, para opô-la aos mitos do colonizador islâmico.[47] Não era essa a operação que Glauber Rocha fazia sobre os mitos do Brasil? Sua crítica interna começava revelando, por baixo do mito, um atual vivido que seria como que o intolerável, o que não pode ser vivido, a impossibilidade de viver agora "nessa" sociedade (*Deus e o diabo na terra do sol*); depois, passava a arrancar "do que não pode ser vivido" um ato de fala que não pudesse ser calado, um ato de fabulação que não seria uma volta ao mito, mas uma produção de enunciados coletivos capazes de elevar a miséria a uma estranha positividade, a invenção de um povo (*O dragão da maldade contra o santo guerreiro*, *O leão de sete cabeças* [Glauber Rocha, 1970], *Cabeças cortadas* [Glauber Rocha, 1970]).[48] *[290]* O transe, o fazer entrar em transe é uma transição, passagem ou devir: é ele que torna possível o ato de fala, através da ideologia do colonizador, dos mitos do colonizado, dos discursos do intelectual. O autor faz entrar em transe as partes, para contribuir à invenção de seu povo, único a poder constituir o conjunto. Mas as partes não são exatamente reais em Glauber Rocha, porém recompostas (e, em Sembène, são reconstituídas em uma história que remonta ao século XVII). É Perrault, no outro extremo da América, que se dirige a personagens reais, seus "intercessores", para barrar qualquer ficção, mas também para fazer a crítica do mito. Procedendo pela colocação em crise, Perrault vai revelar o ato de fala fabulador, ora gerador de ação (a reinvenção da pesca do marsuíno em *Para que o mundo prossiga*), ora tomando a si mesmo por objeto (a busca dos ancestrais em *O reino do dia*), ora dirigindo uma simulação criadora (a caça ao original em *A fera luminosa* [*La Bête lumineuse*, Pierre

[47] Cf. Serge Daney, *La Rampe*, Paris, Cahiers du Cinéma/Gallimard, 1983, pp. 118-23 (sobretudo a personagem do fabulador) [ed. bras.: *A rampa*, tradução de Marcelo Rezende, São Paulo, Cosac Naify, 2007].

[48] Sobre a crítica do mito e a evolução da obra de Glauber Rocha, cf. Barthélemy Amengual, *Le Cinéma Novo brésilien*, col. Études Cinématographiques, II, vol. 37, nº 97-99, Paris, Minard, 1973 (p. 57: "o contramito, como se disséssemos contrafogo").

Perrault, 1982]), mas sempre de modo que a fabulação seja memória, e a memória, invenção de um povo. Talvez tudo culmine com *O país da terra sem árvore ou o Mouchouânipi* [*Le Pays de la terre sans arbre ou le Mouchouânipi*, Pierre Perraut, 1980], que reúne todos os meios, ou, ao contrário, com *Um país sem bom senso*, que os rarefaz (pois, aqui, a personagem real tem o máximo de solidão, e não pertence sequer ao Quebec, mas a uma minúscula minoria francófona em território inglês, e salta de Winnipeg para Paris, para melhor inventar seu pertencimento ao Quebec e assim produzir um enunciado coletivo dele).[49] Não o mito de um povo passado, mas a fabulação do povo por vir. É preciso que o ato de fala se crie como uma língua estrangeira em uma língua dominante, precisamente para exprimir uma impossibilidade de viver sob a dominação. É a personagem real que sai de seu estado privado, ao mesmo tempo que o autor deixa seu estado abstrato, para formar a dois, ou com mais pessoas, os enunciados do Quebec, sobre o Quebec, sobre a América, a Bretanha e Paris (discurso indireto livre). Em Jean Rouch, na África, o transe de *Os mestres loucos* prolonga-se em um duplo devir, pelo *[291]* qual as personagens reais tornam-se um outro ao fabularem, mas também o próprio autor se faz outro, ao se conferir personagens reais. Objeta-se que Jean Rouch dificilmente pode ser considerado um autor do Terceiro Mundo, mas ninguém fez tanto para fugir do Ocidente, fugir de si mesmo, romper com um cinema de etnologia e dizer "*Moi, un noir*" (*Eu, um negro*), no momento em que os negros desempenhavam papéis de série americana ou de parisienses experientes. O ato de fala tem várias cabeças, e, pouco a pouco, planta os elementos de um povo por vir, como o discurso indireto livre da África sobre si mesma, sobre a América ou sobre Paris. Em re-

[49] *Écritures de Pierre Perrault*: sobre as personagens reais, e o ato de fala como função fabuladora, "flagrante delito de criar fábulas", cf. a entrevista com René Allio (a propósito de *A fera luminosa*, Perrault dirá: "Encontrei nestes últimos tempos um país de que nem suspeitava. [...] Todas as coisas nesse país aparentemente silencioso são convertidas em lendas assim que se ousa falar delas").

gra geral, o cinema do Terceiro Mundo tem este objeto: através do transe ou da crise, constituir um agenciamento que reúna partes reais, para fazê-las produzir enunciados coletivos, como a prefiguração do povo que falta (e, como diz Klee, "não podemos fazer mais que isso").

Capítulo 9
OS COMPONENTES DA IMAGEM
[292]

1

Repetidas vezes assinalou-se a ruptura do cinema falado com o cinema mudo, e as resistências que ela suscitou. Mas também, com o mesmo rigor, se mostrou como o cinema mudo pedia o falado, já o implicava: o cinema mudo não era mudo, era apenas "silencioso", como diz Mitry, ou apenas "surdo", como diz Michel Chion. Parecia que o cinema falado perdia a língua universal e a onipotência da montagem; o que parecia ganhar, segundo Mitry, era uma continuidade na passagem de um lugar a outro, de um momento a outro. Mas talvez surja outra diferença, se compararmos os componentes da imagem muda e da imagem falada. A imagem muda é composta pela imagem, que é vista, e pelo intertítulo, que é lido (segunda função do olho). O intertítulo compreende, entre outros elementos, os atos de fala. Estes, sendo escriturais, passavam para o estilo indireto (o intertítulo "Vou te matar" é lido na forma "Ele diz que vai matá-lo"), adquiriam uma universalidade abstrata e exprimiam, de certo modo, uma lei. Enquanto a imagem vista conservava e desenvolvia alguma coisa natural, encarregava-se do aspecto natural das coisas e dos seres. Analisando *Tabu* [*Tabu: a Story of the South Seas*, 1931], de Murnau, Louis Audibert observa que não se trata apenas de um filme feito como mudo já no tempo do cinema falado, mas de uma maneira de justificar a permanência do mudo: é que, em virtude de seu tema mais profundo, a imagem visual remete a uma natureza física inocente, a uma vida imediata que não precisa de linguagem, enquanto o intertítulo ou o escrito manifestam a lei,

[293] o proibido, a ordem transmitida que vem quebrar essa inocência, como em Rousseau.[1]

Pode-se objetar que essa repartição está estreitamente ligada ao tema exótico de *Tabu*. Mas não é evidente. O cinema mudo sempre mostrou a civilização, a cidade, o apartamento, os objetos de uso, de arte ou de culto, todos os artefatos possíveis. Entretanto, ele lhes comunica uma espécie de naturalidade, que parece ser o segredo e a beleza da imagem muda.[2] Até mesmo os grandes cenários, enquanto tais, possuem uma naturalidade que é só deles. Até mesmo os rostos adquirem o aspecto de fenômenos naturais, conforme a observação de Bazin a propósito de *A paixão de Joana D'Arc* [*La Passion de Jeanne d'Arc*, Carl Theodor Dreyer, 1928]. A imagem visual mostra a estrutura de uma sociedade, sua situação, seus lugares e funções, as atitudes e os papéis, as ações e reações dos indivíduos, em suma, a forma e os conteúdos. E, é verdade, ela envolve de tão perto os atos de fala que pode nos fazer ver as lamentações dos pobres ou o grito dos revoltados. Mostra a condição de um ato de fala, suas consequências imediatas e até sua fonação. Mas o que ela atinge, assim, é a natureza de uma sociedade, a física social das ações e reações, a própria física das palavras. Eisenstein dizia que, em Griffith, os pobres e os ricos eram pobres e ricos por natureza. Mas o próprio Eisenstein conserva a identidade da sociedade ou da história com a Natureza, com a ressalva de que a identidade agora é dialética, e passa pela transformação do ser natural do homem e do ser humano da Natureza: não indiferente Natureza (daí, vimos, outra concepção da monta-

[1] Louis Audibert, "L'Ombre du son", em *Cinématographe*, nº 48, jul. 1979, pp. 5-6. Essa revista consagrou dois números importantes, 47 e 48, aos problemas do cinema mudo e do cinema falado.

[2] Cf. Sylvie Trosa, *Cinématographe*, nº 47, pp. 14-5: a imagem muda tinha uma "materialidade" autônoma que lhe conferiu pleno sentido. Segundo Trosa, Marcel L'Herbier seria um dos autores do cinema mudo que mais teria perdido com o cinema falado, apesar de seu gosto literário: "as construções visuais", cujo segredo ele tinha, garantindo "a adequação da substância e da expressão", da natureza e da cultura, perdem muito de sua função.

gem).[3] Em suma, no cinema mudo em geral, a imagem visual é como que naturalizada, na medida em que nos dá o ser natural do homem na História ou na sociedade, enquanto o outro elemento, *[294]* o outro plano que se distingue tanto da História quanto da Natureza, entra em um "discurso" necessariamente escrito, isto é, lido, e posto em estilo indireto.[4] Por isso o cinema mudo tem de entrelaçar ao máximo a imagem vista, e a imagem lida, seja formando verdadeiros blocos com o intertítulo, à maneira de Viértov ou de Eisenstein, seja fazendo entrar no visual os elementos escriturais particularmente importantes (como em *Tabu* as ordens e mensagens escritas, ou, em *Nossa hospitalidade* [*Our Hospitality*, 1923], de Keaton, o pai vingador que vê por cima da cabeça da filha a divisa enquadrada "Ama o próximo como a ti mesmo"...), seja, em todos os casos, elaborando pesquisas gráficas sobre o texto escrito (por exemplo, a repetição da palavra "Irmãos" cujas letras vão aumentando, em *O encouraçado Potemkin*).

O que acontece com o cinema falado? O ato de fala já não remete à segunda função do olho, já não é lido, mas ouvido. Torna-se direto, e recupera os traços distintivos do "discurso", que estavam alterados no cinema mudo ou no escrito (o traço distintivo do discurso, segundo Benveniste, é a correlação de pessoa, Eu-Tu). Notaremos que o cinema não se torna, só por isso, audiovisual. Diferente do intertítulo, que era uma imagem diferente da imagem visual, o falado, o sonoro são ouvidos, mas como *uma nova dimensão da imagem visual, um novo componente*. É por esse motivo, aliás, que são imagem.[5] Situação totalmente diferente

[3] É em nome do cinema falado, entre outros motivos, que os stalinistas censuram Eisenstein de ter confundido a História com a Natureza, como vimos a propósito do congresso soviético de 1935.

[4] Cf. a distinção de Émile Benveniste, entre o plano da "narrativa" que conta os acontecimentos, e o "discurso", que enuncia ou reproduz falas: *Problèmes de linguistique générale*, Paris, Gallimard, 1976, pp. 241-2 (e como o discurso passa para o estilo indireto) [ed. bras.: *Problemas de linguística geral*, tradução de Maria da Glória Novak e outros, São Paulo, Pontes, 2006, 2 vols.].

[5] Béla Balázs observava que o som "não tem imagem": o cinema não

da do teatro. É provável, portanto, que o cinema falado modifique a imagem visual: enquanto é ouvido, ele *faz ver*, nela, algo que não aparece livremente no cinema mudo. Dir-se-ia que a imagem visual está desnaturalizada. Com efeito, ela se incumbe de todo um campo que poderíamos chamar de *interações humanas*, que se distinguem a um só tempo das estruturas prévias e das ações ou reações consequentes. *[295]* É verdade que as interações se mesclam, estreitamente, com as estruturas, ações e reações. Mas estas são condições ou consequências do ato de fala, enquanto aquelas são o correlato do ato, e só se deixam ver nele, através dele, como as reciprocidades de perspectiva no Eu-Tu, as interferências correspondendo à comunicação. Uma sociologia da comunicação constituiu-se sobre essa base: as interações, apreendidas no ponto em que não decorrem de estruturas sociais preexistentes e não se confundem com ações e reações psíquicas, mas são o correlato dos atos de fala ou de silêncio, destituindo o social de sua naturalidade, formando sistemas distantes do equilíbrio ou inventando seu próprio equilíbrio (socialização-dessocialização), estabelecendo-se nas margens e nos cruzamentos, constituindo toda uma encenação ou dramaturgia da vida cotidiana (mal-estares, enganos e conflitos na interação), abrindo um campo de percepção especial, de visibilidade específica, e suscitando uma "hipertrofia do olho".[6] As

o "representa", mas o "restitui" (*L'Esprit du cinéma*, Paris, Payot, 1977, p. 244). Resta que ele "sai do centro da imagem" visual, e seus elementos se repartem em função dessa imagem: cf. Michel Chion, *La Voix au cinéma*, Paris, Cahiers du Cinéma/Éditions de l'Étoile, 1982, pp. 13-4. Nesse sentido, ele é um componente da imagem visual.

[6] Essa sociologia interacionista da comunicação aparece, nos Estados Unidos, em Park, em Goffman, em conexão com os fenômenos urbanos e os problemas de informação, de circulação da informação. Ela tem por precursores Georg Simmel, na Alemanha, e, de maneira menos reconhecida, Gabriel Tarde, na França. Os fenômenos do tipo rumor, jornal, conversa, as personagens do tipo mundano, passeador, migrante, marginal, aventureiro, têm nela grande importância, pois colocam a questão da sociabilidade mais do que da sociedade. Isaac Joseph, que muito contribuiu para a exposição dessa sociologia na França, escreveu um belo livro, *Le Passant considérable* (Paris, Librairie des Méridiens, 1984), onde ele estuda particularmente os "mal-esta-

interações *se mostram* nos atos de fala. Precisamente porque não se explicam pelos indivíduos, e tampouco decorrem de uma estrutura, as interações não se referem simplesmente aos parceiros de um ato de fala; é antes o ato de fala que, por sua circulação, propagação e evolução autônomas, vai criar a interação entre indivíduos ou grupos distantes, dispersos, indiferentes uns aos outros. Como uma canção que atravessa os lugares, espaços e pessoas (um dos seus primeiros exemplos foi *Ama-me esta noite* [*Love Me Tonight*, 1932], de Mamoulian). Se é verdade que o cinema falado é uma sociologia interacionista em ato, ou antes, o inverso, se é verdade que o interacionismo é um cinema *[296]* falado, ninguém estranhará então que o rumor tenha sido um objeto cinematográfico privilegiado: *O homem que nunca pecou* [*The Whole Town's Talking*, 1935], de Ford, *Dizem que é pecado* [*People Will Talk*, 1951], de Mankiewicz, e antes deles *M., o vampiro de Düsseldorf*, de Lang.

Resumida por Noël Burch, assim se apresenta uma das primeiras sequências de *M., o vampiro de Düsseldorf*: "Um homem lê em voz alta o que está escrito em um cartaz de polícia diante do qual uma multidão se juntou; o mesmo texto prossegue, primeiro na forma de um anúncio radiofônico, depois na de uma leitura em voz alta de um jornal no bar que serve de quadro... e onde clientes superexcitados acabam brigando, com a vítima acusando o agressor de ser um 'caluniador'. Essa frase, na qual a cena se interrompe, rima com 'Que difamador!', lançada por um homem, cujo apartamento é revistado pela polícia devido a uma carta anônima; enfim, assim que esse homem, injustamente suspeito, adianta que o assassino poderia ser qualquer um na rua, essa réplica introduz o quarto episódio da série: um passante é maltratado pela multidão após um mal-entendido trágico".[7] Claro, há uma situação, ações e reações; mas mescla-se aí outra dimensão, irredutível. No-

res na interação". Em sua própria modernidade, essa corrente nos parece ter na sociologia um lugar análogo ao da comédia americana no cinema falado, lugar, evidentemente, muito importante.

[7] Noël Burch, "De *Mabuse* à *M.*: le travail de Fritz Lang", em Dominique Noguez (org.), *Cinéma: théorie, lectures*, Paris, Klinsieck, 1973, p. 235.

taremos, no exemplo de Lang, como em vários outros, que o escrito (o cartaz, o jornal) está presente para ser entregue à voz, retomado por atos de fala determinados que rimam as cenas. De modo que, na verdade, é um único e mesmo ato de fala indeterminado (o rumor) que circula e se propaga, mostrando interações vivas entre personagens independentes e lugares separados. E, quanto mais o ato de fala se torna autônomo, ultrapassando personagens determinadas, mais o campo de percepção visual que ele abre se apresenta como problemático, orientado para um ponto problemático no limite das linhas de interação emaranhadas: desse modo o assassino, "sentado de costas" que mal se vê (ou os sósias no filme de Ford, as bifurcações no de Mankiewicz). A estrutura e a situação continuam condicionando as interações, como faziam no caso das ações e reações, mas são condições reguladoras e não mais constituintes. *[297]* "A interação continua estruturada por essas condições, porém *permanece problemática no curso da ação.*"[8]

De tudo isso, já podemos concluir como o cinema falado nada tinha em comum com o teatro, e que a confusão só se daria no plano dos filmes ruins. A questão "o que o cinema falado trazia de novo relativamente ao cinema mudo?" perde, então, a ambiguidade, e pode ser considerada brevemente. Consideremos um tema como o da colaboração polícia-súcia: em *A greve*, de Eisenstein, essa colaboração que põe o lúmpen a serviço dos patrões é tomada em um jogo de ações e reações que mede a dependência natural da súcia e decorre da estrutura de uma sociedade capitalista; em *M., o vampiro de Düsseldorf*, a colaboração passa por um ato de fala que se torna independente das duas partes referidas, pois uma frase começada pelo delegado será continuada, prolongada ou transformada pelo chefe da malta, em dois lugares diferentes, e mostrará uma interação problemática das partes, que são independentes, em função das "circunstâncias" (sociologia das situações de circunstâncias). Ou consideremos outro tema, como o

[8] Aaron Cicourel, *La Sociologie cognitive*, Paris, PUF, 1979, citado por Isaac Joseph (que comenta essa noção de "problemática", *Le Passant considérable*, p. 54).

da degradação: em *A última gargalhada*, de Murnau, a degradação do porteiro-chefe pode passar por um cerimonial e uma cena fonatória (embora muda) no escritório do diretor, pode comportar rimas visuais, entre a porta giratória do início, o sonho das portas, e a porta dos banheiros onde acaba o homem, o esplendor do filme consiste em uma física da degradação social, com um indivíduo que desce lugares e funções na estrutura do grande hotel que tem um papel "natural" ou constituinte. Em *O anjo azul* [*Der blaue Engel*, 1930], de Sternberg, ao contrário, o cocoricó do professor é um drama sonoro, um ato de fala, que dessa vez só é emitido por um único e mesmo indivíduo, mas que nem por isso deixa de ganhar autonomia, e mostra a interação de dois lugares independentes, o colégio que o professor abandona pelo cabaré, depois o cabaré que o professor deixa para voltar ao colégio e morrer, depois de outro cocoricó que marca o cúmulo da degradação e *[298]* abjeção sofridas. Há nisso algo que o cinema mudo não podia atingir, nem mesmo, e, sobretudo, com a montagem alternada.[9] Se o filme de Sternberg é uma grande obra do cinema falado, é que os dois lugares separados, o colégio e o cabaré, atravessam respectivamente a prova do silêncio e do sonoro, e sua interação é ainda maior porque o cocoricó irá de um a outro, depois do segundo ao primeiro, em dois tempos diferentes, seguindo interações internas do próprio professor.

O cinema mudo efetuava uma repartição da imagem visual e da palavra legível. Mas, quando a palavra se faz ouvir, dir-se-ia que ela faz ver algo novo, e que a imagem visível, desnaturalizada, começa a se tornar também legível, *enquanto* visível ou visual. Esta, assim, adquire valores problemáticos ou uma determinada equivocidade que ela não tinha no cinema mudo. O que o ato de fala faz ver, a interação, pode sempre ser mal decifrado, mal lido, mal

[9] Cabe perguntar se o cinema não pode atingir fenômenos de interação, por seus próprios meios. Mas isso acontece em filmes mudos que renunciam aos intertítulos, e procedem por movimentos aberrantes. Como vimos em *O homem com a câmera* [*Chelovek s kinoapparatom*, 1929], de Viértov, onde o intervalo age como diferencial dos movimentos. Ou então, em *A última gargalhada*, a câmera "solta" que faz ver certas interações.

visto: daí toda uma ascensão da mentira, do engano, que se dá na imagem visual. Jean Douchet definia Mankiewicz pela "virtude cinematográfica da linguagem".[10] E certamente nenhum autor fez um uso desses do ato de fala, que, no entanto, nada deve ao teatro. É que o ato de fala, em Mankiewicz, faz ver interações, que no momento permanecem imperceptíveis a muitos participantes, ou são mal vistas, e só se deixam decifrar por personagens privilegiadas dotadas de uma hipertrofia do olho. Tanto assim que essas interações (bifurcações) que vêm da fala à fala retornam: fala secundária ou voz *off*, que só posteriormente faz ver o que a princípio escapou à vista, por ser forte, incrível ou odioso demais.[11] É a bifurcação que se torna, em Mankiewicz, o correlato *[299]* visual de um ato de fala duplo, uma vez como voz *off*, outra como voz em ato.

Era inevitável que o cinema falado tomasse por objeto privilegiado as formas sociais aparentemente mais superficiais, mais precárias, menos "naturais" ou estruturadas: os encontros com o outro, outro sexo, outra classe, outra região, outra nação, outra civilização. Quanto menos estrutura social preexistente houvesse, melhor se exalariam, não uma vida natural muda, mas formas puras de sociabilidade, passando necessariamente pela *conversa*. E sem dúvida a conversa é inseparável de estruturas, de lugares e funções, de interesses e móveis, de ações e reações que lhe são exteriores. Mas ela também possui o poder de subordinar artificialmente todas as determinações, de jogar com elas, ou melhor, de fazer delas as variáveis de uma interação que lhe corresponda. Já não são os interesses, nem mesmo os sentimentos ou o amor que determinam a conversa, são eles que dependem da repartição de

[10] Jean Douchet, em "Cinéma americain", *Cahiers du Cinéma*, nº 150, dez. 1963, pp. 146-7.

[11] A teoria de Gérard Genette, sobre a narrativa literária, assinala a diferença das questões "quem fala?" e "quem vê?" (*Figures III*, Paris, Seuil, 1972 [ed. bras.: *Figuras III*, tradução de Ana Alencar, São Paulo, Estação Liberdade, 2017], p. 203, e *Nouveau discours du récit*, Paris, Seuil, 1983). As concepções de François Jost inspiram-se nela, *Communications*, nº 38, 1983. Mankiewicz seria a nosso ver a melhor ilustração cinematográfica.

excitação na conversa, com esta determinando conexões de força e estruturações que lhe são próprias. Por isso há sempre alguma coisa louca, esquizofrênica, em uma conversa considerada por si mesma (conversa de bar, de amor, de interesse, ou de mundaneidade como essência). Os psiquiatras estudaram a conversa dos esquizofrênicos, com seus maneirismos, suas proxemias e afastamentos interacionais, mas toda conversa é esquizofrênica, é a conversa que é modelo de esquizofrenia, não o inverso. Berthet diz muito bem: "Se considerarmos a conversa como o conjunto do que vem a ser dito, que sujeito policéfalo, e quase meio-louco, poderemos imaginar para proferi-lo?".[12] Seria um equívoco considerar a conversa em função dos parceiros já reunidos ou ligados. Mesmo nesse caso, o característico da conversa é redistribuir o que está em jogo, e instaurar interações entre pessoas que supomos dispersas e independentes, e que atravessam a cena aleatoriamente: tanto assim que a conversa é um rumor contraído, e o rumor, uma conversa dilatada, que revelam, ambos, a autonomia da comunicação ou da circulação. Dessa vez, não é a conversa que serve de modelo à interação, é a interação *[300]* entre pessoas separadas, ou em uma única e mesma pessoa, que é modelo para a conversa. O que poderíamos chamar de sociabilidade, ou "mundaneidade" em um sentido bem geral, jamais se confunde com a sociedade: trata-se das interações que coincidem com os atos de fala, e não de ações e reações que passam por eles segundo uma estrutura prévia. Essa essência da mundaneidade na conversa, distinguindo-se da sociedade, foi o que Proust descobriu, mas também o sociólogo Simmel. Ora, é curioso constatar a que ponto o teatro e até o romance se mostraram impotentes para apreender a conversa por si mesma: a não ser em escritores já contemporâneos ao cinema (Proust, James), ou mesmo diretamente influenciados por ele (o teatro de Wilson, ou o romance de Dos Passos, Nathalie Sarraute).[13] Na verda-

[12] Frédéric Berthet, em "La Conversation", *Communications*, nº 30, 1979, p. 150.

[13] Alejo Carpentier, citado por Jean Mitry (*Esthétique et psychologie du cinéma*, II, Paris, Éditions Universitaires, 1965, p. 102): "A conversa tem um ritmo, um movimento, uma falta de sequência nas ideias, com, em con-

de, o cinema falado não corria risco algum de se confundir com o teatro ou romance filmados, exceto no seu nível mais baixo. O que o cinema inventava era a conversa sonora que, até então, escapara tanto ao teatro quanto ao romance, e as interações visuais ou legíveis que correspondiam à conversa. Talvez houvesse o risco de o nível mais baixo atrair o cinema para um impasse, o diálogo filmado. Tanto assim que seria preciso que o neorrealismo e sobretudo a *nouvelle vague* surgissem para que a conversa, a interação fossem redescobertas: foi uma grande reativação, de modo positivo, paródico ou crítico, em Truffaut, Godard, Chabrol. Mas a conversa e a interação não deixavam de ser, desde o início do cinema falado, uma conquista do cinema, que delas fez um gênero especial, a "comédia" propriamente cinematográfica, a comédia americana por excelência (mas também a comédia francesa, com mais ambiguidade, em Pagnol e Guitry).

É independentemente de seus conteúdos ou objetos que a conversa vai produzir as interações que estreitam ou afrouxam as ligações entre indivíduos, obrigando-os a serem vencedores ou vencidos, a modificar ou até inverter suas *[301]* perspectivas.[14] Por exemplo, a senhora idosa financiará o empreendimento, a moça seduzirá o homem? E a excitação do jogo de interações que determina conteúdos econômicos ou amorosos, não o inverso. O falado cinematográfico, com a potência que a comédia americana lhe confere desde os primórdios, define-se pela maneira como os atos de fala preenchem o espaço, em condições cada vez mais numerosas e delicadas, que constituem a cada vez a "boa forma", unindo a velocidade falante ao espaço mostrado. Todos falam ao mesmo tempo, ou a fala de um preenche tão bem o espaço que reduz a outra a inúteis tentativas, gaguejos, esforços de interrupção. A loucura corriqueira na família americana, e a perpétua intrusão do forasteiro ou do anormal, como um desequilíbrio que entra em

trapartida, estranhas associações, curiosas recordações, que em nada se parecem com os diálogos que habitualmente preenchem os romances e as peças de teatro".

[14] Simmel, "Sociologie de la sociabilité", *Urbi*, vol. III, mar. 1980. (Cf. a maneira pela qual Simmel disso infere uma definição da democracia).

sistemas também bem longe do equilíbrio, constituirão os clássicos da comédia (*Este mundo é um hospício* [*Arsenic and Old Lace*, 1944], de Capra). Uma atriz como Katharine Hepburn revela seu controle nos jogos da sociabilidade, graças à velocidade de suas réplicas, à maneira como atrapalha ou desorienta seu parceiro, à sua indiferença pelos conteúdos, à variedade ou à inversão das perspectivas pelas quais ela passa. Cukor, McCarey, Hawks fazem da *conversa*, da demência da conversa, o essencial da comédia americana, e Hawks saberá lhe imprimir uma velocidade espantosa. Lubitsch conquista todo um domínio de *subconversa* (um pouco como Nathalie Sarraute o define). Capra alcança o *discurso* como elemento da comédia, precisamente porque mostra no próprio discurso uma interação com o público. Em *Vamos à América* [*Ruggles of Red Gap*, 1935], McCarey já opunha a reserva e concisão inglesa ao livre discurso americano fundado na proclamação de Lincoln. E compreende-se que o discurso, enquanto objeto cinematográfico, possa fazer Capra passar da comédia à série *Por que lutamos* [*Why We Fight: War Comes to America*, 1942-45], na medida em que a própria forma da sociabilidade, apesar de suas conexões de força e da crueldade essencial do que nela está em jogo, aparece na democracia, definida como "mundo artificial" no qual os indivíduos renunciaram aos aspectos objetivos de sua situação ou aos aspectos pessoais de sua atividade para *[302]* produzir, entre si, uma interação pura. A comédia americana mobiliza as nações (confronto dos Estados Unidos com a Inglaterra, a França, a União Soviética...), mas também as regiões (o texano), as classes e até os *déclassés* (o migrante, o mendigo, o aventureiro, todos eles personagens caras à sociologia interacionista), para fazer ver as interações, os mal-estares e inversões na interação. E, se os conteúdos sociais objetivos são encobertos em favor das formas de sociabilidade, os sujeitos subsistem, nas pronúncias e entonações de país ou de classe, como sujeitos dos atos de fala, ou como variáveis do ato de fala tomado em seu conjunto intersubjetivo. Talvez em outro gênero cinematográfico, em certos filmes de aventura, os sujeitos também desapareçam. Então as vozes rápidas tornam-se átonas e sem ênfase, horizontais, em busca do caminho mais curto, já vozes brancas no sentido de armas brancas, réplicas, cada uma delas poderia ser pronunciada pela outra personagem, a tal ponto que a conversa melhor revela sua loucura na medida em que agora se confunde com o conjunto autônomo do que "vem a ser dito", e a interação revela-se mais pura na medida em que se tornou estranhamente neutra: é o caso do par Bogart-Lauren Bacall em certos filmes de Hawks, como *Uma aventura na Martinica* [*To Have and Have Not*, 1944] ou *À beira do abismo* [*The Big Sleep*, 1946].[15]

O ato ouvido de fala, como componente da imagem visual, faz ver alguma coisa nessa imagem. Talvez seja nesse sentido que devamos entender a hipótese de Comolli: o abandono da profundidade de campo, a assunção de uma determinada planeza da imagem, teria tido entre suas principais causas o cinema falado, que constituía uma quarta dimensão da imagem visual, suplementando a terceira.[16] Mas, como tal, o ato de fala não se contenta em fazer ver, acontece de ele próprio ver (Michel Chion analisou o caso especial dessas "vozes que veem", que têm "um olho na voz", como a de *O testamento do Dr. Mabuse* [*Das Testament des Dr. Mabuse*, 1933] de Lang, ou a do computador em *2001 — Uma odisseia no espaço*, de Kubrick, aos quais poderíamos acrescentar as vozes de Mankiewiez).[17] E, mais *[303]* geralmente, o ato ouvido de fala é ele próprio, de certo modo, visto. Não é apenas sua fonte que pode (ou não) ser vista. Enquanto é ouvido, ele próprio é visto, como traçando para si mesmo um caminho na imagem visual. É verdade que o cinema mudo já podia mostrar o espaço percorrido por um ato de fala não ouvido, e supri-lo: a transmissão de uma palavra de ordem em Eisenstein, o assobio da sedutora que faz o homem sobressaltar em *Aurora* [*Sunrise — A Song of Two Humans*, 1927], de Murnau, o chamado do vigia que passa por alguns primeiros planos progressivos em *Tabu*, de Murnau, a sire-

[15] Claire Parnet, em um texto inédito, analisa a voz no cinema americano, em comédias e *thrillers*.

[16] Cf. Jean-Louis Comolli, *Cahiers du Cinéma*, nº 230-231, jun.-jul. 1972.

[17] Michel Chion, *La Voix au cinéma*, pp. 36 e 44.

ne e os barulhos das máquinas, por jorros de luz em *Metrópolis*, de Lang. São grandes momentos do cinema mudo. Mas era o espaço percorrido que permitia assim reconstituir o ato mudo. Enquanto agora é a voz ouvida que se difunde pelo espaço visual, ou o preenche, procurando alcançar seu destinatário através dos obstáculos e desvios. Ela escava o espaço. A voz de Bogart no microfone é como uma cabeça giratória que se esforça para localizar, na multidão, a pessoa que precisa ser urgentemente prevenida (*Um preço para cada crime* [*The Enforcer*, 1951], de Walsh e Windust); a canção da mãe deve subir escadas, atravessar salas, antes que seu refrão atinja, enfim, a criança aprisionada (*O homem que sabia demais* [*The Man Who Knew Too Much*, 1956], de Hitchcock). *O homem invisível* [*The Invisible Man*, 1933], de Whale, foi uma obra-prima do cinema falado, pois nele a fala tornava-se ainda mais visível. O que Philippon diz a propósito de *Beyrouth, la Rencontre* [1981], de Alaouie, vale para todo o cinema falado digno desse nome, em sua diferença essencial em face do teatro: "Vemos, mesmo, a fala abrir um difícil caminho em meio às ruínas [...]. [O autor] filmou a fala como algo visível, como uma matéria em movimento".[18] Então aparece a subversão que tende a se produzir no cinema falado, comparado com o mudo: em vez de uma imagem vista *e* de uma fala lida, o ato de fala torna-se visível ao mesmo tempo que se faz ouvir, mas também a imagem visual torna-se legível, enquanto tal, enquanto imagem visual em que se insere o ato de fala enquanto componente. *[304]*

2

Às vezes é lembrado que não há apenas uma banda sonora, mas pelo menos três grupos, falas, ruídos, músicas. Talvez até seja preciso distinguir um número maior de componentes sonoros: os ruídos (que isolam um objeto e isolam-se uns aos outros), os sons (que marcam conexões e estão em conexão mútua), as fonações (que recortam essas conexões, podendo ser gritos, mas também

[18] Alain Philippon, *Cahiers du Cinéma*, nº 347, maio 1983, p. 67.

verdadeiros "jargões", como no burlesco falado de Chaplin ou de Jerry Lewis), as falas, a música. É evidente que esses diferentes elementos podem rivalizar, se combater, suprir, recobrir, transformar: isso foi, desde o início do cinema falado, tema de pesquisas aprofundadas em René Clair; e será um dos aspectos mais importantes da obra de Tati, onde as conexões intrínsecas de sons são sistematicamente deformadas, mas também os ruídos elementares se tornam personagens (a bola de pingue-pongue, o automóvel de *As férias do Sr. Hulot* [*Les Vacances de M. Hulot*, 1953]), e onde, inversamente, as personagens entram na conversa por meio de ruídos (a conversa de Pfff em *Playtime — tempo de diversão* [*Playtime*, 1967]).[19] Tudo isso poderia levar-nos a crer, conforme uma tese fundamental de Fano, que já há um único *continuum* sonoro, cujos elementos só se separam em função de um referente ou de um significado eventuais, mas não de um "significante".[20] A voz não é separável dos ruídos, dos sons que a tornam, às vezes, inaudível: é essa, aliás, a segunda grande diferença entre os atos de fala cinematográficos e teatrais. Fano cita como exemplo *Os amantes crucificados* [*Chikamatsu monogatari*, 1954], de Mizoguchi, "em que fonemas japoneses, ruídos e pontuações de percussão tecem um *continuum* de malhas tão fechadas que parece impossível *[305]* reencontrar sua trama". Toda a obra sonora de Mizoguchi corre nesse sentido. Em Godard, não apenas a música pode recobrir a voz, o que temos no início de *Week-end*, como também em *Carmen* utilizará os movimentos musicais, os atos de fala, os ruí-

[19] Michel Chion, p. 72. Sobre a deformação das conexões de som, Bazin escreveu uma bela página: "Raros são os elementos sonoros indistintos [...]; toda a astúcia de Tati, ao contrário, consiste em destruir a clareza pela clareza" (*Qu'est-ce que le cinéma?*, Paris, Cerf, 1976, p. 46) [ed. bras.: *O que é o cinema?*, tradução de Eloisa Araújo Ribeiro, São Paulo, Cosac Naify, 2014]. E uma entrevista com Tati sobre o som, *Cahiers du Cinéma*, nº 303, set. 1979.

[20] Michel Fano, *Encyclopaedia Universalis*, "Cinéma, (musique de)". A concepção de Fano implica evidentemente a presença ativa do músico na mesa de montagem, sua participação em todos os elementos sonoros, um tratamento musical dos sons não musicais. Veremos que essa tese ganha pleno sentido em uma nova concepção da imagem.

dos de portas, os sons do mar ou do metrô, os gritos de gaivotas, o dedilhar de cordas e os tiros, os deslizes dos arcos e as rajadas de metralhadora, o "ataque" de música e o "ataque" ao banco, as correspondências entre esses elementos, e, sobretudo, seus deslocamentos, seus cortes, de modo a formar a potência de um único e mesmo *continuum* sonoro. Em vez de invocar o significante e o significado, poderíamos dizer que os componentes sonoros só se separam na abstração de sua audição pura. Mas, na medida em que são uma dimensão própria, uma quarta dimensão da imagem visual (o que não quer dizer que se confundam com um referente ou significado), formam então todos juntos um único componente, um *continuum*. E é na medida em que rivalizam, se recobrem, se atravessam, se cortam, que traçam um caminho cheio de obstáculos no espaço visual, e não se fazem ouvir sem ser também vistos, por si mesmos, independentemente de sua fonte, ao mesmo tempo que fazem a imagem ser lida, mais ou menos, como uma partitura.

Se o *continuum* (ou o componente sonoro) não tem elementos separáveis, isso não o impede de se diferenciar a cada momento, segundo duas direções divergentes que exprimem sua conexão com a imagem visual. Essa dupla conexão passa pelo fora de campo, na medida em que este pertence plenamente à imagem visual cinematográfica. Claro, não é o sonoro que inventa o fora de campo, mas é ele que o povoa e preenche o não visto visual com uma presença específica. Desde o início, o problema do sonoro era: como fazer para que o som e a fala não sejam mera redundância do que se vê? Esse problema não negava que o sonoro e o falado fossem um componente de imagem visual, ao contrário; era na qualidade de componente específico que o som não devia ser redundante com o que era visto no visual. O célebre manifesto soviético já propunha que o som remetesse a uma fonte no fora de campo, sendo assim um contraponto visual e não o duplo de um ponto de vista: o ruído das botas é ainda mais interessante quando elas não são *[306]* vistas.[21] Muitos se lembram dos grandes êxitos de René

[21] Cf. Eisenstein, Pudóvkin e Alexandrov, "Manifesto de 1928", em Serguei Eisenstein, *Le Film: sa forme, son sens*, Paris, Bourgois, 1976, pp. 19-

Clair nesse campo, como em *Sob os tetos de Paris* [*Sous les toits de Paris*, 1930], quando o rapaz e a moça continuam a conversar, deitados no escuro, sem qualquer luz. Bresson mantinha com firmeza esse princípio da não redundância, não coincidência: "Quando um som pode suprimir uma imagem, suprimir a imagem ou neutralizá-la".[22] É a terceira diferença em relação ao teatro. Em suma, o sonoro em todas as suas formas vem povoar o fora de campo com a imagem visual, e realiza-se ainda melhor nesse sentido como componente dessa imagem: no plano da voz, é o que se chama voz *off*, cuja fonte não é vista.

Havíamos considerado, no estudo anterior, os dois aspectos do fora de campo, o ao-lado e o alhures, o relativo e o absoluto. Ora o fora de campo remete a um espaço visual, de direito, que prolonga naturalmente o espaço visto na imagem: então o som *off* prefigura aquilo de onde ele provém, algo que logo será visto, ou que poderia ser visto na imagem seguinte. Por exemplo, o ruído de um caminhão que ainda não se vê, ou os sons de uma conversa da qual só vemos um dos participantes. Essa primeira conexão é a de um conjunto dado com um conjunto mais vasto que o prolonga ou engloba, mas de mesma natureza. Ora, ao contrário, o fora de campo atesta uma potência de outra natureza, excedendo qualquer espaço e qualquer conjunto: remete, dessa vez, ao Todo que se exprime nos conjuntos, à mudança que se exprime no movimento, à duração que se exprime no espaço, ao conceito vivo que se exprime na imagem, ao espírito que se exprime na matéria.

21 [ed. bras.: *A forma do filme*, tradução de Teresa Ottoni, Rio de Janeiro, Zahar, 2002]. Sylvie Trosa tem razão em atribuir as ideias do manifesto principalmente a Pudóvkin: Eisenstein, pessoalmente, acredita menos nas virtudes do fora de campo e do som *off* que na possibilidade do "som *in*" elevar a imagem visual a uma nova síntese.

22 Bresson, *Notes sur le cinématographe*, Paris, Gallimard, 1975, pp. 60-2 [ed. bras.: *Notas sobre o cinematógrafo*, tradução de Evaldo Mocarzel, São Paulo, Iluminuras, 2005]. Vemos que Robert Bresson não pensa apenas no som *off*: pode haver "preponderância" do som *in* sobre a própria imagem, e, com isso, "neutralização" da imagem visual. Sobre o espaço sonoro em Bresson, cf. Henri Agel, *L'Espace cinématographique*, Paris, Delarge, 1978, cap. VII.

Nesse segundo caso, o som ou a voz *off* consistem antes em música, e em atos de fala muito especiais, reflexivos e não mais interativos (voz que evoca, comenta, sabe, dotada de uma onipotência ou de uma forte potência sobre a sequência das imagens). *[307]* As duas conexões do fora de campo, a conexão atualizável com outros conjuntos, a conexão virtual com o todo, são inversamente proporcionais; mas tanto uma quanto outra são estritamente inseparáveis da imagem visual, e já aparecem no cinema mudo (por exemplo, em *A paixão de Joana D'Arc*, de Dreyer). Quando o cinema se torna sonoro, quando o som povoa o fora de campo, ele o faz, portanto, conforme esses dois aspectos, conforme sua complementaridade e proporcionalidade inversa, mesmo se está destinado a produzir novos efeitos. Foram Pascal Bonitzer, e depois Michel Chion, que puseram em questão a unidade da voz *off*, mostrando como esta se dividia, necessariamente, de acordo com as duas conexões.[23] Tudo se passa, com efeito, como se o *continuum* sonoro não parasse de se diferenciar em duas direções, uma contendo antes ruídos e atos de fala interativos, a outra, os atos de fala reflexivos e a música. Godard chega a dizer que é preciso ter duas pistas sonoras porque temos duas mãos, e o cinema é uma arte manual e tátil. E é verdade que o som tem uma conexão privilegiada com o tato, bater nas coisas, nos corpos, como no início de *Carmen*. Mas mesmo para um maneta o *continuum* sonoro continuaria a se diferenciar conforme as duas conexões da imagem visual, sua conexão atualizável com outras imagens possíveis, efe-

[23] Segundo o texto fundamental de Pascal Bonitzer, "há pelo menos dois tipos de vozes *off*, que remetem a pelo menos dois tipos" de fora de campo: um, homogêneo ao campo, o outro, heterogêneo e dotado de um poder irredutível ("absolutamente diferente e absolutamente indeterminado"). Cf. *Le Regard et la voix*, col. 10-18, Paris, Union Générale d'Éditions, 1976, pp. 31-3. Michel Chion propõe a noção de "acúsmetro" para designar a voz cuja fonte não é vista; e distingue o acúsmetro relativo e o acúsmetro "integral", dotado de ubiquidade, onipotência e onividência. Relativiza, contudo, a distinção de Bonitzer, pois quer mostrar como os dois aspectos se comunicam de múltiplas maneiras, e entram em um circuito que não apaga, no entanto, sua diferença de natureza: *La Voix au cinéma*, pp. 26-9, 32.

tuada ou não, sua conexão virtual com um todo das imagens, não efetuável.

A diferenciação dos aspectos no *continuum* sonoro não é uma separação, mas uma comunicação, uma circulação que está sempre reconstituindo o *continuum*. Consideremos *O testamento do Dr. Mabuse*, ou melhor, sua análise exemplar feita por Michel Chion: a terrível voz parece sempre estar ao lado, conforme o primeiro aspecto do fora de campo, mas, no momento em que penetramos ao lado, ela já está alhures, todo-poderosa, *[308]* conforme o segundo aspecto, até que seja localizada, identificada na imagem vista (voz *in*). No entanto, nenhum desses dois aspectos anula ou reduz os outros, e cada um subsiste nos outros: não há última palavra. Isso também acontece com a música: em *O eclipse*, de Antonioni, a música que primeiro envolve os amantes no parque revela-se vir de um pianista que não vemos, mas que está ao lado; o som *off* muda assim de status, passa de um fora de campo para outro, depois torna a passar em sentido inverso, quando continua a se fazer ouvir longe do parque, seguindo os amantes na rua.[24] Mas, porque o fora de campo é um pertencimento da imagem visual, o circuito passa igualmente pelos sons *in* situados na imagem vista (como em todos os casos em que a fonte da música é vista, como nos bailes, tão caros à escola francesa). É uma rede de comunicação e permutação sonoras, contendo em si os ruídos, os sons, os atos de fala reflexivos ou interativos, a música, que penetra a imagem visual, de fora e de dentro, e a torna ainda mais "legível". O melhor exemplo de tal rede cinematográfica seria Mankiewicz, especialmente *Dizem que é pecado*, onde todos os atos de fala se comunicam entre si, mas também, por um lado, a imagem visual à qual os atos de fala se referem, e por outro, a música que os harmoniza e excede, levando consigo a própria imagem. Assim tendemos para um problema que já não se refere apenas à comunicação dos elementos sonoros em função da imagem visual, mas à comunicação desta, sob todos os seus pertencimentos, com algo que a excede, mas sem poder cedê-la, sem nunca poder cedê-la. O

[24] Cf. a análise da música de Fusco em *O eclipse*, por Emmanuel Decaux, *Cinématographe*, nº 62, nov. 1980 (número sobre a música de filme).

circuito não é apenas o dos elementos sonoros, inclusive musicais, relativamente à imagem visual, mas a conexão da própria imagem visual com o elemento musical por excelência que penetra por toda parte, *in*, *off*, ruídos, sons, falas.

O movimento no espaço exprime um todo que muda, um pouco como a migração dos pássaros exprime uma variação das estações. Por toda a parte onde um movimento se estabelece entre coisas e pessoas, uma variação ou mudança se estabelece no tempo, ou seja, em um todo aberto que os compreende *[309]* e no qual elas mergulham. Vimos, antes: a imagem-movimento é, necessariamente, expressão de um todo, e nesse sentido forma uma representação indireta do tempo. É por isso mesmo que a imagem-movimento tem dois foras de campo: um relativo, segundo o qual o movimento que se refere ao conjunto de uma imagem continua ou pode continuar em um conjunto mais vasto e de mesma natureza; o outro, absoluto, segundo o qual o movimento, seja qual for o conjunto no qual é considerado, remete a um todo mutante que ele exprime. Conforme a primeira dimensão, a imagem visual encadeia-se com outras imagens. Conforme a outra dimensão, as imagens encadeadas interiorizam-se no todo, e o todo exterioriza-se nas imagens, ele próprio mudando ao mesmo tempo que as imagens se movem e se encadeiam. Claro, a imagem-movimento não tem apenas movimentos extensivos (espaço), mas também movimentos intensivos (luz) e movimentos afetivos (a alma). Mas o tempo, enquanto totalidade aberta e mutante, ainda ultrapassa todos os movimentos, até mesmo as mudanças pessoais da alma ou movimentos afetivos, embora não possa deles prescindir. É apreendido, portanto, uma representação indireta, já que não pode prescindir das imagens-movimento que exprime, e entretanto ultrapassa todos os movimentos relativos, forçando-nos a pensar um absoluto do movimento dos corpos, um infinito do movimento da luz, um sem-fundo do movimento das almas: o sublime. Da imagem-movimento ao conceito vivo, e o inverso... Ora, tudo isso já valia para o cinema mudo. Se perguntarmos agora o que a música de cinema acrescenta, os elementos da resposta começam a se esboçar. Sem dúvida, o cinema mudo comportava música, improvisada ou programada. Essa música, porém, estava submetida a uma determinada necessidade de *corresponder* à imagem visual, ou de servir a fins descritivos, ilustrativos, narrativos, agindo como uma forma de intertítulo. Quando o cinema se torna sonoro e falado, a música, de certo modo, se emancipa, e pode alçar voo.[25] Mas em que consiste esse voo, essa emancipação? Eisenstein deu uma primeira resposta, analisando *[310]* a música de Prokofiev para *Alexander Nevski*: era preciso que imagem e música formassem um todo, extraindo um elemento comum ao visual e ao sonoro, que seria o movimento ou até a vibração. Haveria uma determinada maneira de *ler* a imagem visual, que corresponderia à audição da música. Mas essa tese não esconde a intenção de assimilar a mixagem, ou a "montagem audiovisual", à montagem muda, da qual seria apenas um caso particular; ela conserva integralmente a ideia de correspondência, e substitui por uma correspondência interna a correspondência externa ou ilustrativa; considera que o todo deve ser formado pelo visual e pelo sonoro, que se ultrapassam em uma unidade superior.[26] Porém, como a imagem visual

[25] Béla Balázs, *Le Cinéma*, Paris, Payot, 1979, p. 224: "O filme falado recusa a música programada".

[26] Serguei Eisenstein, especialmente, pp. 257-63, 317-43. Eisenstein pensa que a correspondência interna pode valer até mesmo para a imagem visual imóvel: é então o percurso do olho que constitui o movimento que corresponde ao movimento musical (p. ex. a sequência da espera antes do ataque). Ele tira disso uma consequência muito importante: a imagem visual enquanto tal torna-se legível, "da esquerda para a direita", e às vezes de maneira bem complexa: "leitura plástica" (pp. 330-4). Portanto, é Eisenstein quem inventa a noção de imagem legível. Jean Mitry retoma a questão, e se entrega a um estudo aprofundado da correspondência imagem visual-música: especialmente, *Le Cinéma expérimental*, Paris, Seghers, 1974, cap. V, IX e X. Ele começa recusando todas as correspondências externas, seja porque a imagem conserva um conteúdo espacial que se limitará a ilustrar a música, seja porque a imagem, tornando-se formal ou abstrata, apresenta só relações arbitrárias e reversíveis, decorativas, que não correspondem realmente às relações musicais (até mesmo em McLaren). Recusa também a imagem legível de Eisenstein, e critica a sequência da espera, que se restringe, diz ele, a uma correspondência externa (pp. 207-8). Em compensação, estima que a sequência da batalha dos gelos é mais adequada, pois tende a extrair um movimento comum ao visual e ao musical. É a condição de uma correspondência interna,

muda já exprimia um todo, como fazer para que o todo do sonoro e do visual não seja o mesmo, ou, se for o mesmo, não dê lugar a duas expressões redundantes? Para Eisenstein, trata-se de formar um todo com duas expressões, cuja medida comum seria descoberta (ainda a comensurabilidade). Enquanto a conquista do sonoro consistia, *[311]* antes, em exprimir o todo de duas maneiras incomensuráveis, não correspondentes.

É nessa direção, com efeito, que o problema da música de cinema encontra uma solução nietzschiana, e não a hegeliana de Eisenstein. Segundo Nietzsche, ou ao menos segundo o Nietzsche ainda schopenhaueriano de *O nascimento da tragédia*, a imagem visual vem de Apolo, que a põe em movimento conforme uma medida, e a faz representar o todo indiretamente, mediatamente, por intermédio da poesia lírica ou do drama. Mas o todo é também capaz de uma apresentação direta, de uma "imagem imediata" incomensurável com a primeira, e dessa vez musical, dionisíaca: mais perto de um Querer sem fundo que de um movimento.[27] Na tragédia, a imagem imediata musical é como que o núcleo de fogo rodeado de imagens visuais apolíneas, e não pode dispensar o desfilar delas. Do cinema, arte visual antes de tudo, diremos, de preferência, que a música acrescenta a imagem imediata às imagens mediatas, que representavam indiretamente o todo. Mas, no essencial, nada mudou, a saber, a diferença de natureza entre a representação indireta e a apresentação direta. Para músicos como Pierre Jansen ou, em grau menor, Philippe Arthuys, a música de cinema deve ser abstrata e autônoma, um verdadeiro "corpo es-

tal como Honegger queria. Mas, segundo Mitry, o movimento comum só pode ser alcançado se a imagem visual se destaca dos corpos, sem com isso se tornar abstrata ou geométrica: é preciso que a imagem visual ponha em movimento uma matéria, uma materialidade capaz de vibrações e reflexos. Então haverá duas expressões correspondentes de um mesmo "todo unívoco" (pp. 212-8). Eisenstein só o consegue pela metade na batalha dos gelos, mas Mitry pensa ter quase atingido isso em suas próprias tentativas, em certos trechos de *Imagens para Debussy* [*Images pour Débussy*, 1951]. Mas reconhece que essa pesquisa foi proposta exclusivamente nas condições de um filme experimental.

[27] Friedrich Nietzsche, *O nascimento da tragédia*, §§ 5, 16 e 17.

tranho" na imagem visual, um pouco como um cisco no olho, e deve acompanhar "algo que está no filme sem ser mostrado nem sugerido".[28] Há, sim, uma corrrelação, mas não é uma correspondência externa, *nem mesmo interna*, que nos manteria no plano da imitação, é uma reação do corpo estranho musical com as imagens visuais totalmente diferentes, ou, antes, uma interação independente de qualquer estrutura comum. A correspondência interna não vale mais que a externa, e uma barcarola não encontra correlato melhor no movimento da luz e das águas do que no abraço de um casal veneziano. Hans Eisler já mostrava isso ao criticar Eisenstein: não há movimento comum ao visual e ao sonoro, a música não age como movimento, mas como "estimulante do movimento sem *[312]* com isso duplicá-lo" (isto é, age como um querer).[29] É que as imagens-movimento, imagens visuais em movimento exprimem um todo que muda, mas o exprimem indiretamente, de modo que a mudança enquanto propriedade do todo não coincide regularmente com nenhum movimento relativo das pessoas ou coisas, nem mesmo com o movimento afetivo interno de uma personagem ou grupo: exprime-se diretamente na música, em contraste, porém, ou até em conflito, em desarmonia com o movimento das imagens visuais. Pudóvkin dava um exemplo instrutivo disso: o fracasso de uma manifestação proletária não deve ser acompanhado por uma música melancólica ou sequer violenta, mas constitui apenas o drama em interação com a música, com a mudança do todo enquanto vontade ascendente do proletariado. Eisler multiplica os exemplos dessa "distância patética" entre música e imagem: uma música rápida, incisiva para uma imagem passiva ou deprimente, a ternura ou serenidade de uma barcarola como espírito do lugar relativamente a acontecimentos violentos que

[28] Cf. "Table ronde sur la musique de film", *Cinématographe*, nº 62.

[29] Theodor W. Adorno e Hans Eisler, *Musique de cinéma*, Paris, L'Arche, 1972, p. 87. E, sobre o exemplo da barcarola, que valeria tanto contra Jean Mitry quanto contra Eisenstein, cf. p. 75. Eisler colaborou muito com Bertolt Brecht (é também o músico de *Noite e neblina* [*Nuit et brouillard*, 1955], de Resnais). Até mesmo em um contexto marxista é evidente que as concepções da música remetem a inspirações bem diferentes.

nele se passam, um hino à solidariedade para imagens de opressão... Em suma, à representação indireta do tempo enquanto um todo que muda, o cinema sonoro acrescenta *uma apresentação direta, mas musical e apenas musical, não correspondente*. É o conceito vivo, que excede a imagem visual, sem poder dela prescindir.

Notaremos que a apresentação direta, como dizia Nietzsche, não se confunde com aquilo que ela apresenta, com o todo que muda ou com o tempo. Por isso ela pode ter uma presença bem descontínua, ou até mesmo rarefeita. Ainda mais, outros elementos sonoros podem exercer função análoga à da música: é o caso da voz *off* em sua dimensão absoluta, como voz onipotente e que sabe tudo (modulação da voz de Welles em *Soberba* [*The Magnificent Ambersons*, 1942]). Ou até mesmo a voz *in*: se a voz de Greta Garbo se impôs no cinema falado, foi porque ela era capaz, em cada um de seus *[313]* filmes, em certo momento, não apenas de exprimir a mudança pessoal interna da heroína enquanto movimento afetivo, mas de reunir em um todo o passado, o presente e o futuro, as entonações vulgares, os sussurros de amor, as frias decisões presentes, as chamadas da memória, os arrebatamentos da imaginação (isso desde o seu primeiro filme falado, *Rainha Cristina* [*Queen Christina*, Rouben Mamoulian, 1933].[30] Talvez Delphine Seyrig atinja efeito semelhante em *Muriel*, de Resnais, recolhendo na voz o todo que muda, de uma guerra à outra, de uma Boulogne-sur-Mer à outra. Em regra geral, a própria música torna-se "*in*" a partir do momento em que vemos sua fonte na imagem visual, sem com isso perder seu poder. Essas permutações ficam mais claras se conseguirmos dissipar uma aparente contradição entre as duas concepções que sucessivamente invocamos, a do "*continuum* sonoro" de Fano, e a do "corpo estranho" de Jansen.

[30] Béla Balázs fez um belo retrato cinematográfico de Greta Garbo (*Le Cinéma*, p. 276: o traço específico da beleza de Greta Garbo parece-lhe vir do fato de ela se destacar de qualquer ambiente, para exprimir "a pureza de alguém fechado em si mesmo", a aristocracia interior, a sensibilidade fremente do *noli me tangere*. Balázs não menciona a voz de Garbo, mas essa voz confirmaria sua análise: ela recolhe a variação de um todo interior, para além da psicologia, que os movimentos da atriz em seu ambiente ainda não exprimiam de modo suficientemente direto.

Não basta terem elas em comum o fato de se opor ao princípio de correspondência. De fato, todos os elementos sonoros, inclusive a música, o silêncio, formam um *continuum* como pertencimento da imagem visual. O que não impede o *continuum* de se diferenciar sem cessar, conforme os dois aspectos do fora de campo que também pertencem à imagem visual, um relativo, e o outro absoluto. É na medida em que apresenta ou povoa o absoluto que a música interage como um corpo estranho. Mas o absoluto, ou o todo que muda, não se confunde com sua apresentação direta: por isso está sempre reconstituindo o *continuum* sonoro, *off* e *in*, e referindo-o às imagens visuais que indiretamente o exprimem. Ora, esse segundo momento não anula o outro, e garante o poder específico e autônomo da música.[31] No ponto em que estamos, o cinema *[314]* continua a ser uma arte fundamentalmente visual, em face da qual o *continuum* sonoro se diferencia em duas direções, dois jorros heterogêneos, mas também se reforma, se reconstitui. É o poderoso movimento pelo qual, já no cinema mudo, as imagens visuais se interiorizam em um todo que muda, mas ao mesmo tempo o todo que muda se exterioriza nas imagens visuais. Com o som, a fala e a música, o circuito da imagem-movimento conquista outra figura, outras dimensões ou componentes; mantém, no entanto, a comunicação da imagem e de um todo que se torna cada vez mais rico e complexo. É nesse sentido que o cinema falado perfaz o cinema mudo. Mudo ou falado, vimos, o cinema constitui um imenso "monólogo interior", que não para de se interiorizar e exteriorizar: não uma linguagem, mas uma matéria visual, que é o enunciável da linguagem (seu "significado de potência", diria o linguista Gustave Guillaume), que remete em um caso a enunciados indiretos (intertítulos), no outro a enunciações diretas (atos de fala e de música).

[31] O próprio Michel Fano, em um texto de muitas nuances (*Cinématographe*, p. 9), diz que as duas concepções, a sua e a de Jansen, são igualmente legítimas. Mas me parece que não há sequer escolha a ser feita, e que elas podem implicar-se uma na outra, em dois níveis diferentes.

3

Acabamos de invocar, em certos aspectos, diretores "modernos". Mas, ainda não são essas as razões de eles serem modernos. A diferença entre um cinema dito clássico e um dito moderno não coincide com o cinema mudo e falado. O moderno implica um novo uso do falado, do sonoro e do musical. É como se, em uma primeira aproximação, o ato de fala tendesse a se libertar da dependência em relação à imagem visual, e ganhasse valor por si mesmo, uma autonomia, no entanto, não teatral. O cinema mudo punha o ato de fala em estilo indireto, pois devia ser lido como intertítulo; a essência do cinema falado, em compensação, era fazer o ato de fala aceder ao estilo direto, e fazê-lo interagir com a imagem visual, ao mesmo tempo que conservava seu pertencimento a essa imagem, inclusive na voz *off*. Com o cinema moderno, porém, surge uma utilização muito especial da voz, que poderíamos chamar de estilo indireto livre, e que ultrapassa a oposição entre direto e indireto. Não é uma mistura de indireto e direto, mas uma dimensão *[315]* original, irredutível, em formas diversas.[32] Nós a encontramos várias vezes nos capítulos anteriores, seja em um cinema chamado erroneamente de "direto", ou em um cinema de composição que, erroneamente, se chamaria de "indireto". Limitando-nos ao segundo caso, o discurso indireto livre pode ser apresentado como passagem do indireto ao direto, ou o inverso, embora não seja uma mistura. Explicando sua prática, Rohmer costuma dizer que os *Contos morais* eram encenações de textos inicialmente escritos em estilo indireto, e que depois passaram a diálogos: a voz *off* apaga-se, até mesmo o narrador entra em relação direta com um outro (como a escritora de *O joelho de Claire* [*Le Genou*

[32] Definimos o discurso indireto livre como uma enunciação que faz parte de um enunciado que depende de outro sujeito de enunciação; por exemplo: "Ela reúne suas energias, prefere padecer a tortura a perder a virgindade". Mikhail Bakhtin mostra que não se trata de uma forma mista (*Le Marxisme et la philosophie du langage*, Paris, Minuit, 1977, 3ª parte) [ed. bras.: Valentin Volóchinov (Círculo de Bakhtin), *Marxismo e filosofia da linguagem*, tradução de Sheila Grillo e Ekaterina Vólkova Américo, São Paulo, Editora 34, 2017].

de Claire, 1970]), mas em condições tais que o estilo direto conserva as marcas de uma origem indireta e não se deixa fixar na primeira pessoa. Fora das séries dos *Contos*, os dois grandes filmes de Rohmer, *A marquesa d'O* [*La marquise d'O*, 1976] e *Perceval, o gaulês*, conseguem dar ao cinema a potência do indireto livre, tal como aparece na literatura de Kleist, ou no romance medieval, onde as personagens podem falar de si mesmas na terceira pessoa ("Ela chora", canta Blanchefleur).[33] Dir-se-ia que Rohmer tomou o caminho inverso ao de Bresson, que já se valera duas vezes de Dostoiévski, e uma do romance medieval. Pois, em Bresson, não é o discurso indireto que é tratado como direto, e sim o inverso; era o direto, o diálogo, que era tratado como se fosse reportado por outra pessoa: daí a célebre voz bressoniana, a voz do "modelo", em oposição à voz do ator de teatro, em que a personagem fala como se escutasse as próprias palavras reportadas por outro, para atingir uma *literalidade* da voz, separá-la de qualquer ressonância direta, e fazê-la produzir um discurso indireto livre.[34] *[316]*

Se é verdade que o cinema moderno implica a ruína do esquema sensório-motor, o ato de fala já não se insere no encadeamento das ações e reações, e também não revela uma trama de interações. Ele se concentra sobre si mesmo, não é mais dependência ou

[33] Cf. Éric Rohmer, "Le Film et les trois plan du discours, indirect, direct, hyperdirect", em *Le Goût de la beauté*, Paris, Cahiers du Cinéma/Éditions de l'Étoile, 1984, pp. 96-9.

[34] Michel Chion, p. 73: "O modelo bressoniano fala como nos escutamos: recolhendo em si mesmo o que acaba de dizer à medida que diz, de modo que parece fechar o discurso na medida em que o emite, sem lhe deixar a possibilidade de ressoar no parceiro ou no público [...]. Em *O diabo, provavelmente* [*Le Diable, probablement*, Robert Bresson, 1977] já não ressoa voz alguma" (cf. Serge Daney, *La Rampe*, Paris, Cahiers du Cinéma/Gallimard, 1983, pp. 135-43 [ed. bras.: *A rampa*, tradução de Marcelo Rezende, São Paulo, Cosac Naify, 2007]). Em *Quatro noites de um sonhador* [*Quatre nuits d'un rêveur*, Robert Bresson, 1971], o *flashback* ganha um sentido especial, já que permite ainda mais às personagens falar como se reportassem suas próprias falas. Observaremos que Dostoiévski já dotava seu herói [de *Noites brancas*] de uma voz estranha ("comecei como se lesse um livro...", "quando você fala parece que está lendo um livro...").

pertencimento da imagem visual, torna-se uma imagem integralmente sonora, ganha autonomia cinematográfica, e o cinema torna-se realmente audiovisual. E é isso o que faz a unidade de todas as novas formas do ato de fala, quando este entra no regime do indireto-livre: esse ato pelo qual o falado torna-se, enfim, autônomo. Portanto não se trata mais de ação e reação, nem de interação, nem mesmo de reflexão. O ato de fala mudou de status. Se nos reportamos ao cinema "direto", encontramos plenamente esse novo status que dá à fala o valor de uma indireta livre: é a fabulação. O ato de fala torna-se ato de *fabulação*, em Rouch ou em Perrault, o que Perrault chama de "flagrante delito de criar lendas", e que adquire o alcance político de constituição de um povo (é somente por aí que podemos definir um cinema apresentado como direto ou vivido). E, no cinema de composição, como o de Bresson ou Rohmer, resultado análogo será alcançado em outros níveis, com outros meios. Segundo Rohmer, é a análise dos costumes de uma sociedade em crise que permite revelar a fala como "afabulação realizadora", criadora do acontecimento.[35] Com Bresson, inversamente, é o acontecimento que a fala deve remontar por dentro, para tirar dele a parte espiritual, da qual *[317]* somos o eterno contemporâneo: o que faz memória ou lenda, o "in-terno" de Péguy. Indireto livre, o ato da fala torna-se ato político de fabulação, ato moral de conto, ato supra-histórico de lenda.[36] Acontece a

[35] Marion Vidal, *Les Contes moraux d'Éric Rohmer*, Paris, Lherminier, 1977, pp. 126-8: em *O joelho de Claire*, o narrador dirige-se à romancista; "se ela admite a narrativa de Jerôme, este último terá ganhado, terá se tornado personagem de romance, comparável ao menos a Valmont e a Julien Sorel. É o princípio mesmo da afabulação realisante que permite, pela magia do verbo, conferir corpo a uma realidade impalpável e praticamente inexistente". Sobre o que Rohmer chama de "mentira" como princípio cinematográfico, cf. *Le Goût de la beauté*, Paris, Cahiers du Cinéma/Éditions de l'Étoile, 1984, pp. 39-40.

[36] A importância de Pasolini aqui seria ainda maior por ter ele introduzido, como vimos, o "indireto livre" no cinema. Para uma análise do ato de fala em Pasolini, ora ato de conto, ora ato de mito, cf. *Pier Paolo Pasolini I* e *II*, col. Études Cinématographiques, vols. 40 e 41, nº 112-114, Paris, Minard, 1976-77 (sobre o mito e o sagrado, em *O Evangelho segundo São Ma-*

Rohmer, como a Robbe-Grillet, de partir simplesmente de um ato de mentira, do qual o cinema seria capaz, em oposição ao teatro; mas é óbvio que, nos dois diretores, a mentira, aqui, ultrapassa singularmente o seu conceito usual.

A ruptura do liame sensório-motor não afeta apenas o ato de fala que se encurva, escava, e no qual a voz só remete a si mesma e a outras vozes. Afeta também a imagem visual, que revela agora os espaços quaisquer, espaços vazios ou desconectados, característicos do cinema moderno. É como se a palavra, tendo-se retirado da imagem para se tornar ato fundador, a imagem, por seu lado, fazia ascender as fundações do espaço, as "bases", potências mudas de antes ou de depois da fala, de antes ou de depois dos homens. A imagem visual torna-se *arqueológica*, *estratigráfica*, *tectônica*. Não que sejamos remetidos à pré-história (há uma arqueologia do presente), mas às camadas desertas de nosso tempo que dissimulam nossas próprias fantasias, às camadas lacunares que se justapõem conforme orientações e concatenações variáveis. São os desertos nas cidades alemãs. São os desertos de Pasolini, que fazem da pré-história o elemento poético abstrato, a "essência" copresente a nossa história, o pedestal arqueozoico que revela por baixo da nossa uma história interminável. Ou os desertos de Antonioni, que agora só conservam, em última análise, percursos abstratos, e recobrem fragmentos multiplicados de um par primordial. São fragmentações de Bresson, que ligam ou reencadeiam pedaços de espaço, cada um fechando-se por conta própria. Em Rohmer, é o corpo feminino que sofre fragmentações, sem dúvida como fetiches, mas também como pedaços de um vaso ou de um *[318]* pote irisado oriundo do mar: os *Contos* são uma coleção arqueológica de nosso tempo. E o mar, ou, sobretudo, o espaço de *Perceval*, são afetados por uma curvatura que se impõe a trajetos quase abstratos. Perrault, em *Um reino vos espera* [*Un royaume vous*

teus [*Il vangelo secondo Matteo*, 1964], *Édipo Rei* [*Edipo re*, 1967], *Teorema* [1968], *Medeia* [*Medea*, 1969], I, artigos de Maakaroun e Amengual; sobre o conto e a narrativa, em *Decameron* [*Il Decameron*, 1971], *Os contos de Canterbury* [*I racconti di Canterbury*, 1972], *As mil e uma noites* [*Il fiore dele mille e uma notte*, 1974], II, artigos de Sémolué e Amengual).

attend, 1970], mostra os lentos tratores que transportam, assim que amanhece, as casas pré-fabricadas, para esvaziar a paisagem: trouxeram homens para cá, hoje os levam embora. *O país da terra sem árvore* é uma obra-prima onde se justapõem imagens geográficas, cartográficas, arqueológicas no percurso, que se tornou abstrato, do caribu quase desaparecido. Resnais mergulha a imagem nas eras do mundo e em ordens variáveis de camadas, que atravessam as próprias personagens, e unem, por exemplo, em *Morrer de amor*, a botânica e o arqueólogo que retornou de entre os mortos. Mas são ainda, essencialmente, as paisagens estratigráficas, vazias e lacunares dos Straub, onde os movimentos de câmera (quando os há, em especial as panorâmicas) traçam a curva abstrata do que aconteceu, e a terra vale pelo que nela é dissimulado: a gruta de *Othon* [Jean-Marie Straub e Danièle Huillet, 1970], onde os resistentes escondiam as armas, as pedreiras de mármore e o campo italiano onde as populações civis foram massacradas, em *Fortini/Cani* [Jean-Marie Straub e Danièle Huillet, 1976], o campo de trigo em *Da nuvem à resistência* [*De la nuée à la résistence*, Jean-Marie Straub e Danièle Huillet, 1979], fertilizado pelo sangue das vítimas sacrificiais (ou o plano do capim e das acácias), o campo francês e o campo egípcio de *Cedo demais, tarde demais* [*Trop tôt, trop tard*, Jean-Marie Straub e Danièle Huillet, 1982].[37] À questão: o que é um plano straubiano?, podemos responder, co-

[37] Sobre esse ponto, como sobre o conjunto do cinema de Straub e Huillet, há dois textos fundamentais, de Jean Narboni e de Serge Daney (*Cahiers du Cinéma*, nº 275, abr. 1977, e nº 305, nov. 1979). Narboni insiste no que é escondido, nas lacunas ou intervalos, na imagem visual como "pedra", e no que ele chama de "lugares de memória". Daney intitula seu texto "O plano straubiano", e responde à questão dizendo: "O plano como túmulo" ("o conteúdo do plano é então, *stricto sensu*, o que se esconde nele, os cadáveres sob a terra"). Não se trata, é claro, de um túmulo antigo, mas de uma arqueologia de nosso tempo. Daney já havia tratado desse tema em outro texto intitulado "Um túmulo para o olho" (*La Rampe*, pp. 70-7), onde ele observa, de passagem, que há em Straub uma fragmentação dos corpos que os refere à terra, "valorização discreta das partes mais neutras do corpo, as menos espetaculares, aqui um tornozelo, ali um joelho". Seria uma razão, mesmo menor, para confirmar a comparação com Bresson, com Rohmer. Acrescentaremos aos textos de Narboni e de Daney, o de Jean-Claude Biette,

mo um manual de estratigrafia, que é um corte que comporta as linhas pontilhadas de *fácies [319]* desaparecidas e as linhas cheias dos que ainda tocamos. A imagem visual, em Straub, é a rocha.

"Vazios", "desconectados" não são as melhores palavras. Um espaço vazio, sem personagem (ou no qual as próprias personagens atestam o vazio) possui uma plenitude à qual nada falta. Pedaços de espaço desconectado, desencadeados, são objeto de um reencadeamento específico por cima do intervalo: a ausência de acordo é apenas a aparência de uma ligação, que pode se fazer de infinitas maneiras. Nesse sentido, a imagem arqueológica, ou estratificada, é, ao mesmo tempo, *lida* e vista. Noël Burch dizia muito bem que, quando as imagens param de se encadear "com naturalidade", quando remetem a um uso sistemático do falso-*raccord* ou do *raccord* em 180°, dir-se-ia que os próprios planos giram ou "reviram-se", e sua apreensão "requer considerável esforço de memória e de imaginação, isto é, *uma leitura*". É o que acontece em Straub: segundo Daney, *Moisés e Aarão* [*Moses und Aron*, Jean-Marie Straub e Danièle Huillet, 1973] são como figuras que vêm se inscrever de ambos os lados da imagem branca ou vazia, direito e avesso de uma mesma peça, "algo que está unido e depois disjunto, de tal modo que seus dois aspectos sejam mostrados ao mesmo tempo"; e nas próprias paisagens ambíguas produz-se toda uma "coalescência" do percebido com o memorado, o imaginado, o sabido.[38] Não no sentido em que outrora se dizia: "perceber é saber, é imaginar, é lembrar", mas no sentido em que a leitura é uma função do olho, uma percepção de percepção, uma percepção que não apreende a percepção sem também apreender o avesso, imaginação, memória ou saber. Em suma, o que chamamos leitura da imagem visual é o estado estratigráfico, a revirada da imagem, o ato correspondente de percepção que está sempre convertendo o vazio em pleno, o direito em avesso. Ler é reencadear em vez de

analisando as paisagens estratigráficas de *Cedo demais, tarde demais*, e o papel das panorâmicas (*Cahiers du Cinéma*, nº 332, fev. 1982).

[38] Cf. Daney, *Cahiers du Cinéma*, nº 305, nov. 1979, p. 6. E, a propósito de *Moisés e Aarão*, a entrevista de Straub e Huillet com Bontemps, Bonitzer e Daney, *Cahiers du Cinéma*, nº 258, jul. 1975, p. 17.

encadear, é girar, revirar, em vez de seguir do lado direito: uma nova Analítica da imagem. Sem dúvida, desde o início do cinema falado, a imagem visual começou a tornar-se legível enquanto tal. Mas era porque o falado, como pertencimento ou dependência, fazia ver algo nessa *[320]* imagem, e era ele próprio visto. Eisenstein criava a noção de *imagem lida*, em conexão com o musical, mas ainda aí era porque a música fazia ver impondo ao olho uma orientação irreversível. Agora já não é assim, nesse segundo estágio do cinema falado. É o contrário, como a fala ouvida deixa de fazer ver e de ser vista, como se torna independente da imagem visual, a imagem visual acede à nova legibilidade das coisas, e torna-se um corte arqueológico, ou melhor, estratigráfico, que deve ser lido: "A rocha não se deixa tocar por palavras", é dito em *Da nuvem...* E, em *Fortini/Cani*, Jean-Claude Bonnet analisa a "grande fissura central", a sequência "telúrica, geológica, geofísica", sem texto, "onde a paisagem é dada à leitura como lugar de inscrição de lutas, teatro vazio das operações".[39] É um novo sentido de "legível" que aparece para a imagem visual, ao mesmo tempo que o ato de fala torna-se por si mesmo imagem sonora autônoma.

Repetidas vezes foi observado que o cinema moderno, de certo modo, estava mais perto do cinema mudo do que do primeiro estágio do falado: não somente porque certas vezes reintroduzia os intertítulos, mas também porque recorre ao outro meio do cinema mudo, as injeções de elementos de escrita na imagem visual (cadernos, cartas, e, constantemente em Straub, inscrições lapidares ou petrificadas, "placas comemorativas, monumentos aos mortos, nomes de rua...").[40] No entanto, não tem cabimento aproxi-

[39] Jean-Claude Bonnet, "Trois cinéastes du texte", *Cinématographe*, nº 31, out. 1977, p. 3 (é o próprio Straub que fala em sequência telúrica e fissura central).

[40] Jean Narboni, *Cahiers du Cinéma*, nº 275, abr. 1977, p. 9. Pascal Bonitzer havia falado em "inscrições petrificadas e paralisantes": "trabalhamos com blocos, dizem os Straub [...], por exemplo, a dedicatória "*Für Holger Meins*" escrita em um bloco de planos em epígrafe de *Moisés e Aarão* é o que acabou ganhando, para os Straub, maior importância no filme" (*Le Regard et la voix*, p. 67).

mar o cinema moderno do cinema mudo mais que do primeiro estágio do falado. Pois, no mudo, estávamos diante de dois tipos de imagens, uma vista, e outra lida (intertítulo), ou diante de dois elementos da imagem (injeções escriturais). Enquanto agora é a imagem visual que deve ser lida inteiramente, os intertítulos e injeções sendo apenas os pontilhados de uma camada estratigráfica, ou concatenações variáveis de uma *[321]* camada a outra, passagens de uma a outra (daí, por exemplo, as transformações eletrônicas do escritural em Godard).[41] Em suma, no cinema moderno, a legibilidade da imagem visual, o "dever" de ler a imagem, já não remete a um elemento específico como no cinema mudo, nem a um efeito global do ato de fala sobre a imagem vista, como no primeiro estágio do cinema falado. Com o ato de fala passando para outro lugar e ganhando autonomia, a imagem visual descobre uma arqueologia ou uma estratigrafia, ou seja, uma leitura que lhe concerne inteiramente, e só a ela. A estética da imagem visual ganha, pois, uma nova característica: suas qualidades pictóricas ou esculturais dependem de uma potência geológica, tectônica, como nas rochas de Cézanne. É o que acontece no mais alto grau em Straub.[42] A imagem visual mostra seus embasamentos geológicos

[41] Claro, as inscrições na imagem (cartas, manchetes de jornais) eram frequentes no primeiro estágio do cinema falado: mas na maioria das vezes eram substituídas pela voz (por exemplo, a voz do vendedor de jornal). Enquanto as inscrições e os intertítulos valem por si mesmos, no cinema moderno como no cinema mudo; no entanto, de maneira bem diferente: o cinema moderno efetua um "embaralhamento" do sentido escrito, como mostra Jacques Fieschi, que dedica à questão dois artigos, confrontando o moderno e o mudo, "Mots en image" e "Cartons, chiffres et letres". *Cinématographe*, nº 21 e 32, out. 1976 e nov. 1977.

[42] A força tectônica ou geológica da imagem pictórica em Cézanne não é um traço que se acrescenta aos outros, mas uma característica global que transforma o conjunto, não apenas nas paisagens, um rochedo ou uma linha de montanha, mas também nas naturezas-mortas. É um novo regime da sensação visual, que se opõe à sensação desmaterializada do impressionismo, como à sensação projetada, alucinatória, do expressionismo. É a "sensação materializada", à qual Straub se refere quando invoca Cézanne: um filme não tem que dar ou produzir sensações no espectador, mas "materializá-las", chegar a uma tectônica da sensação. Cf. *Entretien*, nº 305, p. 19.

ou fundações, enquanto o ato de fala, ou até mesmo a música, se torna, por seu lado, fundador, aéreo. Assim se explica, talvez, o imenso paradoxo de Ozu: pois Ozu, já no cinema mudo, foi aquele que inventou os espaços vazios e desconectados, e até mesmo naturezas-mortas, que revelavam os embasamentos da imagem visual e a submetiam enquanto tal a uma leitura estratigráfica; com isso ele estava tão à frente do cinema moderno que já nem precisava do cinema falado: e, quando se volta para o falado, já bem tarde, uma vez mais como precursor, será para tratá-lo diretamente no segundo estágio, em uma "dissociação" das duas potências que *[322]* reforça cada uma delas, em uma "divisão do trabalho entre imagem apresentacional e voz representacional".[43] No cinema moderno a imagem visual adquire uma nova estética: torna-se legível, ganhando uma potência que usualmente não existia no cinema mudo, enquanto o ato de fala passou para outro lugar, ganhando uma potência que não existia no primeiro estágio do cinema falado. O ato de fala aéreo cria o acontecimento, mas sempre posto atravessado sobre camadas visuais tectônicas: são duas trajetórias que se atravessam. Ele cria o acontecimento, mas em um espaço vazio de acontecimento. O que define o cinema moderno é um "vaivém entre a fala e a imagem", que deverá inventar a nova conexão delas (não apenas Ozu, Straub, mas também Rohmer, Resnais e Robbe-Grillet...).[44]

[43] A nosso conhecimento, foi Noël Burch que reinventou a noção de "leitura" da imagem visual, dando-lhe um sentido original, bem diferente do de Eisenstein. Ele a define, como vimos na citação anterior, e a aplica particularmente a Ozu: *Pour um observateur lointain*, Paris, Cahiers du Cinéma/ Gallimard, 1982, pp. 175, 179 e sobretudo 185. E ele mostra como Ozu, voltando-se para o cinema falado, em 1936 (*Filho único* [*Hitori Musuko*]), introduz uma "divisão de trabalho" ou uma disjunção entre o "acontecimento falado" e a imagem congelada "sem acontecimentos": pp. 186 e 189.

[44] Marion Vidal analisa em *O joelho de Claire*, de Rohmer, uma sequência que começa por uma imagem quase imóvel, escultural e pictórica, para passar a uma narração que retornará à imagem congelada: "vaivém entre a fala e a imagem" (p. 128). Vidal costuma mostrar como a fala, em Rohmer, cria o acontecimento. Do mesmo modo, em *O ano passado em Marienbad*, de Resnais e Robbe-Grillet, há um vaivém entre a fala narradora que

No caso mais simples, essa nova distribuição do visual e do falado se faz na mesma imagem, mas que agora é audiovisual. Para isso é preciso toda uma pedagogia, pois devemos tanto ler o visual quanto ouvir o ato de fala de uma nova maneira. Por isso Serge Daney invoca uma "pedagogia godardiana", uma "pedagogia straubiana". E a primeira manifestação de grande pedagogia, no caso mais simples e decisivo, seria a obra final de Rossellini. É como se Rossellini tivesse sabido reinventar uma escola primária, absolutamente necessária, com sua lição de coisas e sua lição de palavras, sua gramática do discurso e manipulação dos objetos. Essa pedagogia, que não se confunde com um documentário ou uma pesquisa, aparece particularmente em *[323] O absolutismo — a ascensão de Luís XV* [*La Prise de pouvoir par Louis XIV*, Roberto Rossellini, 1966]: Luís XIV dá ao costureiro uma lição de coisas, fazendo acrescentar fitas e nós ao protótipo da veste de corte que deve ocupar as mãos dos nobres, e noutro momento dá a lição de uma nova gramática, na qual o rei se torna o único sujeito de enunciação, enquanto as coisas se fazem conforme o seu desígnio. A pedagogia de Rossellini, ou melhor, sua "didática" não consiste em reportar discursos e mostrar coisas, mas em destacar a estrutura simples do discurso, o ato de fala, e a fabricação cotidiana de objetos, pequenos ou grandes trabalhos, artesanato ou indústria. *O messias* (*Il messia*) conjuga as parábolas como ato de fala do Cristo e a confecção de objetos artesanais; *Santo Agostinho* [*Agostino d'Ippona*, Roberto Rossellini, 1972] conjuga o ato de fé e a nova escultura (assim como os objetos de *Blaise Pascal* [Roberto Rossellini, 1972], o mercado de *Sócrates* [Roberto Rossellini, 1971]...). Duas trajetórias se combinam. O que interessa a Rossellini é fazer entender "a luta" como emergência do novo: não uma luta entre as duas trajetórias, mas uma luta que só pode revelar-se através das duas, graças ao vaivém delas. Sob os discursos, é preciso encontrar o novo estilo de ato de fala que a cada vez se destaca, em uma luta linguageira com o antigo, e, sob as coisas, o novo espaço que se forma, em oposição tectônica com o antigo. O

cria o acontecimento e o parque congelado que ganha um valor mineral ou tectônico, com suas diversas regiões, branca, cinza, negra.

espaço de Luís XIV é Versalhes, o espaço construído que se opõe aos empilhados de Mazarino, mas também o espaço industrial no qual as coisas vão ser produzidas em série. Quer se trate de Sócrates, Cristo, Agostinho, Luís XIV, Pascal ou Descartes, o ato de fala desprende-se do velho estilo, ao mesmo tempo que o espaço forma uma nova camada que tende a reencobrir a antiga; por toda a parte uma luta marca o itinerário de um mundo que sai de um momento histórico para entrar em outro, o difícil parto de um novo mundo, sob a dupla pressão das palavras e das coisas, ato de fala e espaço estratificado. É uma concepção da história que convoca a um só tempo o cômico e o dramático, o extraordinário e o cotidiano: novos tipos de atos de fala e novas estruturações de espaço. Uma concepção "arqueológica", quase no sentido de Michel Foucault. É um método que Godard herdará, e do qual fará a base de sua própria pedagogia, de seu próprio didatismo: das lições de coisas e de palavras em *Seis vezes dois*, até a célebre sequência de *Salve-se quem puder (a vida)*, quando a lição *[324]* de vida, ou de coisas, tem por objeto as posturas que o cliente impõe à prostituta, e a lição de palavras os fonemas que ele a faz proferir, ambas bem distintas.

É sobre essa base pedagógica que se constrói o novo regime da imagem. Vimos que esse novo regime consiste no seguinte: as imagens, as sequências já não se encadeiam por cortes racionais, que encerram a primeira ou começam a segunda, mas reencadeiam-se sobre cortes irracionais, que já não pertencem a nenhuma das duas e valem por si mesmos (interstícios). Os cortes irracionais têm, portanto, valor disjuntivo, não mais conjuntivo.[45] No caso complexo que agora consideramos, a questão é: para onde vão esses cortes, e em que consistem, já que têm autonomia? Encontramo-nos diante de uma primeira sequência de imagens visuais com componente sonoro e falado, como no primeiro estágio do cinema falado; mas elas tendem para um limite que já não lhes pertence, tampouco pertence à segunda sequência. Ora, esse limite, esse cor-

[45] Nöel Burch, p. 174: Do falso-*raccord* "resulta um efeito de hiato que acentua a natureza disjuntiva da mudança de plano, que a elaboração das regras de montagem havia constantemente obliterado".

te irracional pode apresentar-se nas mais diversas formas visuais: seja na forma fixa de uma sequência de imagens insólitas, "anômalas", que vêm interromper o encadeamento normal das duas sequências; seja na forma ampliada da tela preta, ou da tela branca, e seus derivados. *Mas, a cada vez, o corte irracional implica o novo estágio do cinema falado, a nova figura do sonoro.* Talvez seja um ato de silêncio, no sentido em que são o cinema falado e o musical que inventam o silêncio. Talvez seja um ato de fala, mas sob o aspecto fabulador ou fundador que ele ganha aqui, diferentemente de seus aspectos "clássicos". São numerosos os casos na *nouvelle vague*: por exemplo, *Atirem no pianista* [*Tirez sur le pianiste*, 1960], de Truffaut, onde um estranho ato de fala vem interromper a perseguição motora, tão mais estranho quanto mantém a aparência de uma simples conversa casual; entretanto, é com Godard que o procedimento adquire força plena, pois o corte irracional para o qual tende uma sequência normal é o gênero ou a *[325]* categoria personificada, que requer, precisamente, o ato de fala como fundador (a intercessão de Brice Parain em *Viver a vida*), como fabulador (intercessão de Devos em *O demônio das onze horas*). Talvez também seja um ato de música, no sentido em que a música encontrará seu lugar natural na tela preta nevada que vem cortar as sequências de imagens, e preencherá esse intervalo, para distribuir as imagens em duas séries sempre remanejadas: é a organização de *Morrer de amor*, de Resnais, onde a música de Henze só se deixa ouvir nos intervalos, ganhando uma função disjuntiva móvel entre as duas séries, da morte à vida e da vida à morte. O caso pode ser ainda mais complexo, quando a série de imagens não tende apenas para um limite musical como corte ou categoria (como em *Salve-se quem puder...*, de Godard, onde ressoa a questão: que música é esta?), mas quando o próprio corte, o próprio limite, forma uma série que se superpõe à primeira (como a construção vertical de *Carmen*, em que as imagens do quarteto se desenvolvem em uma série que pode superpor-se às séries cujos cortes elas asseguram). Godard é, certamente, um dos autores que mais refletiu sobre as conexões do visual e do sonoro. Mas sua tendência a reinvestir o sonoro no visual, com o objetivo último (como dizia Daney) de "restituí-los" ao corpo de onde foram retirados, conduz a um sistema de desprendimentos ou de microcortes em todos os sentidos: os cortes se dispersam, e não passam mais entre o sonoro e o visual, mas no visual, no sonoro, e em suas concatenações multiplicadas.[46] O que acontece, ao contrário, quando o corte irracional, o interstício ou o intervalo, passam entre um visual e um sonoro purificados, disjuntivos, libertos um do outro?

Voltando a uma pedagogia demonstrativa, o filme de Eustache, *As fotos de Alix* [*Les Photos d'Alix*, 1980], reduz o visual a fotos, a voz a um comentário, mas entre o comentário e a foto progressivamente se abre uma brecha, sem que, aliás, *[326]* a testemunha se espante com essa heterogeneidade que aumenta. A partir de *O ano passado em Marienbad*, e em toda a sua obra, Robbe-Grillet utilizou uma nova assincronia, na qual o falado e o visual já não se colavam, já não correspondiam, mas se desmentiam e contradiziam, sem que pudéssemos dar mais "razão" a um ou a outro: algo indecidível entre os dois (como nota Gardies, o visual não tem qualquer privilégio de autenticidade, e não comporta menos inverossimilhanças que a fala). E as contradições já não nos deixam confrontar simplesmente o ouvido e o visto separadamente, ou um a um, pedagogicamente: o papel delas é de induzir um sistema de desprendimentos e entrelaçamentos que determinam alternadamente os diferentes presentes por antecipação ou retrogradação, em uma imagem-tempo direta, ou organizam uma série de potências, retrogradável ou progressiva, sob o signo do falso.[47]

[46] Marie-Claire Ropars analisa a esse respeito um movimento frequente na obra de Godard: a separação dos "componentes abstratos" da imagem vai dar lugar a uma recomposição do todos os seus suportes audiovisuais, "em um instante, o absoluto", até que os componentes novamente se separem (*Jean-Luc Godard*, col. Études Cinématographiques, vol. 27, 1967, pp. 20-7).

[47] São numerosas as contradições do visual-sonoro em *O homem que mente*: o albergue é mostrado cheio de gente, enquanto a voz o apresenta como vazio; a voz de Boris diz "não sei quanto tempo fiquei ali...", enquanto a imagem o mostra se afastando. Mas não são as contradições que contam essencialmente: segundo André Gardies, o que importa são as repetições e permutações que elas permitem, fundadas em uma "paradigmática" que mobi-

O visual e o falado podem encarregar-se em cada caso da distinção entre o real e o imaginário, ora um, ora outro, tal como uma alternativa entre o verdadeiro e o falso; mas uma sequência de imagens audiovisuais necessariamente torna o distinto indiscernível, e a alternativa indecidível. A primeira característica dessa nova imagem é que a "assincronia" não é mais, em absoluto, a que o manifesto soviético invocava, e particularmente Pudóvkin: já não se trata de fazer ouvir falas e sons cuja fonte está em um fora de campo relativo, e que se reportam, portanto, à imagem visual, cujos dados eles apenas evitam duplicar. Também não se trata de uma voz *off* que efetivaria um fora de campo absoluto enquanto conexão com o todo, conexão que ainda pertence à imagem visual. Entrando em rivalidade ou em heterogeneidade com as imagens visuais, a voz *off* não tem mais o poder *[327]* que só as excedia por se definir relativamente aos limites delas: ela perdeu a onipotência que a caracterizava no primeiro estágio do cinema falado. Deixou de ver tudo, tornou-se duvidosa, incerta, ambígua, como em *O homem que mente*, de Robbe-Grillet ou em *India Song* [1975], de Marguerite Duras, pois rompeu as amarras com as imagens visuais que lhe delegavam a onipotência que a elas faltava. A voz *off* perde onipotência, mas ganha autonomia. É esta transformação que Michel Chion analisou tão bem, e levou Bonitzer a propor a noção de "voz *off off*.[48]

liza o visual e o sonoro (*Le Cinéma de Robbe-Grillet*, Paris, Albatros, 1983, cap. VIII e conclusão). Dominique Chateau e François Jost ampliam a noção de paradigma, e fazem com que tenha por objeto parâmetros que cumprem funções de antecipação e retrogradação: daí a descoberta de "tele-estruturas" e de um código audiovisual que delas depende (*Nouveau cinéma, nouvelle sémiologie*, col. 10-18, Paris, Union Générale d'Éditions, 1979, cap. VI).

[48] Michel Chion mostra que aumenta a importância da voz *off* absoluta justamente porque ela deixa de saber e de ver tudo, desistindo da onipotência: ele invoca Marguerite Duras e Bernardo Bertolucci, mas encontra um primeiro exemplo notável disso em *Anatahan* [*The Saga of Anatahan*, 1953], de Sternberg (pp. 30-2). Sobre a "voz *off off*", quando uma falha se introduz entre o visual e o sonoro, cf. Pascal Bonitzer, p. 69. Mais geralmente, seguimos os avatares da voz *off*, conforme as distinções que Daniel Percheron introduz, quando chama "voz *off in*" o caso em que o locutor está na tela, mas

A outra novidade (ou o desenvolvimento da primeira) é, talvez, que não há mais fora de campo nem voz *off*, em nenhum sentido. Por um lado, o falado e o conjunto do sonoro conquistaram autonomia: escaparam da maldição de Balázs (não há imagem sonora...), deixaram de ser um componente da imagem visual, como no primeiro estágio, tornaram-se imagem integralmente. A imagem sonora nasceu, em sua própria ruptura, de sua ruptura com a imagem visual. Já não são nem mesmo dois componentes autônomos de uma mesma imagem audiovisual, como em Rossellini, são duas imagens "heautônomas", uma visual e uma sonora, com uma falha, um interstício, um corte irracional entre ambas.[49] Marguerite Duras diz, de *A mulher do Ganges* [*La Femme du Gange*, 1974]: "São dois filmes, o filme da imagem e o filme das vozes. [...] Os dois filmes estão ali, com total autonomia [...]. [As vozes] também não são vozes *off*, na acepção habitual da palavra: não facilitam o desenrolar do filme, ao contrário, elas o entravam, o perturbam. Não deveríamos prendê-las ao filme da imagem".[50] *[328]* É que, por outro lado e ao mesmo tempo, a segunda maldição de Balázs também se apaga: ele reconhecia a existência de *closes* sonoros, de fusões etc., mas excluía qualquer possibilidade de um enquadramento sonoro, pois dizia que o som não tinha lados.[51] Entretanto, o enquadramento visual define-se agora menos pela escolha de um lado preexistente do objeto visual que pela invenção de um ponto de vista que desconecta os lados, ou instaura um vazio entre eles, de maneira a extrair um espaço puro, um espaço qualquer, do espaço dado nos objetos. Um enquadramento sonoro se definirá pela invenção de um puro ato de fala, de música ou até mesmo de silêncio, que deve extrair-se do *continuum* audível dado nos

nenhuma voz sai de sua boca (*Ça Cinéma*, nº 2, out. 1973); e sobretudo conforme a nova topologia que Serge Daney propõe (*La Rampe*, pp. 144-7).

[49] A distinção "autonomia-heautonomia" é de Kant, em outro contexto (cf. *Crítica do juízo*, introdução, § V).

[50] Marguerite Duras, *Nathalie Granger, suivi de La Femme du Gange*, Paris, Gallimard, 1973, pp. 103-4.

[51] Béla Balázs, *Le Cinéma*, cap. XVI.

ruídos, sons, falas e músicas. Não há, portanto, mais fora de campo, tampouco sons *off* para povoá-lo, já que as duas formas de fora de campo, e as distribuições sonoras correspondentes, eram ainda pertencimentos da imagem visual. Agora, porém, a imagem visual renunciou a sua exterioridade, separou-se do mundo e conquistou seu avesso, libertou-se do que dela dependia. Paralelamente, a imagem sonora livrou-se de sua própria dependência, tornou-se autônoma, conquistou seu enquadramento. A exterioridade da imagem visual enquanto única enquadrada (fora de campo) foi substituída pelo *interstício entre dois enquadramentos, o visual e o sonoro*, corte irracional entre duas imagens, a visual e a sonora. Foi o que nos pareceu definir o segundo estágio do cinema falado (e sem dúvida esse segundo estágio nunca teria nascido sem a televisão, foi a televisão que o tornou possível; mas, visto que a televisão renunciava à maior parte de suas próprias possibilidades criadoras, e nem sequer as compreendia, foi preciso o cinema para lhe dar uma lição pedagógica, foi preciso haver grandes autores de cinema para mostrar o que ela podia, o que poderia; se é verdade que a televisão mata o cinema, o cinema está sempre, em compensação, ressuscitando a televisão, não apenas porque a nutre com seus filmes, mas porque os grandes autores de cinema inventam a imagem audiovisual, que estão dispostos a "dar" à televisão, se esta lhes der a oportunidade, como podemos ver na *[329]* obra final de Rossellini, nas intervenções de Godard, nas intenções constantes dos Straub, ou em Renoir, em Antonioni...).

Encontramo-nos, então, diante de dois problemas. De acordo com o primeiro, se é verdade que o enquadramento sonoro consiste em destacar um ato de fala ou de música puros, nas condições criadoras do cinema, em que consiste este ato? É ele que poderemos chamar de "enunciado ou enunciação propriamente cinematográficos". Mas, ao mesmo tempo, a questão evidentemente extravasa o cinema. A sociolinguística interessou-se bastante pelos atos de fala, e por suas possibilidades de classificação. O cinema falado, em sua história e sem querer, não propõe uma classificação que poderia irromper também noutro lugar, e ter importância filosófica? O cinema nos convidava a distinguir atos de fala interativos, mais propriamente no som *in* e no som *off* relativo; atos de fala reflexivos, sobretudo no som *off* absoluto; enfim, atos de fala mais misteriosos, atos de fabulação, "flagrantes delitos de criar lendas", que seriam puros na medida em que fossem autônomos e não pertencessem mais à imagem visual.[52] O primeiro problema é, pois, o de saber qual é a natureza desses atos puros cinematográficos. O segundo problema seria o seguinte: quando os atos de fala são supostamente puros, quer dizer, não são mais componentes ou dimensões da imagem visual, o status da imagem se modifica, pois o visual e o sonoro se tornaram dois componentes autônomos de uma mesma imagem realmente audiovisual (por exemplo, em Rossellini). Mas não podemos deter esse movimento: o visual e o sonoro vão dar lugar às duas imagens heautônomas, uma imagem auditiva e uma óptica, constantemente separadas, dissociadas ou desprendidas pelo corte irracional entre ambos (Robbe-Grillet, Straub, Marguerite Duras). No entanto, a imagem que se tornou audiovisual não se estilhaça, ao contrário, ganha uma nova consistência *[330]* que depende de uma vinculação mais complexa entre a imagem visual *e* a imagem sonora. Tanto assim que não acreditamos na declaração de Marguerite Duras, a propósito de *A mulher do Ganges*: as duas imagens estariam ligadas apenas por uma "concomitância material", ambas escritas na mesma película e sendo vistas ao mesmo tempo. É uma declaração de humor ou de provocação, que proclama, aliás, o que pretende negar, já que imputa a cada uma das duas imagens o poder da outra. Caso contrário, não haveria nenhuma necessidade própria à obra de arte, mas apenas contingência e gratuidade, qualquer coisa sobre qualquer coisa, como na massa dos filmes ruins estetizantes, ou

[52] No campo da linguística não nos referimos à análise das dimensões do ato de fala, feita por Austin e seus sucessores, mas às classificações desses atos como "funções" ou "potências" da linguagem (Malinowski, Firth, Marcel Cohen). Encontra-se um balanço desta questão em Oswald Ducrot e Tzvetan Todorov, *Dictionnaire encyclopédique des sciences du langage*, Paris, Seuil, 1972, pp. 87-91 [ed. bras.: *Dicionário enciclopédico das ciências da linguagem*, tradução de Jacó Guinzburg e outros, São Paulo, Perspectiva, 2001]. A distinção tripartida que propomos — interativo, reflexivo e fabulativo — parece-nos estar fundada no cinema, mas talvez possa ter extensão mais ampla.

como Mitry critica na própria Marguerite Duras. A heautonomia das duas imagens não suprime, mas reforça a natureza audiovisual da imagem, consolida a conquista do audiovisual. O segundo problema se refere, pois, à complexa vinculação das duas imagens heterogêneas, não correspondentes, díspares: o novo entrelaçamento, um reencadeamento específico.

Destacar o ato de fala puro, o enunciado propriamente cinematográfico ou a imagem sonora é o primeiro aspecto da obra de Jean-Marie Straub e Danièle Huillet: esse alvo deve ser arrancado a seu suporte lido, texto, livro, cartas ou documentos. E se arranca não por arrebatamento nem por paixão, mas supondo uma determinada resistência do texto, e mais ainda respeito pelo texto, porém, sempre um esforço especial para extrair dele o ato de fala. Na *Crônica de Ana Madalena Bach* [*Chronik der Anna Magdalena Bach*, Jean-Marie Straub e Danièle Huillet, 1968], a suposta voz de Ana Madalena lê as cartas do próprio Bach e os depoimentos de um filho, tanto assim que ela fala como Bach escrevia e falava, acedendo com isso a um tipo de discurso indireto livre. Em *Fortini/Cani*, o livro é visto, as páginas são vistas, as mãos que as viram, o autor Fortini lendo os trechos que não foram escolhidos por ele mesmo, mas dez anos depois, reduzido a "se escutar falar", tomado pelo cansaço, a voz passando pelo espanto, pelo entorpecimento ou aprovação, o não reconhecimento ou o já-ouvido. E certamente *Othon* não mostra nem o texto nem a representação teatral, mas os implica tanto mais quanto a maior parte dos atores não dominam a língua (sotaque italiano, inglês, argentino): o que eles extraem da representação é um ato cinematográfico, o que extraem do texto é o ritmo ou um tempo, o que *[331]* extraem da linguagem é uma "afasia".[53] Em *Da nuvem à resistência*, o ato de

[53] Sobre o "despojamento" da linguagem e o "retorno à afasia", cf. Straub e Huillet, entrevista a propósito de *Othon*, em *Cahiers du Cinéma*, nº 224, out. 1970, e os comentários de Jean Narboni, "La Vicariance du pouvoir", mostrando como a cena teatral permanece "implicada" em sua transformação cinematográfica, p. 45. A propósito de *Fortini/Cani*, Narboni invoca "a ideia de um texto voltando-se contra si mesmo no momento da leitura" (nº 275, p. 13).

fala é extraído dos mitos ("não, não quero..."), e talvez seja apenas na segunda parte, moderna, que ele consiga vencer a resistência do texto, da linguagem preestabelecida dos deuses. Sempre há condições de estranheza que vão destacar ou, como diz Marguerite Duras, "enquadrar" o ato da fala puro.[54] O próprio Moisés é o arauto de um Deus invisível ou pura Fala, verbo, que vence a resistência dos antigos deuses e não se deixa sequer fixar em suas próprias Tábuas. E talvez isso explique o encontro dos Straub com Kafka: pois Kafka também pensava que temos apenas o ato de fala para vencer a resistência dos textos dominantes, das leis preestabelecidas, dos veredictos previamente decididos. Mas, se isso vale para *Moisés e Aarão*, em *Relações de classes* [*Klassenverhältnisse*, Jean-Marie Straub e Danièle Huillet, 1984] já não basta dizer que o ato da fala deve se arrancar ao que resiste a ele: é ele que resiste, é ele o ato de resistência. Não se extrai o ato de fala daquilo que lhe resiste sem o fazer resistente contra o que o ameaça. É ele a violência que ajuda, "lá onde reina a violência": o *Hinaus!*, de Bach. Não seria por isso que o ato de fala é ato de música, no "*sprech-gesang*" de Moisés, mas também na execução da música de Bach que se "arranca" das partituras, mais ainda do que a voz de Ana Madalena "se arrancava" das cartas e documentos? O ato de fala ou de música é uma luta: ele deve ser econômico e raro, infinitamente paciente, para se impor ao que resiste a ele, mas extremamente violento para ser, ele próprio, uma resistência, um ato de resistência.[55] Irresistivelmente, ele ascende. *[332]*

Em *Não reconciliados*, o ato de fala é o da velha, agora mais esquizofrênica que afásica, e ascende até a imagem sonora do tiro

[54] "Aqui o enquadramento é o da fala" (em *Les Films de J.-M. Straub et D. Huillet*, Paris, Goethe Institut, 1977, p. 55).

[55] Straub e Huillet: "A dialética entre paciência e violência esconde-se na própria arte de Bach". E eles insistem na necessidade de mostrar "pessoas tocando música": "Cada trecho de música que mostramos será realmente executado diante da câmera, tomado em som direto e filmado em um único plano. O núcleo do que será mostrado durante um trecho de música é, a cada vez, como se faz essa música. Pode acontecer de ser introduzido por uma partitura, um manuscrito ou uma edição impresa do original..." (*Les Films de J.-M. Straub et D. Huillet*, pp. 12-4).

final: "eu observava como o tempo transcorria; borbulhava, se golpeava, pagava um milhão por uma bala e depois não tinha nem um tostão para um pãozinho". O ato de fala está como que posto de viés sobre todas as imagens visuais que ele atravessa, e que se organizam como vários cortes geológicos, camadas arqueológicas, em ordem variável segundo as fraturas e as lacunas: Hindenburg, Hitler, Adenauer, 1910, 1914, 1942, 1945... É esse, nos Straub, o status comparado da imagem sonora e da imagem visual: pessoas falam em um espaço vazio, e, enquanto a fala ascende, o espaço se embrenha na terra, e não deixa ver, mas faz ler seus aterros arqueológicos, suas espessuras estratigráficas, documenta os trabalhos que foram necessários e as vítimas imoladas para fertilizar um campo, as lutas que se travaram e os cadáveres largados (*Da nuvem*, *Fortini/Cani*). A história é inseparável da terra, a luta de classes ocorre debaixo da terra, e, se quisermos apreender um acontecimento, não devemos mostrá-lo, não devemos passar ao longo do acontecimento, mas nos entranharmos nele, passar por todas as camadas geológicas que são sua história interna (e não apenas um passado mais ou menos longínquo). Não acredito nos grandes acontecimentos ruidosos, dizia Nietzsche. Apreender um acontecimento é ligá-lo às camadas mudas da terra que constituem sua verdadeira continuidade, ou que o inscrevem na luta de classes. Há algo camponês na história. Agora é, portanto, a imagem visual, a paisagem estratigráfica, que por sua vez resiste ao ato de fala e lhe opõe um amontoado silencioso. Até mesmo as cartas, livros e documentos, aquilo de que o ato de fala se arrancava, entraram na paisagem, com os monumentos, os ossuários, as inscrições lapidares. A palavra "resistência" tem vários sentidos para os Straub, e agora são a terra, a árvore e a rocha que resistem ao ato de fala, a Moisés. Moisés é o ato de fala ou a imagem sonora, mas Aarão e a imagem visual, ele *[333]* "dá a ver", e o que ele dá a ver é a continuidade que vem da terra. Moisés é o novo nômade, aquele que não quer outra terra que não a palavra de Deus sempre errante, mas Aarão quer um território, e já o "lê" como meta do movimento. Entre os dois, o deserto, mas também o povo, que "ainda falta" e, no entanto, já está ali. Aarão resiste a Moisés, o povo resiste a Moisés. O que o povo escolherá, a imagem visual ou a imagem sonora, o ato de fala ou a terra?[56] Moisés crava Aarão na terra, mas Moisés sem Aarão não tem conexão com o povo, com a terra! Pode-se dizer que Moisés e Aarão são as duas partes da Ideia; essas partes, entretanto, nunca mais formarão um todo, só uma disjunção de resistência, que deveria impedir a fala de ser despótica, e a terra de pertencer, de ser possuída, submetida à sua última camada. É como em Cézanne, mestre de Straub: por um lado a "obstinada geometria" da imagem visual (o desenho), que se entranha e faz ler os "embasamentos geológicos", por outro essa nuvem, essa "lógica aérea" (cor e luz, dizia Cézanne), mas também ato de fala que ascende da terra para o sol.[57] As duas trajetórias: "a voz vem do outro lado da imagem". Uma resiste à outra, mas é nessa disjunção sempre recriada que a história debaixo da terra adquire valor estético emotivo, e o ato de fala rumo ao sol ganha intenso valor político. Os atos de fala do nômade (*Moisés*), do bastardo (*Da nuvem*...), do exilado (*Relações*...) são atos políticos, e por isso, já de início, eram atos de resistência. Se os Straub dão *[334]* ao filme que baseiam em Kafka o título de *Relações de classes* é porque, já de início, o herói toma a defesa do homem subterrâneo, do motorista de baixo, depois tem de enfrentar a intriga da classe superior, que o separa de seu tio (a entrega da carta): o ato

[56] Cf. a minuciosa análise dos papéis de Moisés e Aarão, na entrevista aos *Cahiers du Cinéma*, nº 258.

[57] Sobre os dois momentos, e sua troca e circulação em Cézanne, cf. Henry Maldiney, *Regard, parole, espace*, Lausanne, L'Âge d'Homme, 1973, pp. 184-92. Certos comentadores marcaram bem a riqueza dos dois momentos nos Straub, de diferentes pontos de vista que sempre nos levam a Cézanne: a "mistura ativa entre duas paixões, a política e a estética" (Jean-Claude Biette, *Cahiers du Cinéma*, nº 332); ou a dupla composição, de cada plano e da conexão entre os planos, "o eixo e o ar" (Manfred Blank, *Cahiers du Cinéma*, nº 305). Este último texto apresenta uma análise do "sistema" em *Da nuvem*... "Enquanto tudo isso era filmado, o sol moveu-se do leste para o oeste e iluminou as pessoas, que sempre vemos no mesmo lugar, de um ângulo diferente para cada plano. [...] E esse sol é o fogo, o fogo que entra na terra e a desperta, é um pôr do sol e um plano paralelo ao plano do campo". Os Straub costumam citar a frase de Cézanne: "Olhem essa montanha, outrora ela foi fogo".

de fala, a imagem sonora, é ato de resistência, tanto quanto em Bach, que desordenava a repartição do profano e do sagrado, tanto quanto em Moisés, que transformava a fala dos sacerdotes e do povo. Mas, inversamente, a imagem visual, a paisagem telúrica desenvolve toda uma potência estética que descobre as camadas de história e de lutas políticas sobre as quais ela está construída. Em *Toda revolução é um lance de dados* [*Toute révolution est un coup de dés*, Jean-Marie Straub e Danièle Huillet, 1977], pessoas recitam o poema de Mallarmé sobre a colina do cemitério onde estão enterrados os mortos da Comuna de Paris: elas repartem entre si os elementos do poema conforme o caráter tipográfico destes, como se fossem objetos desenterrados. A um só tempo, é preciso que a fala crie o acontecimento, o faça surgir, e que o acontecimento silencioso seja encoberto pela terra. O acontecimento é sempre a resistência, entre o que o ato de fala arranca e o que a terra enterra. É um ciclo do céu e da terra, da luz exterior e o do fogo subterrâneo, e ainda mais do sonoro e do visual, que nunca reforma um todo, mas constitui a cada vez a disjunção das duas imagens, ao mesmo tempo que seu novo tipo de conexão, uma conexão de incomensurabilidade bem precisa, não uma ausência de conexão.

O que constitui a imagem audiovisual é uma disjunção, uma dissociação do visual e do sonoro, ambos heutônomos, mas ao mesmo tempo uma conexão incomensurável ou um "irracional" que liga um ao outro, sem formar um todo, sem se propor o menor todo. É uma resistência oriunda da ruína do esquema sensório-motor, e que separa a imagem visual e a imagem sonora, mas integrando-as, mais ainda, em uma conexão não totalizável. Marguerite Duras irá cada vez mais longe nesse sentido: centro de uma trilogia, *India Song* estabelece um extraordinário equilíbrio metastável entre uma imagem sonora que nos faz ouvir todas as vozes (*in* e *off*, relativas e absolutas, atribuíveis e não atribuíveis, todas rivalizando e conspirando, se ignorando, se esquecendo, sem que nenhuma tenha a onipotência ou a última palavra), e uma imagem visual que nos faz ler uma estratigrafia muda (personagens que *[335]* mantêm a boca fechada mesmo quando falam do outro lado, de modo que o que dizem já está no passado composto, enquanto o lugar e o acontecimento, o baile na embaixada, são a camada morta que encobre um antigo estrato ardente, outro baile em outro lugar).[58] Na imagem visual descobre-se a vida sob as cinzas ou por trás dos espelhos, assim como na imagem sonora se extrai um ato de fala puro, mas polívoco, que se separa do teatro e se arranca à escritura. As vozes "intemporais" são como quatro lados de uma entidade sonora, que se confronta com a entidade visual: o visual e o sonoro são perspectivas abertas sobre uma história de amor, ao infinito, a mesma e, no entanto, diferente. Antes de *India Song*, *A mulher do Ganges* já havia fundado a heautonomia da imagem sonora com base nas duas vozes intemporais, e definido o fim do filme quando o sonoro e o visual "tocam" o ponto ao infinito de que são as perspectivas, perdendo então seus respectivos lados.[59] E, depois, *Seu nome de Veneza em Calcutá deserta* [*Son nom de Venise dans Calcutta désert*, Marguerite Duras, 1976] insistirá na heautonomia de uma imagem visual entregue às ruínas, libertando um estrato ainda mais antigo, como um nome de solteira sob o nome da mulher casada, mas tendendo sempre a um fim, quando toca o ponto comum das duas imagens, ao infinito (é como se o visual e o sonoro se encerrassem com o tátil, com a "junção"). *O caminhão* [*Le Camion*, Marguerite Duras, 1977]

[58] *India Song* está entre os filmes que suscitaram um grande número de comentários sobre a conexão visual-sonoro: especialmente Pascal Bonitzer (*Le Regard et la voix*, pp. 148-53); Dominique Noguez (*Éloge du cinéma expérimental*, Paris, Centre Georges Pompidou, 1979, pp. 141-9); Dionys Mascolo, em François Barat e Joël Farges (orgs.), *Marguerite Duras*, Paris, Albatros, 1975, pp. 143-56. Esta última coletânea contém também artigos fundamentais sobre *La Femme du Gange*, escritos por Joël Farges, Jean-Louis Libois e Catherine Weinzaepflen.

[59] Marguerite Duras, *Nathalie Granger, suivi de La Femme du Gange* (Paris, Gallimard, 1973): quando "o filme da imagem" e "o filme das vozes", sem entrar em um novo acordo, tocam, cada um por si, o ponto infinito que constitui a "junção" deles, ambos "morrem", ao mesmo tempo que seus respectivos lados se aplainam (Marguerite Duras determina esse ponto em *La Femme du Gange*, pp. 183-4; mas o filme não termina aí, como se houvesse um "a mais" ou uma sobrevivência, que serão reinvestidos no próximo filme, também duplo).

pode restituir corpo às vozes, no fundo, mas na medida em que o visível se desencarna ou esvazia (a cabine dianteira, o trajeto, as aparições do caminhão fantasma): "Nada mais há além dos lugares de uma história, e de história a que não tem lugar".[60] *[336]*

Os primeiros filmes de Marguerite Duras eram marcados por todas as potências da casa, ou do conjunto parque-casa, medo e desejo, falar e calar, sair e voltar, criar um acontecimento e dissimulá-lo etc. Marguerite Duras era uma grande cineasta da casa, tema tão importante no cinema, não apenas porque as mulheres "habitam" as casas, em todos os sentidos, mas porque as paixões "habitam" as mulheres: é o caso de *Détruire dit-elle* [Marguerite Duras, 1969], e sobretudo de *Nathalie Granger* [Marguerite Duras, 1972], e, mais tarde ainda, *Baxter, Vera Baxter* [Marguerite Duras, 1977]. Mas por que ela vê em *Baxter, Vera Baxter* uma regressão de sua obra, enquanto, em *Nathalie Granger*, uma preparação à trilogia que iria se seguir? Não é a primeira vez que um artista pode considerar que o que realizou com pleno êxito é apenas um passo, à frente ou atrás, relativamente a um objetivo mais profundo. No caso de Marguerite Duras, a casa deixa de satisfazê-la porque só pode assegurar uma autonomia dos componentes visual e sonoro para uma mesma imagem audiovisual (a casa ainda é um lugar, um *locus*, no duplo sentido de fala e espaço). Ir mais longe, entretanto, atingir a heautonomia de uma imagem sonora e de uma imagem visual, fazer das duas imagens as perspectivas de um ponto comum situado no infinito, essa nova concepção do corte irracional não pode se fazer na casa, nem mesmo com ela. Sem dúvida a casa-parque já tinha a maioria das propriedades de um espaço qualquer, os vazios e desconcatenações. Mas era preciso abandonar a casa, abolir a casa, para que o espaço qualquer pudesse se construir tão somente na fuga, ao mesmo tempo que o ato de fala devia "sair e fugir". As personagens, apenas na fuga, deviam se encontrar e responder. Era preciso conseguir o inabitável, tornar o espaço inabitável (praia-mar, em vez de

[60] Youssef Ishaghpour, *D'une image à l'autre*, Paris, Denöel/Médiations, 1981, p. 285 (esta fórmula foi extraída de uma análise minuciosa da obra de Duras, pp. 225-98).

casa-parque), para que ele atingisse uma heautonomia, comparável à do ato de fala que se tornou inatribuível: uma história que já não tem lugar (imagem sonora) para lugares que já não têm história (imagem visual).[61] E seria esse novo traçado do corte irracional, essa *[337]* nova maneira de concebê-lo, que constituiria a relação audiovisual.

Na disjunção da imagem sonora que se tornou puro ato de fala, e da imagem visual que se tornou legível ou estratigráfica, o que distingue a obra de Marguerite Duras da dos Straub? Uma primeira diferença seria que, para Duras, o ato da fala a ser alcançado é o amor inteiro ou o desejo absoluto. É ele que pode ser silêncio, ou canto, ou grito, como o grito do vice-cônsul em *India Song*.[62] É ele que manda na memória e no esquecimento, no sofrimento e na esperança. E, sobretudo, é ele a fabulação criadora coextensiva de todo o texto de onde se arranca, constituindo uma escritura infinita mais profunda que a escritura, uma leitura ilimitada mais profunda que a leitura. A segunda diferença consiste em uma característica líquida que cada vez mais marca a imagem visual em Marguerite Duras: é a umidade tropical indiana que vem do rio, mas também se espalha pela praia e no mar; é a umidade da Normandia, que já atraía o caminhão (*O caminhão*), da Beauce até o mar; e a sala abandonada de *Agatha e suas leituras ilimitadas* [*Agatha et les lectures illimitées*, Marguerite Duras, 1981] é menos uma casa que um lento navio fantasma dirigindo-se para a praia, enquanto se desenvolve o ato de fala (daí sairá *O homem atlântico* [*L'Homme atlantique*, Marguerite Duras, 1981], como continuação natural). Tem grandes consequências o fato de Marguerite Duras fazer essas marinhas: não somente porque se liga ao que é mais importante na escola francesa, o cinzento do dia, o movimento específico da luz, a alternância da solar e da lunar, o

[61] Marguerite Duras fala do "despovoamento do espaço" em *India Song*, e, sobretudo, da "inabitação dos lugares" em *Seu nome de Veneza em Calcutá deserta*: cf. *Marguerite Duras*, pp. 21 e 94. Ishaghpour analisa esse "abandono do hábitat" desde *A mulher do Ganges*, pp. 239-40.

[62] Viviane Forrester, "Territoires du cri", em *Marguerite Duras*, pp. 171-3.

sol que se põe na água, a percepção líquida. Mas também porque a imagem visual, diferentemente dos Straub, tende a ultrapassar seus valores estratigráficos ou "arqueológicos" rumo a uma calma potência fluvial e marítima que vale pelo eterno, que mistura os estratos e arrasta as estátuas. Não somos entregues à terra, mas ao mar. As coisas apagam-se sob a maré, mais que se enterram na terra seca. O início de *Aurélia Steiner* parece comparável ao de *Da nuvem...*: trata-se de arrancar o ato de fala ao mito, o ato de fabulação à fábula; mas as estátuas dão lugar ao *travelling* da parte dianteira de um carro, depois à embarcação fluvial, depois aos planos fixos das *[338]* ondas.[63] Em suma, a legibilidade característica da imagem visual torna-se oceanográfica, mais que telúrica e estratigráfica. *Agatha e suas leituras ilimitadas* remete a leitura, a essa percepção marinha mais profunda que a das coisas, ao mesmo tempo que a escritura remete a esse ato de fala, mais profundo que um texto. Cinematograficamente, Marguerite Duras pode ser aproximada de um grande pintor que diria: se conseguisse ao menos captar uma onda, nada mais que uma onda, ou até mesmo um pouco de areia molhada... Haveria ainda uma terceira diferença, ligada sem dúvida às duas precedentes. Nos Straub, a luta de classes é a relação que está sempre circulando entre duas imagens incomensuráveis, a visual e a sonora, a imagem sonora que não arranca o ato de fala ao discurso dos deuses ou dos patrões sem a intercessão de alguém que poderemos chamar de "traidor de sua própria classe" (é o caso de Fortini, mas também de Bach, Mallarmé, Kafka), e a imagem visual que não conquista seus valores estratigráficos se a terra não for nutrida por lutas operárias e sobretudo camponesas, por todas as grandes resistências.[64] Por isso os Straub poderão apresentar sua obra como profundamente mar-

[63] Cf. a análise de Nathalie Heinich sobre a complementaridade rio-fala, *Cahiers du Cinéma*, nº 307, pp. 45-7.

[64] À questão "O texto de Fortini não é autoritário?", Straub responde, "Essa língua é a de uma classe no poder, mas, ainda assim, uma língua de alguém que traiu essa classe o quanto podia..." (*Conférence de presse*, Pesars, 1976; e também: "Todas as características das guerras camponesas têm algo em comum com essas paisagens").

xista, mesmo levando em conta o bastardo ou o exilado (inclusive na relação de classes bem pura que dá vida a *Relações*). Mas, em sua distância do marxismo, Marguerite Duras não se contenta com personagens que seriam traidoras de sua própria classe, ela convoca os *déclassés*, a mendiga e os leprosos, o vice-cônsul e a criança, os representantes de comércio e os gatos, para fazer deles uma "classe da violência". Tal classe da violência, introduzida já em *Nathalie Granger*, não tem por função ser vista em imagens brutais; é ela que cumpre a função de circular entre os dois tipos de imagens, e de pô-los em contato, o ato absoluto da fala-desejo na imagem sonora, a potência ilimitada do *[339]* rio-oceano na imagem visual: a mendiga do Ganges no cruzamento do rio e do canto.[65]

Portanto, no segundo estágio, o falado, o sonoro deixam de ser componentes da imagem visual: são o visual e o sonoro que se tornam dois componentes autônomos de uma imagem audiovisual, ou, mais ainda, duas imagens heautônomas. É o caso de dizermos, com Blanchot: "falar não é ver". Parece aqui que falar deixa de ser ver, de fazer ver e até de ser visto. Simplesmente, uma primeira observação é necessária: falar só rompe assim com seus laços visuais se renunciar ao próprio exercício habitual ou empírico, se conseguir voltar-se para um limite que é, a um só tempo, como que indizível e, no entanto, algo que só pode ser falado ("uma fala diferente, que surge daqui e dali, e ela mesma diferindo de falar..."). Se o limite é o ato de fala puro, este pode tomar tanto o aspecto de um grito, de sons musicais ou não, com o conjunto da série sendo constituído de elementos independentes dos quais cada um, aqui e ali, pode constituir por sua vez um limite em relação às possibilidades de decupagem, de reversão, de retrogradação, de antecipação. O *continuum* sonoro deixa, pois, de se diferenciar conforme os pertencimentos da imagem visual ou as di-

[65] Marguerite Duras propõe a noção, ou melhor, "o sentimento fugidio de uma classe da violência", em *Nathalie Granger*, pp. 76, 95 (e p. 52, sobre a situação bem particular do caixeiro-viajante). Bonitzer comenta essa classe da violência em *India Song* que reúne "leprosos, mendigos e vice-cônsules": pp. 152-3.

mensões do fora de campo, e a música já não garante uma apresentação direta de um suposto todo. Esse *continuum* adquire agora o valor de inovação apontado por Michel Fano nos filmes de Robbe-Grillet (especialmente em *O homem que mente*): garante a heautonomia das imagens sonoras, e deve alcançar, a um só tempo, o ato de fala como limite, que não consiste forçosamente em uma fala no sentido estrito, e a organização musical da série, que não consiste forçosamente em elementos musicais (do mesmo modo, em Marguerite Duras, a música será confrontada com a organização das vozes e com o ato absoluto de desejo, grito do vice-cônsul ou voz exaltada em *A mulher do Ganges*, ou, nos Straub, a organização das falas de Anna Magdalena com a execução da música e o grito de Bach...). Mas seria errôneo inferir, disso, a *[340]* prevalência do sonoro no cinema moderno. A mesma observação, com efeito, vale para a imagem visual: ver só conquista uma heautonomia arrancando-se a seu exercício empírico, e entrega-se a um limite que é, a um só tempo, algo invisível e, no entanto, algo que só pode ser visto (uma espécie de vidência, diferindo do ver, e passando pelos espaços quaisquer, vazios ou desconectados).[66] É a visão de um cego, de Tirésias, como a fala era a de um afásico ou de um amnésico. Por isso, *nenhuma das duas faculdades se eleva ao exercício superior sem atingir o limite que a separa da outra, mas a reporta a outra separando-a*. O que a fala profere é também o invisível que a vista só vê por vidência, e o que a vista vê é o que a fala profere de indizível. Marguerite Duras poderá invocar as "vozes que veem", e fazê-las dizer com tanta frequência, "vejo", "vejo sem ver, é isso". A fórmula geral de Philippon, filmar a fala como algo visível, continua válida, tanto mais que ver e falar ganham assim um novo sentido. Quando a imagem sonora e a imagem visual tornam-se heautônomas, não deixam com isso de constituir uma imagem audiovisual, tão mais pura quanto a nova cor-

[66] Maurice Blanchot, "Parler ce n'est pas voir", em *L'Entretien infini*, Paris, Gallimard, 1969, pp. 35-46. Este tema é recorrente em Blanchot, mas o texto que citamos é sem dúvida o mais condensado. Por isso ressaltamos nele o papel que Blanchot atribui à visão, por outro lado, mas de maneira ambígua ou secundária.

respondência nasce das formas determinadas da sua não correspondência: é o limite de cada uma que a refere à outra. Não é uma construção arbitrária, mas bem rigorosa, como em *A mulher do Ganges*, que faz com que elas morram tocando-se, mas só se tocam no limite que as mantém separadas, "por isso intransponível, sempre transposto, entretanto, porque é intransponível". A imagem visual e a imagem sonora estão em uma relação especial, relação indireta livre. Com efeito já não estamos no regime clássico em que um todo interiorizaria as imagens e se exteriorizaria nas imagens, constituindo uma representação indireta do tempo, e podendo receber da música uma apresentação direta. Agora, o que se tornou direto foi uma imagem-tempo enquanto tal, com suas duas faces dissimétricas, não totalizáveis, mortais quando *[341]* se tocam, a de um fora mais longínquo que qualquer exterior, a de um dentro mais profundo que qualquer interior, aqui onde se eleva uma fala musical, ali onde o visível se encobre ou se enterra.[67]

[67] Sobre a concepção prática do "contínuo" sonoro e os aspectos de sua novidade em Michel Fano, cf. especialmente André Gardies, *Le Cinéma de Robbe-Grillet*, Paris, Albatros, 1983, pp. 85-8. Sobre o tratamento de um *continuum* sonoro em *Carmen*, de Godard, cf. "Les Mouettes du pont d'Austerlitz", entrevista de François Musy, *Cahiers du Cinéma*, nº 355, jan. 1984. Nosso problema do enquadramento sonoro não é diretamente abordado por esses autores, embora avancem, de maneira decisiva, para a solução. Mais geralmente, as análises técnicas parecem atrasadas a esse respeito (com exceção de Dominique Vilain [*L'Oeil à la caméra*, Paris, Cahiers du Cinéma/Éditions de l'Étoile, 1984, cap. IV] que coloca diretamente a questão). Acreditamos que um enquadramento sonoro pode ser definido tecnologicamente por: 1) multiplicidade de microfones, e sua diversidade qualitativa: 2) filtros, corretores ou de corte; 3) moduladores temporais, de reverberação ou *delay* (inclusive o Harmonizer); 4) estereofonia, na medida em que esta deixa de ser um posicionamento no espaço para se tornar a exploração de uma densidade ou de um volume temporal sonoros. Sem dúvida pode-se obter um enquadramento dos sons por meios artesanais; mas apenas porque se terá conseguido produzir efeitos comparáveis aos dos meios tecnológicos modernos. O importante é que os meios ajam desde a captação de som, e não somente na mixagem e na montagem; aliás, a diferença vai se tornando cada vez mais relativa. É Glenn Gould quem está mais avançado, não apenas na montagem sonora, mas no enquadramento, que realiza no rádio (cf. o filme *Radio as Music* [1975]). Seria preciso confrontar as concepções de Fano e

Gould. Elas implicam uma concepção nova da música, que deriva de Berg, para Fano, de Schoenberg, para Gould. Segundo Gould, segundo Cage também, deve-se enquadrar, inventar um enquadramento sonoro ativo para tudo o que nos rodeia auditivamente, para tudo o que o entorno põe à nossa disposição. Cf. *The Glenn Gould Reader*, Nova York, Knopf, 1984; e Geoffrey Payzant, *Glenn Gould, un homme du futur*, Paris, Fayard, 1984, cap. IX, que comete um único erro em suas análises: privilegiar as operações de montagem do som em detrimento das de enquadramento.

CONCLUSÕES
[342]

1

O cinema não é língua, universal ou primitiva, nem mesmo linguagem. Ele traz à luz uma matéria inteligível, que é como que um pressuposto, uma condição, um correlato necessário através do qual a linguagem constrói seus próprios "objetos" (unidades e operações significantes). Mas esse correlato, mesmo inseparável, é específico: consiste em movimentos e processos de pensamento (imagens pré-linguísticas), e em pontos de vista tomados sobre esses movimentos e processos (signos pré-significantes). Ele constitui toda uma "psicomecânica", o autômato espiritual, ou o enunciável de uma língua, que possui lógica própria. A língua extrai daí enunciados de linguagem com unidades e operações significantes, mas o próprio enunciável, suas imagens e signos, são de outra natureza. Seria o que Hjelmslev chama de "matéria" não linguisticamente formada, enquanto a língua opera por forma e substância. Ou melhor, é o significável primeiro, anterior a qualquer significação, que para Gustave Guillaume era a condição da linguística.[1] Compreende-se, então, a ambiguidade que percorre a semiótica e a semiologia: a semiologia, de inspiração linguística, tende a fechar sobre si o "significante", e a separar a linguagem das imagens e dos signos que constituem sua matéria-prima.[2] Chama-se semió-

[1] Encontraremos uma excelente apresentação geral da obra de Guillaume em Alain Rey, *Théorie du signe et du sens*, II, Paris, Klincksieck, 1976, pp. 262-4. Raymond Ortigues faz uma análise mais detalhada em *Le Discours et le symbole*, Paris, Aubier-Montaigne, 1962.

[2] Sobre a tendência a eliminar a noção de signo, cf. Oswald Ducrot e Tzvetan Todorov, *Dictionnaire encyclopédique des sciences du langage*, Pa-

tica, ao *[343]* contrário, a disciplina que só considera a linguagem em relação a essa matéria específica, imagens e signos. Claro, quando a linguagem se apodera da matéria ou do enunciável, ela faz deles enunciados propriamente linguísticos que já não se exprimem em imagens ou em signos. Mas até mesmo os enunciados, por sua vez, se reinvestem em imagens e signos, e fornecem de novo o que é enunciável. Pareceu-nos que o cinema, precisamente por suas virtudes automáticas ou psicomecânicas, era o sistema das imagens e dos signos pré-linguísticos, e que retomava os enunciados em imagens e signos característicos desse sistema (a imagem lida do cinema mudo, o componente sonoro da imagem visual no primeiro estágio do cinema falado, a própria imagem sonora do segundo estágio do falado). Por isso o corte do cinema mudo ao falado nunca pareceu ser o essencial na evolução do cinema. Em compensação, pareceu-nos essencial, nesse sistema das imagens e signos, a distinção de dois tipos de imagens com seus signos correspondentes, as imagens-movimento e as imagens-tempo, que só mais tarde surgiriam ou se desenvolveriam. As kinoestruturas e as cronogêneses são dois capítulos sucessivos de uma semiótica pura.

O cinema considerado como psicomecânica, ou autômato espiritual, reflete-se em seu próprio conteúdo, em seus temas, situações, personagens. Mas a relação não é simples, pois essa reflexão dá lugar a oposições, a inversões, tanto quanto a resoluções ou reconciliações. O autômato sempre teve dois sentidos coexistentes, complementares, até mesmo quando entravam em guerra. Por um lado, é o grande autômato espiritual que marca o exercício mais elevado do pensamento, a maneira pela qual o pensamento pensa e se pensa a si mesmo, no fantástico esforço de uma autonomia; é nesse sentido que Jean-Louis Schefer pode creditar o cinema de um gigante atrás de nossas cabeças, ludião, manequim ou máquina, homem mecânico e sem nascimento que põe o mundo em suspen-

ris, Seuil, 1976, pp. 438-53 [ed. bras.: *Dicionário enciclopédico das ciências da linguagem*, tradução de Jacó Guinzburg e outros, São Paulo, Perspectiva, 2001]. Christian Metz concorda com essa tendência (*Langage et cinéma*, Paris, Albatros, 1971, p. 146 [ed. bras.: *Linguagem e cinema*, tradução de Marilda Pereira, São Paulo, Perspectiva, 1980]).

so.[3] Mas, por outro lado, o autômato é também autômato psicológico, que se não depende mais do exterior não é por ser autômato, mas porque foi despossuído de seu próprio pensamento, e obedece a uma impressão *[344]* interna que se desenvolve apenas em visões ou em ações rudimentares (do sonhador ao sonâmbulo, e inversamente, por intermédio da hipnose, da sugestão, da alucinação, da ideia fixa etc.).[4] Há nisso algo que é propriedade exclusiva do cinema, que não tem nada a ver com o teatro. Se o cinema é o automatismo que se tornou arte espiritual, ou seja, antes de mais nada a imagem-movimento, ele se confronta com os autômatos, não por acidente, mas por sua essência. A escola francesa nunca perderá o gosto pelos autômatos pendulares e pelas personagens de relojoaria, mas se confrontará também com as máquinas motoras, assim como a escola americana ou a escola soviética. O agregado homem-máquina variará conforme o caso, mas sempre para propor a questão do futuro. E é possível que o maquinismo atinja tão bem o coração do homem, que desperte as potências mais antigas, e que a máquina motora coincida com um puro e simples autômato psicológico, a serviço de uma nova e temível ordem: é o cortejo dos sonâmbulos, alucinados, magnetizadores-magnetizados no expressionismo, desde (*O gabinete do Dr. Caligari* [*Das Cabinet des Dr. Caligari*, Robert Wiene, 1920] até *O testamento do Dr. Mabuse*, passando por *Metrópolis* e seu robô. O cinema alemão convocava as potências primitivas, mas era talvez o mais bem situado para anunciar algo que iria mudar o cinema, "realizá-lo" de modo atroz, e assim modificar os seus dados.

O interesse do livro de Kracauer, *De Caligari à Hitler*,* está no fato de ter mostrado como o cinema expressionista refletia a

[3] Jean-Louis Schefer, *L'Homme ordinaire du cinéma*, Paris, Cahiers du Cinéma/Gallimard, 1980.

[4] São os dois extremos do pensamento, o autômato espiritual da lógica, invocada por Espinosa e Leibniz, e o autômato psicológico da psiquiatria, estudado por Janet.

* Siegfried Kracauer, *De Caligari à Hitler*, Lausanne, L'Âge d'Homme, 1973 [ed. bras.: *De Caligari a Hitler*, tradução de Tereza Ottoni, Rio de Janeiro, Zahar, 1988]. (N. da T.)

ascensão do autômato hitleriano na alma alemã. Mas tratava-se, ainda, de um ponto de vista exterior, enquanto o artigo de Walter Benjamin se instalava no interior do cinema, para mostrar como a própria arte do movimento automático (ou, como ele dizia de maneira ambígua, arte de reprodução) devia coincidir com a automatização das massas, a encenação de Estado, a política transformada em "arte": Hitler como cineasta... E é verdade que até o fim o nazismo se pensa em concorrência com Hollywood. Rompia-se o noivado revolucionário da imagem-movimento com uma arte das *[345]* massas transformadas em sujeito, dando lugar às massas subjugadas enquanto autômato psicológico, e a seu chefe como grande autômato espiritual. O que leva Syberberg a dizer: a imagem-movimento só pode culminar em Leni Riefenstahl; e, se um processo contra Hitler devesse ser aberto pelo cinema, teria de ser no interior do cinema, contra Hitler cineasta, para "vencê-lo cinematograficamente, voltando contra ele suas próprias armas".[5] É como se Syberberg sentisse a necessidade de acrescentar um segundo volume ao livro de Kracauer, mas que fosse um filme: não mais de Caligari (ou de um filme da Alemanha) a Hitler, mas de Hitler a *Hitler: um filme da Alemanha* [*Hitler: Ein Film aus Deutschland*, Hans-Jürgen Syberberg, 1977], dando-se a mudança no interior do cinema, contra Hitler, mas também contra Hollywood, contra a violência representada, contra a pornografia, contra o comércio... Mas a que preço? Só se encontrará uma verdadeira psicomecânica se ela for fundada em *novas associações*, reconstituindo-se

[5] Cf. Serge Daney, *La Rampe*, Paris, Gallimard, 1983, "L'État Syberberg", pp. 111 (e 172) [ed. bras.: *A rampa*, tradução de Marcelo Rezende, São Paulo, Cosac Naify, 2007]. A análise de Daney aqui se fundamenta em numerosas declarações do próprio Syberberg. Syberberg inspira-se em Benjamin, mas vai mais longe, lançando o tema "Hitler como cineasta". Benjamin observava apenas que "a reprodução em massa", no campo da arte, encontrava seu objeto privilegiado na "reprodução das massas", grandes cortejos, encontros, manifestações esportivas, guerra enfim. ("L'Oeuvre d'art à l'ère de sa reproductibilité technique", em *Oeuvres II*, *Poésie et révolution*, Paris, Denoël, 1971 [ed. bras.: "A obra de arte na época de sua reprodutibilidade técnica", em *Obras escolhidas — magia e técnica, arte e política*, vol. I, tradução de Sérgio Paulo Rouanet, São Paulo, Brasiliense, 2012].

o grande autômato mental, cujo lugar Hitler tomou, ressuscitando-se os autômatos psicológicos, que ele subjugou. Será preciso renunciar à imagem-movimento, isto é, ao liame que o cinema introduziu, já de início, entre o movimento e a imagem, para libertar outras potências que ele mantinha subordinadas, e que não tiveram tempo de desenvolver seus efeitos: a projeção, a transparência.[6] Trata-se, na verdade, de um problema mais amplo: pois a projeção, a transparência, são apenas meios técnicos que trazem diretamente consigo a imagem-tempo, substituem a imagem-movimento *[346]* pela imagem-tempo. O cenário se transforma, mas é que "aqui o espaço nasce do tempo" (*Parsifal* [Hans-Jürgen Syberberg, 1982]). Um novo regime da imagem, assim como do automatismo?

Claro, uma volta ao ponto de vista extrínseco impõe-se: a evolução tecnológica e social dos autômatos. Os autômatos de relojoaria, mas também os autômatos motores, em suma, os autômatos de movimento, davam lugar a uma nova raça, informática e cibernética, autômatos de cálculo e de pensamento, autômatos de regulação e *feedback*. Também o poder invertia sua figura, e, em vez de convergir para um único e misterioso chefe, inspirador dos sonhos, governante das ações, diluía-se em uma rede de informação, cujos "deliberadores" geriam a regulação, o tratamento, o armazenamento, através dos entrecruzamentos de insones e videntes (é, por exemplo, o complô mundial que vimos em Rivette, ou o *Alphaville*, de Godard, o sistema de escuta e vigilância em Lumet, mas acima de tudo a evolução dos três Mabuse de Lang, o terceiro Mabuse, o Mabuse do regresso à Alemanha, após a

[6] Syberberg não parte, como Benjamin, da ideia das artes de reprodução, mas da ideia do cinema como arte da imagem-movimento: "Durante muito tempo se partiu do pressuposto que dava a entender que falar de cinema era falar de movimento", imagem móvel, câmera móvel e montagem. Ele pensa que esse sistema culmina em Leni Riefenstahl, com seu "mestre que se dissimulava por trás dela". "Mas sempre se esquecia que no berço do cinema houvera ainda muita coisa, a projeção, a transparência": outro tipo de imagem, implicando "movimentos lentos e controláveis", capaz de introduzir a contradição no sistema do movimento, ou de Hitler-cineasta. Cf. *Syberberg*, número especial dos *Cahiers du Cinéma*, fev. 1980, p. 86.

guerra).[7] E, em formas muitas vezes explícitas, os novos autômatos iriam povoar o cinema, para o melhor e para o pior (o melhor seria o grande computador de Kubrick em *2001 — Uma odisseia no espaço*), e tornar a lhe dar, especialmente pela ficção científica, a possibilidade de enormes encenações que o impasse da imagem-movimento havia provisoriamente eliminado. Mas novos autômatos não invadem o conteúdo sem que um novo automatismo assegure uma mutação da forma. A figura moderna do autômato é o correlato de um automatismo eletrônico. A imagem eletrônica, isto é, a imagem de televisão ou vídeo, a imagem numérica nascente, devia ou transformar o cinema, ou substituí-lo, marcar sua morte. Não pretendemos fazer uma análise das novas imagens, o que iria além de nosso projeto, mas apenas marcar certos efeitos cuja relação com a imagem cinematográfica ainda está por ser determinada.[8] As novas imagens já não têm exterioridade *[347]* (fora de campo), tampouco se interiorizam em um todo: têm, melhor dizendo, um direito e um avesso, reversíveis e não passíveis de superposição, como um poder de se voltar sobre si mesmas. Elas são objeto de uma perpétua reorganização, na qual uma nova imagem pode nascer de qualquer ponto da imagem precedente. A organização do espaço perde com isso suas direções privilegiadas, e, antes de mais nada, o privilégio da vertical, de que ainda lemos um vestígio na posição da tela, em prol de um espaço onidirecional que está sempre variando seus ângulos e coordenadas, trocando a vertical e a horizontal. E a própria tela, mesmo se ainda conserva

[7] Cf. Pascal Kane, "Mabuse et le pouvoir", *Cahiers du Cinéma*, nº 309, mar. 1980.

[8] Sobre as diferenças não apenas técnicas, mas fenomenológicas entre os tipos de imagem, cf. especialmente os estudos de Jean-Paul Fargier nos *Cahiers du Cinéma*, e de Dominique Belloir no número especial "Vidéo art explorations". Em um artigo da *Revue d'Esthétique* ("Image puissance image", nº 7, 1984), Edmond Couchot define certas características das imagens numéricas ou digitais, que ele chama de "immedia", pois não há mais *medium* propriamente dito. A ideia essencial é que, já na televisão, não há espaço nem mesmo imagem, apenas linhas eletrônicas: "O conceito essencial na televisão é o tempo" (Nam June Paik, entrevista com Fargier, *Cahiers du Cinéma*, nº 299, abr. 1979).

a posição vertical por convenção, não parece mais remeter à postura humana, como uma janela ou ainda um quadro, mas constitui antes uma mesa de informação, superfície opaca sobre a qual se inscrevem "dados", com a informação substituindo a Natureza, e o cérebro-cidade, o terceiro olho, substituindo os olhos da Natureza. Enfim, com o sonoro conquistando uma autonomia que cada vez mais lhe dá o status de imagem, as duas imagens, a sonora e a visual, entram em conexões complexas sem subordinação nem mesmo comensurabilidade, e atingem seu limite comum na medida em que cada uma atinge seu próprio limite. Em todos esses sentidos, o novo automatismo espiritual remete, por sua vez, aos novos autômatos psicológicos.

Mas estamos sempre rodeando a questão: criação cerebral ou deficiência do cerebelo? O novo automatismo não vale nada por si mesmo se não estiver a serviço de uma poderosa vontade de arte, obscura, condensada, aspirando a se desdobrar através de movimentos involuntários que, porém, não a prendam. Uma vontade de arte original, já a definimos na mudança que afeta a matéria inteligível do próprio cinema: a substituição da imagem-movimento pela imagem-tempo. Tanto assim que as imagens eletrônicas deverão fundar-se ainda em outra vontade de arte, *[348]* ou em aspectos ainda não conhecidos da imagem-tempo. O artista está sempre na situação de dizer a um só tempo: reclamo novos meios, e temo que os novos meios anulem toda vontade de arte, ou façam dela um comércio, uma pornografia, um hitlerismo...[9] O importante é que a imagem cinematográfica já obtinha efeitos que não se assemelhavam aos de eletrônica, mas tinham funções autônomas antecipadoras na imagem-tempo como vontade de arte. Assim, o cinema de Bresson não tem necessidade alguma de má-

[9] Acontece de um artista, ao tomar consciência da morte da vontade de arte neste ou naquele meio, se deparar com o "desafio" devido à utilização aparentemente destruidora desse próprio meio: podemos acreditar então em fins negativos da arte, mas trata-se, na verdade, de suprir um atraso, de converter para a arte um campo hostil, não sem violência, e de voltar o meio contra si mesmo. Cf., a propósito da televisão, a atitude de Wolf Vostell, analisada por Jean-Paul Fargier ("Le Grand trauma", *Cahiers du Cinéma*, nº 332, fev. 1982).

quinas informáticas ou cibernéticas; no entanto, o "modelo" é um autômato psicológico moderno, pois se define em relação ao ato de fala, e não mais, como outrora, pela ação motora (Bresson reflete constantemente sobre o automatismo). Mesmo as personagens marionetes de Rohmer, as magnetizadas de Robbe-Grillet, os zumbis de Resnais definem-se em função da fala ou da informação, não mais pela energia e a motricidade. Em Resnais já não há *flashback*, mas antes *feedback*, e *feedback* fracassados, que, entretanto, não têm necessidade de uma maquinaria especial (a não ser no caso voluntariamente rudimentar de *Eu te amo, eu te amo*). Em Ozu, basta a audácia dos *raccords* de 180º para fazer com que a imagem seja montada "de ponta a ponta com seu avesso", e que "o plano se revire".[10] O espaço confunde suas direções, suas orientações, e perde qualquer primazia do eixo vertical que poderia determiná-las, como em *A região central* [*La Région centrale*, 1971], de Michel Snow, somente com os recursos de uma câmera e de uma máquina rotativa que obedece aos sons eletrônicos. E à vertical da tela só resta um sentido convencional quando deixa de nos fazer ver um mundo em movimento, quando tende a tornar-se uma superfície opaca que recebe informações, em ordem ou em desordem, e sobre a qual as personagens, os objetos e as falas se inscrevem como *[349]* "dados". A legibilidade da imagem torna-a tão independente da posição vertical humana quanto um jornal o pode ser. A alternativa de Bazin, a tela age como um quadro pictural ou como máscara (janela), nunca foi suficiente; pois havia também o quadro-espelho à maneira de Ophüls, o quadro de tapeçaria à maneira de Hitchcock. Mas, quando o quadro ou a tela funcionam como quadro de bordo, mesa de impressão ou de informação, a imagem não para de se recortar em outra imagem, de se imprimir através de uma trama aparente, de deslizar para outras imagens em uma "profusão incessante de mensagens", e o próprio plano assemelha-se menos a um olho que a um cérebro sobrecarregado que sem parar absorve informações: é a dupla cé-

[10] Noël Burch, *Pour un observateur lointain*, Paris, Cahiers du Cinéma/Gallimard, 1982, p. 185.

rebro-informação, cérebro-cidade, que substitui a olho Natureza.[11] Godard irá nessa mesma direção (*Uma mulher casada*, *Duas ou três coisas que sei dela*), antes mesmo de utilizar meios do vídeo. E, nos Straub, em Marguerite Duras, e em Syberberg, o enquadramento sonoro, a disjunção da imagem sonora e da imagem visual utilizam meios cinematográficos, ou meios simples de vídeo, em vez de apelar a novas tecnologias. As razões não são apenas econômicas. É que o novo automatismo espiritual e os novos autômatos psicológicos dependem de uma estética antes de depender da tecnologia. É a imagem-tempo que pede um regime original das imagens e dos signos, antes de a tecnologia estragá-lo ou, ao contrário, incitá-lo. Quando Jean-Louis Schefer invoca o grande autômato espiritual ou o manequim por trás de nossas cabeças como princípio do *[350]* cinema, ele tem razão em defini-lo hoje por um cérebro que tem experiência direta do tempo, anterior a qualquer motricidade dos corpos (mesmo se o aparelho invocado, o moinho de *O vampiro*, de Dreyer, continua remetendo a um autômato de relojoaria).

Com razão várias vezes foram reunidos os Straub, Marguerite Duras e Syberberg em uma empresa comum de constituir todo

[11] Leo Steinberg ("Other criteria", conferência no Museu de Arte Moderna de Nova York, 1968 [ed. bras.: "Outros critérios", em *Outros critérios*, tradução de Célia Euvaldo, São Paulo, Cosac Naify, 2008) já recusava definir a pintura moderna pela conquista de um espaço óptico puro, e salientava duas características, a seu ver complementares: a perda de referência à postura humana ereta, e o tratamento do quadro como superfície de informação: é o caso de Mondrian, quando metamorfoseia o mar e o céu em signos mais e menos, mas é, sobretudo, o que vemos a partir de Rauschenberg. "A superfície pintada já não apresenta analogia com uma experiência visual natural, mas se aparenta a processos operacionais. [...] O plano do quadro de Rauschenberg é o equivalente da consciência mergulhada no cérebro da cidade". No caso do cinema, até mesmo em Snow, que se propõe um "fragmento de natureza em estado selvagem", a natureza e a máquina "se entre-representam", tanto assim que as determinações visuais são dados de informação "tomados em operações e no trânsito da máquina": "É um filme como conceito, lá onde o olho conseguiu não ver" (Marie-Christine Questerbert, *Cahiers du Cinéma*, nº 296, jan. 1979, pp. 36-7).

um regime audiovisual, qualquer que seja a diferença entre esses autores.[12] Com efeito, em Syberberg encontramos as duas grandes características que tentamos ressaltar nos outros casos. Em primeiro lugar, a disjunção do sonoro e do visual aparece claramente em *Theodor Hierneis ou como se tornar um cozinheiro real* [*Theodor Hierneis oder: Wie man ehemaliger Hofkoch wird*, Hans-Jürgen Syberberg, 1973], em meio ao fluxo de palavras do cozinheiro e aos espaços desertos, castelos, grutas, por vezes uma gravura. Ou, em *Hitler*, o espaço visual da chancelaria que se tornou deserto, enquanto em um canto crianças põem o disco de um discurso de Hitler. Essa disjunção toma aspectos característicos do estilo de Syberberg. Ora é a dissociação objetiva do que é dito e do que é visto: a projeção frontal e a frequente utilização de *slides* garantem um espaço visual que não somente o próprio ator não vê, mas ao qual ele se associa sem jamais fazer parte dele, reduzido a suas palavras e a alguns acessórios (por exemplo, em *Hitler*, os móveis gigantescos, o telefone gigantesco, enquanto o empregado anão fala das cuecas do patrão). Ora é a dissociação subjetiva da voz e do corpo: o corpo é então substituído por uma marionete, um fantoche, diante da voz do ator ou do recitante; ou, como em *Parsifal*, o *playback* é perfeitamente sincronizado, mas com um corpo que permanece alheio à voz que lhe é atribuída, marionete viva, seja um corpo de menina para uma voz de homem, sejam dois corpos concorrentes para uma mesma voz.[13] Significa que não há todo: regime da "rasgadura", no qual a divisão em corpo e voz forma uma gênese da imagem enquanto *[351]* "não representável por um único indivíduo", "aparição dividida em si mesma e conforme um

[12] Cf. especialmente Jean-Claude Bonnet, "Trois cinéastes du texte", *Cinématographe*, nº 31, out. 1977.

[13] Sobre a dissociação ou disjunção, cf. os artigos de Lardeau e de Comolli e Géré, a propósito de "Hitler", em *Cahiers du Cinéma*, nº 292, set. 1978. Para a definição da projeção frontal, e para a utilização das marionetes, cf. os textos do próprio Syberberg, em *Syberberg*, pp. 52-65. Pascal Bonitzer, em *Le Champ aveugle* (Paris, Gallimard, 1982), desenvolve toda uma concepção do plano complexo em Syberberg,

modo não psicológico".[14] A marionete e o recitante, o corpo e a voz, constituem não um todo nem um indivíduo, mas o autômato. É o autômato psicológico, no sentido de uma essência profundamente dividida da psique, embora não seja de modo algum psicológico no sentido em que se interpretaria essa divisão como um estado do indivíduo não maquínico. Como em Kleist, ou no teatro japonês, a alma é feita do "movimento mecânico" da marionete, na medida em que ela recebe o acréscimo de uma "voz interior". Mas, se a divisão vale assim em si mesma, não vale, porém, por si mesma. Pois, em segundo lugar, é preciso que um puro ato de fala como fabulação criadora ou fazer-lenda se destaque de todas as informações faladas (o exemplo mais impressionante é *Karl May: em busca do Paraíso perdido* [*Karl May: Auf der Suche nach dem verlorenen Paradies*, Hans-Jürgen Syberberg, 1974], que deve tornar-se lenda através de suas próprias mentiras e da comprovação de que são mentiras), mas também que todos os dados visuais se organizem em camadas superpostas, perpetuamente misturadas, com nivelações variáveis, conexões de retroação, impulsão, rompimentos, desmoronamentos, uma demolição da qual sairá o ato de fala, se elevará do outro lado (são as três camadas da história da Alemanha que correspondem à trilogia — Ludwig, Karl May, Hitler — e em cada filme a superposição dos diapositivos como outras tantas camadas, sendo a última delas o fim do mundo, "paisagem gelada e mortificada"). Como se fosse preciso que o mundo se quebrasse e se enterrasse para que o ato de fala ascendesse. Algo parecido ao que vimos em Straub e Duras ocorre em Syberberg: o visual e o sonoro não reconstituem um todo, mas entram em uma conexão "irracional" segundo duas direções dissimétricas. A imagem audiovisual não é um todo, é uma "*fusão* da rasgadura".

Mas uma das originalidades de Syberberg está em armar um vasto espaço de informação, como um espaço complexo, heterogêneo, anárquico, onde estão lado a lado o trivial e o cultural, o público e o privado, o histórico e o anedótico, o imaginário e o real, e ora, do lado da fala, os *[352]* discursos, os comentários, os

[14] Cf. uma página fundamental de Hans-Jürgen Syberberg, em *Parsifal*, Paris, Cahiers du Cinéma/Gallimard, 1982, pp. 46-7.

depoimentos familiares ou ancilares, ora, do lado da vista, os meios existentes, ou que já não existem, as gravuras, os planos e projetos, as visões com as vidências, tudo se equivalendo e formando uma rede, sob conexões que nunca são de causalidade. O mundo moderno é aquele em que a informação substitui a Natureza. É o que Jean-Pierre Oudart chama de "efeito-mídia" em Syberberg.[15] E este é um aspecto essencial da obra de Syberberg, pois a disjunção, a divisão do visual e do sonoro vão ser precisamente incumbidas de exprimir esta *complexidade* do espaço informático. É ela que tanto supera o indivíduo psicológico quanto torna impossível um todo: uma complexidade não totalizável, "não representável por um único indivíduo", e que só encontra representação no autômato. Syberberg toma por inimigo a imagem de Hitler: não o indivíduo Hitler, que não existe, mas tampouco uma totalidade que o produziria segundo conexões de causalidade. "Hitler em nós" não significa somente que fizemos Hitler tanto quanto ele nos fez, ou que todos temos elementos fascistas em potencial, mas sim que Hitler só existe pelas informações que constituem sua imagem em nós mesmos.[16] Dir-se-á que o regime nazista, a guerra, os campos de concentração não foram imagens, e que a posição de Syberberg é algo ambígua. Mas a sua ideia forte é que *informação alguma, seja ela qual for*, não basta para vencer Hitler.[17] Por mais documentos que se mostrem, testemunhos que se ouçam: o que

[15] Jean-Pierre Oudart, *Cahiers du Cinéma*, nº 294, nov. 1978, pp. 7-9. Syberberg insiste frequentemente na sua concepção dos "documentos", e na necessidade de constituir um videoconservatório universal (*Syberberg*, p. 34); ele sugere que a originalidade do cinema se define relativamente à informação mais que com a Natureza (*Parsifal*, p. 160). Sylvie Trosa e Alain Ménil insistiram no caráter não hierárquico e não causal da rede de informação segundo Syberberg (*Cinématographe*, nº 40, out. 1978, p. 74, e nº 78, maio 1982, p. 20).

[16] Cf., a respeito, os comentários de Daney, *La Rampe*, pp. 110-1.

[17] Esse é um tema constante de Syberberg em seu grande texto sobre o irracionalismo, "L'Art qui sauve de la misère allemande", *Change*, nº 37. Se há, no entanto, uma ambiguidade de Syberberg relativamente a Hitler foi Jean-Claude Biette quem melhor a exprimiu: na "quantidade de informações" selecionadas, Syberberg privilegia "a perseguição aos mortos em pre-

torna a informação onipotente (jornal, rádio, e televisão) é sua própria nulidade, sua ineficácia radical. *[353]* A informação joga com sua ineficácia para fundar sua potência, sua potência mesma consiste em ser ineficaz, e por isso mais perigosa. Por isso, é preciso ultrapassar a informação para vencer Hitler, ou revirar a imagem. Ora, ultrapassar a informação se faz a um só tempo dos dois lados, rumo a duas questões: *qual é a fonte, e qual é o destinatário?* São também estas as duas questões da pedagogia godardiana. A informática não responde a uma nem a outra, pois a fonte da informação não é uma informação, tampouco o próprio informado. Se não há degradação da informação, é que a própria informação é uma degradação. É preciso, portanto, ultrapassar todas as informações faladas, extrair delas um ato de fala puro, fabulação criadora que é como o avesso dos mitos dominantes, das palavras vigentes e dos que as proferem, ato capaz de criar o mito em vez de tirar proveito dele ou explorá-lo.[18] É preciso também ultrapassar todas as camadas visuais, erigir um informado puro capaz de sair das ruínas, de sobreviver ao fim do mundo, capaz assim de receber em seu corpo visível o ato puro de fala. Em *Parsifal*, o primeiro aspecto remete à cabeça imensa de Wagner, que dá ao ato de fala como canto sua função criadora, a potência de um mito, do qual Ludwig, Karl May e Hitler são apenas a utilização derrisória ou perversa, a degradação. O outro aspecto remete a *Parsifal*, que atravessa todos os espaços visuais, também eles oriundos da grande cabeça, e que sai desdobrado do último espaço de fim de mundo, quando a própria cabeça se divide e o Parsifal menina não emite, mas recebe em seu inteiro ser a voz redentora.[19] O ciclo irracional do visual e do sonoro é referido *[354]*

juízo da perseguição aos vivos", "o ostracismo de Mahler" mais que "o ostracismo de Schönberg" (*Cahiers du Cinéma*, nº 305, nov. 1979, p. 47).

[18] Sobre o mito como função fabuladora irracional, e como conexão constitutiva com um povo: "A arte que salva...". O que Syberberg reprova a Hitler é ter roubado o irracional alemão.

[19] Michel Chion analisa o paradoxo do *playback* tal como funciona em *Parsifal*: a sincronização não tem mais por objetivo *fazer acreditar*, já que o corpo que imita "permanece ostensivamente alheio à voz que ele se atribui",

por Syberberg à informação e a seu ultrapassamento. A redenção, a arte para além do conhecimento, também é a criação para além da informação. A redenção chega tarde demais (é o ponto comum de Syberberg com Visconti), ela ocorre quando a informação já se apoderou dos atos de fala, e quando Hitler já capturou o mito ou o irracional alemão.[20] Mas o tarde-demais não é apenas negativo, ele é o signo da imagem-tempo, lá onde o tempo faz ver a estratigrafia do espaço e ouvir a fabulação do ato de fala. A vida ou sobrevivência do cinema dependem de sua luta interior com a informática. É preciso erigir, contra esta, a questão que a ultrapassa, a de sua fonte e de seu destinatário, a cabeça de Wagner como autômato espiritual, o casal Parsifal como autômato psíquico.[21]

2

Falta resumir a constituição dessa imagem-tempo no cinema moderno, e os novos signos que ela implica ou instaura. Entre a

seja porque é um rosto de menina para uma voz de homem, seja porque há dois que a reivindicam. A dissociação da voz ouvida e do corpo visto não é, portanto, superada, mas, ao contrário, confirmada, realçada. Para que serve, então, a sincronização?, pergunta Chion. Ela entra na função criadora de mito. Faz do corpo visível, não algo que imita a emissão da voz, mas que constitui um *receptor* ou um destinatário absoluto. "Por ela a imagem diz ao som: deixe de flutuar por toda parte e venha viver em mim: o corpo se abre para acolher a voz". Cf. "L'Aveu", *Cahiers du Cinéma*, nº 338, jul. 1982.

[20] A questão da redenção percorre todo o livro de Syberberg sobre *Parsifal*, seguindo dois eixos: a fonte e o destinatário (a grande cabeça de Wagner e o casal Parsifal), o visual e o sonoro (as "paisagens cefálicas" e o ato de fala espiritual). Mas o par Parsifal não forma uma totalidade, do mesmo modo que o resto não forma: a redenção chega tarde demais: "o mundo está morto, resta apenas uma paisagem gelada e magoada" (entrevista em *Cinématographe*, nº 78, pp. 13-5).

[21] Filosoficamente foi o que Raymond Ruyer fez em *La Cybernéthique et l'origine de l'information* (Paris, Flammarion, 1954). Levando em conta a evolução do autômato, ele coloca a questão da fonte e do destinatário da informação, e constrói uma noção de "enquadrante", que possui conexão com os problemas do enquadramento cinematográfico.

imagem-movimento e a imagem-tempo há muitas transições possíveis, passagens quase imperceptíveis, ou até mesmo mistas. Também não se pode dizer que uma valha mais que a outra, seja mais bela ou mais profunda. Tudo o que se pode dizer é que a imagem-movimento não nos dá uma imagem-tempo. E, no entanto, ela nos dá muitas coisas, a esse respeito. Por um lado, a imagem-movimento constitui o tempo sob sua forma empírica, o curso do tempo: um presente sucessivo conforme uma relação extrínseca do antes e do depois, tal que o passado é um antigo presente, e o futuro, um presente por vir. *[355]* Uma reflexão insuficiente concluirá disso que a imagem cinematográfica está, necessariamente, no presente. Mas essa ideia pronta, que destroça qualquer compreensão do cinema, é culpa menos da imagem-movimento que de uma reflexão por demais apressada. Pois, por outro lado, a imagem-movimento suscita já uma imagem *do* tempo que se distingue dela por excesso ou por falta, estando acima ou abaixo do presente como curso empírico: dessa vez, o tempo não é mais medido pelo movimento, mas é, ele próprio, o número ou medida do movimento (representação metafísica). Esse número, por sua vez, tem dois aspectos, que vimos no tomo precedente: é a unidade mínima de tempo como intervalo de movimento, ou a totalidade do tempo como máximo do movimento no universo. O sutil e o sublime. Em um aspecto ou no outro, porém, o tempo só se distingue assim do movimento como representação indireta. O tempo como curso decorre da imagem-movimento, ou dos planos sucessivos. Mas o tempo como unidade ou como totalidade depende da montagem que o refere, ainda, ao movimento ou à sucessão dos planos. Por isso a imagem-movimento está fundamentalmente ligada a uma representação indireta do tempo, e não nos dá uma apresentação direta dele, ou seja, não nos dá uma imagem-tempo. A única apresentação direta aparece, então, na música. Mas no cinema moderno, ao contrário, a imagem-tempo já não é empírica, nem metafísica, é "transcendental" no sentido que Kant dá a esta palavra: o tempo sai dos eixos, e se apresenta em estado puro.[22] A imagem-

[22] Paul Schrader falou em um "estilo transcendental" de certos autores de cinema. Mas ele emprega essa palavra para designar a irrupção do trans-

-tempo não implica a ausência de movimento (embora comporte, com frequência, sua rarefação), mas implica a subversão da subordinação; já não é o tempo que está subordinado ao movimento, é o movimento que se subordina ao tempo. Já não é o tempo que resulta do movimento, de sua norma e de suas aberrações corrigidas, é o movimento como *movimento em falso*, *[356]* como movimento aberrante, que depende agora do tempo. A imagem-tempo tornou-se direta, tanto quanto o tempo descobriu novos aspectos, quanto o movimento tornou-se aberrante por essência e não por acidente, quanto a montagem ganhou novo sentido, e um cinema dito moderno constituiu-se depois da guerra. Por mais estreitas que sejam as conexões com o cinema clássico, o cinema moderno coloca a questão: quais são as novas forças que trabalham a imagem, e os novos signos que invadem a tela?

O primeiro fator é a ruptura do liame sensório-motor. Pois a imagem-movimento, por se referir a seu intervalo, constituía a imagem-ação: esta, em seu sentido mais amplo, comportava o movimento recebido (percepção, situação), a impressão nela marcada (afecção, o próprio intervalo), o movimento executado (ação propriamente dita ou reação). O encadeamento sensório-motor era, portanto, a unidade do movimento e de seu intervalo, a especificação da imagem-movimento ou a imagem-ação por excelência. Não tem cabimento falar em cinema narrativo que corresponderia a esse primeiro momento, pois a narração resulta do esquema sensório-motor, e não o inverso. Mas o que põe em questão esse cinema de ação após a guerra é a própria ruptura do esquema sensório-motor: a ascensão de situações às quais já não podemos reagir, de meios com os quais só temos relações aleatórias, de espaços quaisquer vazios ou desconectados que substituem as extensões qualificadas. De repente as situações já não se prolongam em ação ou reação, como exigia a imagem-movimento. São puras situações

cendente, tal como pensa encontrá-la em Ozu, Dreyer ou Bresson (*Transcendental Style in Film: Ozu, Bresson, Dreyer* [Berkeley, University of California Press, 1972], trechos em *Cahiers du Cinéma*, nº 286, mar. 1978). Não é, portanto, no sentido kantiano, que opõe, ao contrário, o transcendental e o metafísico ou transcendente.

ópticas e sonoras, nas quais a personagem não sabe como responder, espaços desativados nos quais ela deixa de sentir e de agir, para partir para a fuga, a perambulação, o vaivém, vagamente indiferente ao que lhe acontece, indecisa sobre o que é preciso fazer. Mas ela ganha em vidência o que perde em ação ou reação: ela VÊ, tanto assim que agora o problema do espectador é "o que há para se ver na imagem?" (e não mais "o que veremos na próxima imagem?"). A situação já não se prolonga em ação por intermédio das afecções. Está cortada de todos os seus prolongamentos, só vale por si mesma, tendo absorvido todas as suas intensidades afetivas, todas as suas extensões ativas. Já não é uma situação sensório-motora, *[357]* mas uma situação puramente óptica e sonora, na qual o vidente substituiu o actante: uma "descrição". Chamamos de opsignos e sonsignos o tipo de imagens que ocorre após a guerra, por todas as razões exteriores que se possa designar (questionamento da ação, necessidade de ver e ouvir, proliferação dos espaços vazios, desconectados, desativados), mas também devido à impulsão interior de um cinema renascente, que recria suas condições, neorrealismo, *nouvelle vague*, novo cinema americano. Ora, se é verdade que a situação sensório-motora impunha a representação indireta do tempo como consequência da imagem-movimento, a situação puramente óptica ou sonora abre-se sobre uma imagem-tempo direta. A imagem-tempo é o correlato do opsigno e do sonsigno. Ela nunca apareceu melhor que no autor que antecipou o cinema moderno, desde o período que antecede a guerra e nas condições do cinema mudo, Ozu: os opsignos, os espaços vazios ou desconectados abrem-se sobre as naturezas-mortas como forma pura do tempo. Em vez de "situação motora-representação indireta do tempo", temos "opsigno ou sonsigno-apresentação direta do tempo".

Mas com o que as imagens puramente ópticas e sonoras podem se encadear, já que não se prolongam mais em ação? Gostaríamos de responder: com imagens-lembrança ou imagens-sonho. No entanto, umas ainda se inscrevem na situação sensório-motora, cujo intervalo se contentam em preencher, alongando-o, distendendo-o; apreendem no passado um antigo presente, e assim respeitam o curso empírico do tempo, introduzindo nele retrogradações locais (*flashback* como memória psicológica). As outras, as imagens-sonho, afetam antes o todo: projetam ao infinito a situação sensório-motora, ora assegurando a metamorfose incessante da situação, ora substituindo um movimento de mundo pela ação das personagens. Mas não saímos, assim, de uma representação indireta, embora nos aproximássemos das portas do tempo em certos casos extraordinários que já pertencem ao cinema moderno (por exemplo, o *flashback* como revelação de um tempo que se bifurca e se libera, em Mankiewicz, ou o movimento de mundo como junção de uma descrição pura e da dança na comédia musical americana). Entretanto, nesses casos, a imagem-lembrança *[358]* ou a imagem-sonho, o *mnemosigno* ou o *onirosigno*, são ultrapassados: é que, em si mesmas, essas imagens são imagens virtuais, que se encadeiam com a imagem atual óptica e sonora (descrição), mas que nunca cessam de se atualizar por conta própria, ou umas nas outras *ad infinitum*. Para que a imagem-tempo nasça é preciso, ao contrário, que a imagem atual entre em relação com sua *própria* imagem virtual enquanto tal, é preciso que a pura descrição de início se desdobre, "se repita, se retome, bifurque, se contradiga". É preciso que se constitua uma imagem a um tempo bifacial, mútua, atual e virtual. Já não estamos na situação de uma relação da imagem atual com outras imagens virtuais, lembranças ou sonhos, que consequentemente se atualizam a seu tempo: o que é, ainda, um modo de encadeamento. Estamos na situação de uma imagem atual *e* de sua própria imagem virtual, de tal modo que já não há encadeamento real com o imaginário, mas *indiscernibilidade de ambos*, em uma perpétua troca. É um progresso em relação ao opsigno: vimos como o cristal (o *hyalosigno*) assegura o desdobramento da descrição, e efetua a troca na imagem que se tornou mútua, troca do atual e do virtual, do límpido e do opaco, do germe e do meio.[23] Elevando-se à indiscernibilidade do real e do imaginário, os signos de cristal ultrapassam qualquer psicologia da lembrança e do sonho, tanto quanto qualquer física da ação. O que

[23] Mais precisamente, as imagens-cristal remetem aos estados do cristal (os quatro estados que distinguimos), enquanto os signos cristalinos ou hyalosignos remetem às propriedades (os três aspectos da troca).

vemos no cristal já não é o curso empírico do tempo como sucessão de presentes, nem sua representação indireta como intervalo ou como todo, é sua apresentação direta, seu desdobramento constitutivo em presente que passa e passado que se conserva, a estrita contemporaneidade do presente com o passado que ele será, do passado com o presente que ele foi. É o tempo em pessoa que surge no cristal e sempre recomeça seu desdobramento, sem finalização, pois a troca indiscernível é sempre reconduzida e reproduzida. O que se vê no cristal é a imagem-tempo direta ou a forma transcendental do tempo; do mesmo modo os hyalosignos, os signos cristalinos, devem ser ditos espelhos ou germes do tempo. *[359]*

Daí, os cronosignos que vão marcar as diversas apresentações da imagem-tempo direta. O primeiro se refere à *ordem do tempo*: tal ordem não é feita de sucessão, tampouco se confunde com o intervalo ou com o todo da representação indireta. Refere-se às conexões interiores de tempo, na forma topológica ou quântica. Por isso o primeiro cronosigno tem duas figuras: ora é a coexistência de todos os lençóis de passado, com a transformação topológica dos lençóis, e a ultrapassagem da memória psicológica rumo a uma memória-mundo (esse signo pode ser chamado de lençol, aspecto ou fácies). Ora é a simultaneidade das pontas de presente, rompendo estas com qualquer sucessão exterior e efetuando saltos quânticos entre os presentes redobrados do passado, do futuro e do próprio presente (esse signo será chamado de ponta, ou acento). Já não estamos em uma distinção indiscernível do real e do imaginário, que caracterizava a imagem-cristal, mas nas alternativas indecidíveis entre lençóis de passado, ou diferenças "inexplicáveis" entre pontas de presente, que se referem agora à imagem-tempo direta. O que está em jogo já não é o real e o imaginário, mas o verdadeiro e o falso. E do mesmo modo que o real e o imaginário tornavam-se indiscerníveis em condições bem precisas da imagem, o verdadeiro e o falso tornam-se agora indecidíveis ou inextricáveis: o impossível procede do possível, e o passado não é necessariamente verdadeiro. É preciso inventar uma nova lógica, assim como, ainda há pouco, uma nova psicologia. Pareceu-nos que Resnais ia mais longe rumo aos lençóis de passado coexistentes, e Robbe-Grillet rumo às pontas de presente simultâneas: daí o paradoxo de *O ano passado em Marienbad*, que participa do duplo sistema. Mas, de todo modo, a imagem-tempo surgiu por apresentação direta ou transcendental, como novo elemento do cinema do pós-guerra, e Welles, mestre da imagem-tempo...

Há ainda outra espécie de cronosigno, que constitui, dessa vez, *o tempo como série*: o antes e o depois não dizem mais propriamente respeito à sucessão empírica exterior, mas à qualidade intrínseca do que se torna no tempo. O devir, com efeito, pode ser definido como o que transforma uma sequência empírica em série: uma rajada de séries. Uma série é uma sequência de imagens, mas que tendem em si mesmas para um *[360]* limite, o qual orienta e inspira a primeira sequência (o antes), e dá lugar a outra sequência organizada como série que tende, por sua vez, para outro limite (o depois). O antes e o depois já não são, portanto, determinações sucessivas do curso do tempo, mas as duas faces da potência, ou a passagem da potência a uma potência superior. A imagem-tempo direta não aparece aqui em uma ordem das coexistências ou simultaneidades, mas em um devir como potencialização, como série de potências. Esse segundo tipo de cronosigno, o *genesigno*, tem, portanto, também a propriedade de pôr em questão a noção de verdade; pois o falso deixa de ser mera aparência, ou até mesmo mentira, para atingir essa potência do devir que constitui as séries ou os graus, que transpõe os limites, efetua as metamorfoses, e desenvolve sobre todo seu percurso um ato de lenda, de fabulação. Para além do verdadeiro e do falso, o devir como potência do falso. Os genesignos têm várias figuras nesse sentido. Ora, como em Welles, são as personagens que formam as séries como graus de uma "vontade de potência", através da qual o mundo se torna fábula. Ora é uma personagem que transpõe ela mesma o limite, e torna-se outra, sob um ato de fabulação que a refere a um povo passado ou por vir: vimos por que paradoxo esse cinema se chamava "cinema-verdade" justamente quando punha em questão todo modelo do verdadeiro; e há um duplo devir superposto, pois o autor torna-se outro, tanto quanto sua personagem (como em Perrault, que toma a personagem como "intercessora", ou em Rouch, que tende a tornar-se negro, ao mesmo tempo que o negro, sua personagem, tende a tornar-se branco, de maneira bem diferente, não simétrica). Talvez seja aí que a questão do autor, e do devir do autor, de seu tornar-se-outro, se coloque com mais acuidade, já em Welles. Ora ainda, em terceiro lugar, as personagens dissolvem-se por si mesmas, e o autor se apaga: nada mais há além de atitudes de corpo, posturas corporais que formam as séries, e um gestus que as reúne como limite. É um cinema dos corpos que rompeu com o esquema sensório-motor sobretudo pelo fato de a ação ter sido substituída pela atitude, e o encadeamento supostamente verdadeiro pelo gestus que cria lenda ou fabulação. Ora, enfim, as séries, seus limites e transformações, os *[361]* graus de potência podem se referir a qualquer relação da imagem: as personagens, os estados de uma personagem, as posições do autor, as atitudes de corpo, mas também as cores, os gêneros estéticos, as faculdades psicológicas, os poderes políticos, as categorias lógicas ou metafísicas. Toda sequência de imagens forma uma série na medida em que tende a uma categoria na qual ela se reflete, com a passagem de uma categoria a outra determinando uma mudança de potência. O que se diz de mais simples em relação à música de Boulez, também se dirá do cinema de Godard: ter colocado tudo em série, ter instituído um serialismo generalizado. Chamaremos até mesmo de categoria tudo o que tem função de limite entre duas séries totalmente repartidas, com o antes e o depois constituindo as duas faces do limite (uma personagem, um gestus, uma palavra, uma cor podem ser uma categoria tanto quanto um gênero, a partir do momento em que preenchem as condições de reflexão). Se a organização das séries se faz em geral horizontalmente, como em *Salve-se quem puder (a vida)*, com o imaginário, o medo, o comércio, a música, é possível que o limite ou categoria na qual uma série se reflete forme ela própria outra série de potência superior, portanto superposta à primeira: é o que ocorre com a categoria pictural em *Paixão*, ou a musical em *Carmen* de Godard. É então uma construção vertical das séries, que tende a coincidir com a coexistência ou a simultaneidade, e a reunir as duas espécies de cronosignos.

A imagem dita clássica devia ser considerada segundo dois eixos. Tais eixos eram as coordenadas do cérebro: por um lado as imagens se encadeavam ou prolongavam, segundo leis de associação, contiguidade, semelhança, contraste ou oposição; por outro, as imagens associadas interiorizavam-se em um todo como conceito (integração), que, por sua vez, não parava de se exteriorizar em imagens associáveis ou prolongáveis (diferenciação). É por isso que o todo permanecia aberto e mutante, ao mesmo tempo que um conjunto de imagens era sempre extraído de um conjunto mais vasto. Era esse o duplo aspecto da imagem-movimento, definindo o fora de campo: por um lado ela estava em comunicação com um exterior, por outro exprimia um todo que muda. O movimento em seu prolongamento era o dado imediato, e o todo que muda, quer dizer, o tempo, era a representação *[362]* indireta ou mediata. Porém, não deixava de haver circulação dos dois, interiorização no todo, exteriorização na imagem, círculo ou espiral que constituía para o cinema, tanto quanto para a filosofia, o modelo do Verdadeiro como totalização. Tal modelo inspirava os noosignos da imagem clássica, e havia necessariamente dois tipos de noosignos. Conforme o primeiro tipo, as imagens encadeavam-se por cortes racionais e sob essa condição formavam um mundo prolongável: entre duas imagens ou duas sequências de imagens, o limite como intervalo é compreendido como o fim de uma *ou* o início da outra, como a última imagem da primeira sequência ou a primeira da segunda. O outro tipo de noosigno marcava a integração das sequências em um todo (consciência de si como representação interior), mas também a diferenciação do todo nas sequências prolongadas (crença no mundo exterior). E, de um para outro, o todo não parava de mudar ao mesmo tempo que as imagens se moviam. O tempo como medida do movimento assegurava assim um sistema geral da comensurabilidade, sob essa dupla forma do intervalo e do todo. Era esse o esplendor da imagem clássica.

A imagem moderna instaura o reino das "incomensurabilidades" ou dos cortes irracionais: quer dizer que o corte já não faz parte de uma ou de outra imagem, de uma ou de outra sequência que ele separa e reparte. É nessa condição que a sequência se torna série, no sentido em que acabamos de analisar. O intervalo liberta-se, o interstício torna-se irredutível e vale por si mesmo. A primeira consequência é que as imagens não se encadeiam mais por cortes racionais, mas se reencadeiam sobre cortes irracionais.

Dávamos como exemplo as séries de Godard, mas há exemplos por toda parte, especialmente em Resnais (o momento em torno do qual tudo gira e torna a passar, em *Eu te amo, eu te amo*, é um típico corte irracional). Por reencadeamento é preciso entender não um segundo encadeamento que viria se acrescentar ao primeiro, mas um modo de encadeamento original e específico, ou, antes, uma ligação específica entre imagens desencadeadas. Já não cabe falar de um prolongamento real ou possível capaz de constituir um mundo exterior: deixamos de acreditar nele, e a imagem está separada do mundo exterior. Mas a interiorização *[363]* ou integração em um todo como consciência de si também desapareceu: o reencadeamento se faz por retalhamento, quer se trate das construções de séries em Godard, ou das transformações de lençóis em Resnais (retalhamentos reencadeados). Por isso o pensamento, como potência que nem sempre existiu, nasce de um fora mais longínquo que qualquer mundo exterior, e, como potência que ainda não existe, afronta-se com um dentro, um impensável ou um impensado mais profundo que qualquer mundo interior. Em segundo lugar, não há mais, portanto, movimento de interiorização nem de exteriorização, integração nem diferenciação, mas afrontamento de um fora e de um dentro independentemente da distância, este pensamento fora de si mesmo e este impensado no pensamento. É o inevocável em Welles, o indecidível em Resnais, o inexplicável em Robbe-Grillet, o incomensurável em Godard, o irreconciliável nos Straub, o impossível em Marguerite Duras, o irracional em Syberberg. O cérebro perdeu suas coordenadas euclidianas, e emite agora outros signos. A imagem-tempo direta, com efeito, tem por noosignos o corte irracional entre imagens não encadeadas (mas sempre reencadeadas), e o contato absoluto de um fora e de um dentro não totalizáveis, assimétricos. Passa-se facilmente de um a outro, porque o fora e o dentro são as duas faces do limite como corte irracional, e que este, já não fazendo parte de nenhuma das sequências, aparece como um fora autônomo que se confere, necessariamente, um dentro.

O limite ou o interstício, o corte irracional passam eminentemente entre a imagem visual e a imagem sonora. Isso implica várias novidades ou mudanças. É preciso que o próprio sonoro se torne imagem, em vez de ser um componente da imagem visual; é preciso, portanto, criar-se um enquadramento sonoro, tal que o corte passe entre os dois enquadramentos, sonoro e visual; portanto, mesmo que o fora de campo subsista de fato, é preciso que ele perca, de direito, toda potência, já que a imagem visual deixa de se prolongar para além de seu próprio quadro, para entrar em uma relação específica com a imagem sonora, ela própria enquadrada (é o interstício entre os dois enquadramentos que substitui o fora de campo); é preciso que a voz *off* também desapareça, já que não há mais fora de campo a povoar, mas duas imagens heautônomas por confrontar, a *[364]* da voz e a das vistas, cada uma em si mesma, cada uma por si mesma e em seu quadro. E provável que os dois tipos de imagem se toquem ou se juntem, mas não, evidentemente, por *flashback*, como se uma voz, mais ou menos *off*, evocasse o que a imagem visual vai nos restituir: o cinema moderno matou o *flashback*, tanto quanto a voz *off* e o fora de campo. Ele só pôde conquistar a imagem sonora impondo uma dissociação desta e da imagem visual, disjunção que não deve ser superada: corte irracional entre ambas. E, no entanto, há uma relação entre elas, relação indireta livre, ou relação incomensurável, pois a incomensurabilidade designa uma nova relação e não uma ausência. Eis que a imagem sonora enquadra uma massa ou uma continuidade da qual se vai extrair o ato de fala puro, isto é, um ato de mito ou de fabulação que cria o acontecimento, que faz ascender o acontecimento aos ares, e que se eleva ele mesmo em uma ascensão espiritual. E a imagem visual, por seu lado, enquadra um espaço qualquer, espaço vazio ou desconectado que ganha novo valor, pois vai enterrar o acontecimento debaixo de camadas estratigráficas, e fazê-lo descer como um fogo subterrâneo sempre recoberto. Logo, a imagem visual nunca mostrará o que a imagem sonora enuncia. Por exemplo, em Marguerite Duras, nunca o baile original ressurgirá em *flashback* para totalizar os dois tipos de imagens. Mas isso não suprime a relação que haverá entre eles, junção ou contato. Será o contato independente da distância, entre um fora no qual o ato de fala ascende, e um dentro onde o acontecimento se embrenha na terra: uma complementaridade da imagem sonora, ato de fala como fabulação criadora, e da imagem visual, enterramento estratigráfico ou arqueológico. E o corte irracional entre ambas, mas que forma a relação não totalizável, o anel partido de sua junção, as faces assimétricas de seu contato. É um reencadeamento perpétuo. A fala atinge seu próprio limite, que a separa do visual; mas o visual atinge seu próprio limite, que o separa do sonoro. Ora, cada um, atingindo seu próprio limite que o separa do outro, descobre assim o limite comum que os refere um ao outro sob a relação incomensurável de um corte irracional, o direito e o avesso, o fora e o dentro. Esses novos signos são lektosignos, que atestam o *[365]* último aspecto da imagem-tempo direta, o limite comum: a imagem visual que se tornou estratigráfica é tão mais legível por si só, porque o ato de fala se torna criador autônomo. Não faltavam lektosignos ao cinema clássico, mas na medida em que o próprio ato de fala era lido no cinema mudo, ou, no primeiro estágio do cinema falado, fazia a imagem visual, da qual era apenas um componente, ser lida. Do cinema clássico ao cinema moderno, da imagem-movimento à imagem-tempo, o que muda não são apenas os cronosignos, mas os noosignos e os lektosignos, ficando entendido que sempre é possível multiplicar as passagens de um regime a outro, tanto quanto realçar suas diferenças irredutíveis.

3

Acontece que se ponha em dúvida a utilidade de livros teóricos sobre o cinema (particularmente hoje em dia, pois a época não é boa). Godard gosta de lembrar que, quando os futuros autores da *nouvelle vague* escreviam, não escreviam sobre o cinema, não faziam uma teoria dele — era, já, a sua maneira de fazer filmes. Contudo, essa observação não manifesta uma grande compreensão do que se chama teoria. Pois a teoria é também algo que se faz, não menos que seu objeto. Para muitos, a filosofia é algo que não "se faz", mas preexiste, pronta, em um céu pré-fabricado. No entanto, a própria teoria filosófica é uma prática, tanto quanto seu objeto. Não é mais abstrata que seu objeto. É uma prática dos conceitos, e é preciso julgá-la em função das outras práticas com as quais interfere. Uma teoria do cinema não é "sobre" o cinema, mas sobre os conceitos que o cinema suscita, e que eles próprios estão em relação com outros conceitos que correspondem a outras práticas, não tendo a prática dos conceitos em geral qualquer privilégio sobre as demais, da mesma forma que um objeto não tem sobre os outros. É pela interferência de muitas práticas que as coisas se fazem, os seres, as imagens, os conceitos, todos os gêneros de acontecimentos. A teoria do cinema não tem por objeto o cinema, mas os conceitos do cinema, que não são menos práticos, *[366]* efetivos ou existentes que o próprio cinema. Os grandes diretores de cinema são como grandes pintores ou grandes músicos: são eles que melhor falam do que fazem. Mas, falando, tornam-se outra coisa, tornam-se filósofos ou teóricos, até mesmo Hawks que não queria teorias, até Godard quando finge desprezá-las. Os conceitos do cinema não são dados no cinema. E, no entanto, são conceitos do cinema, não teorias sobre o cinema. Tanto assim que sempre há uma hora, meio-dia ou meia-noite, em que não se deve mais perguntar "o que é o cinema?", mas "o que é a filosofia?". O próprio cinema é uma nova prática das imagens e dos signos, cuja teoria a filosofia deve fazer como prática conceitual. Pois nenhuma determinação técnica, nem aplicada (psicanálise, linguística), nem reflexiva, basta para constituir os próprios conceitos do cinema.

ÍNDICE DOS AUTORES CORRESPONDENTE AOS DOIS VOLUMES
[367-372]

Não sendo este livro uma história do cinema, faltam muitos cineastas, dentre os maiores. Os que citamos muitas vezes aparecem numa análise bastante parcial, ou mesmo para uma simples alusão, devido a ser ela necessária no contexto, a comportar referências ou a ser fácil de desenvolver. Em compensação, cada vez que o conjunto de uma obra, ou pelo menos uma parte importante sua é analisada, nós o indicaremos através de itálicos.

[As páginas indicadas são as da edição original francesa, inseridas entre colchetes e em itálico ao longo do texto. Os algarismos romanos indicam o volume referido: *A imagem-movimento* (I) e *A imagem-tempo* (II).

ÍNDICE DAS MATÉRIAS
[373-379]

Capítulo 8. Cinema, corpo e cérebro, pensamento

Capítulo 9. Os componentes da imagem

Conclusões

BIBLIOGRAFIA DE GILLES DELEUZE

David Hume, sa vie, son oeuvre, avec un exposé de sa philosophie (com André Cresson). Paris: PUF, 1952.

Empirisme et subjectivité: essai sur la nature humaine selon Hume. Paris: PUF, 1953 [ed. bras.: *Empirismo e subjetividade: ensaio sobre a natureza humana segundo Hume*, trad. Luiz B. L. Orlandi, São Paulo: Editora 34, 2001].

Instincts et institutions: textes et documents philosophiques (organização, prefácio e apresentações de Gilles Deleuze). Paris: Hachette, 1953 [ed. bras.: "Instintos e instituições", trad. Fernando J. Ribeiro, em Carlos Henrique Escobar (org.), *Dossier Deleuze*, Rio de Janeiro: Hólon, 1991, pp. 134-7].

Nietzsche et la philosophie. Paris: PUF, 1962 [ed. bras.: *Nietzsche e a filosofia*, trad. Ruth Joffily Dias e Edmundo Fernandes Dias, Rio de Janeiro: Editora Rio, 1976; nova ed. bras.: trad. Mariana de Toledo Barbosa e Ovídio de Abreu Filho, São Paulo: n-1 edições, 2018].

La Philosophie critique de Kant. Paris: PUF, 1963 [ed. bras.: *Para ler Kant*, trad. Sônia Pinto Guimarães, Rio de Janeiro: Francisco Alves, 1976; nova ed. bras.: *A filosofia crítica de Kant*, trad. Fernando Scheibe, Belo Horizonte: Autêntica, 2018].

Proust et les signes. Paris: PUF, 1964; 4ª ed. atualizada, 1976 [ed. bras.: *Proust e os signos*, trad. da 4ª ed. fr. Antonio Piquet e Roberto Machado, Rio de Janeiro: Forense Universitária, 1987].

Nietzsche. Paris: PUF, 1965 [ed. port.: *Nietzsche*, trad. Alberto Campos, Lisboa: Edições 70, 1981].

Le Bergsonisme. Paris: PUF, 1966 [ed. bras.: *Bergsonismo*, trad. Luiz B. L. Orlandi, São Paulo: Editora 34, 1999 (incluindo os textos "A concepção da diferença em Bergson", 1956, trad. Lia Guarino e Fernando Fagundes Ribeiro, e "Bergson", 1956, trad. Lia Guarino)].

Présentation de Sacher-Masoch. Paris: Minuit, 1967 [ed. bras.: *Apresentação de Sacher-Masoch*, trad. Jorge Bastos, Rio de Janeiro: Taurus, 1983; nova ed. bras.: *Sacher-Masoch: o frio e o cruel*, Rio de Janeiro: Zahar, 2009].

Différence et répétition. Paris: PUF, 1968 [ed. bras.: *Diferença e repetição*, trad. Luiz B. L. Orlandi e Roberto Machado, Rio de Janeiro: Graal, 1988; 2ª ed., 2006; 3ª ed., Rio de Janeiro: Paz e Terra, 2018].

Spinoza et le problème de l'expression. Paris: Minuit, 1968 [ed. bras.: *Espinosa e o problema da expressão*, trad. GT Deleuze — 12, coord. Luiz B. L. Orlandi, São Paulo: Editora 34, 2017].

Logique du sens. Paris: Minuit, 1969 [ed. bras.: *Lógica do sentido*, trad. Luiz Roberto Salinas Fortes, São Paulo: Perspectiva, 1982].

Spinoza. Paris: PUF, 1970 [ed. port.: *Espinoza e os signos*, trad. Abílio Ferreira, Porto: Rés-Editora, s.d.].

L'Anti-Œdipe: capitalisme et schizophrénie 1 (com Félix Guattari). Paris: Minuit, 1972 [ed. bras.: *O anti-Édipo: capitalismo e esquizofrenia 1*, trad. Georges Lamazière. Rio de Janeiro: Imago, 1976; ed. port.: trad. Joana M. Varela e Manuel M. Carrilho, Lisboa: Assírio & Alvim, s.d.; nova ed. bras.: trad. Luiz B. L. Orlandi, São Paulo: Editora 34, 2010].

Kafka: pour une littérature mineure (com Félix Guattari). Paris: Minuit, 1975 [ed. bras.: *Kafka: por uma literatura menor*, trad. Júlio Castañon Guimarães, Rio de Janeiro: Imago, 1977; nova ed. bras.: trad. Cíntia Vieira da Silva, Belo Horizonte: Autêntica, 2014].

Rhizome. Paris: Minuit, 1976 (com Félix Guattari) (incorporado em *Mille plateaux*).

Dialogues (com Claire Parnet). Paris: Flammarion, 1977; nova edição, 1996, contendo, em anexo, o texto de Gilles Deleuze "L'Actuel et le virtuel" [ed. bras.: *Diálogos*, trad. Eloisa Araújo Ribeiro, São Paulo: Escuta, 1998; nova ed. bras.: trad. Eduardo Maurício da Silva Bonfim, São Paulo: Lumme, 2017; ed. bras. de "L'Actuel et le virtuel": "O atual e o virtual", trad. Heloisa B. S. Rocha, em Éric Alliez, *Deleuze: filosofia virtual*, São Paulo: Editora 34, 1996].

Superpositions (com Carmelo Bene). Paris: Minuit, 1979.

Mille plateaux: capitalisme et schizophrénie 2 (com Félix Guattari). Paris: Minuit, 1980 [ed. bras. em cinco volumes: *Mil platôs: capitalismo e esquizofrenia 2* — *Mil platôs*: vol. 1, incluindo: "Prefácio à edição italiana", 1988; "Introdução: Rizoma"; "1914: um só ou vários lobos?" e "10.000 a.C.: a geologia da moral (quem a terra pensa que é?)", trad. Aurélio Guerra Neto e Célia Pinto Costa, Rio de Janeiro: Editora 34, 1995 — *Mil platôs*: vol. 2, incluindo: "20 de novembro de 1923: postulados da linguística" e "587 a.C.-70 d.C.: sobre alguns regimes de signos", trad. Ana Lúcia de Oliveira e Lúcia Cláudia Leão, Rio de Janeiro: Editora 34, 1995 — *Mil platôs*, vol. 3, incluindo: "28 de novembro de 1947: como criar para si um Corpo sem Órgãos?"; "Ano zero: rostidade"; "1874: três novelas ou 'O que se passou?'" e "Micropolítica e segmentaridade", trad. Aurélio Guerra Neto, Ana Lúcia de Oliveira, Lúcia Cláudia Leão e Suely Rolnik, São Paulo: Editora 34, 1996 — *Mil platôs*, vol. 4, incluindo: "1730: devir-intenso, devir-animal, devir-imperceptível..." e "1837: acerca do ritornelo", trad. Suely Rolnik, São Paulo: Editora 34, 1997 — *Mil platôs*, vol. 5, incluindo: "1227: tratado de nomadologia: a máquina de guerra"; "7.000 a.C.: aparelho de captura"; "1440: o liso e o estriado" e "Conclusão: Regras concretas e máquinas abstratas", trad. Peter Pál Pelbart e Janice Caiafa, São Paulo: Editora 34, 1997].

Spinoza: philosophie pratique. Paris: Minuit, 1981 [ed. bras.: *Espinosa: filosofia prática*, trad. Daniel Lins e Fabien Pascal Lins, São Paulo: Escuta, 2002].

Francis Bacon: logique de la sensation, vols. 1 e 2. Paris: Éd. de la Différence, 1981, 2ª ed. aumentada, 1984 [ed. bras.: *Francis Bacon: lógica da sensação* (vol. 1), trad. Aurélio Guerra Neto, Bruno Lara Resende, Ovídio de Abreu, Paulo Germano de Albuquerque e Tiago Seixas Themudo, coord. Roberto Machado, Rio de Janeiro: Zahar, 2007].

Cinéma 1 — L'Image-mouvement. Paris: Minuit, 1983 [ed. bras.: *Cinema 1 — A imagem-movimento*, trad. Stella Senra, São Paulo: Brasiliense, 1985; 2ª ed. revista, São Paulo: Editora 34, 2018].

Cinéma 2 — L'Image-temps. Paris: Minuit, 1985 [ed. bras.: *Cinema 2 — A imagem-tempo*, trad. Eloisa Araújo Ribeiro, São Paulo: Brasiliense, 1990; 2ª ed. revista, São Paulo: Editora 34, 2018].

Foucault. Paris: Minuit, 1986 [ed. port.: *Foucault*, trad. José Carlos Rodrigues, Lisboa: Vega, 1987; ed. bras.: trad. Claudia Sant'Anna Martins, São Paulo: Brasiliense, 1988].

Le Pli: Leibniz et le baroque. Paris: Minuit, 1988 [ed. bras.: *A dobra: Leibniz e o barroco*, trad. Luiz B. L. Orlandi, Campinas: Papirus, 1991; 2ª ed. revista, 2000].

Périclès et Verdi: la philosophie de François Châtelet. Paris: Minuit, 1988 [ed. bras.: *Péricles e Verdi: a filosofia de François Châtelet*, trad. Hortência S. Lencastre, Rio de Janeiro: Pazulin, 1999].

Pourparlers (1972-1990). Paris: Minuit, 1990 [ed. bras.: *Conversações (1972-1990)*, trad. Peter Pál Pelbart, Rio de Janeiro: Editora 34, 1992].

Qu'est-ce que la philosophie? (com Félix Guattari). Paris: Minuit, 1991 [ed. bras.: *O que é a filosofia?*, trad. Bento Prado Jr. e Alberto Alonso Muñoz, Rio de Janeiro: Editora 34, 1992].

L'Épuisé, em seguida a *Quad, Trio du Fantôme, ... que nuages..., Nacht und Träume* (de Samuel Beckett). Paris: Minuit, 1992 [ed. bras.: *Sobre o teatro: O esgotado e Um manifesto de menos*, trad. Fátima Saadi, Ovídio de Abreu e Roberto Machado, intr. Roberto Machado, Rio de Janeiro: Zahar, 2010].

Critique et clinique. Paris: Minuit, 1993 [ed. bras.: *Crítica e clínica*, trad. Peter Pál Pelbart, São Paulo: Editora 34, 1997].

L'Abécédaire de Gilles Deleuze, entrevista a Claire Parnet realizada por P. A. Boutang em 1988 e transmitida em série televisiva a partir de novembro de 1995 pela TV-ART, Paris: Vídeo Edition Montparnasse, 1996. Ver também em www.youtube.com: "El abecedario de Gilles Deleuze", com legendas em espanhol.

L'Île déserte et autres textes (textes et entretiens 1953-1974) (org. David Lapoujade). Paris: Minuit, 2002 [ed. bras.: *A ilha deserta e outros textos (textos e entrevistas 1953-1974)*, trad. Cíntia Vieira da Silva (textos 7, 24, 36), Christian Pierre Kasper (textos 33, 37, 39), Daniel Lins (texto 38), Fabien Pascal Lins (textos 17, 29, 31), Francisca Maria Cabrera (textos 10, 11, 32), Guido de Almeida (texto 22), Hélio Rebello Cardoso Júnior (textos 3, 6, 8, 9, 21), Hilton F. Japiassú (texto 23), Lia de Oliveira Guarino (texto 4), Lia de Oliveira Guarino e Fernando Fagundes Ribeiro (texto 5), Luiz B. L. Orlandi (apresentação e textos 1, 2, 12, 14, 15, 19, 20, 27, 28, 35), Milton Nascimento (texto 34), Peter Pál Pelbart (texto 16), Roberto Machado (texto 26), Rogério da Costa Santos (texto 30), Tiago Seixas Themudo (textos 13, 25), Tomaz Tadeu e Sandra Corazza (texto 18), coord. Luiz B. L. Orlandi, São Paulo: Iluminuras, 2006].

Deux régimes de fous (textes et entretiens 1975-1995) (org. David Lapoujade). Paris: Minuit, 2003 [ed. bras.: *Dois regimes de loucos: textos e entrevistas (1975-1995)*, trad. Guilherme Ivo, rev. técnica Luiz B. L. Orlandi, São Paulo: Editora 34, 2016].

Lettres et autres textes (org. David Lapoujade). Paris: Minuit, 2015 [ed. bras.: *Cartas e outros textos*, trad. Luiz B. L. Orlandi, São Paulo: n-1 edições, 2018].

SOBRE O AUTOR

Gilles Deleuze nasceu em 18 de janeiro de 1925, em Paris, numa família de classe média. Perdeu seu único irmão, mais velho do que ele, durante a luta contra a ocupação nazista. Gilles apaixonou-se por literatura, mas descobriu a filosofia nas aulas do professor Vial, no Liceu Carnot, em 1943, o que o levou à Sorbonne no ano seguinte, onde obteve o Diploma de Estudos Superiores em 1947 com um estudo sobre David Hume (publicado em 1953 como *Empirismo e subjetividade*). Entre 1948 e 1957 lecionou no Liceu de Amiens, no de Orléans e no Louis-Le-Grand, em Paris. Já casado com a tradutora Fanny Grandjouan em 1956, com quem teve dois filhos, trabalhou como assistente em História da Filosofia na Sorbonne entre 1957 e 1960. Foi pesquisador do CNRS até 1964, ano em que passou a lecionar na Faculdade de Lyon, lá permanecendo até 1969. Além de Jean-Paul Sartre, teve como professores Ferdinand Alquié, Georges Canguilhem, Maurice de Gandillac, Jean Hyppolite e Jean Wahl. Manteve-se amigo dos escritores Michel Tournier, Michel Butor, Jean-Pierre Faye, além dos irmãos Jacques e Claude Lanzmann e de Olivier Revault d'Allonnes, Jean-Pierre Bamberger e François Châtelet. Em 1962 teve seu primeiro encontro com Michel Foucault, a quem muito admirava e com quem estabeleceu trocas teóricas e colaboração política. A partir de 1969, por força dos desdobramentos de Maio de 1968, firmou sua sólida e produtiva relação com Félix Guattari, de que resultaram livros fundamentais como *O anti-Édipo* (1972), *Mil platôs* (1980) ou *O que é a filosofia?* (1991). De 1969 até sua aposentadoria em 1987 deu aulas na Universidade de Vincennes (hoje Paris VIII), um dos centros do ideário de Maio de 68. Em 1995, quando o corpo já doente não pôde sustentar a vitalidade de seus encontros, o filósofo decide conceber a própria morte: seu suicídio ocorre em Paris em 4 de novembro desse ano. O conjunto de sua obra — em que se destacam ainda os livros *Diferença e repetição* (1968), *Lógica do sentido* (1969), *Cinema 1 — A imagem-movimento* (1983), *Cinema 2 — A imagem-tempo* (1985), *Crítica e clínica* (1993), entre outros — deixa ver, para além da pluralidade de conexões que teceu entre a filosofia e seu "fora", a impressionante capacidade de trabalho do autor, bem como sua disposição para a escrita conjunta, e até para a coescrita, como é o caso dos livros assinados com Guattari.

SOBRE O AUTOR

SOBRE A TRADUTORA

Eloisa Araújo Ribeiro nasceu em Belo Horizonte, morou oito anos em Paris e atualmente vive no Rio de Janeiro. É graduada em Artes Cinematográficas pela Universidade de Paris VIII — Vincennes-Saint-Denis, e obteve o título de mestre em Língua e Literatura Alemã pela Universidade de São Paulo com dissertação sobre o escritor suíço-alemão Robert Walser. Traduziu, entre outros: *Cinema 2 — A imagem-tempo*, de Gilles Deleuze (1990); *O que é o cinema?*, de André Bazin (1990); *Diálogos*, de Gilles Deleuze e Claire Parnet (1998); *Alegria, a força maior*, de Clément Rosset (2000); *Narrativa e modernidade: os cinemas não narrativos do pós-guerra*, de André Parente (2000); *Eisenstein e o construtivismo russo*, de François Albera (2002); *Dicionário teórico e crítico de cinema,* de Jacques Aumont e Michel Marie (2003); *O sequestrado de Veneza/Veneza, de minha janela*, de Jean-Paul Sartre (2005); *O documentário: um outro cinema*, de Guy Gauthier (2011); e *A nouvelle vague e Godard*, de Michel Marie (2011). De Samuel Beckett, traduziu *Novelas* (2006), *O despovoador/Mal visto mal dito* (2008, indicado ao Prêmio Jabuti de Tradução) e *Textos para nada* (2015).

COLEÇÃO TRANS
direção de Éric Alliez

Gilles Deleuze e Félix Guattari
O que é a filosofia?

Félix Guattari
Caosmose

Gilles Deleuze
Conversações

Barbara Cassin, Nicole Loraux, Catherine Peschanski
Gregos, bárbaros, estrangeiros

Pierre Lévy
As tecnologias da inteligência

Paul Virilio
O espaço crítico

Antonio Negri
A anomalia selvagem

André Parente (org.)
Imagem-máquina

Bruno Latour
Jamais fomos modernos

Nicole Loraux
Invenção de Atenas

Éric Alliez
A assinatura do mundo

Maurice de Gandillac
Gêneses da modernidade

Gilles Deleuze e Félix Guattari
Mil platôs
(Vols. 1, 2, 3, 4 e 5)

Pierre Clastres
Crônica do índios Guayaki

Jacques Rancière
Políticas da escrita

Jean-Pierre Faye
A razão narrativa

Monique David-Ménard
A loucura na razão pura

Jacques Rancière
O desentendimento

Éric Alliez
Da impossibilidade da fenomenologia

Michael Hardt
Gilles Deleuze

Éric Alliez
Deleuze filosofia virtual

Pierre Lévy
O que é o virtual?

François Jullien
Figuras da imanência

Gilles Deleuze
Crítica e clínica

Stanley Cavell
Esta América nova, ainda inabordável

Richard Shusterman
Vivendo a arte

André de Muralt
A metafísica do fenômeno

François Jullien
Tratado da eficácia

Georges Didi-Huberman
O que vemos, o que nos olha

Pierre Lévy
Cibercultura

Gilles Deleuze
Bergsonismo

Alain de Libera
Pensar na Idade Média

Éric Alliez (org.)
Gilles Deleuze:
uma vida filosófica

Gilles Deleuze
Empirismo e subjetividade

Isabelle Stengers
A invenção das ciências modernas

Barbara Cassin
O efeito sofístico

Jean-François Courtine
A tragédia e o tempo da história

Michel Senellart
As artes de governar

Gilles Deleuze e Félix Guattari
O anti-Édipo

Georges Didi-Huberman
Diante da imagem

François Zourabichvili
Deleuze:
uma filosofia do acontecimento

Gilles Deleuze
Dois regimes de loucos:
textos e entrevistas (1975-1995)

Gilles Deleuze
Espinosa
e o problema da expressão

Gilles Deleuze
Cinema 1 — A imagem-movimento

Gilles Deleuze
Cinema 2 — A imagem-tempo

Gilbert Simondon
A individuação à luz das noções
de forma e de informação

Georges Didi-Huberman
Imagens apesar de tudo

Jacques Rancière
As margens de ficção

Este livro foi composto em Sabon pela Bracher & Malta, com CTP e impressão da Edições Loyola em papel Pólen Soft 70 g/m² da Cia. Suzano de Papel e Celulose para a Editora 34, em abril de 2022.